Ilke Seyran

Der „Direktvertriebler"

D1728724

Hagener Arbeiten zur Organisationspsychologie

herausgegeben von

Prof. Dr. Gerd Wiendieck
(FernUniversität Hagen)

Band 10

LIT

Ilke Seyran

Der „Direktvertriebler"

Berufsanforderungen und -bewältigungen
bei selbständigen Handelsvertretern
im Direktvertrieb –
aus Sicht der Betroffenen

LIT

Bibliografische Information der Deutschen Nationalbibliothek
Die Deutsche Nationalbibliothek verzeichnet diese Publikation in der
Deutschen Nationalbibliografie; detaillierte bibliografische Daten sind
im Internet über http://dnb.d-nb.de abrufbar.

ISBN 978-3-8258-1425-0
Zugl.: Hagen, Univ., Diss., 2008

© LIT VERLAG Dr. W. Hopf Berlin 2008
Verlagskontakt:
Fresnostr. 2   D-48159 Münster
Tel. +49 (0) 2 51/620 32 - 22   Fax +49 (0) 2 51/922 60 99
e-Mail: lit@lit-verlag.de   http://www.lit-verlag.de

Auslieferung:
Deutschland/Schweiz: LIT Verlag Fresnostr. 2, D-48159 Münster
Tel. +49 (0) 2 51/620 32 - 22, Fax +49 (0) 2 51/922 60 99, e-Mail: vertrieb@lit-verlag.de

Österreich: Medienlogistik Pichler-ÖBZ GmbH & Co KG
IZ-NÖ, Süd, Straße 1, Objekt 34, A-2355 Wiener Neudorf
Tel. +43 (0) 2236/63 535-290, +43 (0) 2236/63 535 - 243, mlo@medien-logistik.at

VORWORT

Die Analyse beruflicher Anforderungen und ihrer Bewältigungsmöglichkeiten gehört zu den klassischen Themen der Arbeits- und Organisationspsychologie. Allerdings hat sich in den letzten Jahren der Focus der Aufmerksamkeit verschoben, während früher körperliche Belastungen im Vordergrund standen, sind es heute die psychischen und sozialen Anforderungen der Arbeitsaufgabe und ihrer Erfüllungsbedingungen. Insoweit änderten sich auch die untersuchten Personengruppen; vom Arbeiter zum Angestellten. Eine Gruppe wurde dabei allerdings weitgehend übersehen, die Gruppe der Selbständigen und Freiberufler, obgleich genau diese Gruppe in den letzten Jahren deutlich gewachsen ist. Eine Vielzahl mehr oder minder freiberuflicher Arbeitsverhältnisse – Franchisenehmer, Ich-AGs, Intrapreneurs, Arbeitskraftunternehmer, Teilzeitkräfte, Kleinstunternehmer – sind neu entstanden. Zu ihnen zählen auch die freiberuflichen Handelsvertreter, die in vertraglicher Bindung an ein Direktvertriebsunternehmen von Haus zu Haus gehen um Waren oder Dienstleistungen anzubieten. Ihr Image ist schillernd und zeigt die Bandbreite vom ehrbaren Kaufmann bis hin zur „Drückerkolonne".

Frau Seyran beschäftigt sich in ihrer Arbeit mit dieser Gruppe und geht der Frage nach, welche Arbeitsanforderungen die selbständige Außendienst-Tätigkeit im Direktvertrieb kennzeichnen, welche Persönlichkeitsmerkmale diesen Typus des freien Handelsvertreters auszeichnen und wie es ihnen gelingt, die Belastungen des Berufs zu tragen.
Die Kernanforderung der Außendienstler ist rasch definiert: Umsatz. Sie müssen tagtäglich Kunden finden und zum Kauf bewegen. Frau Seyran lässt diese Anforderungen anhand zahlreicher wörtlicher Zitate anschaulich werden und geht dabei auch auf die emotionale Dissonanz durch „Schauspielerei beim Kunden" und die Überwindung der sog.

„Klingelangst" an der Haustür ein. Sie zeigt, dass die Bewältigung dieser Anforderungen eher jenen Menschen gelingt, die risikobereit, leistungsmotiviert und stressresistent sind. Das war zu erwarten, aber die Arbeit geht weit darüber hinaus. So entsteht das Bild einer hoch leistungsorientierten, internal kontrollüberzeugten, flexiblen Persönlichkeit, die nach Unabhängigkeit strebt. Schließlich findet die Autorin einen ausgeprägten Hang zum sensation seeking, einem Bestreben stets neue Herausforderungen zu suchen, um sich in ihnen bewähren und selbst bestätigen zu können

Im Zentrum der Arbeit steht jedoch das Kohärenzgefühl. Hier zeigt sich, dass die „Direktvertriebler" hier überdurchschnittliche Werte erreichen. Die im Kohärenzgefühl angelegte Widerstandsressource wirkt motivierend, wie ein permanenter Antrieb zur Kundengewinnung, hilft aber auch die Misserfolgserlebnisse abzufedern. Außerdem zeigt sich, dass hohe SOC-Werte die Wahl der optimalen Bewältigungsstrategie – sowohl emotions- wie handlungsorientiert – erleichtert. Und schließlich erweist sich das Kohärenzgefühl als guter Prädiktor für den Umsatzerfolg der Außendienstler.

Frau Seyran diskutiert die berufspraktischen Konsequenzen ihrer Arbeit und zwar sowohl für die Außendienstler als auch die Unternehmen, für die sie tätig sind. Ihre Arbeit schließt eine bislang klaffende Lücke in der arbeitspsychologischen Forschung und regt zugleich zu weiterführenden Fragen an.

Prof. Dr. Gerd Wiendieck

Hinweis: Aus Gründen der besseren Textlesbarkeit wird im weiterführenden Text ausschließlich die männliche Form verwendet.

4

DANKSAGUNG

Bei der vorliegenden Arbeit handelt es sich um eine Dissertation zur Erlangung des Grades eines Doktors der Philosophie (Dr. phil.) an der Fakultät für Kultur- Sozialwissenschaften der Fernuniversität in Hagen. Diese Arbeit wäre nicht zustande gekommen, wenn nicht viele Personen engagiert mitgewirkt hätten.

Für die Betreuung der Arbeit bedanke ich mich herzlich bei Prof. Dr. Gerd Wiendieck. Meinen Kolleginnen aus dem Lehrgebiet Arbeits- und Organisationspsychologie der Fernuniversität in Hagen Frau Ilga Opterbeck, Monika Sawicki und Anja Dzierzkowski danke ich für Ihre Unterstützung bei der Datenpflege und Grafikgestaltung. Allen anderen Kolleginnen und Kollegen des Lehrgebiets und auch der „benachbarten" Lehrgebiete danke ich für die stete Bereitschaft zur kritischen Diskussion und zahlreiche hilfreiche Tipps. Ganz besonders haben mich Dr. Iris Franke-Diel und Dr. Gabriela Sewz während dieser Phase als Mentorinnen unterstützt – jede auf ihre Weise und gleichsam mit Geduld und echter Hilfsbereitschaft.

Mein besonderer Dank gilt den Interviewpartnern, die sich alle trotz hoher Arbeitsbelastung die Zeit für mich genommen und sich offen und engagiert mit meinen Fragen auseinandergesetzt haben.

Nicht zuletzt wurde ich von meinem Partner und meinen Eltern jederzeit während der Anfertigung meiner Dissertation unterstützt. Danke!

INHALTSVERZEICHNIS

0. Einleitung

Der Direktvertrieb ist eine sehr variantenreiche, aber im Vergleich zum stationären Einzelhandel immer etwas stiefmütterlich behandelte, vorurteilsbehaftete und in seiner Bedeutung unterschätzte Vertriebsform (vgl. Engelhardt & Jaeger, 1998). Dies gilt insbesondere für Mitarbeiter, die im Außendienst des Direktvertriebs häufig anzutreffen sind: Selbständige Handelsvertreter. Selbständige Handelsvertreter nehmen zur Zeit in der Regel eine besondere Grenzstellung sowohl unter erwerbsrechtlichen und steuerlichen Gesichtspunkten als auch unter arbeits- und organisationspsychologischer Forschungsbetrachtung ein. Die Arbeits- und Organisationspsychologie hat sich eine lange Zeit auf die Betrachtung psychischer Aspekte der Arbeitstätigkeit, -gestaltung und der Bedingungen, Abläufe und Konsequenzen des Handelns von Menschen in Organisationen beschränkt (Myers 2005, S. 844). Durch das Industriezeitalter geprägt, war der Fokus in der Vergangenheit auf angestellte Arbeitnehmer gerichtet. Die Suche nach optimalen Bedingungen für angestellte Mitarbeiter und Mitarbeitermotivation stand im Vordergrund der Forschung. Arbeitsrollen oder Positionen mit festen Grenzen beschäftigten die Arbeits- und Organisationspsychologie, die Weinert als „Artefakt des Industriezeitalters" (Weinert, 1998, S XIII) bezeichnet.

Weinert (1998, S. 4) betont, dass der Übergang von der Industriellen zur Post-Industriellen Gesellschaft aktuell stattfindet. Kennzeichnend für die postindustrielle Gesellschaft ist nach Weinert die wettbewerbsorientierte Marktsituation, die sich durch die Globalisierung der Märkte und der Bereitstellung von Produkten und Dienstleistungen verstärkt hat. Dies erfordere eine rasche Reaktion auf einen sich ständig wandelnden Markt, in dem Mitarbeiter in Organisationen mehr mit Informationen als mit physischen Produkten umgehen (ebenda, S. XIII). Weinert (ebenda) prognostiziert:

„In zwei bis drei Jahrzehnten werden nur noch wenige Leute in herkömmlichen Arbeitsrollen tätig sein. Weit häufiger als heute werden es dann Mitarbeiter sein, die bei ihren Organisationen

Teilzeitbeschäftigungen haben, Tele-Arbeiter sind und/oder die nur temporär beschäftigt sind. Auch Beschäftigungsverhältnisse mit geringerer rechtlicher Absicherung werden entstehen. ".

Er führt seine Ausführungen fort, indem er betont, dass die gegenwärtig noch gültigen Arbeitsbeziehungen sich vor allem in zwei Dimensionen verändern und in Zukunft zwischen einzelnen Mitarbeitern und Gruppen innerhalb derselben Organisation variieren werden:

„(1) kurz- oder langfristiger Zeitrahmen der Mitarbeiter; und (2) Grad der Eingebettetheit in die Organisation im Hinblick auf Mitarbeiterstatus, Sozialisation und Training bzw. Entwicklung. Diese Grunddimensionen werden in ihrer Kombination zu unterschiedlichen Graden der Verbundenheit mit dem Unternehmen führen, um gleichzeitig neben einer Stammbelegschaft auch Teilzeitbeschäftigte, kurzfristige Karrieristen, temporäre Netzwerk-Mitarbeiter, unabhängige Mitarbeiter und/oder Vertragsfirmen (outsourcing), Berater, etc. an ein und demselben Projekt zu beschäftigen oder spezifischen Aufgaben zuzuordnen." (Weinert, 1998, S. XIV)

Selbständige Handelsvertreter sind ein solches Beispiel für unabhängige Mitarbeiter mit einem rechtlich gering abgesicherten „Beschäftigungsverhältnis" bzw. Arbeitsverhältnis und gleichzeitig hoher Autonomie und einer Einbettung in eine organisationale Struktur, was diese Arbeit im Verlauf beschreiben und untersuchen wird.

Ziel der vorliegenden Arbeit ist es, die Perspektive selbständiger Handelsvertreter hinsichtlich der Anforderungen und Anforderungsbewältigungen in ihrer Tätigkeit zu erfassen. Dabei bilden stresstheoretische und gesundheitspsychologische Theorien die Grundlage für die eigene Untersuchung. Des Weiteren wird verglichen, inwiefern selbständigkeitsrelevante Ausprägungen einer Auswahl von Persönlichkeitsmerkmalen, die in der Literatur genannt und in den meisten Untersuchungen bei Unternehmensgründern eruiert worden sind, auch bei selbständigen Handelsvertretern festgestellt werden können.

Bislang wurde die selbständig organisierte Erwerbstätigkeit in der arbeits- und organisationspsychologischen Forschung stark vernachlässigt (Müller, 2004, S. 999) Sucht man nun im Bereich der arbeits- und organisationspsychologischen Forschung unter dem Stichpunkt „Selbstständigkeit", finden sich parallel zur „mitarbeiter/angestellten-orientierten" Forschung, Untersuchungen, die Zusammenhänge zwischen Persönlichkeit und unternehmerischen Handeln betrachten. Die meisten Untersuchungen hierzu aus den 70er, 80er und 90er Jahren und ebenso einige fundamentale Forschungsergebnisse stammen aus den USA (Wärneryd, 1988; Hisrich, 1990). Im deutsprachigen Bereich gibt es einschlägige Untersuchungen erst seit relativ kurzer Zeit – also etwa Mitte der 90er Jahre (Müller, Dauenhauer & Schöne, 1997; Frese, 1998; Müller, 1999a). Selbständige Handelsvertreter im Direktvertrieb wurden also nicht ausreichend genug explizit in den Fokus der Betrachtung in der Arbeits- und Organisationspsychologie gerückt. Einen Teil dieser Lücken will die vorliegende Arbeit schließen.

Im Kern geht die vorliegende Untersuchung der Frage nach, welchen Anforderungen selbständige Handelsvertreter im Direktvertrieb täglich ausgesetzt sind. Was sind ihre Berufsanforderungen? Was kennzeichnet Ihren Tagesablauf? Was ist „daily business" für sie? Wie bewältigen Sie die hieraus resultierenden Anforderungen? Gibt es spezifische Anforderungen im Außendienst? Welche Eigenschaften bringen die selbstständigen Handelsvertreter mit? Ausgehend vom Modell des Person-Environment-Fit wird der Übereinstimmungsgrad zwischen den Eigenschaften einer Person und den Anforderungen und Befriedigungschancen in der Tätigkeit betrachtet.

Im ersten Kapitel werden historische Hintergründe dieses Wandels in der Arbeitswelt vorgestellt. Dabei bildet das Modell des „Arbeitskraftunternehmers" nach Pongratz und Voß (2000) die theoretische Grundlage. Im ersten Kapitel wird die Beziehung zur Erwerbsform der selbständigen Handelsvertreter mit diesem Modell hergestellt. Von einigen Autoren wird konstatiert, dass die Anzahl der selbständigen Handelsvertreter bereits stark angestiegen ist (Zacharias, 2005).

Gleichzeitig wird prognostiziert, dass diese Form der Erwerbstätigkeit weiter zunehmen wird (ebenda). Der Grund für diese Entwicklung wird auf wirtschaftliche, aber auch auf gesellschaftliche Veränderungen zurückgeführt. Das Kapitel eins geht detaillierter auf dieses Argument ein und gibt aktuelle theoretische Überlegungen wieder. Der Direktvertrieb als Vertriebsform und seine wirtschaftliche Bedeutung wird in Kapitel zwei genauer dargestellt. Ebenso werden im zweiten Kapitel formale Hintergründe der Tätigkeit als selbständiger Handelsvertreter im Direktvertrieb aufgezeigt. Das dritte Kapitel gibt einen Definitionsüberblick über „Unternehmer" bzw. „Entrepreneure" und zeigt Gemeinsamkeiten und Unterschiede zwischen selbständigen Handelsvertretern auf.

Basierend auf den theoretischen Modellen und zusammengetragenen empirischen Belegen der vorangehenden Kapiteln wird im vierten Kapitel eine Synopse hinsichtlich Anforderungen, Persönlichkeitsmerkmalen, Belastungserleben und Anforderungsbewältungsstrategien selbständiger Handelsvertreter im Direktvertrieb erstellt. Diese Zusammenstellung bildet die Grundlage für die Zielsetzung und Fragestellungen der Arbeit, welche im fünften Kapitel aufgeführt ist. Das sechste Kapitel stellt systematisch das methodische Vorgehen zur Klärung der Fragestellung dar. Kapitel sieben und acht interpretieren und diskutieren die erhaltenen Ergebnisse. Das Kapitel neun leitet aus den diskutierten Ergebnissen Handlungsempfehlungen für die Praxis ab. Im zehnten Kapitel wird ein Fazit gezogen, worin der Mehrwert der Daten auch für andere Bereiche der Wirtschaft, z.B. in beratenden Berufen (Unternehmensberatung, Personal-, Berufsberatung, Gründerberatung) aufgezeigt wird.

1. Wandel in der Arbeitswelt

Gesellschaftsdiagnostischer Hintergrund der These vom Arbeitskraftunternehmer (Pongratz & Voß, 2000) ist die Vermutung, dass sich ein
Übergang zu einer flexibilisierten Arbeitsgesellschaft abzeichnet.
Pongratz & Voß (2001) gehen davon aus, dass diese „*Hyperarbeitsgesellschaft*" mehr denn je in allen Bereichen von Erwerbsarbeit geprägt
sein wird. Eine wichtige Einschränkung ist, dass diese Erwerbsarbeit
neue Formen annimmt und die absehbaren Auswirkungen höchst
problematisch erscheinen. Die „*Hyperarbeitsgesellschaft*" ist dabei
durch neue und entgrenzte Formen von Erwerbsarbeit geprägt. Ur-
sprung dieses Prozesses sind Reorganisationsprozesse in der Wirtschaft in den letzten Jahren. An die Stelle der innerbetrieblichen Kontrolle soll durch Förderung von Selbstorganisation die Verantwortlichkeit der Arbeitenden treten

1.1. Historische Hintergründe

Zur historischen Betrachtung von Erwerbsarbeit werden zunächst
zwei Stränge verfolgt (vgl. Abb. 1.1). Als Erstes wird die kontextuell-
historische Entwicklung von angestellten Arbeitnehmern betrachtet.
Anschließend werden, nachdem ein Definitionsüberblick dargelegt
wird, historische Meilensteine der „Freien Berufe" aufgezeigt.

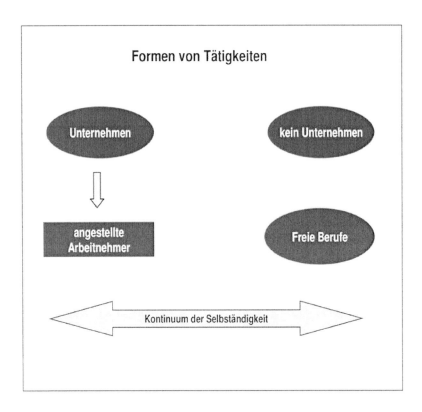

Abb. 1.1.: Tätigkeitsformen in Hinblick auf Selbständigkeit (eigene
Darstellung)

Die in der Abbildung 1.1. visualisierte Arbeitsform des Angestellten
im Unternehmen wurde und wird als „Normalarbeitsverhältnis" bezeichnet. Hierunter ist beispielsweise eine abhängige Beschäftigung
zu verstehen, die eine unbefristete Arbeitsvertragslaufzeit hat. Gesetzliche Richtlinien regeln Kündigungsfristen. Der Betrieb, in dem die
Arbeit erbracht wird, ist von der Wohnung des Beschäftigten getrennt.
Die Arbeitszeit ist im Sinne des Normalarbeitszeitmusters von 9.00
Uhr bis 17.00 Uhr und wird werktags verrichtet. Die abhängig be-

schäftigten Angestellten von Unternehmen genießen im Rahmen ihrer Tätigkeit ein soziales Sicherungssystem, das vom Unternehmen mitgestaltet und getragen wird. Der Angestellte hat sich für die Tätigkeit im Unternehmen durch eine vorgeschaltete Berufsausbildung qualifiziert und Weiterbildungen sind nur geringfügig nötig (vgl. Kastner, 2003). Dies ist eine Definition des Normalarbeitsverhältnisses, welche auch in der aktuellen Praxis anzutreffen ist. Dies war jedoch nicht immer so.

In der frühen Phase des modernen Kapitalismus dominierte eine sehr restriktive Form der damals auf Arbeitsmärkten erst systematisch zur Ware gewordenen Arbeitskraft. Es wurden vorwiegend aus feudalen Abhängigkeitsverhältnissen (im Sinne einer soziokulturellen und wirtschaftlich-rechtlichen Feudalordnung, die von monarchischen Strukturen geprägt war) freigesetzte, bäuerlich-handwerkliche Arbeitskräfte mit geringer Qualifikation für die ersten Industrien genutzt. Die Arbeitsfähigkeit dieses Typus des *proletarisierten Lohnarbeiters* war quasi „roh". Vor allem die Fähigkeit zur kontinuierlicher und disziplinierter Arbeit in großbetrieblichen Strukturen war begrenzt. Betriebe versuchten daher mit rigider Herrschaft eine kontinuierliche Arbeitskraftnutzung regelrecht zu erzwingen (vgl. Voß & Pongratz, 2001). Industriearbeitskräfte bildeten im engeren Sinne jene oft zitierte „Reservearmee" von
proletarisierten Lohnabhängigen. Ihr Alltag war durch eine höchst unsichere und verschleißende Veräußerung ihrer Arbeitsfähigkeiten geprägt, neben der nur noch eine sehr reduzierte Erholung möglich war.
Mit der Etablierung sozialstaatlicher Institutionen der sozialen Sicherung, der beruflichen Bildung und der industriellen Beziehungen bildet sich auch eine neue Form von Arbeitskraft aus, die durch systematische Ausbildung eine wesentlich erhöhte und weitgehend standardisierte Fachqualifikation erlangt. Diese als „*Beruf*" zu bezeichnende Qualifikationsform schließt grundlegende allgemeine Arbeitstugenden (Fleiß, Ordnung, Pünktlichkeit etc.) ein. Betrieblich wird repressive Herrschaft meist durch eine strukturelle technische und organisatorische Kontrolle ersetzt. Zunehmend wird bei diesem Typus des „*verbe-*

ruflichten" Arbeitnehmers zudem auf eine gewisse innere Disziplinierung vertraut – und er wird mit psychosozialen Führungstechniken unterstützt. Grundlage dieser Form von Arbeitskraftnutzung im sogenannten fordistischen Produktionsregime ist eine ausgebaute soziale Absicherung bei steigenden Löhnen und sinkenden Arbeitszeiten – sowie nicht zuletzt eine Arbeitsteilung der Geschlechter, die Frauen dominant darauf verweist, den erwerbstätigen Männern in Haushalt und Familie zuzuarbeiten. Es entsteht eine Alltagsform, die durch die bürgerliche Kleinfamilie und eine konsumorientierte "Freizeit" im modernen Sinne geprägt ist (Pongratz & Voß, 2001). Es lassen sich grob zwei Basistypen von Arbeitskraft in früheren Phasen der industriegesellschaftlichen Entwicklung unterscheiden. Tabelle 1.1 stellt diese dar:

Tab. 1.1: Historische Typen von Arbeitskraft im Kapitalismus (nach Pongratz & Voß, 2001)

Proletarisierter *Lohnarbeiter* (Frühindustrialisierung) ❖ rohes Arbeitsvermögen ❖ rigide direkte Kontrolle der Arbeit ❖ harte Ausbeutung, kein sozialer Schutz
„Verberuflichter" **Arbeitnehmer** (Fordismus) ❖ standardisierte Qualifikationen, rudimentäre Arbeitstugenden ❖ verwissenschaftlichte, strukturelle Kontrolle der Arbeit ❖ gedämpfte Ausbeutung, hoher staatlicher Schutz

Nach dem Ende der tayloristischen Arbeitsorganisation wird ein neuer Arbeitstypus als Leittypus von Arbeitskraft angenommen. Pongratz & Voß (2000, 2001) sehen den **Arbeitskraftunternehmer** als möglichen neuen Leittypus von Arbeitskraft für eine verstärkt marktorientierte Betriebsorganisation (siehe Kapitel 1.2.).

Parallel zum Normalarbeitsverhältnis existieren die „Freien Berufe". Personen, die einem Freien Beruf nachgehen sind keinem Unternehmen zuzuordnen. Sie üben ihren Beruf ausschließlich auf Anfrage aus. Aufträge können auch von Unternehmen vergeben werden (vgl. Abb. 1.3); in diesem Fall ist jedoch keine vergleichbare Abhängigkeit vorzufinden wie bei abhängig Beschäftigten.

Der Begriff „Freie Berufe" leitet sich von dem des „Freien Bürgers" ab. Im antiken Rom konnte nur er sich bestimmte Fachkenntnisse und Fertigkeiten aneignen. Und schon damals galt: Seine Dienstleistungen und Produkte sollten nicht allein dem Individuum, sondern auch der Gesellschaft zugute kommen (vgl. Denke, 1956), welches eine soziale Verantwortung für Klienten, Angehörige von Klienten und weitere Personen bezog, die im Rahmen der Ausübung der freien Tätigkeit betroffen waren (z.B. „advocatus", der Rechtsanwalt, der sowohl Klientenwohl als auch die Gemeindeordnung bei der Ausübung seiner Tätigkeit zu berücksichtigen hatte) (vgl. Denke, 1956). Im Folgenden ist ein Abriss der Geschichte der Freien Berufe zu finden. Genauere

Erläuterungen zur Geschichte der Freien Berufe finden sich an anderer Stelle (z.B. Deneke, 1956; Mann, 2003; Taupitz, 1991; Tettinger, 1997; Werner, 2002). Um ca. 4000 v. Chr. entwickelten sich Tätigkeiten, die heute zu den Freien Berufen gezählt werden. Die Heilkunde war im Vorderen Orient bereits eine ausgeprägte Wissenschaft. Ingenieure und Architekten im Vorderen Orient entwickelten durchdachte Bewässerungsanlagen, erfanden das Rad (Wasserrad, Streitwagen) und berechneten gigantische Bauwerke (Pyramiden) exakt. Forschung und Wissenschaft trieben die Entwicklung in der Menschheitsgeschichte voran. Von der Antike über das Mittelalter, die Renaissance und die Neuzeit waren Freie Berufe den damaligen rechtlichen und gesellschaftlichen Entwicklungen unterworfen. Hierzu zählte beispielsweise auch eine starke staatliche Bevormundung, worauf sich Mitte des 19. Jahrhunderts sich zum ersten Mal in der Geschichte der Freien Berufe öffentlich-rechtliche Standesorganisationen (Kammern) herausbildeten. Frühe Erscheinungsformen sind z.B. die Hamburger Notariatskammer (1811) und die Gründung der Anwaltskammer von Sachsen-Coburg-Gotha (1862). Die Reichsgründung 1871 und der beginnende wirtschaftliche Liberalismus bedeuteten eine Wende in der Organisation der Freien Berufe. Mit dem Erlass der Rechtsanwaltordnung vom 1. Juli 1878 wurde die weitgehende disziplinarische Loslösung von staatlichen Stellen erreicht. Am 25. Mai 1887 wurde für Preußen die Errichtung von Ärztekammern in jeder Provinz angeordnet. In den 20er Jahren kam es zur Verabschiedung zahlreicher Standesordnungen, die noch heute Gültigkeit haben. Anfang des 20. Jahrhunderts nahm das Kammerwesen, wie wir es heute kennen, konkret Gestalt an: 1909 folgte die Gründung der „Vereinigung der Vorstände der deutschen Anwaltskammern", der Vorläufer der heutigen Bundesrechtsanwaltskammer. Um die Jahrhundertwende spaltete sich der Kreis der Juristen zudem in neue Berufsgruppen aus den Bereichen der Rechts- und Wirtschaftsberatung auf. Ihre Selbstverwaltungseinrichtungen orientierten sich an den bereits vorhandenen Rechtsanwaltsvereinigungen. Die Gründung des Kammerwesens in den übrigen rechts- und wirtschaftsberatenden Berufen folgte erst in den dreißiger Jahren: Die Patentanwaltskammer (28.9.1933) und am 13. Februar 1937 die

Reichsnotarkammer. Am 23.3.1943 wurde mit der Reichskammer der Wirtschaftstreuhänder eine öffentlich-rechtliche Institution für Wirtschaftsprüfer, Wirtschaftsprüfungsgesellschaften und vereidigte Buchprüfer geschaffen, am 12.6.1943 folgte die Reichskammer der Steuerberater. In den Heilberufen bildete sich nach der Jahrhundertwende ein eigenständiges Kammerwesen heraus: Apotheker (2.2.1901), Tierärzte (2.4.1911), Zahnärzte (16.12.1912). Den Status von Körperschaften des öffentlichen Rechts erhielten z.b. die Ärztekammern in Preußen am 30.12.1926, in Bayern am 1.7.1927. 1946 wurde auf überregionaler Ebene der „Nordwestdeutsche Ärztekammerverband" gegründet, der 1947 in „Arbeitsgemeinschaft der westdeutschen Ärztekammern" umbenannt und seit 1955 endgültig als „Bundesärztekammer" bezeichnet wird.

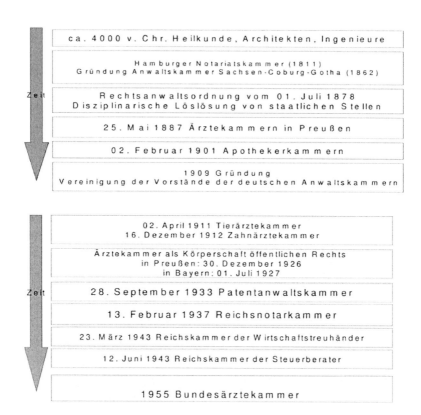

Abb. 1.2.: Historische Entwicklung freier Berufe (eigene Darstellung)

Der Freie Beruf ist ein berufssoziologischer Terminus: Ein Begriff, der nicht eindeutig abgrenzbar erscheint, sondern bei dessen definitorischer Bestimmung jeweils auf die Tatbestandsvielfalt der beruflichen Wirklichkeit und ihren stetigen Wandel eingegangen werden sollte (BverfG 10, 354, 364). Bis heute bestehen keine umfassend verbindlichen Anwendungs- und Zuordnungsregeln zur Abgrenzung des Begriffs „Freie Berufe". Die Kategorisierung ist insofern problematisch, als die Zuordnung von Berufsgruppen dem Einzelfall häufig nicht gerecht wird (Engel & Oberlander, 2000). Eine gesetzliche (Le-

24

gal-) Definition findet sich einzig im Partnerschaftsgesellschaftssatz. Im § 1 Abs. 2 PartGG heißt es:

„Die Freien Berufe haben im allgemeinen auf der Grundlage besonderer beruflicher Qualifikation und schöpferischer Begabung die persönliche, eigenverantwortliche und fachlich unabhängige Erbringung von Dienstleistungen höherer Art im Interesse der Auftraggeber und der Allgemeinheit zum Inhalt"

Das Einkommensteuergesetz unterscheidet im §18 Abs. 1 Nr. 1 drei Gruppen freiberufliche Tätigkeit:

- Die selbstständig ausgeübten wissenschaftlichen, künstlerische, schriftstellerische, unterrichtenden oder erzieherischen Tätigkeiten **(Tätigkeitsberufe)**
- Die selbstständige Tätigkeit der im Gesetz aufgezählten so genannten **Katalogberufe,** hierzu zählen
    o Heilberufe: Ärzte, Zahnärzte, Tierärzte, Dentisten, Heilpraktiker, Krankengymnasten
    o Rechts-, Steuer- und wirtschaftsberatende Berufe: Rechtsanwälte, Patentanwälte, Notare, Wirtschaftsprüfer, Steuerberater, Steuerbevollmächtigte, beratende Volks- und Betriebswirte, vereidigte Buchprüfer und Bücherrevisoren
    o Naturwissenschaftliche/Technische Berufe: Vermessungsingenieure, Ingenieure, Handelschemiker, Architekten, Lotsen
    o Informationsvermittelnde Berufe: Journalisten, Bildberichterstatter, Dolmetscher, Übersetzer
- Selbstständige Tätigkeit der den Katalogberufen ähnlichen Berufe **(Analogberufe)**

In der vorliegenden Arbeit werden die Begriffe „Freiberufler", „Freier Mitarbeiter" und der englische Begriff „Freelancer" synonym verwendet. Bezeichnet werden so überwiegend Selbstständige ohne eigene Mitarbeiter, die über knappe Qualifikationen (Expertenwissen) verfügen, in lose gekoppelten Arbeitsbeziehungen stehen und deren

Dienstleistungen in der Regel projektbezogen eingekauft werden (Reick, Gerlmaier, Ayan & Kastner, 2003).

1.2. Vom Arbeitnehmer zum Arbeitskraftunternehmer

Mit dem Wandel der Unternehmensformen in Richtung vernetzter, dezentraler Strukturen sowie mit wachsendem Druck zur Kundenorientierung, Flexibilität und Innovativität ändert sich auch die Rolle des Mitarbeiters in der Organisation. Entscheidungen werden nach „unten" verlagert, Mitarbeiter sollen nicht mehr nur Anordnungen effizient ausfüllen, sondern selbst überlegen, wie sie innovative Beiträge zur Wertschöpfung des Unternehmens beitragen können (Wunderer & Kuhn,1995). Diese von Glißmann (1997), Kadritzke (2000) und Kühl (2000) bezeichnete „Neue Selbständigkeit in Unternehmen" hat viele Gesichter. Sie reicht von Mitarbeitern, die sich als interne Unternehmer (*Intrapreneure*) verstehen sollen (vgl. Kapitel 3.3), über Tele- und Projektarbeiter und Berater (Gerlmaier, Reick & Kastner, 2002). Wirtschaftswissenschaftliche Ansätze sprechen auch von einem Unternehmertum in Unternehmen. Im folgenden Abschnitt wird die soziologische Perspektive des „Arbeitskraftunternehmers" erörtert.

1.2.1. Strukturwandel der betrieblichen Arbeitsorganisation

In den letzten Jahren vollziehen sich in fast allen Bereichen der Wirtschaft Reorganisationsprozesse in einer bisher unbekannten Qualität. Die Globalisierung der Märkte, immer schnellere Produktzyklen und der damit verbundene Zwang, ständig Entwicklungsvorsprünge als Wettbewerbsvorteile gegenüber Konkurrenten herausarbeiten zu müssen, prägen zunehmend die Marktbedingungen in der globalisierten Informationsgesellschaft. Galten Arbeitsteilung, festgelegte Zuständigkeiten und Entscheidungsbefugnisse, hierarchische Über- und Unterordnung sowie formalisierte Arbeitsbeziehungen in den Glanzzeiten der Massenproduktion als dominante Gestaltungsprinzipien von Organisationen, so werden diese zunehmend als Entwicklungshemmnis in einem von Dynamik und Komplexität beherrschten Markt angesehen (Piore & Sabel, 1985). Durch diese verschärften Wettbewerbsbedingungen sieht sich das betriebliche Management zu einem massiven Kostenabbau und zur Erweiterung der betrieblichen Reaktionsmöglichkeiten veranlasst. Die rigide und detaillierte Steuerung des Arbeitshandelns - oft auf der Basis von tayloristischen Prinzipien - wird als Hindernis gesehen. Stattdessen wird nun versucht, im Zuge einer Flexibilisierung und „Entgrenzung" von Arbeit (vgl. Minssen, 2000) die Verantwortlichkeit von Arbeitenden zu erhöhen. Arbeitsformen mit erweiterten Erfordernissen an eine „Selbstorganisation" der Beschäftigten sind vielgestaltig. Abbildung 1.2. gibt einen Überblick über Formen der Steuerung von Arbeit mit erweiterter „Selbstorganisation" der Beschäftigten:

Formen der Steuerung von Arbeit mit erweiterter „Selbstorganisation" der Beschäftigten	
Im Rahme *konventioneller* Beschäftigungsverhältnisse:	Im Rahmen *betriebsübergreifender* Kooperationsbeziehungen
• Gruppen- und Teamarbeit • Führung durch Zielvereinbarung • Intrapreneur Modelle, Center-Konzepte • Hoch flexibilisierte Arbeitszeiten • Neue Formen computervermittelter Heim- und Mobilarbeit usw.	• Auslagerung auf Scheinselbständige oder Arbeitnehmerähnliche • Franchise-Systeme • Kooperation mit Selbständigen (Freiberuflern, Kleinstbetriebe u.a.) • Virtuelle Betriebe usw.

Abb. 1.3. Formen der Steuerung von Arbeit mit erweiterter „Selbstorganisation" der Beschäftigten (nach Pongratz & Voß, 2001).

Pongratz und Voß (2001) gehen von einem quantitativ und qualitativ bedeutsamen Wandel aus, weil das Verhältnis von Betrieb und Arbeitskraft bei so genannten „neuen Arbeitsformen" auf eine veränderte Grundlage gestellt wird: An die Stelle der detaillierten Durchstrukturierung von Tätigkeiten treten zunehmend marktähnliche Auftragsbeziehungen (vgl. Moldaschl, 1998) . Zur Erklärung der Hintergründe dieser Entwicklungen kann auf das Transformationsproblem aus der Industriesoziologie verwiesen werden. Das Transformationsproblem aus den Theorien der Industriesoziologie besagt, dass Betriebe bei der Anstellung von Mitarbeitern nicht fertige Arbeit kaufen, sondern allein das Recht deren Potentiale zeitweise zu nutzen (im Sinne von: die Transformation von Leistungspotentialen in tatsächliche Leistung) Dies sichere keineswegs, dass die erforderliche Arbeitsleistung auch tatsächlich erbracht wird. Die Lösung des Problems sei die gezielte „Kontrolle" (im Sinne von Steuerung) von Arbeit durch organisatorische und technische Verfahren. Lange Zeit war nun relativ klar, dass (bis auf Ausnahmen) eine möglichst detaillierte und rigide Form jener „Kontrolle" die optimale Strategie sei. (vgl. Taylorismus). Dies stößt nun nach Pongratz & Voß (2001) zunehmend an Grenzen. Weitere Verschärfungen von "Kontrolle" erzeugen überproportional Kosten und behindern vor allem die immer wichtigere Innovativität und Flexibilität. An dieser Stelle kann neben der industriesoziologischen auch die arbeitspsychologische Perspektive hinzugefügt werden. Psychologische Studien gehen davon aus, dass Innovativität und Flexibilität erst durch eine hohe Motivation der Mitarbeiter für ihre Arbeit entstehen kann. Das „Transformationsproblem" ist damit eine andere Bezeichnung für die an Psychologen oft gestellte Frage „Wie werden Mitarbeiter motiviert?". Nicht selten wird deshalb oft genau das Gegenteil von dem propagiert, was bisher Leitlinie war: also jetzt Kontrolle reduzieren und Freiräume schaffen. Das bedeutet keineswegs, dass auf Steuerung überhaupt verzichtet würde. Im Gegenteil: die Rücknahme von direkter Arbeitssteuerung ist meist von einer Ausweitung indirekter Steuerungen begleitet: zum Beispiel durch eine gezielte Kontrolle strategischer Betriebsparameter (Kosten, Umsatz, Qualität, Kundenzufriedenheit usw.). Der entscheidende Unterschied ist, dass zunehmend direkte Kontrolle zurückgenommen wird. Das heißt jedoch nichts anderes, als dass das komplizierte (und teure) Geschäft der Sicherung konkreter Arbeits-Leistung zunehmend den Beschäftigten zugewiesen wird. Sie müssen nun immer mehr diese fundamentale betriebliche Funktion übernehmen. Kurz: die, die das Transformationsproblem erzeugen, müssen es jetzt mehr als bislang selber lösen.

Oder mit anderen Worten: Wir finden hier den Versuch, die Transformation durch Externalisierung besser zu gewährleisten.

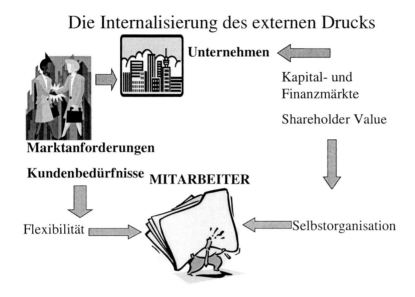

Die Internalisierung des externen Drucks

Abb. 1.4.: „Die Lösung des Transformationsproblems"? (nach Lehndorff, 2003)

1.2.2. Der Arbeitskraftunternehmer

Die verstärkte Verlagerung des Transformationsproblems auf die Arbeitenden bedeutet, dass nun die Beschäftigten die Umformung ihres (sozusagen) latenten Fähigkeitspotentials in manifeste Arbeits-Leistung immer mehr selber steuern. Die bisher dem betrieblichen Management zufallende Steuerung von Arbeit ist damit in neuer Qualität, Teil der gekauften Arbeitskraft - sie wird dadurch zu einem substantiell höherwertigen Produktionsfaktor. Arbeitskraft ist hier mehr als nur das ruhende Potential von relativ gleichgültigen Lohnabhängigen, die man zur Leistung nötigen muss. Jetzt erhält der Betrieb (fast ohne sein Zutun) schon weitgehend die unmittelbar verwendbare Leistung - und zwar als Ergebnis der Selbstkontrolle der Betroffenen. Arbeitskraft ist nicht mehr aufwendig umzuformender Rohstoff sondern hochwertiges „Halbfertigprodukt". Wichtige Folge für die Betroffenen ist, dass sie sich nun auf dem Arbeitsmarkt wie auch innerhalb der Betriebe völlig anders verhalten müssen als bisher. Aus der bisher meist eher reaktiven und nur punktuell systematisch ihre Potentiale ökonomisch handhabenden Arbeitsperson muss nun ein kontinuierlich effizienzorientiert handelnder Akteur werden. Ein Akteur, der seine Fähigkeiten hochgradig gezielt auf eine wirtschaftliche Nutzung hin entwickeln und systematisch verwerten muss. Dies bedeutet jedoch nichts anders (wie Industriesoziologen sagen würden) als eine verstärkte Selbst-Ökonomisierung der Arbeitskraft; und zwar in doppelter Hinsicht: Zum einen müssen Arbeitskräfte jetzt zunehmend ihre Fähigkeiten und Leistungen zweckgerichtet und kostenbewusst aktiv herstellen - d.h. sie betreiben eine Art gezielte „Produktionsökonomie" ihrer selbst. Zum anderen müssen sie ihre Fähigkeiten zunehmend auf betrieblichen und überbetrieblichen Märkten für Arbeit aktiv "vermarkten". Konkret: Sie müssen gezielt sicherstellen, dass ihre Fähigkeiten gebraucht, gekauft und effektiv genutzt werden. Dies ist nichts anderes als eine individuelle "Marktökonomie". Müssen Arbeitskräfte auf diese Weise zunehmend eine aktive "Selbst-Produktion" und "Selbst- Vermarktung" betreiben, wird dies eine neue Qualität ihres Lebens nach sich ziehen. Aus einem sozusagen noch eher "naturwüchsigen" Alltag (etwa mit festen Arbeits- und Freizeiten) muss eine systematische Organisation des gesamten Lebenszusammenhangs werden. Nur so ist der Einzelne in der Lage, den Anforderungen an eine erweiterte Produktion, Vermarktung und dann produktive Anwendung seiner selbst gerecht zu werden. Was die Produzenten und Verkäufer von Arbeitskraft mit einer solchen Durchgestaltung ihres Lebens aber tun, gleicht immer mehr dem, was diejenigen tun, die Waren anderer Art produzieren und verkaufen. Sie entwickeln eine Art "Betrieb". Eine Schlussfolgerung ist, dass sich der Arbeitskraftunternehmer deutlich vom fordistisch bzw. tayloristisch geprägten Arbeitnehmer unterscheidet. Die nachfolgende Tabelle stellt zusammengefasst grundlegende Merkmale des Arbeitnehmern und des Arbeitskraftunternehmers gegenüber.

Tab. 1.2.: Merkmale des verberuflichten Arbeitnehmers und des Arbeitskraft-Unternehmers (nach Voß & Pongratz, 1998, S. 150)

	Verberuflichter Arbeitnehmer (Fordismus)	Arbeitskraft-unternehmer
Qualität der Arbeitskraft	• Arbeitskraft als Massenware • Systematisch, öffentlich erzeugte Fachfähigkeiten als Basis	• Arbeitskraft als individualisiertes Halbfertigprodukt • Permanent weiterentwickelnde Fachfähigkeiten • Dominanz von Metafähigkeiten wie Selbstorganisationsfähigkeiten
Dominanter betrieblicher Transformationsmechanismus	• Residuale Formen direkter Kontrolle, Übergang zu struktureller Kontrolle	• Individuelle oder kollektive Selbstkontrolle • Ergebnisorientierte Auftragsvergabe • Betriebliche Rahmensteuerung • Flankierende psychosoziale Kontrollformen
Arbeitsbeziehungen	• Gesetzlich geregelter sozialer Schutz • Starke kollektive Interessensvertretung	• Permanenter Aushandlungsprozess zwischen Auftraggeber und -nehmer • Individualisierte existenzielle Absicherung und Interessensvertretung
Zeitperspektive	• Oft Einmalverkauf der Arbeitskraft zu Berufsbeginn, begrenzte Berufswechsel • Residuales, abgefedertes Arbeitsplatzrisiko • Lebensberuf mit festen Karriereschritten	• Kontinuierliche aktive Produktion und Vermarktung der Arbeitskraft • Temporäre Aufträge, partiell längerfristige Austauschbeziehungen • Kontingenter, • hochfraktionierter Lebenslauf
Identität	• Beruf als identitäts- und statusfördernde Schablone	• Hochindividualisierte Patchwork- Identität • Laufende Anpassung an wechselnde Arbeits- und Lebensanforderungen • Wechselndes kleingruppen-

31

		spezifisches Bewusstsein • Entwickelte Verbürgerli-chung
Lebens-führung	• Sinkende Arbeitszei-ten, steigende Löhne • Genormte Engage-ments zwischen Beruf und Familie/Freizeit • Großgruppenspe-zifischer Lebensstil	• Selbstmanagement von Alltag und Biografie • Variable Arrangements zwi-schen Arbeit und Familie • Aushandelungsoffene Le-bensformen • Stark variantes Konsumni-veau

32

1.2.3. Der Arbeitskraftunternehmer im Betrieb und im Rahmen *unternehmensübergreifender* Kooperationsbeziehungen

Wie sieht der in Kap 1.2.2. vorgestellte „Arbeitskraftunternehmer" in der betrieblichen Praxis aus? Welche Formen des Arbeitskraftunternehmers existieren im empirischen Feld? Reick, Gerlmaier, Ayan und Kastner (2003) führten explorative Intensivfallstudien durch, um einen Einblick in die Gestaltungsformen neuer autonomer Arbeit im empirischen Feld zu erhalten. An dieser Stelle soll festgelegt werden, dass die Begriffe „autonome Arbeit" und „Selbständigkeitsform" im Kontext der vorliegenden Arbeit im Sinne der bereits definierten Erscheinungsmerkmale des „Arbeitskraftunternehmers" verwendet werden. Zur genaueren Differenzierung der Terminologie siehe Gerlmaier und Kastner (2003).

Die Autoren Reick, Gerlmaier, Ayan & Kastner (2003) unterscheiden basierend auf den Daten Ihrer Untersuchung folgende Formen:

❖ Intraorganisationale Selbstständigkeitsformen: „Der Arbeitskraftunternehmer im Betrieb"
  ▪ Projektgruppen
  ▪ Innovations- Intrapreneurship
  ▪ Unternehmerische Angestellte in Profitcenterstrukturen
  ▪ Centerleiter

- ❖ Grenznahe Selbständigkeitsformen
  - ▪ Telearbeit
  - ▪ Auch- Unternehmer
  - ▪ **Vertrieb/Außendienst**

- ❖ Organisationsexterne Selbständigkeitsformen
  - ▪ Freelancer/Freie Berufe
  - ▪ Existenzgründung aus Unternehmenszusammenhängen
  - ▪ Auslagerung

Unternehmensübergreifende
Ko-operations-beziehungen

Grenznahe Selbständigkeitsformen und organisationsexterne Selbständigkeitsformen werden an dieser Stelle als unternehmensübergreifende Kooperationsbeziehungen zusammengefasst. Für die selbst durchgeführte Untersuchung (vgl. Kapitel 6) und damit die vorliegende Arbeit ist die *Grenznahe Selbstständigkeitsform im Vertrieb/Außendienst* im weiteren Verlauf bedeutsam und wird näher betrachtet. Reick et al. (ebenda, S.170) weisen auf diese spezifische Grenzform folgendermaßen hin:

„Eine weitere, bereits seit längerem existierende Grenzform zwischen klassischem Angestellten und Selbständigem stellen Mitarbeitergruppen im Vertrieb dar."

In den von Reick und seinen Kollegen (ebenda) untersuchten Unternehmen existieren sowohl Formen im Arbeitnehmerstatus, die überwiegend ergebnisorientiert geführt und entlohnt werden (basierend auf Provisionen) als auch hinsichtlich Arbeits- und Zeiteinteilung weitgehende Freiräume besitzen. Daneben finden sich ebenfalls Vertriebsmitarbeiter, die eine formale Selbstständigkeit aufweisen, jedoch durch vertragliche Bindung an Kundenunternehmen einen hohen Assoziationsgrad zum Unternehmen aufweisen und damit einer arbeitnehmerähnlichen Erwerbsform nachgehen. In der Studie von Reick et al. (ebenda) werden diese überwiegend als Versicherungsunternehmen identifiziert. Dies ist für die vorliegende Untersuchung relevant, da es insbesondere bei Unternehmen der Versicherungsbranche etabliert ist, über „den klassischen Vertreterkauf" im Direktvertrieb Produkte zu vertreiben. Die so beschriebenen selbstständigen Vertriebsmitarbeiter werden in der Regel als „selbständige Handelsvertreter" bezeichnet. Auch andere Branchen vertreiben Ihre Produkte im Direktvertrieb und setzen hierfür selbständige Handelsvertreter ein. So beispielsweise die vorliegende Untersuchungsstichprobe (vgl. Kapitel 6), die sich aus selbstständigen Handelsvertretern rekrutiert, die im Direktvertrieb Produkte aus der Investitionsgüterbranche vertreiben. Im nachfolgenden Kapitel zwei werden der Begriff und die Erscheinungsform des Direktvertriebs aufgezeigt. Wesentliche Merkmale von selbstständigen Handelsvertretern werden erläutert. Abbildung drei legt die vorgestellten Inhalte grafisch dar.

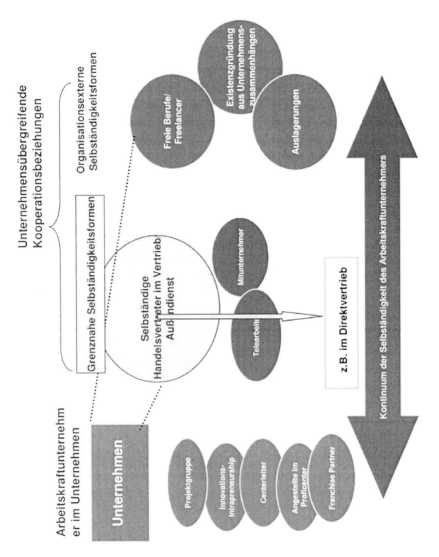

Abb. 1.5. Der Arbeitskraftunternehmer im Unternehmen und im Rahmen unternehmensübergreifende Kooperationsbeziehungen (eigene Darstellung in Anlehnung an Reick, Gerlmaier, Ayan & Kastner, 2003).

2. Selbständige Handelsvertreter im Direktvertrieb – eine Feldbestimmung

Dieses Kapitel versucht einen einführenden Überblick einerseits über die Vertriebsform des Direktvertriebs zu geben und andererseits eine erste Feldbestimmung über selbständige Handelsvertreter im Direktvertrieb zu leisten.

2.1. Begriffsdefinition Direktvertrieb

Der direkte Vertrieb ist eine Möglichkeit zur Gestaltung des Absatzweges, mit der ein Hersteller die Absatzkanallänge für ein Produkt festlegt. Beim direkten Vertrieb verkauft ein Hersteller eine Leistung ohne Zwischenschaltung eines Absatzmittlers direkt an den Kunden (Olbrich, 2001). Engelhardt & Jaeger (1998) betonen im Rahmen Ihres Forschungsprojektes „Der Direktvertrieb von konsumtiven Leistungen", dass eine Definition auf einer subjektiven Abgrenzung basiert, die von Plausibilität, Erfassungsmöglichkeiten und Zweckmäßigkeiten bestimmt wird. Hierbei greifen Engelhardt & Jaeger (1998) bei ihrer aktualisierten Forschungsdarstellung häufig auf eine frühere Definition von Engelhardt & Witte (1990) zurück. Zur Ermittlung der Bedeutung des Direktvertriebs wird vorerst von einer Definition im engsten Sinne ausgegangen, die dann erweitert werden kann. Hierdurch sollen nach Engelhardt & Jaeger alle Erscheinungsformen des Direktvertriebs erfasst und zugeordnet werden. In Abbildung 2.1. wird das Vorgehen verbildlicht:

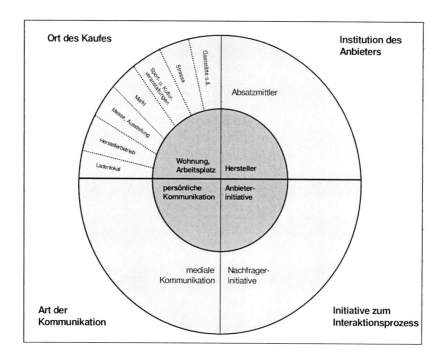

Abb. 2.1.: Kriterien zur Abgrenzung des Direktvertriebs (aus Engelhardt & Jaeger, 1998, S.16)

Engelhardt & Jaeger (1998) greifen diese vier Kriterien, die als Basis
für die Abgrenzung des Begriffs dienen, auf:

1. Ort des Kaufes
2. Art der Kommunikation
3. Institution des Anbieter
4. Initiative zum Interaktionsprozess

Die dunklere Fläche im Kreisinneren kennzeichnet die engste Definition des Direktvertriebs, die als Schnittmenge fast aller vertretenen
Meinungen bezeichnet werden kann. Bei einer strengen Abgrenzung
kann die Hinzunahme einer weiteren (helleren) Fläche kritisiert werden. Engelhardt & Jaeger vertreten die Ansicht, dass zunächst weder
die Institution des Anbieters noch die Unterscheidung zwischen An-

bieter und Nachfragerinitiative für die Definition des Direktvertriebs entscheidend sind. Auch weisen die Autoren darauf hin, dass beim medialen Verkauf die technischen Entwicklungen auf dem Gebiet und die Reaktionen des Konsumenten hierauf abzuwarten sind, bevor eine Abgrenzung erfolgen kann. Eindeutig nicht zum Direktvertrieb gehört nach Engelhardt & Jaeger (ebenda) der Verkauf im Ladenlokal oder in Herstellerbetrieben. Ebenso werden die Verkaufsorte Messe, der Ausstellung, des Marktes sowie der Freizeitveranstaltungen nicht der engsten Definition des Direktvertriebs zugeordnet.

Engelhardt und Jaeger (ebenda) definieren Direktvertrieb als

„der persönliche Verkauf von konsumtiven Gütern und Dienstleistungen in der Wohnung sowie in wohnungsnaher oder –ähnlicher Umgebung" .

Laut diesen Autoren beschreibt diese Definition den personalisierten nichtmedialen Kontakt zwischen Anbieter und Nachfrager, der einen beiderseitigen Informationsaustausch direkt ermöglicht und im Idealfall mit einer intensiven Beratung des Kunden verbunden ist. Allerdings wird ebenso eingeräumt, dass diese begriffliche Abgrenzung nicht als allgemeingültige Definition des Direktvertriebs verstanden werden soll, sondern je nach Untersuchungsgegenstand durchaus auch eine andersartige Definition sinnvoll sein kann. Abbildung 2.2. verdeutlicht die Einordnung der gewählten Arbeitsdefinition für die Erhebung von Engelhardt & Jaeger (ebenda).

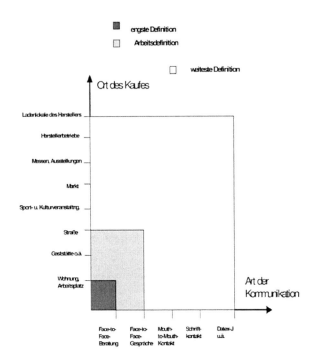

Abb. 2.2. Grafische Darstellung der Wirkungsweite der
    Begriffsdefinition für Direktvertrieb. Engelhardt & Jaeger setzen
    eine Arbeitsdefinition für ihre Untersuchung ein (vgl. Engelhardt
    & Jaeger, 1998, S. 18).

Abbildung 2.3. zeigt die Spannweite der potentiellen Definition auf,
die für die hier vorliegende Untersuchung als eigene Arbeitsdefinition
hinzugezogen wird.

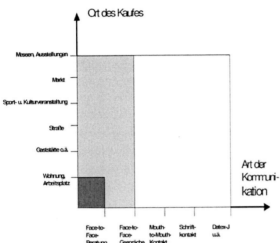

Abb. 2.3. Arbeitsdefinition des Direktvertriebs für die vorliegende Untersuchung (eigene Darstellung in Anlehnung an Engelhardt & Jaeger, 1998, S. 18). Die dunkelgraue Fläche („engste Definition) und hellgraue Fläche zusammen zeigen die Arbeitsdefinition für die vorliegende Untersuchung auf.

Die Auswahl der Arbeitsdefinition für die vorliegende Untersuchung (vgl. Abbildung 2.3. oben) erfolgt aus folgenden Überlegungen: Die engste Definition und die Arbeitsdefinition von Engelhardt & Jaeger (in der Abbildung 2.3. dunkelgrau und weiß hinterlegt) werden beibehalten. Die weiteste Definition wird jedoch auf der Achse „Art der Kommunikation" eingeschränkt. Ebenso zählt im Rahmen der vorlie-

41

genden Untersuchung nicht der Verkauf in Herstellerbetrieben und im Ladenlokal zum Direktvertrieb. Messen, Ausstellungen, Märkte und Sport- und Kulturveranstaltungen werden zum Direktvertrieb gezählt. Als Direktvertrieb gilt ausschließlich der direkte, persönliche „Face-to- Face" Kontakt unabhängig davon jedoch, ob es sich um eine gezielte Produkt- bzw. Dienstleistungsberatung oder um ein (zunächst „einfaches") Gespräch mit potentiellen Kunden handelt. Nach Wiendieck (2005, S. 19-20) zählt die Initiative des selbständigen Handelsvertreters zum maßgeblichen Definitionskriterium des Direktvertriebs.

„Es war diesem aktivem Vertrieb zu danken, dass sich die Waren verbreiteten und viele Menschen erreichten......(). Die Unterscheidung von „Direktvertrieb" und „Ladengeschäft" markiert dabei nur eine- vielleicht nicht einmal wesentliche- Differenzierungslinie dieser beiden Vertriebsformen. Zumindest für die Frühphase sollte ein anderes Merkmal nicht übersehen werden: Der Direktvertrieb war aktiv. Die Kunden wurden aktiv angesprochen, umworben und beliefert."

Wiendieck unterstreicht die Aktivität des Verkäufer in einer weiteren Veröffentlichung (Wiendieck, 2006, S. 6)

„...Aber nicht jeder hat das Zeug für diesen Job. Das beschreibende Adjektiv „direkt" erfasst nur eine Komponente der anspruchsvollen Tätigkeit des „Direktvertriebs". Das „Aktive" kommt hinzu. Man wartet nicht auf den Kunden, sondern geht zu ihm."

Die weitläufigen Angebotsformen entsprechen nach Wiendieck nicht der Definition des Begriffs, solange die Initiative nicht vom selbständigen Handelsvertreter ausgeht. Die vorliegende Arbeit definiert Direktvertrieb folgendermaßen:

Direktvertrieb ist der persönlichen Verkauf von konsumtiven Gütern und Dienstleistungen in der Wohnung oder in wohnungsnaher oder –ähnlicher Umgebung des Käufers. Dabei erfolgt die Initiative und Kontaktanbahnung zunächst durch den Verkäufer und wird nicht durch den Kunden initiiert.

Die Definition macht deutlich, dass ein intensiver und initiativer Kontakt mit Kunden einen wichtigen Aufgaben- und Arbeitsinhalt für selbständige Handelsvertreter darstellt. Kapitel 2.1.1.1. beschreibt die Arbeitsinhalte selbständiger Handelsvertreter im Detail.

2.1.1. Angebotsformen des Direktvertriebs

Für den Direktvertrieb im Sinne der vorangegangenen Definition (siehe oben) lassen sich vier Erscheinungsformen ermitteln:
     a)   der klassische Vertreterkauf
Unter den klassischen Vertreterkauf fallen jene Fälle, in denen ein Verkäufer den potentiellen Kunden in der Wohnung oder am Arbeitsplatz aufsucht und ihm dort im Verlauf eines (Beratungs-)Gesprächs bestimmte Sach- oder Dienstleistungen anbietet. Der Besuch durch den Verkäufer kann dabei unangekündigt oder angekündigt sein. Bei einem angekündigten Besuch ist es möglich, dass die Initiative zur Kontaktaufnahme vom Anbieter oder Nachfrager ausgegangen ist, d.h., es ist möglich, dass vor dem Besuch bereits

ein schriftlicher oder telefonischer Kontakt stattgefunden hat. Die angebotene Ware kann entweder direkt mitgeführt oder zu einem späteren Zeitpunkt geliefert werden. Als Verkäufer können sowohl der Eigentümer eines Unternehmens selbst, angestellte Reisende, selbständige Handelsvertreter als auch Privatpersonen auftreten, die dieser Tätigkeit nur sporadisch nachgehen. Entscheidend für eine Zuordnung zum Direktvertrieb im Rahmen des klassischen Vertreterkaufs zählt auch der Versandhandel mittels Sammelbesteller. Hierbei präsentiert ein Vertreter die Ware eines Handelsunternehmens mit Hilfe von Katalogen. Siehe hierzu auch die Ausführungen im Unterpunkt d). In der Regel ist der Besuch des selbstständigen Handelsvertreters unangekündigt, es kann aber sein, dass der Haushalt in der Vergangenheit bereits aufgesucht worden ist und es sich um einen Wiederholungs- oder Nachkauf handelt.

b) die Heimvorführung/(Verkaufs-)Partys

Mehrere potenzielle Kunden werden gemeinsam in der Wohnung eines der Kunden beraten. Oftmals findet die Produktpräsentation und Beratung im Rahmen einer kleinen Party statt. Der Kunde hat so die Möglichkeit, die Produkte auszuprobieren und kann die Angebote mit anderen Teilnehmern diskutieren. Über das System der Heimvorführungen bzw. Verkaufspartys werden vor allem hochwertige Haushaltswaren angeboten. Ebenso können Textilien, Kerzen oder Wellnessprodukte auf einer Party erworben werden.

c) die Heimdienste

Hierbei wird der Kunde in seiner Wohnung aufgesucht und in regelmäßigem Turnus mit kurzlebigen Konsumgütern beliefert. Besonders verbreitet sind Tiefkühlheimdienste. Die Initiative zur persönlichen Kontaktaufnahme kann auch bei den Heimdiensten entweder vom Anbieter oder vom Nachfrager ausgehen.

d) Sammelbesteller-System

Ein Kunde eines Versandhauses bestellt für Freunde, Bekannte etc. mit und erreicht durch das höhere Auftragsvolumen einen eigenen Zusatzverdienst bzw. Rabatte bei der Eigenbestellung. Obwohl das Sammelbesteller-System dem klassischen Vertreterkauf ähnelt, und grob auch zu dieser Angebotsform des Direktvertriebs zugeordnet wird, bestehen Unterschiede. Während beim klassischen Vertreterkauf sowohl hauptberuflich und auch nebenberuflich Tätige aufzufinden sind, wird das Sammelbesteller–System in der Regel eher als Zusatzverdienstquelle gesehen und eher nebenberuflich durchgeführt. Das Sammelbesteller-System ist in bestimmten Produktgruppen, beispielsweise Textil und Kosmetik, eher anzutreffen als in anderen Produktgruppen, z.B. Finanzdienstleistungen. Neben diesen Angebotsformen, die sich sowohl an die vorliegende Arbeitsdefinition als auch an die Definition nach Engelhardt & Jaeger (1998) halten, gibt es zahlreiche weitläufige Angebotsformen.

2.1.1.1. Aufgaben und Tätigkeit des selbständigen Handelsvertreters im Direktvertrieb

Selbstständige Handelsvertreter im Außendienst des Direktvertriebs verkaufen Produkte und Dienstleistungen unterschiedlicher Branchen. Sie führen dies durch persönliche Ansprache von potenziellen Käufern durch. Ziel des persönlichen Verkaufs ist, mithilfe von Verkaufsgesprächen einen Verkaufsabschluss zu erzielen. Da im Rahmen des persönlichen Verkaufs ein persönlicher Kontakt stattfindet, ist er darüber hinaus sehr gut für die Gewinnung von Informationen über den Markt und die Kundenbedürfnisse sowie als Instrument des Geschäftsbeziehungsmanagements (Z.B. Kontaktpflege, Entwicklung spezieller Problemlösungen) geeignet.

Im Rahmen der persönlichen Kommunikation hat der Verkäufer (an dieser Stelle synonym für „selbstständiger Handelsvertreter") eine Reihe an unterschiedlichen Aufgaben wahrzunehmen. Im Einzelnen handelt es sich hierbei um:

- Die Vorbereitung des Verkaufsgesprächs
- Die Kontaktaufnahme mit potenziellen Kunden
- Die Durchführung von Verkaufsgesprächen
- Die Erzielung von Verkaufsabschlüsse
- Und die Pflege von Geschäftskontakten

Idealtypisch lässt sich der Verkaufsprozess in vier Phasen einteilen:

- Kontaktanbahnungsphase
- Kernphase
- Abschlussphase
- Nachabschlussphase

In der Kontaktanbahnungsphase muss sich der Verkäufer vor der Terminierung alle wesentlichen Informationen über den Gesprächspartner sowie über mögliche Kaufmotive beschaffen. Darüber hinaus zählt zu dieser Phase die Eröffnung des Gesprächs. Hieran schließt sich die Kernphase an, die als zentrale Bestandteile die eigentliche

46

Produktpräsentation/-demonstration, die Begegnung von kritischen Einwänden und die Konfliktüberwindung beinhaltet. Diese Phase sollte den Gesprächspartner am Ende dazu veranlassen, einen Kaufabschluss zu tätigen. Nach dem Kauf sollte der Käufer in seinem Entschluss bestätigt werden. Im Direktvertrieb ist das wesentliche Merkmal, dass potenzielle Käufer angesprochen werden, d.h. „kalt" akquiriert werden. Kaltakquise ist die Erstansprache eines potenziellen Kunden, zu dem bisher keine Geschäftsbeziehung bestand. Zudem ist ein wesentliches Merkmal des Direktvertriebs, dass „Haustürgeschäfte" betrieben werden. Dies beinhaltet die persönliche Ansprache von potenziellen Käufern an der „Haustür" des Kunden. Der selbständige Handelsvertreter klingelt an der Haustür eines potenziellen Kunden, zu dem bis zu dem Zeitpunkt keine Geschäftsbeziehung bestand. In der Kontaktanbahnungsphase werden Gebiete festgelegt, in denen „an die Tür" gegangen wird. Die Tätigkeit, die einen hohen Arbeitszeiteinsatz verlangt, ist die persönliche Ansprache von potenziellen Kunden an der Tür, mit dem Ziel entweder das Produkt direkt zu verkaufen oder einen Folgetermin für die erweiterte Vorführung des Produkts oder der Dienstleistung zu vereinbaren. D.h. die Kernphase des Verkaufs ist das persönliche Gespräch, worin das Produkt oder die Dienstleistung vorgeführt oder vorgestellt werden.

2.1.2. Network-Marketing

In Zusammenhang mit dem Direktvertrieb nach dem hier zugrunde gelegten Verständnis wird häufig eine Organisationsform diskutiert, die in den vergangenen Jahren in Deutschland zunehmend an Bedeutung gewonnen hat. Diese Organisationsform des Vertriebs wird als Strukturvertrieb bzw. Multi-Level-Marketing (MLM) oder auch als **Network-Marketing** bezeichnet und kann als ein streng hierarchisches, multiplikativ entwickelbares System von selbständigen Vertriebshändlerketten gekennzeichnet werden (vgl. Wehling, 1994a, S. 203, zitiert nach Engelhardt& Jaeger, 1998, S. 97). Network Marketing, Multi-Level-Marketing und Strukturvertrieb werden synonym verwendet und unter dem Begriff Network-Marketing zusammengefasst (Zacharias, 2005, S. 61).

Network-Marketing ist eine Organisationsform für den Vertrieb von Waren und Dienstleistungen durch selbständige Handelsvertreter (in diesem Zusammenhang auch als Vertriebsrepräsentanten bezeichnet) an nicht der Vertriebsorganisation angehörende Endabnehmer. Zusätzlich zur Verkaufstätigkeit bietet diese Organisationsform jedem Vertriebsrepräsentanten die Möglichkeit, gegen leistungsabhängige Vergütung nach Vorgaben des Unternehmens, das die betreffende Network-Marketing Organisation unterhält, in Eigeninitiative neue Network- Marketing-Vertriebsrepräsentanten für das Unternehmen zu gewinnen, einzuarbeiten, zu schulen und weiterhin laufend zu betreuen. Jeder Network-Marketing Vertriebsrepräsentant kann somit unmittelbar selbst und mittelbar über die von ihm schon gewonnenen Vertriebsrepräsentanten neue Network-Marketing Vertriebsrepräsentanten rekrutieren. Da dieses Rekrutierungsprinzip für jeden Vertriebsrepräsentanten gilt, können im Zeitablauf vielstufige Network-Marketing Vertriebsketten entstehen, wobei die entsprechenden Händler mit der Zeit jeweils multiplikativ eine eigene Vertriebsstruktur mit ihnen zugeordneten Vertriebslinien aufbauen. Die Art der Organisationsform des Network-Marketing sagt nun zunächst nichts über den Ort und die Art des Verkaufs aus. Man kann jedoch davon ausgehen, dass ein Großteil der Umsätze derjenigen Unternehmen, deren Vertrieb durch diese Organisationsform gekennzeichnet ist, durch den persönlichen Verkauf in der Wohnung oder in wohnungsnaher oder –ähnlicher Umgebung erwirtschaftet wurde. Es gibt jedoch auch Ausnahmen, hauptsächlich aus dem Bereich der Finanzdienstleistungen, bei denen die Vertriebsrepräsentanten bei hauptberuflichem Vertriebsengagement Geschäftsstellen unterhalten und teilweise auch dort ihre Kunden beraten. Man kann daher nicht schließen, dass Network-Marketing Unternehmen grundsätzlich der hier zugrunde gelegten Definition von Direktvertrieb zugeordnet werden können, auch wenn dies in der überwiegenden Zahl der Fälle zutreffend ist (Engelhardt & Jaeger, 1998, S.97f). Zacharias (2005) ermittelt in seiner aktuellen Studie, dass das Einzelgespräch mit 92 % der Nennungen- also die persönliche Ansprache des (noch potentiellen) Kunden – die wichtigste Methode im Network-Marketing darstellt; an zweiter Stelle steht die Heimvorführung (42 %). 95 % der Befragten gaben an, dass die Ver-

kaufsgespräche in einer Wohnung oder wohnungsnaher oder –
ähnlicher Umgebung stattfinden (Zacharias, 2005, S. 83-84).
Für die vorliegende Untersuchung und im weiteren Verlauf der Arbeit
wird damit festgelegt, dass Network-Marketing die definierten Kriterien für Direktvertrieb (vgl. Kapitel 2.1.) erfüllt und somit als eine
Form der Rahmenorganisation für den Direktvertrieb betrachtet werden kann.

2.1.3. Schneeball- und Pyramidensysteme und Unterschied zum Net-work-Marketing

Als **Schneeballsysteme** bezeichnet man einen sozialen Prozess, bei
dem bisher Unbeteiligte von Werbenden dazu aufgefordert werden,
selber zu Werbenden zu werden. Es wird erwartet, dass jeder Werben-
de *mehrere* bisher Unbeteiligte wirbt. Dadurch steigt die Zahl der
Werbenden schnell an. Im Regelfall sind für den Beitritt zu einem
Schneeballsystem Beitrittsgebühren fällig, für die keine Produkte oder
Dienstleistungen geboten werden, und die einzig und allein dazu da
sind, dem Werber einen Teilbetrag auszuzahlen. Bei einem Schneeballsystem werden keine realen werthaltigen Produkte oder Dienstleistungen angeboten, sie basieren auf rein finanziellen Systemen nach
dem System "zahle 500 Euro, wirb' jemanden, dieser zahlt 500 Euro,
du bekommst davon 250, wirb' 3 Leute und du hast deinen Beitrittsbe-
trag +250 Euro steuerfreien Gewinn".
Im Gegensatz dazu werden in **Pyramidensystemen** Produkte von
oben nach unten weiter gereicht, dabei kommt es zu einer **Preissteige-
rung**. A wirbt B, B muss bei A ein Produkt kaufen (dieses kostet B z.
B. 0,50 € mehr als A), B kann dieses Produkt nun weiter verkaufen,
oder wirbt C, der das Produkt ab sofort von B bezieht (0,50 € teurer)
und so weiter. Dies funktioniert nur bis zu einem bestimmten Preis,
danach bricht das System für die untersten der Kette zusammen. Das
Kennzeichnende daran ist der Produktfluss von oben nach unten in die
Breite, die **Weitergabe der Produkte von A nach B zu C** und die
Veränderung der Preise. Die letzten, die einem solchen System beitre-
ten, haben keinerlei Profit. Die großen versprochenen Gewinnchancen
betreffen meist nur die Gründer des Systems.

Pyramiden- und Schneeballsysteme sind nicht nur vermögensgefährdend, sondern sogar **strafbar**. Nach **§ 16 UWG (Gesetz gegen unlauteren Wettbewerb)** ist die Teilnahme an einem Vertriebssystem strafbar, wenn bei der Werbung nicht das Produkt im Vordergrund steht, sondern ein Gewinnversprechen für den Fall, dass man selbst auch wieder Verbraucher wirbt und diese in gleicher Weise mit einem Gewinnversprechen ködert. Diese Vorgehensweise wird auch als **"progressive Kundenwerbung"** bezeichnet. Unseriöse Anbieter versuchen daher geschickt über das Hauptziel des Werbens zu täuschen. Es ist daher nicht immer leicht, einen unseriösen Anbieter zu erkennen. Hier ein Auszug aus dem § 16 UWG:

> *(1) Wer in der Absicht, den Anschein eines besonders günstigen Angebots hervorzurufen, in öffentlichen Bekanntmachungen oder in Mitteilungen, die für einen größeren Kreis von Personen bestimmt sind, durch unwahre Angaben irreführend wirbt, wird mit Freiheitsstrafe bis zu zwei Jahren oder mit Geldstrafe bestraft.*
>
> *(2) Wer es im geschäftlichen Verkehr unternimmt, Verbraucher zur Abnahme von Waren, Dienstleistungen oder Rechten durch das Versprechen zu veranlassen, sie würden entweder vom Veranstalter selbst oder von einem Dritten besondere Vorteile erlangen, wenn sie andere zum Abschluss gleichartiger Geschäfte veranlassen, die ihrerseits nach der Art dieser Werbung derartige Vorteile für eine entsprechende Werbung weiterer Abnehmer erlangen sollen, wird mit Freiheitsstrafe bis zu zwei Jahren oder mit Geldstrafe bestraft.*

Der Bundesverband Direktvertrieb in Deutschland (vgl. Kapitel 2.1.4.) distanziert sich ausdrücklich von dem Schneeball- und Pyramidensystem. Verbraucher, die bei Mitgliedsunternehmen des Bundesverbandes einkaufen oder bestellen erhalten die Sicherheit von fairen Preisen und guter Beratung. Die Außendienstmitarbeiter der Mitgliedsunternehmen verpflichten sich nach dem Verhaltenskodex des Bundesverbandes zu agieren. Dieser Verhaltenskodex stattet Kunden mit bestimmten Rechten aus, die über die gesetzlichen Regelungen hinausgehen (z.B. für Kunden vorteilhaftere Regelungen im Widerrufsrecht).

Der Verhaltenskodex des Bundesverbands dient jedoch auch zum Schutz der eigenen Außendienstmitarbeiter. Unerfahrene „Neulinge" im Außendienst des Direktvertriebs werden durch den Verhaltenskodex auch vor vermögensmindernden Praktiken des Schneeball- und Pyramidensystems geschützt.

Die nachfolgende Tabelle stellt wesentliche Unterschiede zwischen dem „Schneeballsystem" und dem Network-Marketing (in Anlehnung nach Zacharias, 2005) zusammen.

Tab. 2.1.: Schneeballsystem vs. Network-Marketing (in Anlehnung an Zacharias, 2005)

Schneeballsystem	Network Marketing/Direktvertrieb
Meist überhaupt kein (konkretes) Produkt oder ein Produkt ohne erkennbaren Nutzen und/oder Nachfrage, eventuell sind Lizenzgebühren zu entrichten	Produkte mit erkennbarem Nutzen und Nachfrage
Produkte werden von der nächsthöheren Hierarchieebene bezogen und von Hierarchieebene zu Hierarchieebene mit Preisaufschlag weiterverrechnet(vgl. oben „Pyramidensystem")	Produkte werden direkt vom Hersteller bezogen. Der Bezug ist für alle Hierarchiestufen zum identischen Preis möglich.
Der „eigentliche" Verkauf wird zur Nebensache, Kerngeschäft wird das Anwerben neuer Vertriebspartner (Kopfprämien), weil hier die größeren Provisionen gezahlt werden	Provisionen werden für den erzielten Produktumsatz ausgezahlt
„Überholen" von Teilnehmern aus übergeordneten Hierarchiestufen ist nicht möglich	Überholen übergeordneter Vertriebspartner ist möglich
Hoher finanzieller Einsatz (auch vor der Tätigkeit), z.B. für Kurspakete , Vertragsstrafen, Mindestabnahmen	Überschaubarer Investitionsrahmen ohne großes Risiko, Startersets meist unter 100 Euro
Zeitpunkt des Einstiegs ist wichtig	Zeitpunkt des Einstiegs ist unerheblich, Einstieg jederzeit möglich
Kurzlebig	Langfristig
Die Letzten der Kette gehen „leer" aus	Nicht der/die Erste, sondern der Beste, d.h. derjenige, der den höchsten Umsatz erzielt ist auch der „Beste"

2.1.4. Bundesverband Direktvertrieb

Aufgrund der Vielfältigkeit von Herstellern und Unternehmen, die als Vertriebsform den Direktvertrieb nutzen, herrscht ein unübersichtlicher Markt auch in Deutschland.

Größter Branchenverband ist der Bundesverband Direktvertrieb Deutschland e.V. mit Sitz in Berlin. Dieser vertritt seit 1967 die Interessen namhafter Direktvertriebsunternehmen des privaten Konsumgüter- und Dienstleistungsbereichs. Zu seinen Mitgliedern zählen die im Allgemeinen bekannten Unternehmen wie Avon, Eismann, Tupperware, Vorwerk, inmediaONE] und Yello Strom. Seit April 2006 gehört dem Verband auch die Deutsche Telekom AG (Deutsche Telekom Direktvertrieb und Beratung) an. Die Mitgliedsunternehmen des Verbandes haben sich zur in Kapitel 2.1.3. erläuterten Einhaltung von Verhaltensstandards verpflichtet, die für ein faires Miteinander im Direktvertrieb sorgen sollen. (Bundesverband Direktvertrieb, 2004.) Aktuell sind 38 Unternehmen Mitglied im Bundesverband (Stand: November 07). Der Bundesverband lässt regelmäßig die aktuelle Situation des Direktvertriebs über wirtschaftliche Kennzahlen und auch über die Situation der dazugehörigen selbständigen Handelsvertreter ermitteln. Auch die Untersuchungsteilnehmer der selbst durchgeführten Untersuchung (vgl. Kap. 6) vertreiben Produkte eines Mitgliedsunternehmens und unterliegen damit dessen Verhaltenskodex. Deshalb fokussiert sich die vorliegende Arbeit bei der Beschreibung von Arbeitsbedingungen, -anforderungen auf selbstständige Handelsvertreter (vgl. Kapitel 2.3.3.3.), die für Unternehmen aus dem Bundesverband Direktvertrieb Produkte oder Dienstleistungen vertreiben. Weitere Informationen zum Verhaltenskodex finden sich in zahlreichen Veröffentlichungen des Bundesverbands sowie auf Anfrage vom Bundesverband selbst.

2.2. Wirtschaftliche Bedeutung des Direktvertriebs

Der Umsatz des Direktvertriebs ist in den vergangenen Jahren weltweit insgesamt stetig gestiegen (vgl. Prognos AG, 2005; Zacharias, 2005). Bereits 57 Millionen Menschen weltweit -und damit etwa 0,6 % der Weltbevölkerung- sind im Direktvertrieb und Network-Marketing involviert. Vorreiter sind vor allem Amerika und Asien, aber auch Europa ist auf dem Vormarsch (Zacharias 2005, S. 16). Für die dynamische Entwicklung des Direktvertriebs werden folgende Gründe genannt (nach Engelhardt & Jaeger, 1998):

- Die Qualität des Serviceangebots und der Kundenbeziehung in Ladenbetrieben nimmt aufgrund der größer werdenden Ladengrößen im stationären Einzelhandel ab.
- Die preisaggressiven Betriebsformen des stationären Einzelhandels wie Discounter oder Fachmärkte (vgl. Hauptverband des Deutschen Einzelhandels, 1997, S. 16) führen zu einer zunehmenden Anonymisierung in der Einkaufssituation. Dies führt bei den Konsumenten zu einer Verstärkung des Bedürfnisses nach persönlichem Kontakt und Beratung. Dies begünstigt insbesondere die Angebotsform Heimvorführung, die neben intensiver Produktberatung auch die Möglichkeit zu einem ausgeprägten Erlebniskauf und sozialer Interaktion bietet.
- Die Entwicklung der Alterstruktur hin zu einer Gesellschaft mit einem höherem Durchschnittsalter wirkt sich positiv auf die Nachfrage nach bequemen Einkaufssituationen aus, was den Direktvertrieb, insbesondere die Angebotsform der Heimdienste begünstigt.
- Die steigende Lebenserwartung greift Zacharias (2005) auf, um auf die Probleme der staatliche Rente aufmerksam zu machen (S. 35f). Er vertritt den Standpunkt, dass die staatliche Rente für viele nicht ausreichend sein wird und dass damit die selbständige Tätigkeit im Direktvertrieb eine sinnvolle Alternative oder auch zusätzliche Erwerbs- und Einkommensquelle darstellt.

Eine Übersicht über das sehr breit aufgestellte Produkt- und Dienstleistungsportfolio im Direktvertrieb findet sich bei Engelhardt & Jaeger (1998, S. 30ff). Direktvertrieb wird weltweit durchgeführt, die nachfolgenden Ausführungen zeigen Daten für die weltweite Entwicklung auf. Schwerpunkt ist jedoch die Offenlegung der aktuellen Situation in Deutschland im Abschnitt 2.2.2.

2.2.1. Internationaler Vergleich

Der Direktvertrieb verzeichnet starke Zuwächse. Wie aus einer veröffentlichten Jahresstatistik der World Federation of Direct Selling Associations (WFDSA) – weltweit sind die Direktvertriebsverbände unter diesem Verband mit Sitz in Washington, D.C. USA, zusammengeschlossen- hervorgeht, stieg der weltweite Umsatz von rund 95 Milliarden US-Dollar im Jahr 2004 auf über 101 Milliarden US-Dollar im Jahr 2005 (jeweils ohne Mehrwertsteuer). Die Zahl der im Direktvertrieb tätigen Außendienstmitarbeiter kletterte von rund 55 Millionen (2004) auf über 57 Millionen (2005). Abbildung 2.4 bis 2.6. geben Umsatzentwicklung und Entwicklung der Außendienstmitarbeiterzahlen auf internationaler Ebene wieder.

Weltweiter Direktvertrieb		
Länder	**Einzelhandels-umsatz in U.S. $**	**Anzahl des Ver-kaufspersonals**
Europa Tschech. Rep.	230 Millionen	280,000
(EU-Länder und Belgien	100 Millionen	19,000
angrenzende Finnland	141 Millionen	86,000
Länder) Estland	21 Millionen	29,000
Frankreich	**1.718 Billionen**	170,000
Deutschl.	**8.297 Billionen**	**713,537**
Ungarn	201 Millionen	194,250
Italien	**3.05 Billionen**	310,000
Litauen	49 Millionen	26,000
Niederlande	148 Millionen	46,576
Norwegen	212 Millionen	80,000
Polen	682 Millionen	658,000
Portugal	78.2 Millionen	27,993
Rumänien	155 Millionen	285,000
Spanien	630 Millionen	143,053
Slowenien	40 Millionen	51,500
Schweden	330 Millionen	105,000
Schweiz	355 Millionen	6,885
Türkei	539 Millionen	571,799
Ukraine	289 Millionen	480,000
Großbritan-nien	**3.427 Billionen**	575,500
Asien Hong Kong	180 Millionen	105,000
Indien	600 Millionen	1,370,000
Indonesien	765 Millionen	6,769,551

	Japan	**22.04 Billionen**	2,700,000
	Thailand	**1 Billion**	7,000,000
	Korea	**8.03 Billionen**	4,650,000
	Malaysia	**1.4 Billionen**	3,000,000
	Russland	**1.748 Billionen**	2,495,010
	Singapur	334 Millionen	437,967
	Taiwan	**2.1 Billionen**	4,037,000
Afrika	Südafrika	546 Millionen	676,000
Nordamerika	USA	**30.47 Billionen**	14,100,000
	Kanada	**1,22 Billionen**	538.475
Mittelamerika	Panama	31 Millionen	12,500
	Mexiko	**3.225 Billionen**	1,900,000
	Guatemala	85.9 Millionen	39,664
Südamerika	Ecuador	190 Millionen	130, 000
	Kolumbien	841 Millionen	871,746
	Chile	418 Millionen	256, 000
	Brasilien	**6.9 Billionen**	1,600,000
	Argentinien	724 Millionen	669,000
	Uruguay	21.8 Millionen	34,517
Ozeanien	Neuseeland	171 Millionen	110,758
	Australien	**1.083 Billionen**	700,000
Gesamt		**105.835 Billionen**	61,414,951

Abb. 2.4.: Umsatzkennzahlen und Außendienstmitarbeiter international (eigene Darstellung in Anlehnung an World Federation of Direct Selling Associations, Stand: Juli 2007)

Aus der Abbildung wird ersichtlich, dass die größten
Direktvertriebsmärkte in Europa, den USA und Japan sind.

Umsatzentwicklung 1998-2005 international in U.S. Dollar

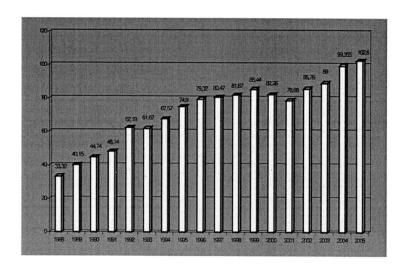

Abb. 2.5.: Umsatzentwicklung selbständiger Handelsvertreter im Direktvertrieb international (eigene Darstellung nach Angaben des
internationalen Dachverbands des Direktvertriebs WFDSA, Anonym, 2007a)

Geschätzte Außendienstmitarbeiterentwicklung Zeitraum 1988 bis 2005

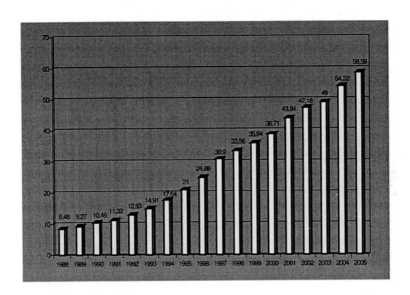

Abb. 2.6.: Geschätzte internationale Außendienstmitarbeiterentwick-
lung Zeitraum 1998 bis 2004 **in Mio**. (eigene Darstellung nach
Angaben des internationalen Dachverbands des Direktvertriebs
WFDSA, Anonym, 2007b)

2.2.2. Deutschland

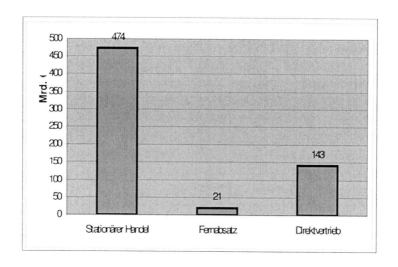

Abb. 2.7. Vertriebsformen im Umsatzvergleich in Mrd. € (nach Engelhardt & Jaeger, 1998).

Eine aktuellere Untersuchung der Prognos AG (2005) im Auftrag des
Bundesverbands Direktvertrieb zeigt auf, dass auch für Deutschland
eine Erhöhung der Umsätze kennzeichnend ist. Abbildung 2.8. gibt
die Umsatzentwicklung sowohl für alle Direktvertriebsunternehmen
als auch die Verbandsmitglieder des Bundesverbands wieder.

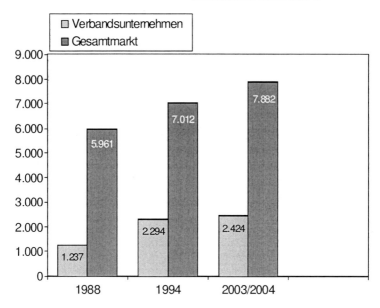

Umsatz in Mio. Euro

Legende:
☐ Verbandsunternehmen
■ Gesamtmarkt

1988: 1.237 / 5.961
1994: 2.294 / 7.012
2003/2004: 2.424 / 7.882

Abb. 2.8. Umsatzentwicklung im Zeitraum 1998 bis 2004 (Prognos AG, 2005)

Der Direktvertrieb als alternative Absatzform zum stationären Handel nimmt weiter zu. Der Gesamtumsatz des Direktvertriebs im Konsumgüterbereich ist 2004 auf ein Rekordhoch von ca. 7,9 Mrd. € gestiegen. Hinzu kommt ein vermitteltes Finanzvolumen von ca. 136 Mrd. € in Bausparverträgen, Versicherungen, Sparplänen und Fonds. Das entspricht einem Gesamtwachstum von mindestens 12 % seit 1994, inklusive Finanzdienstleistungen sogar 18%. Die Mitgliedsunternehmen des Bundesverbandes Direktvertrieb vereinen 30 % der Umsätze im Direktvertriebsmarkt auf sich, was 2,4 Mrd. € entspricht.

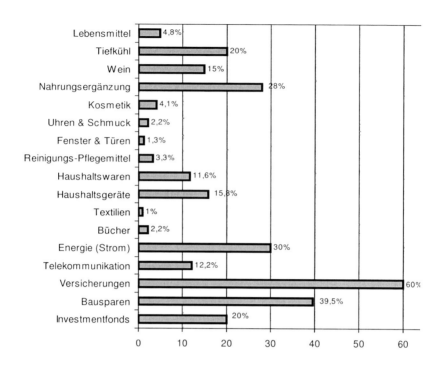

Lebensmittel	4,8%					
Tiefkühl		20%				
Wein		15%				
Nahrungsergänzung			28%			
Kosmetik	4,1%					
Uhren & Schmuck	2,2%					
Fenster & Türen	1,3%					
Reinigungs-Pflegemittel	3,3%					
Haushaltswaren	11,6%					
Haushaltsgeräte	15,8%					
Textilien	1%					
Bücher	2,2%					
Energie (Strom)			30%			
Telekommunikation	12,2%					
Versicherungen						60%
Bausparen			39,5%			
Investmentfonds		20%				

Abb. 2.9.: Direktvertrieb heute: Direktvertriebsanteile am Gesamtumsatz in unterschiedlichen Branchen in Prozent (Prognos AG, 2005)

Die Bedeutung des Direktvertriebs ist stark branchenabhängig. Der Marktanteil des Direktvertriebs an allen Vertriebskanälen variiert je nach Branchen stark. So werden etwa 60 % der Versicherungen im Direktvertrieb vermittelt, aber nur 20 % der Tiefkühlumsätze erfolgen durch Direktvertrieb. Dagegen hat der Direktvertrieb bei Textilien, die traditionell eher über den Einzel- und Versandhandel gekauft werden, nur eine untergeordnete Bedeutung. Unter den von der Prognos AG analysierten Direktvertriebsbranchen finden sich sehr große Segmente mit Umsätzen oberhalb von 150 Mio. € (Tiefkühl, Finanzdienstleistungen, Haushaltswaren, Haushaltsgeräte sowie personal care), aber auch kleine, schnell wachsende Branchen wie der Markt für Heimtiernahrung oder Dessous-Partys mit Umsätzen im niedrigen zweistelligen Millionenbereich. Der Direktvertrieb treibt die Branchen voran. Dabei wächst der Direktvertrieb in vielen Branchen überdurchschnittlich stark: Während der Markt für Finanzdienstleistungen laut Prognos Deutschlandreport bis 2020 mit 4,5 % p.a. wachsen wird, können Unternehmen des Direktvertriebs nach der vorliegenden Studie im Schnitt 7,5 % p.a. Wachstum erzielen. Zu den dynamisch wachsenden Branchen zählen außerdem: Haushaltswaren, Fenster & Türen, Lebensmittel, Bücher & Lexika, Tiefkühlprodukte, Dessous, Tierfutter und Nahrungsergänzungsmittel.

2.3. Selbständige Handelsvertreter als Außendienstmitarbeiter im Direktvertrieb

Die quantitative Bedeutung des Direktvertriebs wird nicht nur durch die über diesen Vertriebsweg erwirtschafteten Umsätze, sondern auch durch die im Außendienst beschäftigten Mitarbeiter und die damit geschaffenen Arbeitsmöglichkeiten zum Ausdruck gebracht. Dabei ist der Begriff „Außendienstmitarbeiter" nicht unproblematisch, da eine Vielzahl der im Außendienst des Direktvertriebs Tätigen, keine Mitarbeiter im üblichen Sinne, d.h. Angestellte sind. Ein Großteil der im Außendienst tätigen Personen und alle Außendienstmitarbeiter, die an der vorliegenden Studie teilgenommen haben (vgl. Kapitel 6) arbeiten als **selbständig Gewerbetreibende Handelsvertreter** nach § 84 HGB.

2.3.1. Gewerberechtliche Aspekte

Im Direktvertrieb tätige Außendienstler, gleichgültig ob haupt- oder nebenberuflich, haben ein Gewerbe anzumelden oder u. U. eine Reisegewerbekarte zu beantragen. Nach § 55 Abs. 1 Gewerbeordnung betreibt ein Reisegewerbe, wer außerhalb der eigenen Geschäftsräume mögliche Kunden anspricht, um ihnen Waren oder Leistungen anzubieten oder abzukaufen.

Dem § 84 Abs. 1 Handelsgesetzbuch (HGB) sind gewerberechtliche Aspekte der Tätigkeit als selbständiger Handelsvertreter zu entnehmen.

§ 84 HGB:

(1) Handelsvertreter ist, wer als selbständiger Gewerbetreibender ständig damit betraut ist, für einen anderen Unternehmer (Unternehmer) Geschäfte zu vermitteln oder in dessen Namen abzuschließen. Selbständig ist, wer im wesentlichen frei seine Tätigkeit gestalten und seine Arbeitszeit bestimmen kann.

(2) Wer, ohne selbständig im Sinne des Absatzes 1 zu sein, ständig damit betraut ist, für einen Unternehmer Geschäfte zu vermitteln oder in dessen Namen abzuschließen, gilt als Angestellter.

(3) Der Unternehmer kann auch ein Handelsvertreter sein.

(4) Die Vorschriften dieses Abschnittes finden auch Anwendung, wenn das Unternehmen des Handelsvertreters nach Art oder Umfang einen in kaufmännischer Weise eingerichteten Geschäftsbetrieb nicht erfordert.

Die begriffliche Differenzierung zwischen selbstständigem Handelsvertreter und Unternehmer erfolgt im Kapitel 3.

2.3.2. Problem Scheinselbständigkeit

Nicht jede Tätigkeit im Direktvertrieb ist per se eine selbständige Tätigkeit. Entscheidend ist hierbei nicht die Bezeichnung, sondern die tatsächliche Ausgestaltung der Tätigkeit. Wer nur der Bezeichnung bzw. dem Vertragstext nach selbständig ist, aber in der praktischen „Wirklichkeit" wie ein Arbeitnehmer behandelt wird, fällt als „Scheinselbständiger" z.b. aus einer etwaigen Förderung durch das Arbeitsamt heraus. Vielmehr ist er dann Arbeitnehmer mit allen entsprechenden Rechten und Pflichten. Maßgebliches Unterscheidungskriterium für echte Selbständigkeit ist vor allem die Frage der **persönlichen Unabhängigkeit der Vertriebsperson.** Persönliche Abhängigkeit, die sich insbesondere an einer Weisungsgebundenheit in zeitlicher, örtlicher und sachlicher Hinsicht, sowie an einer organisatorischen Eingliederung in den Betrieb des Vertriebsunternehmens zeigt, weist hingegen auf Scheinselbständigkeit bzw. auf die Eigenschaft als Arbeitnehmer hin.

Seit der Gesetzgebung zur sog. Scheinselbstständigkeit 1999 sind selbstständig Tätige in der Rentenversicherung versicherungspflichtig, wenn sie gleichzeitig zwei gesetzlich vorgegebene Kriterien im Rahmen ihrer Tätigkeit erfüllen:

- Der Selbstständige hat keinen versicherungspflichtigen Beschäftigten, dessen Arbeitsentgelt aus diesem Beschäftigungsverhältnis regelmäßig 400 Euro im Monat übersteigt (die mehr als geringfügige Beschäftigung des Ehepartners genügt);

- Der Selbstständige ist auf Dauer und im wesentlichen für einen Auftraggeber tätig. Letzteres ist der Fall, wenn der Selbstständige mindestens 5/6 seiner Gesamteinnahmen über einen Beurteilungszeitraum von ca. einem Jahr hinweg nur von einem Auftraggeber bezieht. Wer noch für andere Auftraggeber tätig ist, muss von diesen also mehr als 1/6 seiner Einnahmen beziehen, um die Versicherungspflicht entfallen zu lassen.

- Selbstständiger mit einem Auftraggeber, § 2 Satz 1 Nr. 9 SGB VI

Die Versicherungspflicht erfasst auch Selbstständige, die ihre Tätigkeit neben einer hauptberuflichen Beschäftigung, einer Beamtentätigkeit oder einer sonstigen selbstständigen Tätigkeit ausüben. Selbstständige mit einem Auftraggeber, die bereits als Zugehörige einer bestimmten, im Einzelnen im Gesetz genannten Berufsgruppe selbstständig und versicherungspflichtig sind, werden aber nicht nochmals wegen ihrer Tätigkeit für einen Auftraggeber versicherungspflichtig.

Seit dem 1.1.2001 sind die rentenversicherungspflichtig selbstständig Tätigen verpflichtet, sich innerhalb von drei Monaten nach Aufnahme der selbstständigen Tätigkeit beim zuständigen Rentenversicherungsträger zu melden. Eine unrichtige, nicht rechtzeitige oder unterlassene Meldung wird als Ordnungswidrigkeit angesehen und mit Geldbuße geahndet (Meldepflicht von versicherungspflichtigen selbstständig Tätigen, § 190 a SGB VI).

Wer eine geringfügige selbstständige Tätigkeit ausübt, ist weder rentenversicherungs- noch meldepflichtig. Eine selbstständige Tätigkeit ist als geringfügig anzusehen, wenn:

- das Arbeitseinkommen (=steuerlicher Gewinn) regelmäßig im Monat
  400 Euro nicht übersteigt oder,
- innerhalb eines Jahres seit ihrem Beginn auf längstens zwei Monate oder 50 Arbeitstage nach ihre Eigenart begrenzt zu sein pflegt oder im Voraus vertraglich begrenzt ist, es sei denn, die Tätigkeit wird berufsmäßig ausgeübt und ihr Arbeitseinkommen übersteigt 400 Euro im Monat.

Die Anzahl der „echten" versus „Scheinselbstständigen" selbständigen Handelsvertreter ist der Autorin an dieser Stelle nicht bekannt. Es ist mit dem Hintergrund der in Kapitel eins aufgestellten Entwicklungen („Arbeitskraftunternehmer") im Rahmen der vorliegenden Arbeit wichtig, darauf hinzuweisen, dass die Thematik der Scheinselbständigkeit für selbständige Handelsvertreter nicht ausgeblendet werden darf.

In Kapitel 2.1.1.1. wurden Aufgaben selbständiger Handelsvertreter im Direktvertrieb offen gelegt. Deutlich wird hierbei, dass die Aktivität und Eigeninitiative des selbständigen Handelsvertreters ein Definitionskriterium darstellt. Die Eigeninitiative basiert auf freien Entscheidungs- und Handlungsspielräumen und ist Grundlage der Selbständigkeit. Ist diese jedoch beschnitten, begibt sich der nun nicht mehr „vollständig selbständige" Handelsvertreter in eine zwittrige Situation: seine Flexibilität wird reduziert, während sich das Risiko der Erwerbssicherung im Vergleich zu angestellten Arbeitnehmern erhöht. Auch im Vergleich zu tatsächlich Selbständigen hat der Scheinselbständige ein erhöhtes Risiko. Schließlich können „Nicht-Scheinselbständige" alternative Möglichkeiten zur Umsatzgenerierung nutzen, die der Scheinselbständige aufgrund seiner „Weisungsgebundheit" nicht nutzen kann. Selbständige Handelsvertreter sind in der Regel zeitlich und örtlich nicht gebunden, jedoch besteht häufig eine Verbindung zum vertriebenen Produkt und zum Herstellerbetrieb. Herstellerbetriebe präferieren selbständige Handelsvertreter als „Exklusiv-Vertriebspartner", die ausschließlich ihre Produkte aus der jeweiligen Branche vertreiben und keine anderen Herstellerprodukte dieser Branche anbieten. Die Schlussfolgerung hierfür ist, dass die Handelsvertreter sich entweder „breit" in Branchen aufstellen können (also eine Palette von Investitions-, Konsumgütern und Dienstleistungen anbieten, z.B. Kosmetik und Versicherungen vertreiben), oder sich auf den Vertrieb eines Produktes spezialisieren - und keine Produkte konkurrierender Hersteller verkaufen.

Die Untersuchungsstichprobe der vorliegenden Arbeit ist ebenso an den Herstellerbetrieb hinsichtlich der angebotenen Produkte gebunden. Der Herstellerbetrieb toleriert den Vertrieb von Produkten aus anderen Branchen, verpflichtet die selbständigen Handelsvertreter gleichzeitig zum exklusiven Vertrieb der Produkte aus dieser Branche (Persönliche Mitteilung während der Pilotstudie „Mitlauf", 2004, vgl. Kapitel 6.1.). Somit entsteht eine Abhängigkeit, die mit einer Weisungsgebundheit in sachlicher Hinsicht vergleichbar ist.

Dieser Aspekt ist für die vorliegende Arbeit deshalb von Bedeutung, da dies eine Grenze dieser Selbständigkeit darstellt. Im Rahmen der Untersuchung wird jedoch von „echten" Selbständigen und nicht von

„Scheinselbstständigen" ausgegangen, die jedoch im oben genannten Punkt im Handlungsspielraum eingeschränkt sind.

2.3.3. Situation im Direktvertrieb in Deutschland

Es wurde bereits in der Einleitung dieser Arbeit darauf hingewiesen, dass selbständige Handelsvertreter im Direktvertrieb bislang – bis auf einige Ausnahmen (zum Beispiel Moser, Galais & Kuhn, 1999, Wiendieck, 2005; 2006) - nicht im Fokus der Betrachtung der arbeits- und organisationspsychologischen Forschung standen. Zudem fällt in der Literatursicht auf, dass diskutierte Selektionseffekte der empirischen Untersuchungen auch zu unterschiedlichen Ergebnissen führen und somit eine einvernehmliche Gesamtaussage nicht immer möglich ist. Die nachfolgenden Studienergebnisse werden diesen Punkt untermauern.

Zunächst wird eine Auswahl an demografischen Daten aufgezeigt. Erste Studien in Deutschland versuchen die Arbeitsbedingungen im Direktvertrieb aus der Perspektive der selbstständigen Handelsvertreter selbst zu erfassen. Ein Teil der Studienergebnisse wird unter 2.3.3.3. vorgestellt.

2.3.3.1.Demographische Daten

In Wiendiecks Umfragenstichprobe aus dem Jahr 2006 liegt das durchschnittliche Alter der Befragten bei über 46 Jahren (58 %). Weitere 31,3 % sind zwischen 36 und 45 Jahre alt. Somit sind fast 90 % der selbstständigen Handelsvertreter dieser Untersuchung über 35 Jahre alt. Die Alterstruktur der Außendienstmitarbeiter im Direktvertrieb werden von Zacharias (2005, S. 90) bestätigt.

Vergleichsweise unterschiedlich sind die Befunde jedoch in Hinblick auf die Anzahl der Jahre, die selbstständige Handelsvertreter im Auftrag eines Unternehmens verbringen. Laut Zacharias' Untersuchung vertreiben ca. 46 % der Befragten seit weniger als 2 Jahre Produkte eines Direktvertriebsunternehmens. Wiendiecks Untersuchungsgruppe hingegen verzeichnet eine Firmenzugehörigkeit von über 7 Jahren bei ca. 60 % der Befragten. Die Anzahl der weniger als 3 Jahre Tätigen liegt lediglich bei lediglich ca. 11%. Dies kann als ein Indiz für die Unterschiedlichkeit und Selektivität der beiden Stichproben gedeutet werden. Kennzeichnend für_Wiendiecks Stichprobe ist, dass ausschließlich selbstständige Handelsvertreter befragt worden sind, die für Unternehmen aus dem Bundesverband Direktvertrieb e.V. tätig sind. (Vgl. Kapitel 2.1.4.). Dass Wiendiecks Untersuchungsteilnehmer langjährig im Direktvertrieb tätig ist, muss bei weiterführenden Diskussionen besonders berücksichtigt werden, da die Ergebnisse nicht allgemeingültige Aussagen schlussfolgern lassen können. Auch gibt es zwischen den beiden Untersuchungsgruppen große Unterschiede hinsichtlich der Wochenarbeitszeit. Zacharias nennt einen durchschnittlichen Arbeitsaufwand für Haupt- und Nebenberufliche von 16 Stunden pro Woche. Wiendieck hingegen verzeichnet eine Arbeitszeit von durchschnittlich über 40 Stunden pro Woche (ca. 56 % der Untersuchungsteilnehmer). Eine weitere Betrachtung dieses Punktes kann an dieser Stelle nicht näher ausgeführt werden.

Wiendieck (2006) zeigt auf, dass etwa die Hälfte der selbstständigen Handelsvertreter im Außendienst alleine arbeiten, jedoch etwa die andere Hälfte in Teams die tägliche Arbeit im Verkauf verrichten. Kritisch kann die selektive Stichprobe dieser Untersuchung betrachtet werden, die aus langjährig aktiven selbständigen Handelsvertretern bestand.

Anzahl der selbstständigen Handelsvertreter und Anteil Frauen/Männer im Direktvertrieb

Im Außendienst des Direktvertriebs werden 1994 1,2 Mio. hauptberuflich und nebenberuflich Tätige und 3 Mio. Sammelbesteller gezählt (Engelhardt & Jaeger, 1998, S. 87). Diese Zahl bezieht sich jedoch auch auf selbständige Handelsvertreter, die im Bereich der Finanzdienstleistungen tätig sind. Zacharias (2005, S.89) schätzt die Anzahl der im Network-Marketing Tätigen bei 400.000 bis 600.000 Menschen in Deutschland. Für die im Auftrag des Bundesverbands Direktvertriebs durchgeführten Studie zugrunde liegende Anzahl von 700.000 selbständigen Handelsvertretern im Außendienst im Direktvertrieb ist kennzeichnend, dass diese nicht im Bereich der Finanz-dienstleistungen, sondern in den übrigen Branchen tätig sind (2005). Die dem Bundesverband Direktvertrieb angeschlossenen Mitgliedsun-ternehmen, arbeiteten im Jahr 2006 mit 196.000 selbstständigen Han-delsvertretern zusammen (Persönliche Mitteilung des Verbands, 13.03.2007).

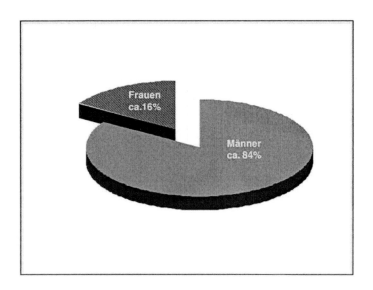

Abb. 2.10. Anteil weiblicher und männliche selbstständiger Handels-vertreter im Direktvertrieb (Engelhardt & Jaeger, 1998, S.90)

Der hohe Anteil an Frauen im Direktvertrieb verleitet zu falschen Schlussfolgerungen. Bei genauerer Betrachtung ist kritisch festzuhal-ten, dass Frauen in der Regel nebenberuflich als selbständige Han-delsvertreterin tätig sind. Auch als Sammelbestellerinnen oder Gast-geberinnen von Heimvorführungen („Tupperparties") sind Frauen häufig aktiv. Diese Formen der Tätigkeit erlaubt zwar eine Erfassung als selbständige Handelsvertreterin, ist aber keine existenzsichernde Tätigkeitsform. Die nachfolgende Grafik (Abb. 2.11.) verdeutlicht die

Verteilung von Voll- und Teilzeitarbeit im Hinblick auf das Geschlecht. Während Frauen größtenteils nebenberuflich arbeiten, sind es Männer, die in Vollzeit die Tätigkeit des selbständigen Handelsvertreters ausführen und damit ihren Lebensunterhalt bestreiten. Das Kriterium der Existenzsicherung, die ausschließlich auf der Selbständigkeit basiert ist ein Auswahlkriterium für die nachfolgend zu beschreibende eigene empirische Untersuchung (vgl. ab Kapitel 5).

Anteil Vollzeit/Teilzeit bzw. Hauptberuflicher vs. nebenberuflich Tätiger im Direktvertrieb

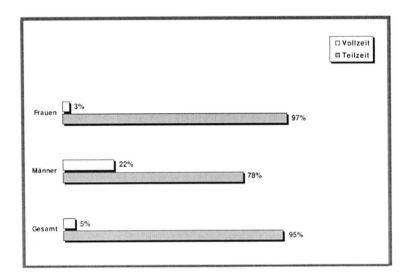

Abb. 2.11: Anteil weiblicher und männlicher selbstständiger Handelsvertreter im Direktvertrieb in Hinblick Umfang der Arbeitszeit (nach Engelhardt & Jaeger, 1998, S.91)

Bei der Betrachtung der Geschlechterverteilung in Hinblick auf hauptberufliche (synonym: Vollzeit) Beschäftigung ist ein wichtiger

Befund, dass Männer eher hauptberuflich diese Form der Beschäftigung wählen als Frauen. Ein Großteil der im Direktvertrieb tätigen Außendienstmitarbeiter ist jedoch nebenberuflich tätig. Die hohe Anzahl von Frauen als nebenberufliche Handelsvertreter kann damit begründet werden, dass einige Konsumgüterherstellerunternehmen (z.B. Konsumgüterhersteller AVON) ihren eigenen selbständigen Handelsvertretern Vergünstigungen beim Kauf der eigenen Produkte anbieten. Dieses Anreizsystem kann dazu führen, dass Personen, die per Definition als Kunde zählen, sich als selbständige Handelsvertreter registrieren, um den Eigenbedarf zu decken. Da bei diesen Frauen nicht davon ausgegangen werden kann, dass der Lebensunterhalt ausschließlich allein oder selbständig bestritten wird, ist es sehr wahrscheinlich, dass sie keiner aktiven Tätigkeit als Handelsvertreterin nachgehen. Es handelt sich hierbei also eher um Hausfrauen oder anderweitig angestellte Frauen, die eher als Kundin zu bezeichnen wären.

Dieser empirischer Befund wird durch die aktuelle Studie von Zacharias (2005, S. 77) unterstützt. Dieser zeigt auf, dass lediglich 23 % seiner Untersuchungsstichprobe (N=2700) hauptberuflich im Direktvertrieb tätig sind. Die übrigen 77 % sind nach dieser Untersuchung nebenberuflich im Direktvertrieb tätig.

Auf die Aspekte der nebenberuflichen Tätigkeit im Direktvertrieb wird im Rahmen dieser Arbeit nicht weiter eingegangen. Die weitere **Betrachtung fokussiert** sich auf **selbstständige Handelsvertreter**, die **hauptberuflich als Außendienstmitarbeiter** eines Direktvertriebsunternehmens aktiv sind. Aufgrund der verfügbaren Daten, sind überwiegend Männer hauptberuflich als selbständiger Handelsvertreter tätig, weswegen die eigene Untersuchung männliche selbständige Handelsvertreter als Untersuchungsteilnehmer rekrutiert. (vgl. Kapitel 6) Das anschließende Kapitel gibt zunächst einen Überblick über Arbeitsbedingungen in verkaufenden Tätigkeiten. Hierbei richtet sich der Blick insbesondere auf die psychischen Belastungen und Beanspruchungen.

2.3.3.2. Psychische Belastungen in verkaufenden Tätigkeiten

Trotz seiner enormen wirtschaftlichen Bedeutung war der persönliche Verkauf ein Stiefkind der organisationspsychologischen Forschung. Erst im Zuge des verstärkten Interesses an Dienstleistungstätigkeiten hat auch der persönliche Verkauf mehr Beachtung in der organisationspsychologischen Forschung gefunden. Dabei zeigt sich, dass es sich hier um eine Tätigkeit handelt, in der spezifische, nach den gängigen Modellen der Belastungsforschung nur schwierig konkretisierbare und messbare psychische Belastungen wirksam werden. Im Folgenden wird ein kurzer Überblick über den Stand der Forschung gegeben, wobei die Belastungen, die aus der Anforderung zu Gefühlsarbeit entstehen den Schwerpunkt bilden. Die Begriffe „Emotionsarbeit" und „Gefühlsarbeit" werden synonym verwendet. Die in dieser Untersuchung vorgestellten Ergebnisse beziehen sich nicht ausschließlich auf selbständige Handelsvertreter, sondern auch auf abhängig beschäftigte Verkäufer. Den Hauptpunkt der Darstellung bildet die „eigentliche Verkaufstätigkeit" selbst.

Stressoren im persönlichen Verkauf

In Anlehnung an Greif (1991) kann Stress verstanden werden als ein „intensiver, unangenehmer Spannungszustand in einer stark aversiven, bedrohlichen, subjektiv lang andauernden Situation, deren Vermeidung subjektiv wichtig ist (Greif, 1991, S. 13). Die Ursachen des Stress, die Stressoren lassen sich im persönlichen Verkauf in vier Kategorien gliedern (nach Goodwin, Mayo & Hill, 1997):

1. Akute, zeitbegrenzte Stressoren: solche Stressoren sind durch hohe Erregung aufgrund einer verstärkten Ausschüttung von Adrenalin gekennzeichnet. Im persönlichen Verkauf kann das beispielsweise durch die Erwartung eines kritischen Kundengesprächs ausgelöst werden.
2. Beanspruchungs-Sequenzen, die nach negativen Ereignissen auftreten können. Im persönlichen Verkauf im Direktvertrieb

zählt hierzu zum Beispiel ein Konflikt mit einem Kunden oder der Verlust eines Stammkunden.

3. Chronische, intermittierende Stressoren, die in verschiedenen Abständen auftreten können. Beispiele hierfür sind regelmäßige Kontrollgespräche mit Kooperationspartnern hinsichtlich Zielvorgaben oder Kontakte mit schwierigen Kunden.

4. Chronische Stressoren, die über lange Zeit bestehen. Im Verkauf zählen dazu die typischen Anforderungen der Berufsrolle, die bislang auch am intensivsten untersucht wurden.

Inhaltlich betrachtet sind im persönlichen Verkauf zwei Bereiche besonders relevant:

1. Beanspruchungen aufgrund der Arbeitsbedingungen

Bei selbstständigen Handelsvertretern kann der Aspekt hervorgehoben werden, dass die Existenzsicherung ausschließlich durch den erbrachten Umsatz gewährleistet werden kann. Es kann von einem „Leistungsdruck" in der Aufgabe selbst ausgegangen werden, neben dem zusätzliche Zielvorgaben seitens der Kooperationspartner bestehen. Zu den potentiellen Beanspruchungen aufgrund der Arbeitsbedingungen zählen aber auch langes Stehen und auch Witterungsbedingungen in der Tätigkeit im Außendienst.

2. Soziale Belastungen

Den zweiten Bereich umfassen soziale Belastungen, da der persönliche Verkauf den ständigen Kontakt mit anderen Menschen erfordert. Die daraus resultierenden Beanspruchungen werden mit dem Konzept des Rollenstress erfasst.

Rollenstress im Verkauf

Erwartungen, die sich an den Inhaber einer sozialen Position richten, werden als Rolle bezeichnet (vgl. Fischer & Wiswede, 2002; Nerdinger, 2001). Solche Erwartungen sind in der Regel nicht eindeutig bzw. widersprechen einander, sie können daher zu den verschiedensten

Konflikten führen, die als spezielle psychische Beanspruchungen auftreten. Im persönlichen Verkauf sind vor allem zwei Konfliktarten wichtig: Der erst Fall wird als Inter-Rollenkonflikt bezeichnet. Kunde und Unternehmen können unterschiedliche Rollenerwartungen senden. So erwarten Kunden häufig Entgegenkommen, z.B. in Form von Preisnachlässen (Voß, 1987). Dem steht aber die Erwartung der Organisation und auch des selbständigen Handelsvertreters nach profitablen Abschlüssen gegenüber. Als selbstständiger Handelsvertreter kommt eine „doppelte" Sandwichposition in diesem Beispiel vor: während der erlassene Preis sich zunächst auf die geringe Provision auswirken kann, hat er es jedoch schwer, einem Stammkunden diese Bitte zu verwehren. Es ist schließlich ein Stammkunde, den er im Laufe seiner Tätigkeit wieder kontaktieren und bei ihm er sehr wahrscheinlich wieder etwas verkaufen wird.

Eine solche Situation kann zum zweiten Fall führen, dem *Intra-Rollenkonflikt*. Dieser tritt auf, wenn an einen Rolleninhaber uneindeutige Erwartungen gerichtet werden, Folge ist die *Rollenambiguität*. Verschiedene Studien belegen, dass Rollenambiguität eine der wichtigsten Formen psychischer Belastung für den Verkäufer darstellt, die dessen Wohlbefinden empfindlich beeinträchtigen kann (Brown & Peterson, 1993). Die Rollenambiguität greifen Strobel und Lehnig (2003, siehe oben) unter dem Begriff „Sandwich-Position" auf. Auch Wiendieck räumt dieser Belastung besondere Aufmerksamkeit (Wiendieck, 2005, siehe unter 2.3.3.4.) ein.
Eine zweite Form des Intra-Rollenkonflikts bildet der innerhalb der Person stattfindende Konflikt. Solche Konflikte entstehen, wenn die von den Kunden oder Unternehmen an den selbstständigen Handelsvertreter gesendeten Erwartungen dessen Persönlichkeit, seinen Werteorientierungen oder allgemein seinem Selbstbild widersprechen. Diese Form des Konflikts zeigt sich in einer speziellen Anforderung, die in allen personenbezogenen Dienstleistungen und damit auch im persönlichen Verkauf zu finden ist, der Gefühlsarbeit.

Emotionsarbeit und Burnout im persönlichen Verkauf

Dienstleistungsberufe werden in der Arbeits- und Organisationspsychologie immer häufiger betrachtet. Die starke Entwicklung des tertiären Sektors und damit die zunehmende Entwicklung zur Dienstleistungsgesellschaft wird durch die Reduktion von Tätigkeiten in anderen Bereichen begleitet. In den meisten europäischen Ländern gehören mehr als 50 Prozent der Beschäftigten diesem Bereich an (Paoli, 1997). Die Tätigkeit von selbständigen Handelsvertretern kann zu Dienstleistungsberufen gezählt werden, da das spezifische an Dienstleistungsberufen die Interaktion mit Kunden und die entsprechenden Arbeitsanforderungen, die sich daraus ergeben sind. Die Arbeitsanforderungen sind nicht nur kognitiver, sondern vor allem auch sozialer und emotionaler Natur.

Arlie Hochschild (1990) hat dazu das Konzept der **Emotionsarbeit** (synonym: Gefühlsarbeit) eingeführt und den Begriff definiert als die bezahlte Arbeit, bei der ein Management der eigenen Gefühle erforderlich ist, um nach außen in Mimik, Stimme und Gestik ein bestimmtes Gefühl zum Ausdruck zu bringen, unabhängig davon, ob dies mit den inneren Empfindungen übereinstimmt oder nicht. Solche Emotionsarbeit ist Bestandteil in vielen Dienstleistungsberufen (Nerdinger, 1994). Nach Hochschild (1983) finden sich in vielen personenbezogenen Dienstleistungen Darstellungsregeln, die vorschreiben, welchen Gefühlsausdruck die Mitarbeiter im Kontakt mit den Kunden und Klienten zeigen sollen. So sollen z.B. Verkäufer gewöhnlich ein freundliches und entgegenkommendes Verhalten zeigen (Rafaeli & Sutton, 1990).

In Hochschilds (1990) Arbeiten wird darauf hingewiesen, dass in Dienstleistungsberufen Arbeitsanforderungen darin bestehen, in anderen Menschen (Kunden, Patienten, Klienten, Gästen) bestimmte, häufig positive Gefühlszustände zu erzeugen, was - wiederum in der Regel - dadurch erreicht wird, dass der oder die Arbeitende solche positiven Emotionen sichtbar zeigt. Darstellungsregeln beruhen auf Normen der Organisation oder des Berufs, sie werden im Rahmen der beruflichen bzw. der organisationalen Sozialisation gelernt und bilden einen wesentlichen Teil der beruflichen Rolle (Rafaeli & Sutton, 1989). Als Quelle von Stress wird gesehen, dass die zu zeigenden Emotionen nicht mit der aktuellen tatsächlichen Gefühlslage übereinstimmen. Deshalb bilden einen Schwerpunkt von Hochschilds Ansatz die psychischen und gesundheitlichen Kosten, die mit Emotionsarbeit verbunden sind. Die Spannung und Differenz zwischen dem, was wir fühlen, und dem, was wir fühlen sollen, führt über längere Zeit zu **emotionalen Dissonanzen** (Hochschild 1983; Zapf, 2002), die behoben werden müssen: Entweder wir ändern die Gefühle dahingehend, dass sie zu den Normen passen, oder wir ändern das Verhalten, damit es zu den Gefühlen passt. Dahinter steht die Annahme, dass es dem Menschen nicht möglich ist, über längere Zeit andere Gefühle auszudrücken als er empfindet, so dass er danach strebt, eine Übereinstimmung zwischen außen und innen herzustellen. Wird ihm dies verwehrt, empfindet er Stress und Unbehagen, die sich auf längere Sicht verstärken. Emotionale Dissonanz ist ein genuines Merkmal beruflicher Tätigkeiten, die den direkten Kontakt mit Menschen erfordern. Daher ist aufgrund der Aufgabenbeschreibung als Rückschluss zu ziehen, dass selbständige Handelsvertreter in ihrer Tätigkeit emotionale Dissonanz erleben können. Gewöhnlich müssen sie im persönlichen Kontakt mit Kunden Gefühle der Freundlichkeit und Sympathie darstellen. Wenn aber (vgl. Kapitel 2.3.3.3.3) der Kunde ein unangemessenes Verhalten zeigt oder Ansprüche an Verkäufer stellt, die mit ihrem Selbstbild oder ihren Wertorientierungen kollidieren, dann können negative Gefühle gegenüber dem Kunden auftreten. Damit eine überzeugende Darstellung der erwünschten Gefühle gelingt, müssen in diesem Fall die eigenen Gefühle kontrolliert werden, mit der Folge, dass sich dargestellte und erlebte Gefühle widersprechen. Emotionale Dissonanz stellt eine spezifische psychische Belastung in personenbezogenen Dienstleistungsberufen dar, die zu Fehlbeanspruchungen führen kann. In erster Linie ist dabei das Phänomen des *Burnout* (Maslach & Jackson, 1984) zu nennen.

Burnout als Beanspruchungsfolge

Burnout stellt eine spezifische Beanspruchungsfolge personenbezogener Dienstleistungsberufe dar, die durch besondere psychische Belastungen im beruflichen Kontakt mit anderen Menschen gekennzeichnet ist. Burnout wird gewöhnlich als Syndrom von „emotionaler Erschöpfung", „Depersonalisation" und „Gefühlen reduzierter persönlicher Leistungsfähigkeit" beschrieben (Maslach & Jackson, 1984; vgl. Richter & Hacker, 1998). *Emotionale Erschöpfung* äußert sich im Gefühl, ausgelaugt, erledigt, ausgebrannt und frustriert zu sein, die Arbeit mit Menschen wird als Strapaze und als zu anstrengend erlebt. *Depersonalisation* beschreibt die Tendenz, Klienten als unpersönliche Objekte zu behandeln und ihnen gegenüber negative und zynische Einstellungen zu entwickeln; *reduzierte Leistungsfähigkeit* äußert sich im Eindruck mangelnder Tatkraft, sie resultiert aus dem wachsenden Gefühl der Inkompetenz und des Versagens bei der Arbeit mit Menschen. Arbeitspsychologisch wird Burnout als Folge eines ungünstigen Verhältnisses von Belastungen und Ressourcen gedeutet (Leiter, 1993). Als wichtigste, Burnout auslösende Belastungen konnten Zeitdruck, rollenbezogene Probleme und allgemeine Überlastung nachgewiesen werden. Die wichtigsten Ressourcen, die Burnout abpuffern können, sind soziale Unterstützung sowie Tätigkeits- und Handlungsspielräume. Emotionale Erschöpfung wird dabei als eine Stressfolge gesehen, die wiederum zu Depersonalisation als Versuch zu deren Bewältigung führt. Persönliche Leistungsfähigkeit ist davon weitgehend unabhängig und entwickelt sich als Funktion positiver Arbeitsbedingungen und sozialer Unterstützung. Mittlerweile liegen einige Untersuchungen vor, die auch bei Verkäufern das Auftreten von Burnout nachweisen. Diese Untersuchungen geben empirische Belege dafür, dass emotionale Erschöpfung negative Auswirkungen auf die Arbeitszufriedenheit, die Fluktuation und auf die Leistung im Sinne der Produktivität von Verkäufern hat, wobei der letztgenannte Zusammenhang eher niedrig zu sein scheint (Babakus, Cravens, Johnston & Moncrief, 1999; Klein & Verbeke, 1999; Sand & Miyazaki, 2000). Burisch setzt die Fähigkeit einer Person, mit Burnout-fördernden Umweltfaktoren umzugehen, in den Mittelpunkt seiner Betrachtung und vermutet, dass Personen, die von Burnout betroffen sind, weniger flexibel beim Wechsel und Ausschluss von Bewältigungsmöglichkeiten sind, sowie grundsätzlich über ein eingeschränktes Strategierepertoire verfügen (Burisch, 2006, S. 189).

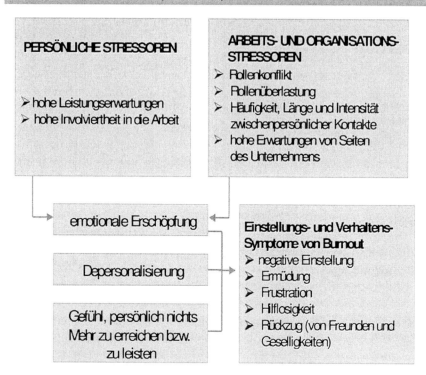

PERSÖNLICHE STRESSOREN

➢ hohe Leistungserwartungen
➢ hohe Involviertheit in die Arbeit

ARBEITS- UND ORGANISATIONS-STRESSOREN

➢ Rollenkonflikt
➢ Rollenüberlastung
➢ Häufigkeit, Länge und Intensität zwischenpersönlicher Kontakte
➢ hohe Erwartungen von Seiten des Unternehmens

emotionale Erschöpfung

Depersonalisierung

Gefühl, persönlich nichts Mehr zu erreichen bzw. zu leisten

Einstellungs- und Verhaltens-Symptome von Burnout

➢ negative Einstellung
➢ Ermüdung
➢ Frustration
➢ Hilflosigkeit
➢ Rückzug (von Freunden und Geselligkeiten)

Abb. 2.12: Burnout Modell (eigene Darstellung in Anlehnung an Weinert, 1998, S. 249)

Bereits Hochschild (1990) hat vermutet, das Gefühlsarbeit bzw. emotionale Dissonanz zu Burnout führen kann. Zwar liegen zu dieser Frage keine Untersuchungen an Verkäufern vor, in anderen personenbezogenen Dienstleistungen zeigt sich aber regelmäßig, dass emotionale Dissonanz als belastend erlebt wird und emotionale Erschöpfung auslöst (vgl. Zapf, 2002). Dieser Zusammenhang wird aber durch die Zahl bzw. Dauer der Kontakte vermittelt: So zeigt eine Untersuchung an Verkäufern im Außendienst, dass die Zahl der Kunden pro Woche mit Stresssymptomen korrelieren, die Dauer der Kontakte dagegen mit psychischem Wohlbefinden. Überspitzt formuliert: viele flüchtige Kontakte machen krank, intensivere Beziehungen dagegen tragen zum Wohlbefinden bei (Borg & Kristensen, 1999). Ob emotionale Dissonanz zu emotionaler Erschöpfung führt, hängt von einigen Merkmalen der beruflichen Situation bzw. der Person des Dienstleisters ab (Nerdinger, 2003). Bei hoher *Autonomie* in der Arbeit sind die negativen Konsequenzen sehr viel geringer im Vergleich zu Situationen, in denen niedrige Autonomie besteht. Autonomie umschreibt, inwieweit der Verkäufer selbst darüber entscheiden kann, wie er die Arbeit ausführt. Verfügen angestellte Beschäftigte über genügend Autonomie, können sie solche Gefühle zeigen, die der jeweiligen Situation angemessen sind. Da sie in diesem Fall ihre Gefühlsdarstellung selbst steuern, erleben sie weniger emotionale Dissonanz. Soziale Unterstützung ist ebenfalls in der Lage, die negativen Folgen emotionaler Dissonanz abzuschwächen: Kann sich ein Verkäufer nach belastenden Interaktionen mit Kollegen, Vorgesetzten oder auch Freunden und Bekannten über die Vorfälle aussprechen und stärken diese sein Selbstwertgefühl, zeigt emotionale Dissonanz kaum negative Folgen für das Wohlbefinden (Sand & Miyazaki, 2000).

Positive Konsequenzen der Gefühlsarbeit

Bislang wurde Gefühlsarbeit in der Forschung einseitig nur unter negativen Vorzeichen gesehen. Die nachgewiesenen Zusammenhänge mit emotionaler Erschöpfung treten aber möglicherweise nur unter eingeschränkten Bedingungen auf, die noch nicht eindeutig identifiziert wurden. In einigen Untersuchungen zeigen sich sogar positive Konsequenzen für das Erleben der betroffenen Mitarbeiter. Zum Beispiel hat Wharton (1993) in Berufen mit hohen Anteilen an Gefühlsarbeit eine höhere Arbeitszufriedenheit gefunden verglichen mit solchen, die wenig oder gar keine Gefühlsarbeit fordern. Morris und Feldman (1996) fanden in ihrer Studie einen positiven Zusammenhang zwischen der Häufigkeit geforderter Gefühlsarbeit und der Arbeitszufriedenheit. Wie lassen sich diese Befunde erklären? Möglicherweise sind Tätigkeiten, die soziale Interaktion erfordern, einfach befriedigender als andere Tätigkeiten (Adelman, 1995). Da solche Tätigkeiten

Gefühlsarbeit fordern, können Mitarbeiter mit Kundenkontakt und vor allem Verkäufer dies als notwendigen Teil ihrer Arbeit deuten - und wer seine Arbeit gut machen möchte, versucht die Gefühlsregeln möglichst gut in Gefühlsdarstellungen umzusetzen. Das deutet darauf hin, dass Gefühlsarbeit subjektiv auch als persönliche Leistung erlebt werden kann, wobei den so genannten „Problemkunden" (Bumbacher, 2000) besondere Bedeutung zukommen dürfte. Gewöhnlich wird der häufige Umgang mit solchen Kunden als Belastung mit der Gefahr des Ausbrennens gesehen. In einer qualitativen Studie an Flugbegleitern zeigte sich aber, dass manche von ihnen schwierige Kunden auch als eine Herausforderung erleben: Wenn sie einen übellaunigen Fluggast sehen, nehmen sie sich vor, diesen so zu bedienen, dass er am Ende des Flugs in guter Stimmung das Flugzeug verlässt (Nerdinger, 1994). Einen Problemkunden zufrieden zu stellen ist eine berufliche Leistung, deren erfolgreiche Bewältigung durch Gefühlsarbeit im Mitarbeiter Stolz auslösen kann. Die Folgen von emotionaler Dissonanz müssen ebenfalls nicht immer negativ sein. In den bislang berichteten Untersuchungen wurde nicht berücksichtig, dass emotionale Dissonanz zwei Qualitäten annehmen kann, die Rafaeli und Sutton (1987) als „faking in good faith" versus „faking in bad faith" bezeichnen. Die Vortäuschung von Gefühlen gegen die eigene Überzeugung (faking in bad faith) kann die Entwicklung von Burnout fördern, da ein solches Verhalten nach Meinung der Betroffenen nicht Teil der beruflichen Rolle sein sollte und von ihnen als erzwungen erlebt wird. Bei der Vortäuschung von Gefühlen aus Überzeugung (faking in good faith) betrachten Mitarbeiter die Gefühlsdarstellung dagegen als eine notwendige Anforderung der Tätigkeit, die sie als legitim erachten und aufgrund ihrer Identifikation mit dem Beruf bejahen. Rafaeli und Sutton (1987) führen dies auf die Internalisierung der beruflich geforderten Darstellungsregeln zurück, die möglicherweise das Erleben von Stress verhindern kann. Die burnout-vermindernde Wirkung einer Gefühlsdarstellung aus Überzeugung konnten Nerdinger und Röper (1999) an einer Stichprobe von Krankenschwestern nachweisen. Neben den häufig berichteten negativen Konsequenzen der Gefühlsarbeit in Form von emotionaler Erschöpfung finden sich in verschieden Untersuchungen Hinweise auf positive Konsequenzen. Dies deutet darauf hin, dass die Fixierung auf negative Folgen der Arbeit mit Menschen der Komplexität des Phänomens nicht gerecht wird. Gelungene Gefühlsarbeit kann bei den Kunden Zufriedenheit auslösen, die zur Wahrnehmung einer besseren Dienstleistungs- bzw. Verkaufsqualität führt (Bruhn, 2003). Dieses Erleben überträgt sich in der direkten Interaktion auf die Verkäufer und kann bei diesen berechtigten Stolz auf die geleistete Arbeit auslösen.

2.3.3.3. Arbeitsbedingungen aus Sicht der selbständigen Handelsvertreter in Deutschland

Die in diesem Unterkapitel aufgeführten Ausführungen tragen Untersuchungen über die Arbeitsbedingungen aus Sicht der selbstständigen Handelsvertreter in Deutschland zusammen. Hierbei wird vorwiegend auf Studien von Wiendieck (2005; 2006) und Zacharias (2005) zurückgegriffen, die sich explizit bei Ihren Untersuchungen auf selbstständige Handelsvertreter im Außendienst des Direktvertriebs konzentrierten. Beide Autoren führten Fragebogenstudien durch.

Positive und Schattenseiten der Arbeit

Strobel und Lehnig (2003) fassen die Merkmale der Tätigkeit im Außendienst im Auftrag der Bundesanstalt für Arbeitsschutz und Arbeitsmedizin folgendermaßen zusammen:

Zu hoher Zufriedenheit führen:

- wechselnde und vielfältige Aufgaben
- interessante Tätigkeitsinhalte
- viele Sozialkontakte mit Kunden
- Mobilität
- Selbstständiges, eigenverantwortliches Handeln
- Ein hoher Grad an Freiheit bei der Arbeitsgestaltung

Verschiedene Rahmenbedingungen der Arbeitstätigkeit können jedoch auch zu Konflikten und Stress führen:

- Belastungen durch operative Anforderungen
- Größere Ferne zum betrieblichen Geschehen
- Termin und Zeitdruck
- Häufige Neuorientierung durch wechselnde Arbeits- und Einsatzorte
- Lange Autofahrten
- „Sandwich-Position" zwischen Unternehmen und Kunden

Abb. 2.13.: Arbeitsbedingungen im Außendienst: Positives und Negatives (vgl. Strobel und Lehnig, 2003)

Strobel und Lehnig (2003) beziehen sich hierbei jedoch auf angestellte Mitarbeiter im Außendienst. Wiendieck (2006) gibt

die positiven Seiten und Schattenseiten der Arbeit von selbstständigen Handelsvertretern im Außendienst wieder. Auch aus seinen Daten geht hervor, dass selbstständiges Handeln, ein hoher Freiheitsgrad in der Gestaltung der Arbeit und der Arbeitszeit einen als sehr positiv wahrgenommen Teil der Arbeit darstellen. Der „Kontakt mit vielen unterschiedlichen Menschen" ist als die am meisten positiv bewertete und angetroffene Arbeitsbedingung. Als Schattenseiten der Arbeit nennen selbstständige Handelsvertreter die „Schwankungen/Unsicherheit des Einkommens". Da Strobel und Lehnig angestellte Außendienstmitarbeiter untersuchten, ist hier ein wesentlicher Unterschied zu erkennen. Die Unsicherheit des Einkommens ist jedoch ein Bestandteil der selbstständigen Tätigkeit, da kein Gehalt von Seiten eines Arbeitgebers gezahlt wird. Als durchschnittlich zweitgrößte Belastung werden lange Anfahrtswege in die Arbeitsgebiete angegeben; dies entspricht der Auflistung von Strobel und Lehnig (2003). Eine zeitlich lange Abwesenheit von zu Hause geben die selbstständigen Handelsvertreter als weiteren Belastungsfaktor an. Weiteres dominantes Merkmal der Tätigkeit im „Haustürgeschäft" ist die Arbeit auf der „Straße", da keine offizielle Räumlichkeit während der Ansprachenphasen vor Ort zur Verfügung steht. Als drittgrößte Belastung wird deshalb die „Arbeit draußen bei jedem Wetter" angegeben, wobei die Häufigkeit der Belastung als wesentlicher seltener als übrige Belastungsfaktoren angegeben werden. Als letzter an dieser Stelle hervorzuhebender Belastungsfaktor, ist der Befund in Wiendiecks Untersuchung (2006), dass die Umsatzorientierung der direkten Führungskraft eine Belastung darstellt. Die Bilanz dieser empirischen Daten wird im weiteren Unterkapitel unter dem Aspekt der Zufriedenheit betrachtet.

Teamarbeit

Unter „Teamarbeit" ist die Arbeitsweise im täglichen Verkauf zu verstehen. Wie diese Teamarbeit bzw. Gruppenarbeit genau seitens der Untersuchungsstichprobe definiert wird, ist anhand der empirischen Daten aus Wiendiecks Studie (2006) nicht klar zu präzisieren. Deutlich wird jedoch, dass etwa die Hälfte aller Befragten (50,1%) in ein Team eingebunden sind und Ihre tägliche Arbeit in einem Team verrichten. Angaben über Größe und Struktur der Teams werden an dieser Stelle nicht näher ausgeführt.

Zacharias (2005, S. 77) gibt an, dass 63 % seiner Untersuchungsstichprobe allein arbeitet, wohingegen 37 % mit dem Ehe- oder Lebenspartner gemeinsam Network-Marketing betreiben.

Zufriedenheit mit der Arbeit

78 % der Stichprobe aus Zacharias Untersuchung zum Network-Marketing (2005) beurteilt die eigene Zufriedenheit mit der Tätigkeit im Network-Marketing als „zufrieden" bis „sehr zufrieden". Auch in Wiendiecks Stichprobe zeigen sich die höchsten Zufriedenheitswerte für „Zufriedenheit mit meinem Beruf" und „Zufriedenheit mit meiner Arbeit auf" (2006). Eng verbunden mit der Gesamtzufriedenheit ist die Einstellung zum Beruf, die für die vorgelegten Ergebnisse bezüglich der Variable „Zufriedenheit" eine weiterführende Erklärung bieten kann.

Einstellung zum „Beruf"

Die Einstellung zum Beruf kann sich auf andere Bereiche auswirken. Diese können beispielsweise die Zufriedenheit und auch das Stresserleben sein (Wiendieck, 2006). Die höchsten Werte erzielten die Aussagen „Der Direktvertrieb ist genau das richtige für mich „ und „Ich bin Verkäufer aus Leidenschaft" auf dieser Skala. Das bedeutet, dass die meisten Untersuchungsteilnehmer diesen Aussagen zustimmten. Die geringste Zustimmung erreichte die Aussage „Meinen Kindern würde ich auch empfehlen, diesen Beruf zu wählen."

Selbstbild/Leistungsorientierung

Der Titel „Selbstbild" umfasst Aussagen über Motivation, Zuversicht und Bereitschaft zur Verantwortungsübernahme der Untersuchungsteilnehmer. Die Items dieser Skala entstammen aus dem Leistungsmotivationsinventar (LMI) (Schuler & Prochaska, 2000). Überdurchschnittlich hohe Ausprägungen in Hinblick auf Leistungsorientierung zeigen sich in den Ergebnissen in dieser Untersuchung.

Umgang mit Schwierigkeiten

Auch bei dieser Skala werden Aussagen mit einer Bewertung von mindestens 4 (= stimme zu) aufgeführt. Hier werden zwei Aussagen die höchsten Bewertungen zugesprochen: *„Ich erlebe meine Arbeit im Direktvertrieb als sinnvoll".* Diese Aussage kann auf die Komponente „Sinnhaftigkeit" des Kohärenzgefühls zurückgeführt werden. Das Kohärenzgefühl und das dazugehörige salutogenetische Modell werden in den Kapitel 3.3.4.2 und 3.3.4.2.5. detailliert vorgestellt.

Die zweite Aussage mit der höchsten Bewertung ist *„Auch bei zunächst abweisenden Kunden schreibe ich Aufträge".*

Belastungen und Stress

Mobilität wird ebenso als ein positiver Aspekt aufgeführt, wohingegen lange Autofahrten ebenso zu physischer Fehlbeanspruchung führen können. Laut Zacharias (2001) fahren nebenberuflich tätige Mitarbeiter im Direktvertrieb in Österreich durchschnittlich 10.000 km pro Jahr und hauptberuflich Tätige über 25.000 km pro Jahr. In Deutschland können ähnliche Zahlen vermutet werden. Aus arbeitsmedizinischer und –psychologischer Sicht müsste die Wirkung von langen Autofahrten und Nebenfolgen (Staus, Unfälle, etc.) genauer untersucht werden. In jedem Fall wird auch hier deutlich, dass dieser Aspekt eher stressinduzierend als stressmindernd wirkt.

Aussagen, die eine Mindestbewertung von 3 (= teils/teils) auf der Skala „Stress bei der Arbeit" erhielten, sind (Wiendieck, 2006): „Stress im Beruf erlebe ich überwiegend als positive Herausforderung" und „Ohne meine Familie/Partnerschaft könnte ich den Stress nicht aushalten". Hohe Bewertungen zu diesen Aussagen zeigen also eine eher geringe Belastung im Arbeitskontext auf. Übrige Aussagen können mit einem eher geringen Stresserleben interpretiert werden. Dieser Interpretation widersprüchlich ist die relativ hohe Bewertung mit knapp 3 (teils/teils) auf die Aussage: „Wirtschaftliche Sorgen bereiten mir schlaflose Nächte". Alle übrigen Aussagen beziehen sich auf die Beziehung zu Kunden (z.B. „Manchmal kann ich keinen Kunden mehr sehen."). Der wirtschaftlich unsichere Aspekt der Tätigkeit kann als ein potentiell stressinduzierender Faktor identifiziert werden. Zacharias (2005, S. 81) legt die im Network-Marketing erzielten Jahresprovisionen für hauptberuflich Tätige offen. 47 % seiner Untersuchungsstichprobe verdienen unter 25.000 € pro Jahr inklusive Mehrwertssteuer. Dies entspricht einem monatlichen Einkommen von ca. 2000 € inklusive Mehrwertssteuer und ohne Abzug der Einkommenssteuer und privater Versicherungen (z.B. Krankenversicherung). 35 % der Untersuchungsstichprobe verdient 25.000 bis ca. 100.000 € pro Jahr, das entspricht einem monatlichen Einkommen von 2000 bis 8000 €. Die restlichen 18 % verdienen 100.000 bis über 250.000 € pro Jahr inklusive Mehrwertssteuer. Die Einkommenszahlen dienen nur als Orientierung, eine repräsentative Untersuchung über die aktuellen Einkommenszahlen der selbstständigen Handelsvertreter im Außendienst des Direktvertriebs kann an dieser Stelle nicht vorgelegt werden.

Gefühle am Ende eines Arbeitstages

Bei der Frage nach Gefühlen am Ende eines Arbeitstages gibt Wiendieck (2007) sieben Adjektive vor: unterschiedlich, motiviert, enttäuscht, aufgedreht, ausgeglichen, verärgert, ausgelaugt. Die höchste durchschnittliche Bewertung erhielt das Gefühl „motiviert". Als ein weiteres Gefühl am Ende eines Arbeitstages gaben Teilnehmer im Durchschnitt „unterschiedlich" und „ausgeglichen" an.

Spannungsbögen nach Wiendieck (2005)

An den hier vorgestellten Ergebnissen wird erkennbar, dass sich die Arbeitsbedingungen, -belastungen und –bewältigungsformen der selbständigen Handelsvertreter im Direktvertrieb nicht einfach, eindeutig und allgemein beschreiben lassen. Vielmehr existiert eine „bunte Landschaft", die sich als ein Konglomerat von unterschiedlichen Kennzeichen und Ausprägungen beschreiben lässt. Es stellt sich zum Beispiel die Frage, wie die vorliegenden hohen Zufriedenheitswerte bei gleichzeitig vielfältigen Schattenseiten und Belastungen bei der Tätigkeit zu interpretieren sind. Kann davon ausgegangen werden, dass die positiven Folgen der Gefühlsarbeit, die Arbeit mit „schwierigen Kunden" ebenso zu einer Zufriedenheit führt, wie dies bei der berichteten Untersuchung mit Flugbegleitern war (Nerdinger, 1994 vgl. Kap.2.3.3.3.5.)?

Insbesondere finanzielle Belastungen scheinen sehr heterogen zu sein, da es zum Einen Außendienstmitarbeiter mit (sehr) hohem Umsatz und zum Anderen Außendienstmitarbeiter mit nur (sehr) geringem Umsatz gibt, die alle Ihren Lebensunterhalt ausschließlich über Ihre Einnahmen aus dem Direktvertrieb bestreiten. Auch ist an dieser Stelle noch kein konkreter Ansatz eindeutig aufzufinden, um diese Unterschiede fundiert erklären zu können. Es ergibt sich ein weiteres widersprüchliches, in zwei Extreme einzuteilendes, Ergebnis hinsichtlich der Einstellung zum Beruf (vgl. oben). Während sich die Untersuchungsteilnehmer als „Verkäufer aus Leidenschaft" bezeichnen, sind die geringsten Zustimmungsergebnisse bei der Antwort auf die Frage, ob eine Bereitschaft zur Empfehlung der Tätigkeit an die eigenen Kinder gegeben ist, zu verzeichnen. Warum steht ein als Begeisterung für die Tätigkeit interpretierbares Ergebnis der geringen Empfehlungswahrscheinlichkeit der Tätigkeit an die eigenen Kinder gegenüber? Hier werden ein Widerspruch und ein Spannungsfeld deutlich, das im Alltag der selbständigen Handelsvertreter wirksam zu sein scheint.

Wiendieck (2005) greift dieses Kontinuum an Extrempolen auch bei einer Beschreibung auf, indem er sieben Spannungsbögen im Beruf des Mitarbeiters im Direktvertrieb charakterisiert.

Im Folgenden werden die ambivalenten Anforderungen an den Außendienst im Direktvertrieb nach Wiendieck (2005) dargelegt:

1. Empathie vs. Biss

Einfühlungsvermögen, Sensibilität, Aufmerksamkeit und Zugewandtheit werden hier als Basisqualifikationen betrachtet, die erst ein Beratungs- bzw. Verkaufsgespräch ermöglichen. Zuhören und Sprechen, Verstehen und Eingehen, Aufnehmen und Entgegnen, Bekräftigen und Widerlegen sind hierbei als kommunikatives Wechselspiel angelegt, welches die Bereitschaft zur Entscheidung für das Produkt und zum Kauf anvisiert. Die Phase der Entscheidung für oder wider den Kauf eines Produktes ist nicht nur rational, sondern auch emotional gefärbt. Der Käufer hat einerseits den Wunsch das Produkt zu erwerben, andererseits jedoch auch die Befürchtung eine andere Option könne seine Wünsche besser erfüllen. Aber auch andere Überlegungen treten konzentriert innerhalb dieser Phase auf. *Die endgültige Entscheidung ist dann eine Befreiung von der Last der Überlegungen.* Es gibt allerdings ein Zeitfenster für die Entscheidung. Dieses zu erkennen und entschlossen zu nutzen, zeichnet den guten „Außendienstler" aus. In der Phase der Unentschiedenheit würde ein forsches Vorgehen Widerstand wecken, aber in der Phase der Entscheidungsbereitschaft wird es meist als hilfreich erlebt. Gute Außendienstler schaffen nach Wiendieck eine Vereinbarung der Gegensätze von Einfühlung und Biss.

2. Stetigkeit vs. Flexibilität

Um die zu verkaufenden Produkte anzupreisen, gilt es für Außendienstler dem Käufer Argumente vorzutragen. Dabei sollte ein „roter Faden" der Argumentation erkennbar sein, da ansonsten der Eindruck der Fahrigkeit und Beliebigkeit entsteht. Das rigide Festhalten an einer Linie birgt wiederum die Gefahr der Starrheit und Sturheit. Auch dies würde den Kunden irritieren. Wiendieck fasst dies zusammen *„Insofern bedarf es einer „geschmeidigen" Argumentation, die stets die Grundlinie erkennen lässt, aber gleichwohl einzelne Schwenker, Umwege und Modifikationen zulässt."*

3. Normtreue vs. Abweichung

Hiermit ist die klassische „Sandwichposition" in Dienstleistungsberufen gemeint (vgl. auch oben Strobel & Lehnig, 2003). Ein niedriger Preis mit individuellen Leistungen ist häufiger Kundenwunsch, wohingegen Unternehmen standardisierte Leistungen mit hohen Preisen liefern möchten. Kunden erwarten oft ein Entgegenkommen, das die Unternehmen nicht gewähren können und Unternehmen beharren oft auf den Regeln des „Kleingedruckten", was Kunden verärgert, weil Sie sich dann nicht in Ihrer Besonderheit wahrgenommen fühlen. Der Außendienstler steht dazwischen und ist beides: Repräsentant des Unternehmens, aber auch Anwalt des Kunden (vgl. Kap. 2.3.3.3.2. „Rollenstress im Verkauf").

4. Team vs. Einzelkämpfer

Im Entlohnungssystem ähneln sich selbstständige Handelsvertreter und Unternehmer sehr. Beide werden erfolgsabhängig entlohnt. Während Unternehmer vollständig nach Erfolg Ihrer Unternehmung ihren Lebensunterhalt bestreiten und vorab meistens ein existentielles Risiko eingehen (vgl. Kapitel 3), sind Handelsvertreter häufig an Zielvorgaben gebunden, die dann die Basis für Provisionen liefern. Somit wird der Lebensunterhalt hauptsächlich auf individueller Erfolgsbasis bestritten. Aufgrund dieser Tatsache, handelt es sich um ein „Einzelkämpfertum", da dies sowohl der Entlohnung als auch dem individuellen Naturell entspricht. *Der Teamgedanke umfasst die Chance, sein Wissen zu teilen und so zu vermehren.* Nach Wiendieck (ebenda) eröffnet dies eine Beratungsstrategie, die im militärischen Jargon als *„getrennt marschieren, aber vereint schlagen"* bezeichnet wird. Die Arbeitsteilung im Team ermöglicht diesen eine höhere Gewinnerwirtschaftung als einem Einzelnen.

Im Außendienst ist die Spannung zwischen der Solidarität (im Team) und des Eigennutzes deutlich ausgeprägt. Überzeugte Einzelgänger können kaum die Masse an Informationen über Markt, Kunden, Arbeitsmitteln bewältigen, wenn nicht durch Kollegen einiges „gefiltert" wird. Andererseits ist es dem Einzelnen nicht möglich, seinen Lebensunterhalt zu bestreiten, wenn er ausschließlich für „andere da" ist. Dies untermauert die empirischen Ergebnisse, die Wiendieck in Hinblick auf die Arbeitsweise im täglichen Verkauf erhielt (2006). Etwa 50 % der Befragten arbeiten allein, wohingegen die übrige Hälfte der Befragten in einem Team eingebunden arbeitet.

5. Frustration vs. Euphorie

Die Tätigkeit im Direktvertrieb erfordert eine hohe Ausdauer. Um die eigene Existenz und vielleicht auch die der eigenen Familie zu sichern, ist es notwendig täglich an „die Tür zu gehen". Jedes Klingeln kann eine Möglichkeit sein, einen Präsentationstermin zu erhalten, anschließend einen Verkauf zu tätigen und eine Provision zu erhalten - oder direkt mit einer Absage konfrontiert zu werden. Somit ist es für den Mitarbeiter von hoher Bedeutung wie Absagen im Verhältnis zu Terminvereinbarung und Vertragsabschlüssen gewichtet werden. Wie in jeder Branche gibt es auch im Außendienst Erfahrungswerte einer „Erfolgspyramide". Diese zeigt, wie viele Kontakte nötig sind, um einen Präsentationstermin im Hause des Kunden zu erhalten und wie viele Präsentationstermine zu einem Abschluss führen. Diese Relationen sind individuell unterschiedlich und schwanken nach Ort, Jahreszeit und in Abhängigkeit auch von anderen Rahmenelementen. Man kann nicht sagen, dass man nach jedem zwanzigsten Gespräch ins Haus gebeten wird und nach jeder fünften Präsentation einen Auftrag mitnimmt. Aber im Schnitt könnte es so sein. Insofern weiß der Außendienstmitarbeiter *„Ich muss am Ball bleiben"*, irgendwann kommt der Auftrag. Ihm geht es wie dem Spieler, der genau weiß, dass er eine Chance auf den Gewinn hat, aber das genaue Spiel nicht kennt. Lernpsychologisch betrachtet kann von einem variablen Quotenplan der Verstärkung ausgegangen werden. Er kann „süchtig" machen und den „Spieler" zwischen den Polen Frustration und Euphorie hin und her werfen. Auch diese Spannung erlebt der selbstständige Handelsvertreter und muss sie aushalten und überbrücken.

6. Burnout vs. Bindung

Die Tätigkeit im Direktvertrieb verlangt ein hohes Maß an individuellem Einsatz, die Bereitschaft und Fähigkeit sich immer wieder auf neue Menschen einzustellen und Gesprächssituationen variabel und situationsgerecht zu gestalten. Der Außendienstler hat einen *„sozialen Beruf"*, ständig ist er mit anderen Menschen zusammen, kommt in die Wohnung, wird aufgenommen und akzeptiert. Zugleich ist er einsam, allein unterwegs, zum Teil mit Übernachtungen im Hotel, fernab der eigenen Familie und des eigenen sozialen Netzes. Das zehrt an den psychischen Kräften und lässt manchen ausbrennen. Diese Gefahr trifft nur jene, die ihren Beruf lieben und voller Engagement ausfüllen. Genau das trifft nach Wiendieck (ebenda) auf viele Außendienstler zu: *„nur wer brennt, kann ausbrennen"*. Auf der anderen Seite verweist Wiendieck (ebenda) auf das soziale Netz im Unternehmen, welches jeden im Bedarfsfall auffängt und zu neuem Einsatz und Engagement motiviert. Hier werden Kollegen, Chefs und die Bindung an das Unternehmen als Variablen genannt, die die Quelle der Kraft und Versuchung zu neuem Engagement sind.

7. Selbstverwirklichung vs. Selbstverleugnung

Wettbewerbe, Ranglisten, Anreizsysteme, Incentives und Boni werden meistens durch das Unternehmen aufgestellt und dienen zur Umsatzsteigerung. Diese Instrumente fokussieren die Aufmerksamkeit auf den ökonomischen Aspekt des Berufs. Erfolg und Geld werden synonym und wirken als eigenständige Motivatoren, die andere Lebensaspekte systematisch ausblenden. Nach Wiendieck führen diese Anreize dazu, dass sie *„andere Aspekte eines erfüllten Lebens ausblenden oder gar lächerlich erscheinen lassen"*. Hier wird deutlich, dass durch die Fokussierung und Dominierung des Geldes, andere „Werte" erstickt werden können. Als potentielle Konsequenz wird auf ein „verarmtes Leben" hingewiesen, da nur noch der Gelderwerb zählt. Wiendieck führt fort: *„Und manch ein erfolgreicher Außendienstler fragt sich, ob dieser Erfolg die Verwirklichung oder die Verleugnung der eigenen Lebenssehnsucht ist. Dieser Spannungsbogen ist tief. Er lässt sich nur schwer abschütteln. Immer wieder berührt er das Herz des Außendienstlers und mahnt, den eigenen Lebensweg zu finden, zwischen dem äußeren Erfolg und der inneren Ruhe."*

Die von Wiendieck (2005) entwickelten Spannungsbögen zeigen die dominanten Ambiguitäten im Rahmen der Tätigkeit im Außendienst auf. Eine mögliche Konklusion hieraus ist – wie bereits Wiendieck anmerkt-, dass selbstständige Handelsvertreter fähig sind oder sein sollten, Ambiguitäten auszuhalten. Welche weiteren Eigenschaften können ihnen theoretisch vorab zugesprochen werden? Wie können die bisher offen gelegten Definitionen, Arbeitsbeschreibungen, vorgestellten Arbeitsbedingungen, -anforderungen, Rahmenbedingungen und die hieraus ergebenden Formen der Arbeitsbewältigung zu einem kohärenten und kongruenten Gesamtbild zusammengefasst werden, um ein möglichst realitätsnahes Verständnis für die Tätigkeit des selbstständigen Handelsvertreters zu erhalten?

2.3.3.4. Zusammenfassung

Das Fazit der dargestellten empirischen Untersuchungen und der bisherigen theoretischen Grundlagen macht vorwiegend deutlich, dass die Selbständigkeit eines Handelsvertreters seine eigene Verantwortung für den Erfolg seiner Tätigkeit beinhaltet (vgl. Kap. 1.2.1). Hätte der Herstellerbetrieb angestellte Verkäufer für den Vertrieb der Produkte eingesetzt, so würden Motivationsfragen der beschäftigen Verkäufer ein Teil der zu lösenden Problemstellungen des Arbeitgebers. Denn bei der Anstellung von Mitarbeitern wird nicht die „fertige" Arbeit (konkret: tatsächlich erfolgte Umsätze) gekauft, sondern allein das Recht, Potenziale von Arbeitnehmern zeitweise zu nutzen. Durch die Herstellung einer Auftragsbeziehung zwischen Verkäufer und Herstellerbetrieb wird die Absatz- und Umsatzgenerierung zum wesentlichen Steuerungs- und Kontrollmechanismus.

Neben dieser Steuerung, die per se als Belastung aufgefasst werden kann (vgl. Kapitel 3), existieren weitere Faktoren in der Verkäuferrolle, die bewältigt werden. Zunächst gilt es körperliche Gesundheit zu besitzen und langfristig zu erhalten, da die Tätigkeit im Außendienst vom Handelsvertreter eine hohe Mobilität (Autofahrten) und die Bereitschaft, im Freien zu arbeiten abverlangt. Langes Stehen ohne Sitzmöglichkeiten kann an dieser Stelle als körperlicher Belastungsfaktor hinzugefügt werden. Es steht laut Beschreibung der Tätigkeit (siehe vorangehende Beschreibungen in diesem Kapitel) in der Tat keine Räumlichkeit als Rückzugs- oder Erholungsraum zur Verfügung. Die emotionalen Dissonanzen aufgrund des hochfrequenten Kundenkontakts äußern sich konkret in der Anforderung, ständig freundlich zu sein. Diese Faktoren zusammen zeigen Bedingungen auf, die zum Burnout führen können (vgl. Modell). Die Rollenambiguität der selbständigen Handelsvertreter wird besonders eklatant, da nun nicht mehr „nur" Kunden- und Unternehmenswünsche, sondern auch die eigenen Wünsche möglichst konsensorientiert erfüllt werden sollen.

Als weitere Anforderung kann anhand der durchgeführten Literaturrecherche ergänzt werden, dass zwar die Tätigkeit des Handelsvertreters allein durchgeführt werden kann, es jedoch stellenweise Praxis Usus ist, in Teams zu arbeiten. Damit kommt die Anforderung hinzu, bereit zu sein, im Team zu arbeiten.

Im Kapitel vier werden die vorgestellten empirischen Ergebnisse der an dieser Stelle herangezogenen Studien und Untersuchungen und die Vorüberlegungen zu diesem Gesamtbild zusammengefasst.

Im hieran anschließenden Kapitel drei wird vorab erörtert, welche beschreibenden Persönlichkeitsmerkmale aus der Unternehmerforschung in Hinblick auf diese Untersuchung weiter verwertet werden können. Dies ist eine notwendige Voraussetzung, um eine differenzierte Betrachtung der selbstständigen Handelsvertreter vornehmen zu können.

3. Fokus: Hauptberuflich selbständige Handelsvertreter- eine Gegenüberstellung zum Unternehmerbegriff

Das nun folgende Kapitel 3 gibt aktuelle Forschungsbefunde über Persönlichkeitsmerkmale wider, die bei Unternehmern festgestellt wurden und zeigt Unterschiede und Gemeinsamkeiten von Handelsvertretern und „klassischen" Unternehmern auf. Kernziel des nachfolgenden Kapitels 3 ist die Erläuterung von psychologischen Theorien, die für die weitere Analyse der Berufsanforderungen und – bewältigung im Direktvertrieb im Rahmen der vorliegenden Untersuchung eine theoretische Grundlage bilden.

3.1. Rechtliche Begriffsklärung

Das deutsche Bürgerliche Gesetzbuch (BGB) definiert in § 14 Abs. 1 den Unternehmer wie folgt:

Unternehmer ist eine natürliche oder juristische Person oder eine rechtsfähige Personengesellschaft, die bei Abschluss eines Rechtsgeschäfts in Ausübung ihrer gewerblichen oder selbständigen beruflichen Tätigkeit handelt.

Das deutsche Umsatzsteuergesetzt definiert Unternehmer wie folgt (§ 2 Abs. 1 Satz 1 und 3 UstG):
Unternehmer **ist, wer** eine gewerbliche oder berufliche Tätigkeit selbständig ausübt. Gewerblich oder beruflich ist jede **nachhaltige** Tätigkeit zur Erzielung von Einnahmen, auch wenn die Absicht, Gewinn zu erzielen fehlt.

3.2. Unternehmerbegriffe

Nach Baldegger (1988) werden zur Klärung des Unternehmerbegriffs positionale, funktionale und personale Sichtweisen unterschieden. Die positionale Sichtweise orientiert sich an der Stellung in einer Institution, an der Hierarchiestufe und am Eigentumsstatus. Der funktionale

Unternehmerbegriff konzentriert sich auf das Verhalten und der personale Unternehmerbegriff bezieht sich auf psychologische und soziologische Verhaltensursachen und stellt somit die Persönlichkeitsmerkmale in den Vordergrund der Betrachtung.

3.2.1. Positionale Sichtweise des „Unternehmers"

Eine Literaturdurchsicht zum Unternehmertum zeigt, dass bei den Definitionen und den methodologischen Ansätzen zur Erforschung des Unternehmertyps große Unterschiede bestehen (Baldegger, 1988). Auch ist dies bei positionalen Definitionen des Unternehmerbegriffs deutlich erkennbar. Zum Teil beinhalten die positionalen Definitionen in unterschiedlicher Weise die Bedingung, dass der Unternehmer Gründer oder mindestens Eigentümer und Leiter der Unternehmung ist. Vor allem in der englischsprachigen Literatur wird der Begriff des „Entrepreneurs" mit der Vorstellung des Unternehmensgründers in Verbindung gebracht. In der deutschsprachigen Literatur ist diese Interpretation des Begriffs weniger verbreitet. Wie vielfältig die Aspekte sein können und welches die wichtigsten Merkmale einer Sichtweise sind, die zu einer positionsabhängigen Definition des Unternehmerbegriffes führen, zeigt eine empirische Untersuchung von Schmölders (1973). Als besonders typische Beispiele von Unternehmern werden darin Eigentümer und Leiter einer Fabrik oder selbständige Großhändler angesehen. Als dominantes Kriterium für die Einstufung als Unternehmer stellt Schmölders (1973) deshalb „Eigentum" heraus. Ebenso als dominantes Merkmal nennt er „Leitung".

3.2.2. Funktionale Sichtweise des „Unternehmers"

Bei der funktionalen Differenzierung geht es darum, die Funktionen und signifikanten Verhaltens- bzw. Handlungsmerkmale festzuhalten.

Die Autoren der klassischen und vorklassischen Nationalökonomie, die sich als erste auf theoretisierende Weise mit der Unternehmerfigur auseinandergesetzt haben, führten das unternehmerische Handeln vor allem auf das Profitmotiv und die Risikoübernahme zurück. Dabei interpretierten sie den Gewinn als Risikoprämie für das eingesetzte Eigenkapital, und das Risiko, das der Unternehmer im Unterschied zum Nicht-Unternehmer einging, entsprach dem Verlustrisiko im Falle eines Misserfolgs. Während die Normalbevölkerung im Allgemeinen Risiken vermeidet, tut dies der Unternehmern in dieser traditionellen Auffassung nicht (vgl. z.B. Gerig, 1998, S.38). Wie bereits im einleitenden Kapitel 1 unter dem Begriff „Arbeitskraftunternehmer" (Kap. 1.2.2.) zusammengefassten, zunehmenden Selbst-Ökonomisierung des (angestellten) Mitarbeiters, steigt auch das Risiko des Arbeitnehmers, durch sein Handeln genauer seine Karriere, seinen Arbeitsplatz, sein Einkommen oder auch seine Gesundheit zu verlieren.

Diese Auffassung wird durch Auswertung neuerer Literatur zum Unternehmertum gestützt. Sie lassen erkennen, dass heute auch weitere Funktionen, vor allem die Innovationsfunktion, mindestens gleichberechtigt neben die Risikoübernahme tritt. Dies zeigt sich beispielsweise in einer Literaturauswertung von Kets de Vries, welche drei typische funktionale Definitionselemente für den französischen und englischen Begriff „Entrepreneur" ergab:

1. die Risikoübernahme im Sinne des Einsatzes von eigenem Kapital
2. die Leitungs- und Koordinationsfunktion und
3. die Innovationsfunktion, mit der vor allem auch der Aspekt der Unternehmensgründung gemeint ist (vgl. Kets de Vries, 1995, 7; Kets de Vries, 1977, S. 37)

Bretz (1988) bestätigt durch seine Analyse diese Untersuchung. Er stellte 36 Unternehmerdefinitionen einander gegenüber und identifizierte dabei drei Hauptfunktionen des Unternehmers:

1. Übernahme von Risiko
2. Kombination von Produktionsfaktoren und
3. Innovation (ebenso: Süssmuth- Dyckerhoff, 1995, S. 46ff)

Dabei beurteilt der Autor die Innovation, angesichts der grundlegenden Auseinandersetzung Schumpeters mit dem Unternehmertum (vgl. Gerig, 1998, S. 38f.), als das „spezifische Unternehmerische". Diese Auffassung wird auch von

Süssmuth-Dyckerhoff geteilt, welche als wichtigste Verhaltensmerkmale des Unternehmers das Erkennen, Aufgreifen und Umsetzen von Chancen nennt und damit den Innovationsprozess anspricht (vgl. Süssmuth- Dyckerhoff, 1995, S. 52). Wie der Blick in die Literatur zeigt, hat sich dieses funktionale Verständnis des Unternehmerbegriffs sowohl in Europa als auch im US-amerikanischen Raum durchgesetzt (vgl. Baldegger, 1988, S. 16ff; Ginsberg/Buchholz, 1989, S. 32ff; Hull, Bosley & Udell, 1980, S. 11; Harwood, 1982, 98; Meredith, Nelson & Neck, 1982, S. 3; Kent, 1982, S. 240).

Als weitere globale Definitionsansätze gelten personale Begrifflichkeiten des Unternehmerbegriffs, welche sich an persönlichen Eigenschaften des Unternehmers orientieren. Kapitel 3.3. geht im Detail auf diesen Ansatz ein, da dieser für die vorliegende Arbeit und somit für die eigene empirische Untersuchung eine wichtige Basis bildet.

3.3. Persönlichkeit des Unternehmers - Personale Sichtweise des „Unternehmers"

Zunächst wird stichpunktartig ein Überblick über Eigenschaften geliefert, die als Unterscheidungsmerkmale zwischen Unternehmern und Nicht-Unternehmern untersucht worden sind. Die nachfolgenden Abschnitte 3.3.2. bis 3.3.6. zeigen die vorab genannten Eigenschaften detaillierter auf.

Vor dem Hintergrund zahlreicher Untersuchungen (Müller, 2000a, 2000b, 1999a; Brandstätter, 1997; Klandt, 1984) kristalisieren sich in erster Linie folgende zehn Persönlichkeitsmerkmale heraus, die für unternehmerisches Denken und Handeln wesentlich wichtig sind:

- Die <u>Leistungsmotivation</u> ist nach McClelland eine für unternehmerisches Handeln zentrale Eigenschaft (McClelland, 1966). Unter der Leistungsmotivation ist die Bereitschaft zu verstehen, Aufgaben zu übernehmen, um die eigenen Fähigkeiten und Kompetenzen unter Beweis zu stellen. Bei Unternehmensgründern und selbständig tätigen Personen ist das Leistungsmotiv zumeist stärker ausgeprägt als bei Personen, die in einem Angestelltenverhältnis beschäftigt sind (Miner, 1997; King, 1985).
- Die <u>internale Kontrollüberzeugung</u> kennzeichnet die Neigung, Ereignisse auf eigenes Wollen und Können zurückzuführen (Rotter, 1966). Internal kontrollierte Personen erleben sich als Initiatoren von Ereignissen in ihrem Umfeld und sind davon überzeugt, ihre Umwelt aktiv beeinflussen zu können. Ihr Handeln wird durch Machbarkeitsvorstellungen geleitet. Bei selbständig tätigen Personen und Unternehmensgründern sind internale Kontrollüberzeugungen im Allgemeinen stärker ausgeprägt als bei unselbständig tätigen Personen (Müller 2000b; Bonnett & Furnham, 1991; Brockhaus, 1982).
- Für unternehmerisches Handeln ist sowohl extrem hohe als auch extrem niedrige <u>Risikoneigung</u> ungünstig. Bei einer mittleren Merkmalsausprägung werden weder vorschnell hohe Ri-

siken eingegangen, noch führt die ausgeprägte Risikovermeidung zu einer Lähmung der Handlungsfähigkeit. (Müller,
2000b).

- Ähnlich wie bei der Risikobereitschaft sind bei der <u>Durchset-
zungsbereitschaft</u> optimale Merkmalsausprägungen im mittleren Bereich angesiedelt. Ein mittleres Durchsetzungsvermögen
ermöglicht es, eigene Interessen offensiv zu vertreten, ohne jedoch die Fähigkeit zur Kooperation zu verlieren (Müller,
1999b).
- <u>Emotionale Stabilität</u> bezieht sich auf affektive Reaktionen auf
aversive Ereignisse. Emotional stabile Personen sind selbstsi-
cher, ausgeglichen, behalten auch in kritischen Situationen ihre
Ruhe und weisen eine höhere Frustrationstoleranz auf als emotional labile Personen (Müller, 2000b). Diese Eigenschaften
sind besonders wichtig für Unternehmensgründer (Brandstätter, 1997).
- Eine ausgeprägte <u>Problemlöseorientierung</u> befähigt Personen
dazu, nicht alltägliche Situationen durch den Einsatz von krea-
tiven Problemlösestrategien zu bewältigen. Trotz im unternehmerischen Alltag immer neu auftretenden Problemen, bleiben problemlöseorientierte Personen handlungsfähig (Müller,
2000b).
- Ungewissheitstolerante Personen suchen eher unübersichtli-
che, unstrukturierte Situationen auf und können erfolgreich mit
ihnen umgehen (Dalbert, 1999). Ein Kennzeichen erfolgreicher
Unternehmer sollte daher ein hohes Maß an <u>Ungewissheitsto-
leranz</u> (synonym: Ambiguitätstoleranz) sein (Koh, 1996).
- Die <u>Teamorientierung</u> wird als ein weiteres selbständigkeitsre-
levantes Merkmal angesehen. Teamorientierung bezieht sich
auf die Fähigkeit eines Menschen, sich in eine Gruppe anderer
Menschen zu integrieren und sein Können im Sinne einer
Gruppenaufgabe optimal einzubringen. Teamorientierung ist
besonders dann von großer Bedeutung, wenn ein Unternehmen
mit gleichwertigen Partnern gegründet wird. Gründerteams
haben einer Reihe von Studien zufolge eine größere Überle-
bens- und Erfolgswahrscheinlichkeit (Gemünden, 2004).

- Einfühlungsvermögen bezeichnet die Fähigkeit, Verständnis für die Motive und Gedanken anderer Menschen aufzubringen, sich in Denken, Handeln, Lage und Rolle des anderen hineinzuversetzen und dessen Reaktionen, Gefühle und Verhaltensweisen zu antizipieren (Crisand, 2002). Einfühlungsvermögen im Sinne von aktivem Zuhören ist besonders dann wichtig, wenn es um das Verkaufen eines Produkts bzw. einer Dienstleistung geht. Ein gewisses Maß an Einfühlungsvermögen ist notwendig, um die für den Erfolg eines Unternehmens wichtigen Netzwerke aufzubauen (Miner, 1997).
- Kundenorientierung ist ein wichtiger Erfolgsfaktor, um sich langfristig in einem von Konkurrenz gekennzeichneten Wettbewerbsumfeld zu behaupten. Kundenorientierte Unternehmen sind in der Lage, schneller und effizienter auf neue Marktchancen zu reagieren, da sie sich durch kundenspezifische Konzepte auf neue Kundenbedürfnisse einstellen können. Kundenorientierung bedeutet, das gesamte Denken und Handeln im Unternehmen auf den Kunden, das heißt, auf seine aktuellen und potentiellen Bedürfnisse auszurichten (Raab & Lorbacher, 2002).

In ähnlicher Weise beschreibt Schuler (2003) unternehmerisch tätige Personen und hebt als Kennzeichen ein hohes Leistungsmotiv hervor. Gemäß theoretischen Ursprungsüberlegungen (McClelland, 1961) und der späteren Weiterentwicklung zur Theorie des aufgabenorientierten Leistungsmotivs (McClelland & Winter, 1969; Miner, Smith & Bracker, 1989) wird das Verhalten dabei durch folgende Motivelemente bestimmt:

1. Selbständige Zielerreichung: Eigenständige Ableitung von Zielen im aktuell gegebenen Kontext, die durch eigene Anstrengungen erreichbar sind.
2. Übernahme/Vermeidung von Risiko: Jene (moderaten) Risiken übernehmen, die durch eigne Anstrengungen und Bemühung zu bewältigen sind (Experimentelle Studien zur Leistungsmotivation).

3. Rückmeldung der Ergebnisse: Einen Index/Messskala für die Bewertung der eigenen Leistung herstellen und erhalten.

4. Persönliche Innovation: Neuartige, innovative und kreative Lösungen/ Produkte/Dienstleistungen entwickeln.

5. Zukunftsplanung und Zielsetzung: Die (mittel- und langfristige) Zukunft und die darin enthaltenen Möglichkeiten antizipieren, um daraus Handlungspläne und Ziele abzuleiten. D.h. Unternehmer haben eine langfristig planende Handlungsstrategie, wenn wir in Worten der Handlungsregulationstheorie (Hacker, 2005) sprechen.

Daneben stellt Schuler (2003) Ambiguitätstoleranz und Bereitschaft zur Risikoübernahme als kennzeichnende Merkmale von Unternehmern hervor. Hierbei deutet er ebenso darauf hin, dass selbständige Zielerreichung, die Übernahme moderater Risiken und das Bedürfnis nach Feedback der Ergebnisse am besten zwischen Unternehmern und Nicht-Unternehmern unterscheiden.

In der Literatur zu selbständigkeitsrelevanten und „unternehmerbezogenen" Persönlichkeitsmerkmalen werden eine Vielzahl von Merkmalen und ihre jeweilige Ausprägung diskutiert. Empirische Untersuchungen geben auf die Frage, welches wichtige Eigenschaften für unternehmerisches Handeln sind, keine eindeutige Antwort. Müller (2000) diskutiert und strukturiert Persönlichkeitsmerkmale für unternehmerisches Handeln. Da seine Untersuchungen den deutsprachigen Sprachraum fokussieren, richtet sich die vorliegenden Arbeit bei der Auswahl der untersuchten Persönlichkeitsmerkmale nach den vorgeschlagenen Persönlichkeitsmerkmalen von Müller (2000, S. 107f).

3.3.1. Eigenschaftstheorie - für das unternehmerische Handeln empirisch fundiert?

Wenn nach einer „Eigenschaftstheorie" für das unternehmerische Handeln gefragt wird, so erinnert dies sehr an die Suche nach den Eigenschaften für Führungserfolg. Wenn es also um die Bedeutung von Eigenschaften für unternehmerisches Handeln geht, steht man einigen „Vorlasten" gegenüber, die aus den Ergebnissen der psychologischen Führungsforschung resultieren. Der eigenschaftsorientierte Ansatz der Führung (bzw. die „Eigenschaftstheorien") wurde bereits vor vielen Jahren als gescheitert erklärt (Stogdill, 1948). Zwar gibt es einige signifikante Korrelationen zwischen Merkmalen der Führungspersönlichkeit und dem Führungserfolg, aber die Korrelationen sind uneinheitlich und erklären kaum mehr als 10 % der Varianz. Darüber hinaus betreffen die hier erfassten Merkmale der Person nicht nur (angeborene) Eigenschaften, sondern auch erworbene Fähigkeiten (Kenntnisse, z.B. Eloquenz) (Wiendieck, 1990). Auch wenn auf den ersten Blick Ähnlichkeiten zwischen Führungsverhalten und unternehmerischem Handeln existieren mögen, fällt der dispositionelle Anteil bei unternehmerischem Handeln größer aus. Wie sich nachweisen lässt, ist die Persönlichkeit insbesondere bei Unternehmensgründung von Bedeutung (vgl. Brockhaus & Horwitz, 1986; Chell, Haworth & Brearley, 1991). Zusätzlich können bei zahlreichen Eigenschaftsmerkmalen Unterschiede zwischen selbstständigen und nichtselbstständig tätigen Personen gefunden werden (vgl. Wärneryd, 1988; Müller, 1999c). Folgende Punkte können als Gründe dafür herangezogen werden, warum Eigenschaften das unternehmerische Handeln stärker beeinflussen als das Führungsverhalten (nach Müller, 2000b):

- Führungskräfte sind Angehörige einer Organisation, eines arbeitsteiligen sozialen Systems. Als solche sind sie eher Mannschaftsspieler, während Unternehmer Einzelkämpfer sind oder sein müssen. Interindividuelle Unterschiede werden durch formal organisierte Zusammenarbeit nivelliert, weil Personen hier primär Funktionsträgerstatus haben. Selbstorganisierte Arbeit hingegen akzentuiert individuelle Unterschiede, da mehr Freiräume für die Entfaltung persönlicher Neigungen und Tätigkeitspräferenzen vorhanden sind.

106

- Aufgaben von Führungskräften können auch eher mehr fremd-bestimmte Elemente enthalten. Aufgaben unternehmerisch tätiger Personen dagegen können mehr selbstbestimmte Anteile enthalten. Vorgegebene Aufgaben sprechen individuelle Talente und Fähigkeiten im Allgemeinen weniger stark an als Aufgaben, die sich Personen selbst ausgesucht haben (vgl. z.B. Kleinbeck, 1993, S. 37ff).

- Hinzu kommt, dass das Umfeld von Führungskräften eher strukturiert und geordnet, das tatsächlich unternehmerisch tätiger Personen jedoch eher unstrukturiert und ungeordnet ist. Ein strukturiertes Arbeitsumfeld wirkt sich dispositionell eher einschränkend aus. Unstrukturierte Arbeitssituationen hingegen besitzen mehr Optionen, individuelle Stärken zeigen zu können.

- Ein wichtiger Punkt ist, dass im Gegensatz zu Unternehmern, Führungskräfte in erster Linie Organisationsziele verfolgen müssen. Unternehmer können sich auf die selbst definierten Berufsziele konzentrieren. Bei Unternehmensgründern beispielsweise ist dies oft ein entscheidendes Kriterium, den Schritt in die Selbstständigkeit zu wagen. Domeyer und Funder (1991) fanden als häufigste Motive, unabhängig zu arbeiten, eigene Produktideen umzusetzen und sein eigener Chef sein zu können.

Die genannten Punkte zeigen auf, weshalb von den gescheiterten Eigenschaftstheorien der Führung nicht auf die Irrelevanz von Eigenschaften für unternehmerisches Handeln geschlossen werden darf. Ein wichtiger Unterschied besteht darin, dass die Eigenschaftstheorie der Führung Eigenschaft zur Vorhersage des Führungserfolgs suchte. Unternehmerisches Handeln basiert insbesondere in der Gründerphase auf den persönlichen Eigenschaften des neuen Unternehmers- es wird jedoch nicht der Unternehmens**erfolg**, sondern das reine unternehmerische Handeln fokussiert.

Organisationen dürften die Persönlichkeitspotentiale von Führungskräften nur partiell ausschöpfen, so dass geringe Eigenschaftseinflüsse erklärbar erscheinen. Hier gibt es jedoch eine immer wichtiger werdende Ausnahme: in dezentralen Organisationsstrukturen werden Aufgaben so definiert, dass die Führungskraft eine Rolle als „Unternehmer im Unternehmen" („Intrapreneur") erhält. Dieser Aspekt wurde bereits in Kapitel 1.2. genauer vorgestellt. Somit können und werden auch die für Unternehmer relevanten Persönlichkeitsmerkmale für die Definition von Anforderungen für Führungskräfte in dezentralen Organisation hinzugezogen (z.B. Gerig, 1998).

Nachdem verdeutlicht worden ist, **dass** Eigenschaften für unternehmerisches Handeln wichtig sind, stellt sich die Frage **welche** Eigenschaften dies genau sind. Eine eindeutige Antwort kann die empirische Forschung zu dieser Frage nicht geben. Es hebt sich gleichzeitig hervor, dass selbständigkeitsrelevante Persönlichkeitsmerkmale motivationaler, affektiver, kognitiver und sozialer Natur sein können. Diesen Kategorien lassen sich insgesamt elf Eigenschaften zuordnen, die in den Kapiteln 3.3.2. bis 3.3.6. genauer beschrieben werden.

3.3.2. Persönlichkeitsmerkmal: soziale Kompetenzen

Sowohl in der Gründungsphase als auch während der Ausübung der selbständigen Tätigkeit werden häufig Verhandlungen geführt. Deshalb ist *Durchsetzungsbereitschaft* von Personen eine relevante Eigenschaft. Diese Eigenschaft beschreibt das Bestreben, bei Meinungsverschiedenheiten die Oberhand zu behalten oder andere Personen nach eigenen Vorstellungen lenken zu wollen. Erfolgreiches unternehmerisches Handeln setzt allerdings, ähnlich wie bei der Risikobereitschaft, keine extreme, sondern eine mittlere Ausprägung voraus. Winslow & Solomon (1987) bezeichnen diesen Ausprägungsbereich als *mildly* sociopathic und meinen damit ein sozial akzeptables Ausmaß an Assertivität. Sehr starkes Harmoniestreben würde für unternehmerisches Handeln ebenso hinderlich sein wie aggressives Geschäftsgebaren. Bei einem mittelmäßig ausgeprägtem Durchsetzungsbestreben können Unternehmer einerseits eigene Interessen Wettebewerbern, Banken oder Behörden gegenüber offensiv vertreten, andererseits treten sie nicht so dominant auf, und sind in der Lage berechtigte Einwände oder überlegene Machtpositionen anderer Personen zu erkennen. Eine zweite selbstständigkeitsrelevante Eigenschaft ist die *Anpassungsfähigkeit* oder interpersonelle Reaktivität. Sie befähigt dazu, Kontakte zu Kunden, Geschäftspartnern, Behörden, Geldgebern, Mitarbeitern und Wettbewerbern aufnehmen und erfolgreich ausgestalten zu können. Unternehmerisches Handeln findet in vielfältigen, oft wechselnden und auch wechselseitigen Austauschbeziehungen statt. Reaktive Personen haben ein Gespür dafür, welche Absichten andere Personen verfolgen und in welcher Stimmung sie sich befinden. Sie sind insgesamt empathischer und sind somit für subtile Verhaltenssignale empfänglicher. Anpassungsfähige Personen besitzen differenziertere Vorstellungen über ihre soziale Umwelt als weniger anpassungsfähige Personen. Sie finden sich kommunikativ besser zurecht und können deshalb mit unterschiedlichsten Partnern gewinnbringend zusammenarbeiten (vgl. Bierhoff & Müller, 1993). Da die soziale Domäne unternehmerischen Handelns eine große Palette potenzieller und aktueller Geschäftsbeziehungen umfasst, trägt auch die Anpassungsfähigkeit von Personen zur erfolgreichen Etablierung selbständiger Erwerbsinitiativen bei.

3.3.3. Persönlichkeitsmerkmal: kognitive Kompetenzen

Wenn eine Person unternehmerisch tätig ist, ist sie häufig mit „Nicht-Routine"-Situationen konfrontiert. Daher ist es wichtig zu eruieren, welche *Problemlöseorientierung* eine Person besitzt. Problemlöseorientierung und die aus ihr resultierende Problemlösekompetenz erleichtert es, komplizierte Aufgaben zu bewältigen, große Mengen an Informationen zu verarbeiten oder die Realisierung anspruchsvoller Berufs- oder Unternehmensziele zu planen. Eine entsprechende Disposition setzt Personen zudem in die Lage, Prioritäten setzen zu können und Mittel und Wege zu finden, trotz immer neuer Probleme handlungsfähig zu bleiben. Problemlöseorientierung und Problemlösekompetenz lassen sich nur bedingt mit gängigen Intelligenztests messen (Conrad, Müller, Wagner & Wilhelm, 1998). Bei angehenden Existenzgründern oder Unternehmern wird die Problemlösefähigkeit häufig mit computerisierten Planspielen erhoben (Klandt, 1998). Auch quantitative Verfahren, die eine Einschätzung problemhaltiger Situation abverlangen kommen bei der Erhebung der Problemlösefähigkeit zum Einsatz (King, 1985).

Kreativität befähigt Personen dazu, Neues zu erfinden, oder bereits Bekanntes in noch nicht da gewesener Weise kombinieren und verbessern zu können. Innovationen können ohne kreative Ideen kaum entstehen. Kreative Personen haben viele Ideen und neigen dazu, Dinge aus verschiedenen Perspektiven heraus zu betrachten. Schöpferisches Denken geht gleichzeitig mit dem Verhalten einher, offene und unstrukturierte Situationen aufzusuchen und sich den Herausforderungen solcher Situationen zu stellen. Kreative Personen können gut mit unklaren Arbeitsanforderungen umgehen; unklare Arbeitsanforderungen erfordern eine hohe *Ambiguitäts- oder Ungewissheitstoleranz* (vgl. Reis, 1997, S. 90ff.). Eine hohe Ambiguitätstoleranz zu haben bedeutet, auch mehrdeutige Situationen „aushalten" zu können, Widersprüche zu akzeptieren und mit dem daraus resultierenden Spannungszustand umgehen zu können. Kreative Personen fühlen sich von mehrdeutigen Situationen angezogen, während unkreative Personen solche Situationen ablehnen oder vermeiden. Da sich erfolgreiches unternehmerisches Handeln oftmals über neue Geschäftsideen und innovative Produktentwicklungen definiert (Lumpking & Dess, 1996; vgl. auch Kapitel 2.4.2.2. Funktionale Sichtweise des Unternehmerbegriffs), sind kreative Personen hier im Vorteil. Erfolgreiche Unternehmer sind in der Tat geistig reger, assoziativer in ihren Vorstellungen und lebhafter in ihrer Phantasie als Personen, die der zumeist abhängig beschäftigen Normalbevölkerung angehören (Goebel, 1990).

Relevant für die Tätigkeit als Unternehmer sind einerseits die Risikobereitschaft und die Fähigkeit, in unsicheren Entscheidungssituationen die richtige Wahl treffen zu können (vgl. Hull, Bosley & Udell, 1980). Risikobereite Personen entscheiden sich eher für solche Aktivitäten, die mit geringerer Wahrscheinlichkeit ein besonders gutes Ergebnis erwarten lassen, als für weniger vorteilhafte, dafür aber sicherere Alternativen. Erfolgreiches unternehmerisches Handeln setzt jedoch keine möglichst hohe, sondern eine mittlere Merkmalsausprägung voraus (Chell, Haworth & Brearley, 1991, S. 42ff.) Dies schließt in besonderer Weise auch kognitive Leistungen ein, da eine kalkulierte oder kontrollierte Einschätzung der Situationsrisiken eine elaboriertere Informationsverarbeitung verlangt als dies bei ängstlicher Risikovermeidung oder unreflektierter Risikomaximierung der Fall wäre. Eine kurvlineare, also umgekehrt U-förmige, Beziehung zwischen Risikobereitschaft einerseits und erfolgreichem unternehmerischem Handeln andererseits erscheint plausibel. Gründungsinitiativen sind in der Regel unsicherheitsbehaftet, so dass deren Risiken genau geprüft und bewertet werden müssen. Personen, die eher Risiken scheuen, könnten demnach eine unternehmerische und somit selbständige Erwerbsmöglichkeit unwahrscheinlicher beginnen. Jedoch auch sehr risikobereite Personen haben ein Handicap. Zwar mögen sie schneller Gründungsentscheidungen treffen, ihre längerfristigen Erfolgsaussichten wären jedoch eher ungünstig einzuschätzen. Hochriskante Aktionen bergen die Gefahr, mit dem jungen Unternehmen frühzeitig in Liquiditätsengpässe zu geraten oder durch teure Fehlentscheidungen existenzielle Krisen für das Unternehmen zu generieren. Für den längerfristigen Geschäftserfolg dürfte somit ausschlaggebend sein, unsicherheitsbehaftete Entscheidungen so zu treffen, dass dies zu zählbaren Geschäftsvorteilen führt.

Das Sensation Seeking Konzept differenziert das Konstrukt der Risikobereitschaft weiter aus und kann in unterschiedlichen praktischen Anwendungskontexten als Erklärungsgrundlage genutzt werden. In einer aktuellen Literaturdurchsicht der Verfasserin dieser Arbeit konnte weder eine theoretische noch eine empirische Verknüpfung des Sensation Seeking Konzeptes mit Persönlichkeitsmerkmalen von Unternehmern gefunden werden.

3.3.4. Persönlichkeitsmerkmal: affektive Merkmale

Zu den affektiven Persönlichkeitsmerkmalen zählt in erster Linie die *Belastbarkeit.* Belastbarkeit ist besonders dann ein relevantes Kriterium, wenn berufliche Situationen hohe physische und psychische Anforderungen stellen. Belastbare Personen sind resistenter gegenüber körperlichen und mentalen Belastungsfolgen; sie werden durch berufliche Stressoren weniger stark beansprucht, sind auch unter Druck noch leistungsfähig und können eine hohe Arbeitsintensität aushalten. Personen mit hoher Belastbarkeit fällt es leicht, trotz vielfältiger Aufgaben den Überblick zu behalten und auch Gefühlsblockaden, z.B. Überdruss, zu überwinden. Wenig belastbare Person dagegen wirken in Stresssituationen oft nervös und ängstlich; sie reagieren spontan oder unüberlegt, handeln defensiv oder versuchen, aus dem Felde zu gehen.

Kennzeichnend für selbständig tätige Personen ist, dass sie zumeist „härter" arbeiten als abhängig beschäftigte Personen. Sie haben mehrere und unterschiedliche Aufgaben zeitgleich zu erledigen, haben längere Arbeitszeiten und unterliegen einem höheren Anpassungs- und Zeitdruck (Goebel, 1991). Dass selbständig Tätige eine höhere Stressresistenz vorweisen, kann nach Goebel (1991) unter anderem daran abgelesen werden, dass sie sich trotz objektiv größerer Belastung subjektiv weniger beansprucht fühlen als Personen der Normalbevölkerung und auch weniger als diese über berufsbedingte Gesundheitsprobleme klagen. Der Aspekt „Stressresistenz" bzw. Stresserleben wird ebenfalls in der vorliegenden eigenen empirischen Untersuchung näher betrachtet.

Das zweite affektive Persönlichkeitsmerkmal ist die *emotionale Stabilität*. Während Belastbarkeit etwas über das energetische Dauerpotenzial von Personen aussagt, hat emotionale Stabilität mit affektiven Reaktionen auf aversive Ereignisse zu tun. Emotional stabile Personen kommen schneller über frustrierende Ereignisse hinweg als emotional Labile. Misserfolge verarbeiten sie weniger tiefgründig und reagieren bei auftauchenden Schwierigkeiten gelassener. Auch sind sie weniger durch Hindernisse und negative Erfahrungen zu entmuten. Emotionale Stabilität kann dazu beitragen, dass selbständig tätige Personen in kritischen Geschäftssituationen „einen kühlen Kopf" bewahren. Diese Eigenschaft ist besonders für die Unternehmensgründung (Brandstätter, 1997) relevant. Denn anders als bei der Übernahme eines bereits eingeführten Betriebs, sind in diesem Fall größere Widerstände und

Barrieren zu überwinden, bis das Unternehmen zu prosperieren beginnt.

Eng verbunden mit der emotionalen Stabilität ist als weitere, dritte Eigenschaft die „Antriebsstärke" von Personen. Sie lässt sich mit Begriffen wie „kraftvoll", „anstrengungsbereit", „energiegeladen", „aktiv", „arbeitsfreudig" und „unternehmungslustig" umschreiben (Nitsch, 1976). Auch wenn energetische Zustände zeitlichen Schwankungen unterliegen können, sind interindividuelle Unterschiede bei der allgemeinen oder durchschnittlichen Antriebsstärke zu vermuten. Eine ausgeprägte Antriebsstärke dürfte für unternehmerisches Handeln von Vorteil sein, da der Aufbau und die Leitung eines eigenen Geschäftsbetriebs sehr viel Einsatz und ein beträchtliches Stehvermögen abverlangen können.

Differentialpsychologische Unterschiede in Hinblick auf die Belastbarkeit und das Beanspruchungserleben von Individuen sind nach unterschiedlichen theoretischen Perspektiven mit unterschiedlichen Begründungen zu erklären. Im Folgenden wird ein Einblick in die wissenschaftliche Betrachtung des Stressbegriffs gegeben.

3.3.4.1 Klassische theoretische Konzepte zum Stressbegriff

Das Wort *stress* (engl.: Druck, Anspannung) stammt ursprünglich nicht aus der Psychologie, sondern aus der Werkstoffkunde und bezeichnet den Zug oder Druck auf ein Material. 1936 wurde er durch den Endokrinologen Hans Selye aus der Physik entlehnt um eine „unspezifische Reaktion des Körpers auf jegliche Anforderung" zu benennen. Im Laufe der Zeit wurde es auf „stress" mit der Bedeutung Druck, Anspannung, Zug verkürzt. Der Materialstress kann zum Beispiel zu Materialermüdung führen (vgl. Fröhlich, 1998, S. 391). Der Begriff selbst stammt also nicht aus der Psychologie, hat sich jedoch stark in diesem Fachgebiet etabliert, um bestimmte Phänomene auch aus der Arbeitsumgebung von Menschen zu beschreiben.

In arbeitspsychologischen Forschung gibt es mehrere Ansätze, die den Stressbegriff aufgreifen, erklären und erweitern:

a) Reizorientierte Stresskonzepte

Reizorientierte Stresskonzepte befassen sich mit den unterschiedlichen Anforderungen, denen sich der Mensch im Laufe des Lebens- nicht nur in Arbeitssituationen- gegenübergestellt sieht. Stressoren sind nach diesem Konzept also Situationen, die Stress erzeugen (z.B. Verlust des Arbeitsplatzes, Tod eines nahe stehenden Menschen), Diese Situationen werden als „stressful life events" (Holmes & Rahe, 1967) bezeichnet. Problematisch an diesem Ansatz ist, dass nicht jedes Ereignis, welches im Rahmen der Theorie katalogisiert wurde von jedem Individuum als „Stressor" bewertet wird.

b) Reaktionsorientierte Stresskonzepte

Reaktionsorientierte Stresskonzepte gehen umgekehrt vor: Sie bestimmen Stress über das Verhalten des Organismus, unabhängig davon, wie er ausgelöst wurde. Stress ist nach dem „Vater" der Stressforschung, Hans Selye die „unspezifische Reaktion des Organismus auf jegliche Anforderungen" (Selye, 1983)

Die Kritik am Ansatz wird insbesondere bei der Messung von Reaktionen deutlich. Insbesondere im physiologischen Bereich können dieselben Reaktionen durch verschiedene Ereignisse ausgelöst werden (z.b. Hautleitfähigkeit, Fingerpulsamplitude), die in ihrer psychologischen Bedeutung gegensätzlich sein können. (z.b. Freude vs. Angst)

c) Interaktions-/ Transaktionale Konzepte
Unter den transaktionalen Konzepten ist besonders das kognitiv transaktionale Stresskonzept von Lazarus (Lazarus & Folkman, 1984; Lazarus & Launier, 1981) bekannt. Das Konzept versucht die Schwächen des reizorientierten und reaktionsorientierten Stresskonzepts zu überwinden, indem weitere Variablen eingefügt werden. Es überwindet die Einseitigkeit durch die Neudefinition des Stressbegriffs als dynamische Auseinandersetzung zwischen Individuum und Umwelt.

Während bei den reizorientierten und reaktionsorientierten Stresskonzepten die kognitiven Einflüsse kaum gewichtet werden, nehmen transaktionale beziehungsweise interaktionsbezogene Stresskonzepte an, dass die kognitive Bewertung von Umweltreizen entscheidend ist. Diese Betrachtungsweise wurde besonders durch Richard Lazarus und seine Mitarbeiter genauer erforscht (Lazarus, 1966; Lazarus & Folkman, 1984). Sie definieren Stress als "*a particular relationship between the person and the environment that is appraised by the person as taxing or exceeding his or her resources and endangering his or her well-being*" (Lazarus & Folkman, 1984, p.19). Das heißt, sie definieren Stress als eine bestimmte Beziehung zwischen der Person und der Umwelt, die von dem Individuum im Hinblick auf seine Ressourcen beziehungsweise Fähigkeiten als herausfordernd oder überfordernd wahrgenommen wird und somit sein Wohlbefinden in Gefahr bringt. Das Modell wird in 3.5.2.1.1 genauer erläutert.
Später stellte Hobfoll seine Theorie der Ressourcenerhaltung vor (Hobfoll, 1988), welche Ralf Schwarzer (1993a, S. 19) auch als "moderne Alternative zu der (Theorie) von Lazarus" bezeichnete. Die Theorie geht davon aus, dass Menschen bestrebt sind, wertgeschätzte Ressourcen zu erhalten, zu schützen und aufzubauen. Ressourcen umfassen dabei Objekte (Nahrung, Wasser, Behausung, Auto), Bedingungen (symbolisieren Werte als solche und werden angestrebt, z.B. Heirat, Position), Gefühle (Liebe, Zuneigung, Wertschätzung anderer)

und Energien. Als letzte Kategorie beinhalten Ressourcen Inhalte wie Geld, Kredit, Zeit, Wissen und soziale Kompetenz. Diese Ressourcen haben keinen intrinsischen Wert, sondern werden geschätzt, weil sie einen universellen Charakter haben und die Eigenschaft besitzen, den Erwerb anderer Arten von Ressourcen zu ermöglichen (vgl. Foa & Foa, 1976). Der Stressprozess beginnt dann, wenn der Verlust von Ressourcen droht oder wenn ein tatsächlicher Verlust von Ressourcen stattfindet. Jedes Individuum verfügt über einen mehr oder minder umfangreichen Ressourcenpool. Dieser kommt mittels Evaluierung elementarer Ressourcen durch das biophysiologische, kognitive oder unbewusste System zustande. Es gibt kognitive Prozesse und emotionale Frühwarnsysteme, die die Bedrohung oder den Verlust oder die Fehlinvestition von Ressourcen aufzeigen. Stellt ein Individuum dies fest, so versucht es der Bedrohung entgegen zu wirken beziehungsweise vom Verlust betroffene Ressourcen zurück zu bekommen (Hobfoll, 1998).

3.3.4.1.1. Das kognitiv- transaktionale Stressmodell nach Lazarus

Lazarus und seine Mitarbeiter (Lazarus & Folkman, 1984) stellten die Annahme auf, dass die psychologische Bewertung der Person-Umwelt Beziehung grundlegend für die Entstehung von Stress ist. Die Wahrnehmung eines möglichen Stressors bestimmt den Grad der tatsächlich erlebten Stresserfahrung. Das heißt, sie definieren Stress als eine bestimmte Beziehung zwischen der Person und der Umwelt, die das Individuum seine Ressourcen beziehungsweise Fähigkeiten als herausfordernd oder überfordernd wahrnehmen lässt und somit sein Wohlbefinden in Gefahr bringt.

In diesem Zusammenhang wird deutlich, dass die Variablen identifiziert werden sollen, die die Person-Umwelt- Beziehung moderieren. Wenn man die unterschiedlichsten menschlichen Reaktionen auf Stressoren bedenkt, stellt sich die Frage, was den psychologischen Stress bei verschiedenen Menschen verursacht.

Zwei Moderatorvariablen wurden identifiziert, die einen großen Einfluss darauf haben, wie ein Stressor das Leben eines Menschen beeinflusst: die kognitive Bewertung ("cognitive appraisal") und die Bewäl-

tigungsstrategien ("coping"). Die Bewältigung wird in Kapitel 3.5.2.1.2 genauer behandelt. Der zentrale Faktor sowohl des "cognitive appraisal" als auch des "coping" ist die kognitive Bewertung. Lazarus (1991) definiert die Bewertung als "an evaluation of the significance of what is happening in the person-environment relationship for personal well-being, and which is influenced by both environmental and personality variables (p.87)".
Das bedeutet, dass das Geschehen in der Person-Umwelt Beziehung im Hinblick auf das Wohlbefinden evaluiert wird. Das Wohlbefinden hängt wiederum sowohl von Umweltfaktoren als auch von Persönlichkeitsvariablen ab. Lazarus unterteilt die kognitive Bewertung in zwei Basiskomponenten. Die **primäre Bewertung** (primary appraisal) kann auch als Ereignisbewertung bezeichnet werden.
Die **sekundäre Bewertung** (secondary appraisal) kann als Ressourcenbewertung bezeichnet werden.
Die Begriffe primär und sekundär deuten fälschlicherweise auf eine Hierarchie der Wichtigkeit hin, die nicht existiert. Die Bewertung findet auch nicht sequentiell statt. Die sekundäre Bewertung kann auch vor der primären Bewertung stattfinden, genauso wie beide Bewertungen gleichzeitig durchgeführt werden können.

Primäre Bewertung

Steht ein Individuum vor einer neuen Situation, so gibt es drei verschiedene Möglichkeiten die Situation primär zu bewerten:
(1) irrelevant, d.h. das Individuum hat weder Verluste noch Gewinne vom Ausgang der Situation.
(2) positiv, d.h. diese Bewertung findet statt, falls die Situation einen für die Person positiven oder sonst angenehmen Ausgang mit sich bringt.
(3) stressreich, d.h. die Situation ist eine kritische Lebenssituation und wird als stressreich bewertet.
Die Bewertung als stressreich kann wieder in drei verschiedene Stressbewertungen unterteilt werden:
a) als verlustreich und schädlich
b) als gefährlich und angstauslösend

117

c) als herausfordernd

Einer Bewertung als verlustreich und schädlich geht voran, dass das Individuum einen Schaden in seinem persönlichen Wohlbefinden erlitten hat, welcher sowohl körperlich als auch psychisch gewesen sein kann.

Hat ein Schaden noch nicht stattgefunden, das Individuum erwartet aber einen solchen, dann ist es sehr wahrscheinlich, dass die Situation als bedrohlich bewertet wird. Sogar wenn ein schädliches Ereignis eingetreten ist, ist die Bewertung als angstauslösend inbegriffen, weil jedes schädliche Ereignis negative Konsequenzen nach sich ziehen kann. Ein Unterschied zwischen der Bewertung als verlustreich oder gefährlich besteht darin, dass bei einer primären Bewertung als potentiell gefährlich Vorkehrungen für die Zukunft getroffen werden können um den vorhergesagten zukünftigen Schaden abzuwenden.

Die dritte Bewertung, als herausfordernd, fokussiert die Möglichkeit des persönlichen Wachstums bei Bewältigung stressreicher Ereignisse und ist durch positive Emotionen gekennzeichnet, zum Beispiel Enthusiasmus, Spannung und Freude.

Die Bewertung einer stressvollen Situation erfolgt nicht ausschließlich als gefährlich oder herausfordernd. Beide Bewertungen können stattfinden. Eine chronische Krankheit beispielsweise kann schädlich für die Person sein. Bei einer Bewältigung der Krankheitsumstände kann die Situation wiederum als Herausforderung und somit als förderlich für das persönliche Wachstum erlebt werden (vgl. Gärtner, 2000)

Bewertungen als Gefahr oder Herausforderung können zwar gleichzeitig stattfinden, sind aber zwei unterschiedliche Konstrukte. Die Konstrukte sind oft miteinander verbunden, weil sich die Bewertung ändern kann, während sich die Situation entwickelt (Jerusalem, 1990; Folkman & Lazarus, 1985, Lazarus & Folkman, 1984). Als wie schädlich oder förderlich eine Situation bewertet wird, ist einerseits von sozialen, kulturellen und umgebungsbedingten Faktoren und andererseits von den psychologischen Eigenschaften der Person abhängig.

Sekundäre Bewertung

Wird ein Ereignis als stressreich bewertet, erfolgt die sekundäre Bewertung. Diese evaluiert mögliche Bewältigungsmaßnahmen und vorhandene Ressourcen. Die sekundäre Bewertung ist wichtig, um die Signifikanz eines Ereignisses festzustellen und der Ausgang des Bewertungsprozesses ist entscheidend dafür, ob Handlungen durchgeführt werden können. Lazarus und Folkman (1984) definieren die sekundäre Bewertung als "*a complex evaluative process that takes into account which coping options are available, the likelihood that a given coping option will accomplish what it is supposed to, and the likelihood that one can apply a particular strategy or set of strategies effectively*" (p.35). Somit dient die sekundäre Bewertung dazu herauszufinden, welche Bewältigungsoptionen einer Person zur Verfügung stehen, wie wahrscheinlich der Erfolg bei ihrer Anwendung ist und wie fähig die Person ist, effektiv bestimmte Strategien oder eine Reihe von Strategien anzuwenden. Bei der Auswertung möglicher Bewältigungsmaßnahmen greift das Individuum auf vorhandene Ressourcen zurück. Persönliche Ressourcen können körperlicher, sozialer, psychologischer oder materieller Natur sein. Körperliche Ressourcen sind beispielsweise Gesundheit, Energie und Kraft. Soziale Ressourcen werden durch soziale Netzwerke und Unterstützungssysteme einer Person repräsentiert, die Informationen, Mithilfe und emotionale Unterstützung gewährleisten (z.B. Dunkel- Schetter, Folkmann & Lazarus, 1987; Pierce, Sarason & Sarason, 1996). Problemlösefähigkeit, Kontrollüberzeugung und Selbstbewusstsein sind Beispiele für psychologische Ressourcen (z. B. Bandura, 1988). Materielle Ressourcen beziehen sich auf Objekte wie Geld, Werkzeuge oder Mittel (z.B. Cohen & Edwards, 1989; Ensel & Lin, 1991; Pearlin, Meaghan, Lieberman & Mullan, 1981).

Sekundäre Bewertung besteht aus drei Komponenten:
(1) Schuld und Anerkennung
(2) Bewältigungspotential
(3) Zukunftserwartung

Schuld und Anerkennung beziehen sich darauf, worauf ein Individuum die Schuld für einen Schaden attribuiert. Dies ist abhängig von

Persönlichkeitsvariablen, das heißt das Individuum kann intern oder auch extern attribuieren und dies hat einen Einfluss auf die nachfolgenden Emotionen.

Das Bewältigungspotential bezeichnet die Bewertung des potentiellen eigenen Verhaltens, welches die Person-Umwelt Beziehung beeinflusst und ist nicht mit den tatsächlich ergriffenen Bewältigungsmaßnahmen zu verwechseln.
Die Zukunftserwartung betrifft die Evaluation des Individuums über mögliche Veränderungen in der Zukunft.

Primäre und sekundäre Bewertung sind transaktional miteinander verbunden und somit nicht unabhängig voneinander. Stress, der sich physiologisch negativ auswirkt, entsteht erst durch die Wahrnehmung einer Diskrepanz zwischen Situationsanforderung (bzw. Anforderungen an die eigene Person) und den Bewältigungsressourcen der Person. Das bedeutet, dass in diesem Modell die stressbezogenen Kognitionen den Ausgang des Stressgeschehens entscheidend mitbestimmen (neben den Situationsvariablen).
Menschen, die Zugriff auf eine großen Bandbreite an internen und externen Ressourcen besitzen, bewerten eine ähnliche Situation als weniger stressreich als Personen, die einen Mangel an notwendigen Ressourcen für effektive Bewältigung haben.
Die kognitive Bewertung ist deshalb der Hauptbestandteil von Stress nach diesem Modell. Stress entsteht erst, wenn der Prozess der Bewertung abgeschlossen ist. *" Stress is a postappraisal state "* (Lazarus, 1991, S. 4).

3.3.4.1.2. Bewältigung/Coping

Wie gehen Individuen mit den als verlustreich, schädlich, gefährlich oder angstauslösend bewerteten Situationen um? Nach dem vorgestellten kognitiv- transaktionalen Modell nach Lazarus (vgl. oben) ist es möglich, dass Situationen als Solche wahrgenommen werden können. Holahan und Moos (1987, zitiert nach Burger, 1993 S. 165-166) kategorisieren drei verschiedene Copingstrategien. Unter *active-*

cognitive strategies fassen sie aktive kognitive Strategien zusammen, worin Personen aktiv über Situationen nachdenken und Anstrengungen unternehmen, um eine Verbesserung herbeizuführen. Wenn Individuen einen Schritt weiter gehen, und handeln, um ihre Lage in eine positive Richtung zu ändern, dann wird dies unter aktiven Handlungsstragien (*active behavioral coping*) zusammengefasst. Aktive Strategien können auch in direkte und indirekte Strategien unterteilt werden. Im Gegensatz zu den aktiven Bewältigungsstrategien, kennzeichnen Abwehrstrategien (*avoidance strategies*) Bemühungen, die angstauslösende Situation aus dem Bewusstsein zu drängen bzw. das Bewusstsein vor dieser Situation zu „schützen". Zahlreiche konkrete Beispiele werden von Holahan und Moos (ebenda) hierfür angeführt. Es gibt viele verschiedene Techniken der Bewältigung, von denen einige für bestimmte Personen in bestimmten Situationen effektiver sind als andere

Nach Lazarus und Folkman bezieht sich Bewältigung beziehungsweise Coping auf den Versuch, den Anforderungen unserer Umwelt so zu begegnen, dass negative Konsequenzen vermieden werden (Lazarus & Folkman, 1984). Sie ordnen Bewältigungsstrategien in zwei Typen ein, abhängig davon, ob das Ziel darin besteht, das Problem zu lösen (problemzentriert) oder das durch das Problem verursachte Unbehagen zu verringern (emotionszentriert).

Der Typ der **problemzentrierten Bewältigung** beinhaltet alle Strategien des direkten Umgangs mit dem Stressor, sei es durch offenes Handeln, sei es durch realistische kognitive Aktivitäten mit dem Zweck des Problemlösens. Zwischenschritte des problemzentrierten Bewältigungsstils beschreiben Lazarus & Folkman (1984, S. 152) wie folgt:

> *„defining the problem, generating alternative solutions, weighing the alternatives in terms of their costs and benefits, choosing among them, and acting."*

Die Problemdefinition wird von einer Suche nach Alternativen begleitet. Die alternativen Handlungsmöglichkeiten werden einer Kosten-

Nutzen-Analyse unterworfen und es wird im Sinne der getroffenen Entscheidung gehandelt.
Insgesamt konzentriert man sich bei der problemzentrierten Bewältigung auf das Problem, das zu lösen ist und auf die Bedingungen, die den Stress verursacht haben. Sie kann deshalb auch als eine aktive und handlungsorientierte Bewältigungsstrategie bezeichnet werden.

Beim Typ der *emotionszentrierten Bewältigung* wird nicht nach Möglichkeiten zur Veränderung der stressreichen Situation gesucht. Stattdessen versuchen Individuen, ihre damit zusammenhängenden Gefühle und Gedanken zu verändern.
Emotionszentrierte Bewältigung beinhaltet:

> „*avoidance, minimization, distancing, selective attention, positive comparisons, and wresting positive value from negative events (Lazarus & Folkman, 1984, S. 150)*"

Vermeidung, "Verniedlichung" bzw. eine Verharmlosung der problematischen Situation, Distanzierung und die selektive Aufmerksamkeitsfokussierung sind kennzeichnend für die emotionszentrierte Bewältigungsstrategie. Insbesondere der Versuch, einen positiven Nutzen aus negativen Ereignissen zu ziehen ist eine Form des emotionszentrierten Copingstils. Deshalb wird diese Bewältigungsstrategie auch Emotionsregulation bezeichnet.

Abbildung 3.1. zeigt grafisch mögliche Copingstrategien auf und gibt konkrete Beispiele hierzu.

Bewältigungsversuche beruflicher Situationen

	AKTIV	INAKTIV
DIREKT	✸ die stresshafte Situation verändern ✸ bestimmte Stress- faktoren beeinflussen ✸ eine positive Einstellung einnehmen	✸ die stresshaften Elemente der Situation ignorieren ✸ die stresshaften Elemente der Situation vermeiden ✸ die Situation verlassen
INDIREKT	✸ über den Stress sprechen ✸ Selbstveränderung ✸ andere Tätigkeiten annehmen	✸ Betäubung (z.B. Alkohol) ✸ psychosomatische Reaktionen ✸ Burnout

Abb. 3.1.: Beispiele für konkrete Copingstrategien in beruflichen Situationen (eigene Darstellung)

Bei der Suche nach „der" richtigen Bewältigungsstrategie, wurde zunächst festgestellt, dass überhaupt erst die Anwendung von Bewältigungsstrategien - unabhängig welcher Art - das Stresserleben reduziert (Shiffman, 1985, zitiert nach Burger, S. 167) und dass es keine "richtige" oder "falsche" Bewältigung gibt. Adäquate Bewältigung ist abhängig von Situationsgegebenheiten (z.B. Kontrollierbarkeit) und muss immer im Hinblick auf zukünftige Folgen betrachtet werden. So mag beispielsweise der Konsum von Alkohol oder kalorienreicher Nahrung (z.B. Süßigkeiten) kurzfristig das Stresserleben und die damit verbundenen negativen Emotionen reduzieren, langfristig gesehen bietet diese Art des emotionszentrierten Copings keine adäquate Lösung.

3.3.4.1.3. Coping als Persönlichkeitsdisposition

Der persönlichkeitsorientierte Ansatz konzentriert sich auf die Aufmerksamkeitsorientierung unter stressreichen Bedingungen. Das Modell versucht personenspezifische Unterschiede im Bewältigungsverhalten zu erklären, indem es einen Schwerpunkt auf Persönlichkeitsdispositionen, die so genannten traits, legt. Der Trait-orientierte Ansatz versucht, übergeordnete Begriffe für verschiedene Bewältigungsstrategien festzulegen.

Dispositionelle Copingansätze stellen das allgemein zur Verfügung stehende Bewältigungsverhalten einer Person in den Mittelpunkt und konzentrieren sich nicht auf die Verschiedenartigkeit von Situationen (z. B. Krohne, 1978). Laut diesem Ansatz verfügen Personen über ein so genanntes Set an Copingstrategien, das sie mehr oder weniger flexibel in unterschiedlichen Situationen einsetzen. In diesem Zusammenhang nimmt Hobfoll (1988) an, dass der Grund dafür, dass die meisten Menschen ihr stressvolles Leben recht effektiv bewältigen der ist, dass sie sich einen Copingstil aneignen, der für sie komfortabel ist, also zu ihnen passt. Diese Passung macht auch erkennbar, dass Personen spezifische Strategien anwenden und somit überdauernde, systematische Unterschiede zu anderen Individuen zeigen, was damit zu erklären wäre, dass *" die einen bevorzugt so und die anderen lieber so mit Stress fertig (werden) (Schwarzer, 1993, 35)."*

Beehr und McGrath (1996, zitiert nach Starke, 2000) erwähnen in diesem Zusammenhang, dass selbst wenn man Coping als eine Disposition auffasst, dies nicht bedeutet, dass das Verhalten sich nicht ändern wird. Denn theoretisch sind Persönlichkeitstraits veränderbar, wenn auch nicht einfach und eher langwierig.

Die von Lazarus und Folkman (1987) begründete Perspektive von Stress und Coping wird anhand eines Schaubilds verdeutlicht:

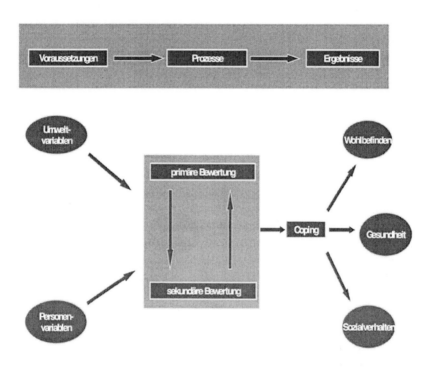

Abb. 3.2 : Stress und Coping aus transaktionaler Perspektive (Schwarzer, 1993, S. 16)

Das soeben beschriebene transaktionale Stressmodell bietet die Grundlage und den Rahmen für das im Anschluss an dieses Kapitel beschriebene Salutogenetische Modell von Antonovsky (1997).
Antonovskys Modell geht einen Schritt weiter: es bildet den Rahmen für die Erklärung, warum zwischen Personen Unterschiede in der An-

wendung adäquater, sinnvoller und erfolgreicher Copingstrategien existieren.

3.3.4.2. Antonovskys Modell der Salutogenese: Entstehungshintergrund

Zu Beginn des 19. Jahrhunderts entwickelte sich unter dem Einfluss der Erfolge naturwissenschaftlicher Forschung ein Krankheitsverständnis, das als biomedizinisches Krankheitsmodell bezeichnet wird (vgl. Faltermaier, 1994). Dieses Modell vergleicht den menschlichen Körper mit einer Maschine und erklärt Krankheitssymptome (körperliche Beschwerden, aber auch psychische Auffälligkeiten) durch organische „Defekte". Es wird nach diesem Modell angenommen, dass es nur begrenzte Ursachen für die Entstehung von Defekten gibt, zum Beispiel Bakterien oder Viren. Dementsprechend ist das Ziel biomedizinischer Forschung, bisher unbekannte Defekte zu entdecken und nachzuweisen, dass diese die Ursache für eine Erkrankung sind.
Kritik am biomedizinischen Krankheitsmodell führte in den 70er Jahren des 20. Jahrhunderts zu kontroversen Diskussionen. Der Sozialmediziner Engel (1977) formulierte ein bio-psycho-soziales Modell von Gesundheit und Krankheit. In seinem Modell werden sowohl körperliche als auch psychosoziale Faktoren zur Erklärung von Erkrankungen herangezogen. Anhand psychologischer, sozialwissenschaftlicher und psychosomatischer Forschungsbefunde wird belegt, dass psychische und soziale Faktoren bei der Entstehung und im Verlauf von Krankheiten von Bedeutung sind.
Parallel zum biomedizinischen Krankheitsmodell, jedoch vor Einführung des biopsychosozialen Modells, änderten sich Lebensumstände und auch die Lebenszeit eines großen Teils der Weltbevölkerung verlängerte sich. Hierdurch änderte sich auch das Krankheitsspektrum, das durch eine signifikante Zunahme von Herz- und Kreislauferkrankungen gekennzeichnet ist. Diese Entwicklung hatte zur Folge, dass sich die Forschung mit der Identifizierung von Risikofaktoren beschäftigte. In den 50er und 60er Jahren entwickelte sich eine umfangreiche Stress- und Risikofaktorenforschung (z.B. Selye, 1956). Ziel war es, als schädlich identifizierte Reize auszuschalten oder zu reduzieren (Risikofaktorenmodell). Doch es

zieren (Risikofaktorenmodell). Doch es wurde bald erkannt, dass nicht alle Risikofaktoren vermeid- oder entfernbar sind.

Diese Gedanken wurden von der Coping- und Bewältigungsforschung aufgegriffen: Individuelle Eigenschaften und Verhaltensweisen rückten in den Mittelpunkt der Betrachtung. Das Konzept blieb jedoch pathologiezentriert, das heißt, dass die Bewältigung von Krankheiten im Fokus stand und nicht die Erhaltung von Gesundheit. Eine wesentliche Entwicklung, die sich durch die Copingforschung etablierte ist der Blick auf die Faktoren, die Individuen zur Bewältigung zur Verfügung stehen. Diese so genannten „Ressourcen" können sowohl körperlicher, kognitiver oder auch sozialer Art sein. Die Copingkonzepte wurden somit durch ein verstärkt „ressourcenorientiertes Denken" ergänzt und somit aufgeweicht.

Die Copingforschung misst den individuellen Fähigkeiten der Verarbeitung und Bewältigung internaler und externaler Anforderungen große Bedeutung bei. Konkret heißt das, dass sie verstärkt den Blick von der Belastungs- und Reaktionsseite verschiebt, wodurch die subjektiven Bewertungen mehr Beachtung erfahren. Für Lazarus & Folkman (1984) besteht Coping „*aus den sich ständig ändernden kognitiven behavioralen Anstrengungen, die nötig sind, um mit spezifischen externalen und/oder internalen Anforderungen fertig zu werden, die in Bezug auf die Ressourcen einer Person als bedrohlich oder diese übersteigend angesehen werden*" (Lazarus und Folkman, 1984; Übersetzung nach Broda, 1990)

Während es das Verdienst der Stressforschung war, die Bedeutung von Stress und Risikofaktoren für die Entstehung und den Verlauf von körperlichen und psychischen Erkrankungen zu ermitteln, wurden mit der Copingforschung individuellen Bewältigungskonzepten und Ressourcen Aufmerksamkeit geschenkt. Krankheit wurde nicht mehr als eine durch äußere Einflüsse gestörte Gesundheit betrachtet, sondern als ein Ergebnis unzureichender Bewältigungsstrategien bzw. ineffektiver Ressourcen (z.B. Antonovsky, 1979).

Die weitere Frage ist nun, wovon effektive bzw. ineffektive Copingstrategien abhängen. Ist die Copingfähigkeit einer Person als eine überdauernde Persönlichkeitseigenschaft oder als eine jeweils der spezifischen Situation angepasste Verhaltensweise zu titulieren? Die

Sammlung und Zuordnung von Copingstrategien stellt jedoch keine adäquate Klärung dieser Fragestellung dar. Der persönlichkeitsorientierte Ansatz hingegen versucht personenspezifische Unterschiede im Bewältigungsverhalten zu erklären, indem es einen Schwerpunkt auf Persönlichkeitsdispositionen, die so genannten „Traits", legt. Der Trait-orientierte Ansatz versucht, übergeordnete Begriffe und Modelle zur Erklärung von individuellen Copingverhaltensweisen festzulegen. Dispositionelle Copingansätze stellen das allgemein zur Verfügung stehende Bewältigungsverhalten einer Person in den Mittelpunkt und konzentrieren sich nicht auf die Verschiedenartigkeit von Situationen (z.B. Krohne, 1979). Laut diesem Ansatz verfügen Personen über ein Set an Copingstrategien, das sie mehr oder weniger flexibel in unterschiedlichen Situationen einsetzen.

Die Anzahl der dem Individuum zur Verfügung stehenden Copingmechanismen sowie- ganz wichtig- deren flexibler Einsatz trägt nach diesem Ansatz eine entscheidende Bedeutung. Dies impliziert die Frage nach den Fähigkeiten und Möglichkeiten der Gesamtpersönlichkeit, deren Beschreibung sich nicht in der Zuordnung von Copingstrategien erschöpft.

Somit wird die Tendenz nach der Frage einer überdauernden Persönlichkeitseigenschaft deutlich, die die Herstellung und den flexiblen Einsatz von unterschiedlichen Bewältigungsstilen ermöglicht. Mit der „Salutogenetischen Orientierung" und ihrem Kernstück, dem Sense of Coherence (abgekürzt: SOC, deutsch: Kohärenzgefühl), entwickelte Aaron Antonovsky (1923-1994) ein psychologisches Konstrukt, das er nicht als spezifischen Copingmechanismus aufgefasst haben will. Es sei eher im Sinne eines „traits" zu verstehen (Antonovsky, 1997). Die Ausprägung des Kohärenzsinns entscheide über die Art und Weise, wie Menschen mit Anforderungen Ihrer Umwelt umgehen.

Sowohl das biomedizinische, das biopsychosoziale Krankheitsmodell wie auch Risikofaktorenmodelle und auch die bisherige Stress- und Copingforschung rückten die Frage in den Mittelpunkt: „Welche Faktoren begünstigen Erkrankungen?".

Antonovsky jedoch stellte folgende Fragestellung auf: „Warum bleiben Menschen trotz widriger Umstände gesund?". Somit war die salutogenetische Perspektive eröffnet und bot neue Standpunkte und Bewertungen.

3.3.4.2.1. Das Modell der Salutogenese

Warum bleiben Menschen- trotz vieler potentiell gesundheitsgefähr-
dender Einflüsse- gesund?
Wie schaffen sie es, sich von Erkrankungen wieder zu erholen?
Was ist das Besondere an Menschen, die trotz extremster Belastungen
nicht krank werden?

Das sind die zentralen Fragen, die für Antonovsky die Basis für seine
theoretische und empirische Arbeit bildeten. Der Neologismus „Salutogenese" (salus, lat.: Unverletztheit, Heil, Glück; Genese, griech.:
Entstehung) wurde von ihm eingeführt, um den Gegensatz zum bisher
dominierenden biomedizinischen Modell der Pathogenese (pathos,
griech.: Krankheit; Genese, griech.: Entstehung), aber auch des Risi-
kofaktorenmodells hervorzuheben.
Auf dem Hintergrund eines komplexen biopsychosozialen Konzeptes
wird Gesundheit nun zum Ergebnis eines **aktiven** Prozesses und ist
demzufolge mehr als die Abwesenheit oder die erfolgreiche Bewältigung von Krankheit. Antonovsky will dabei nicht auf die pathogenetisch orientierten Fragestellungen der medizinischen Forschung verzichten, sondern sieht in der salutogenetischen Blickrichtung eine
unverzichtbare Erweiterung. Salutogenese und Pathogenese ergänzen
sich in ihren Fragestellungen.

Die zentralen Begriffe der Salutgenese

    a) Stressoren- Spannung- Stress
    b) Health-ease/dis-ease Kontinuum (deutsch: Gesund-
       heits- Krankheits-Kontinuum)
    c) Generalisierte Widerstandsressourcen
    d) Sense of Coherence (SOC) bzw. Kohärenzgefühl
       (wird im Text synonym verwendet)

a) Stressoren-Spannung-Stress

Nach Antonovsky konfrontieren Stressoren als physische oder psychische Ereignisse den Organismus in einer Weise, die ihm keine automatische Adaptation ermöglicht. Die in der Konfrontation mit einem Stressor als erste Antwort entstehende Spannung kann drei unterschiedliche Verläufe nehmen: sie kann zu Stress werden und damit die Möglichkeit der Entstehung von Krankheit beinhalten: „pathogene Entwicklung". Andererseits kann Spannung auf eine neutrale oder den Organismus stärkende Weise aufgelöst werden, was dann zu einer „neutralen" oder „salutogenen Entwicklung" führt. In allen Fällen ist das SOC (das Kohärenzgefühl) eine wichtige Variable, die die Auswirkung des Stressors mitbeeinflusst. Es wird deutlich, dass dem salutogenetischen Modell auch das kognitiv transaktionale Modell von Lazarus zugrunde liegt (Lazarus & Folkman, 1984), denn das Kohärenzgefühl wird als entscheidende Variable gesehen, die die Bewertungen (primär, sekundär, tertiär) von Stimuli bestimmt.

b) Health-ease/dis-ease Continuum

Nach pathogenetischer Orientierung wird der Gesundheitszustand von Menschen dichotom betrachtet; es ist also üblich zwischen „gesund" und „krank" zu unterscheiden. Diese Dichotomie kritisiert Antonovsky und schlägt ein Kontinuum vor, auf dem Menschen als mehr oder weniger gesund bzw. krank eingestuft werden können. Antonovsky geht davon aus, dass die beiden Pole „völlige Gesundheit" und „völlige Krankheit" für lebende Organismen nicht zu erreichen sind. Die Frage ist für ihn nicht mehr, ob jemand gesund oder krank ist, sondern wie weit entfernt bzw. nahe er den Endpunkten Gesundheit und Krankheit jeweils ist.

c) Generalisierte Widerstandsressourcen

Die erfolgreiche Bewältigung von Spannungszuständen hat einen Einfluss auf den Erhalt und die Verbesserung der Gesundheit. Die Fähigkeit zur effektiven Auseinandersetzung mit Stressoren und Spannungszuständen wird nach Antonovsky von unterschiedlichen Eigenschaften und Umweltbedingungen beeinflusst, die er zusammenfassend als „Generalisierte Widerstandsressourcen" bezeichnet. Hierunter fallen sowohl individuelle (z.B. körperliche Faktoren, Intelligenz, Bewältigungsstrategien) als auch soziale und kulturelle Faktoren (z.B. soziale Unterstützung, finanzielle Möglichkeiten, kulturelle Stabilität).

„Generalisiert" soll heißen, dass die Ressourcen in unterschiedlichen Situationen wirksam werden. „Widerstandsressource" bedeutet, dass die Ressourcen die Widerstandsfähigkeit einer Person erhöhen. Sie bilden ein Fundament für die Stärkung des SOC (Kohärenzgefühls).

In seinem zweiten Buch im Jahr 1987 (Originalausgabe) erweiterte Antonovsky das Konzept um „Generalisierte Widerstandsdefizite".

„Generalisierte Widerstandsdefizite" sind Faktoren, die die Widerstandsfähigkeit von Personen schwächen. Somit können „generalisierte Widerstandsdefizite" das SOC (Kohärenzgefühl) schwächen.

Generalisierte Widerstandsressourcen beeinflussen das Leben durch Beständigkeit, Aktivität und angemessene Anforderungen. Generalisierte Widerstandsdefizite hingegen prägen unser Leben durch Erfahrungen der Unbeständigkeit, Passivität und Über- oder Unterforderung.

Ob ein Faktor als Generalisierte Widerstandsressource oder als Generalisiertes Widerstandsdefizit definiert wird, kann erst durch das Ergebnis- nämlich Stärkung oder Schwächung des SOC- festgemacht werden.

d) Sense of Coherence/ SOC/ Kohärenzgefühl

Das Kohärenzgefühl wird nach Antonovsky (1997, S. 36) folgendermaßen definiert:

Das SOC (Kohärenzgefühl) ist eine globale Orientierung, die ausdrückt, in welchem Ausmaß man ein durchdringendes, andauerndes und dennoch dynamisches Gefühl des Vertrauens hat, dass

1. *die Stimuli, die sich im Verlauf des Lebens aus der inneren und äußeren Umgebung ergeben, strukturiert, vorhersehbar und erklärbar sind:*
2. *einem die Ressourcen zur Verfügung stehen, um den Anforderungen, die diese Stimuli stellen, zu begegnen;*
3. *diese Anforderungen Herausforderungen sind, die Anstrengungen und Engagement lohnen.*

Ausführlichere Darstellungen über das Kernstück des Salutogenetischen Konzept, dem SOC, sind im Unterkapitel 3.3.4.2.4. zu finden.

Die folgende Abbildung veranschaulicht die dargestellten Zusammenhänge:

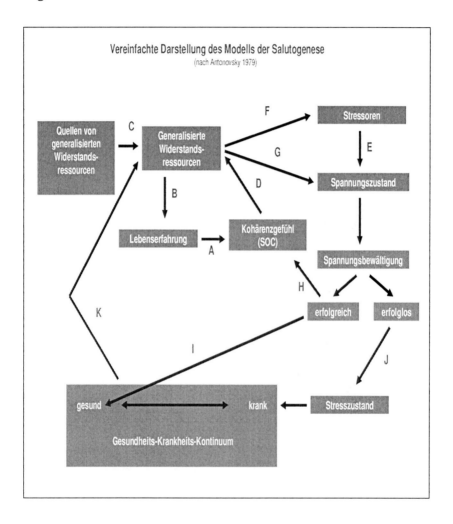

Abb. 3.3 :Vereinfachte Darstellung des Modells der Salutogenese
(vgl. Bengel et al., 2001)

3.3.4.2.2. Verwandte Modelle und Konzepte

Das Modell der Salutogenese hat seit seiner Veröffentlichung viel angestoßen. Die weltweite Verbreitung spiegelt nach Franke (1997) nicht nur wissenschaftliches Interesse wieder, sondern verdeutlicht das elementare menschliche Bedürfnis herauszufinden, *„warum einige von uns gesund bleiben und was uns helfen kann, angesichts einer uns funktionalisierenden Umwelt unsere physische und psychische Gesundheit zu bewahren."* Diese Behauptung wird nach Franke (1997) dadurch belegt, dass andere Modelle bereits ähnliche Fragen gestellt haben.

Konzepte die dem Kohärenzgefühl verwandt sind beispielsweise:

a) Widerstandsfähigkeit (Kobasa, 1979)
b) Stamina (Thomas, 1981; Colerick, 1985)
c) Kontrollüberzeugung (Rotter, 1966) (vgl. auch Kapitel 3.5.2.4)
d) Selbstwirksamkeit (Bandura, 1972, 1986)
e) Gelernter Einfallsreichtum (Rosenbaum, 1988)
f) Selbstorientierung (Kohn und Schooler, 1983)

Antonovsky vergleicht sein Konstrukt des Kohärenzgefühls zusätzlich mit folgenden Modellen:

g) Permanenzgefühl (Boyce et al. 1977)
h) Domänen des sozialen Klimas (Moos, 1984)
i) Verletzlich, aber unbesiegbar (Werner und Smith, 1982)
j) Familiäre Konstruktion von Wirklichkeit (Reiss, 1981)

Eine Forschungstradition, die ebenso wie die Stress- und Stressbewältigungsforschung nach Faktoren sucht, die die psychische und physische Gesundheit erhalten und schützen, ist die **Resilienz- bzw. Invulnerabilitätsforschung**. Die Begriffe Resilienz und Invulnerabilität stammen aus der Entwicklungspsychologie und bezeichnen eine stabile und gesunde Persönlichkeits- und Verhaltensentwicklung, die trotz ungünstiger frühkindlicher Erfahrungen und Belastungen eingetreten ist. Die Befunde der Resilienzforschung beruhen auf retrospektiven und prospektiven Längsschnittuntersuchungen, die eine eher seltene, da sehr aufwendige Form psychologischer Forschung darstellen (Köferl, 1988). Kennzeichnend für die Forschung in diesem Bereich ist, dass ihr oft kein ätiologisches Modell von Resilienz zugrunde liegt, ein konzeptueller Rahmen bzw. eine Theorie mit explikativem Anspruch fehlt sowie mehr personenspezifische und weniger soziale Risikofaktoren untersucht werden. Zudem gilt auch für diesen Forschungsbereich Antonovskys' Kritik, dass Aussagen über Resilienz spezifischer Personen oder Personengruppen vorwiegend auf Risikostudien basieren, denen ein Defizitmodell von Entwicklungsmodellen zugrunde liegt. Die Ergebnisdarstellung der Resilienzforschung mündet meist in einem Variablenkatalog pathogener bzw. protektiver Einflüsse auf die kindliche Entwicklung. Als konsistente Befunde betrachten Lösel und Bender (1997) die protektiven Auswirkungen folgender sozialer und personaler Ressourcen (Auszug):

- Temperamentsmerkmale (z. B. vorwiegend positive Stimmungslage)
- Kognitive und soziale Kompetenzen (z.b. gute soziale Problemlösefähigkeit)
- Selbstbezogene Kognitionen und Emotionen (z.b. positives Selbstwertgefühl)
- Soziale Unterstützung in und außerhalb der Familie
- Erleben von Sinn und Struktur im Leben (z.b. ethische Wertorientierung)

Das Kohärenzgefühl wird im Rahmen der Resilienzforschung als eine von vielen potentiellen Ressourcen günstiger Entwicklungsprozesse betrachtet (vgl. Hurrelmann, 1988; Lösel & Bender, 1997; Köferl, 1988). Antonovsky selbst hat sich nie auf die Modelle und Ansätze der Resilienzforschung bezogen. Diese Forschungtradition hat sich etwa zeitgleich mit der Entwicklung des Salutogenese-Modells etabliert. Da sie zudem in einer anderen wissenschaftlichen Disziplin beheimatet ist (Entwicklungspsychologie, Pädagogische Psychologie), kann davon ausgegangen werden, dass sei Antonovsky wenig bekannt war. Diese Annahme kann durch folgende Textstellen belegt werden:

„Ende 1981 fragte mich ein Doktorand, inwieweit das SOC-Konzept mit Kobasas Konzept der Widerstandsfähigkeit zusammenhänge. Ich konnte darauf nur antworten, dass ich es nicht kenne..... (Antonovsky, 1997, S. 48)"

„Zufällig war ich auf den ersten Forschungsbericht von Thomas Boyce gestoßen und hatte mir seine Befunde gemerkt,...(ebenda, S. 52)"

„Als ich Emmy Werner während ihres Israelbesuchs vor einigen Jahren erstmals begegnete, hatte sie den dritten Band ihrer Langzeitstudie aller Kinder, die 1955 auf der Insel Kauai geboren worden waren, noch nicht veröffentlicht...Obwohl ich mich in der Kindesentwicklung, ihrem Spezialgebiet, nur sehr wenig auskannte, gab es zwischen uns ein Gefühl grundsätzlicher Verständigung ...(ebenda, S. 55)"

Bei den Konzepten a) bis f) (vgl. oben) sind nach Franke (1997) folgende drei Gemeinsamkeiten mit dem Kohärenzgefühl identifizierbar:

1. sie versuchen zu beantworten, wie Menschen mit Stress umgehen ohne dabei krank zu werden
2. sie bilden keine spezifischen Copingstile ab, sondern beschreiben übergreifende Faktoren
3. sie gehen von einer Interaktion zwischen Charakteristika der Person, der sozialen und kulturellen Umgebung und der Stresssituation aus, die die gesundheitlichen Auswirkungen von Stress mediiert

An dieser Aufstellung wird ersichtlich, dass Antonovsky in seinem Salutogenese Modell Ansätze, Gedanken und politische Strömungen der 70er und 80er-Jahre aufgreift und diese bündelt (vgl. Noack, 1997). So reflektiert er die in der damaligen Zeit aktuellen Stressmodelle - insbesondere Lazarus' kognitiv transaktionale Stesstheorie,

136

welches in Kapitel 3.5.2.1.1. der vorliegenden Arbeit im Detail vorgestellt wurde - und die Auseinandersetzung mit dem bio-psycho-
sozialen Modell von Gesundheit und Krankheit (vgl. Engel, 1977;
1979).

3.3.4.2.3. Kritik am Salutogenese Konzept

Das Kohärenzgefühl bildet, wie bereits mehrfach erwähnt, das Kernstück des salutogenetischen Konzepts. Das Kohärenzgefühl wiederum besteht aus kognitiven und subjektiven Dimensionen. Die Konzentration auf diese Elemente als entscheidende Größen wird häufig als Kritik angeführt. Antonovsky bezieht sich in seinen theoretischen Überlegungen und empirischen Untersuchungen auf körperliche Auswirkungen des Kohärenzgefühls und räumt psychischer Gesundheit somit einen geringeren Stellenwert ein. Somit werden von ihm auch kaum die Wechselwirkungen von körperlicher und psychischer Gesundheit analysiert. Als Antonovsky sein Modell der Salutogenese und insbesondere das Konstrukt des Kohärenzgefühls aufstellte, beanspruchte er damit eine Erklärung für Gesundheit bzw. Krankheit liefern zu können. Der Zusammenhang zwischen Kohärenzgefühl und Gesundheit wird jedoch nicht eindeutig von der empirischen Forschung gestützt.

Es gibt empirische Belege, die einen deutlichen Zusammenhang zu Maßen psychischer Gesundheit aufzeigen. Das Konstrukt des Kohärenzgefühls/SOC steht jedoch in Konkurrenz zu anderen empirisch gut untersuchten Dimensionen, insbesondere Depressivität. (z.B.Schmidt-Rathjens, Benz, Van Damme, Feldt & Amelang, 1997; Frenz, Carey & Jorgensen, 1993).

Auffallend ist die Beschreibung eines niedrig ausgeprägten Kohärenzgefühl in Bezug auf Depression, da dies eine hohe Ähnlichkeit zu kognitiven, motivationalen und emotionalen Symptomen bei Depression aufweist (Ressourcen werden nicht gesehen, auf Anforderungen wird rigide und nicht situationsangepasst reagiert, das Leben erscheint sinnlos). Deshalb ist sowohl der Nutzen des Modells als auch der Informationsgewinn gegenüber älteren und „bewährten" Modellen im Bereich der Psychotherapie und Psychosomatik in Frage gestellt worden. Der Zusammenhang zu Maßen physischer Gesundheit konnte nicht empirisch nachgewiesen werden, was ein Widerspruch zu Antonovskys ursprünglicher Theorie darstellt. Des Weiteren erklärt Antonovsky nicht den eindeutigen Unterschied zwischen Stress und Spannung. Siegrist (1994) deutet auf Uneindeutigkeiten in der emotions-theoretischen Fundierung hin.

Das Salutogenese Modell von Antonovsky hat trotz aller empirischen Schwierigkeiten und inhaltlicher Kritik in vielen Praxisfeldern einiges an Umdenken und Neuorientierung bewirkt. In der Gesundheitsförderung und Prävention und auch in der Rehabilitation wir der Ansatz aufgegriffen.

Auch aus arbeitspsychologischer Perspektive wird der Ansatz im deutschsprachigen Raum untersucht. Im Forschungsprojekt SALUTE untersuchten Udris, Kraft & Mussmann 1991 und Udris, Kraft, Muheim, Mussmann & Rimann (1992) den Einfluss personaler und organisationaler Faktoren im Kontext der Berufstätigkeit für die Gesunderhaltung. Grundlage der Forschungsarbeiten sind sowohl handlungstheoretische als auch systemtheoretische Modellvorstellungen. Ein bemerkenswertes Ergebnis formulierten Rimann und Udris 1998, indem Sie auf eine Korrelation beruflicher Tätigkeitsspielräume und der Stellung in der betrieblichen Hierarchie hinweisen. Zur Frage des Zusammenhangs von Kohärenzgefühl und Bildungsstand, soziökonomischen Status und Berufstätigkeit können zurzeit jedoch keine eindeutigen Befunde genannt werden. Die eigene Untersuchung, die in dieser Arbeit in Kapitel sechs vorgestellt wird, versucht einen ersten Zusammenhang des Kohärenzgefühls mit der beruflichen Tätigkeit von selbständigen Handelsvertretern im Direktvertrieb herzustellen.

In der betrieblichen Gesundheitsförderung kann der Ansatz auf organisationaler Ebene berücksichtig werden. Hierbei wird beispielsweise seitens von Praktikern der Ansatz ausgearbeitet und als Modell zur Optimierung der Organisationsgestaltung eingesetzt (z.B. Wimmer, 2002).

Die Bedeutung des Modells sehen Bengel, Strittmatter und Willmann (1998), darin, dass Antonovsky der erste ist, der nicht nur das pathogenetisch Modell kritisiert, sondern ihm ausdrücklich eine salutogenetische Theorie entgegensetzt, sie ausführlich beschreibt und mit empirischen Studien zu unterstützen versucht. Bengel et al. (1998) sehen die Bedeutung des Salutogenese Modells in zweifacher Hinsicht:

„Es stimuliert die (interdisziplinäre) gesundheitswissenschaftliche Forschung zu Protektivfaktoren und Ressourcen, und es erweitert den Blick auf bisher zu wenig beachtete Zusammenhänge und Wechselwirkungen zwischen gesundheitlichen Risiken und gesundheitlichen Schutzfaktoren bzw. schützenden Bedingungen. Es belegt, wie wichtig eine Rahmentheorie der Gesundheit bzw. der Gesunderhaltung ist, auch wenn sie mit den heutigen Möglichkeiten nicht empirisch überprüft werden kann."

Faltermaier (2000) deutet auf die Entwicklungsmöglichkeiten des Modells hin. Er sieht die wissenschaftliche Bedeutung der Salutogenese darin, dass sie neue, innovative Fragen stellt und unser Denksystem über Gesundheit und Krankheit erweitert. Er plädiert dafür, dass das Salutogenese Modell als Prozessmodell verstanden werden und empirisch untersucht werden kann. Er weist ausdrücklich auf die Möglichkeit hin, das theoretische Modell weiter auszubauen, um das Potential und den Nutzen des Modells für die Gesundheitswissenschaften weiter transparent zu machen.

3.3.4.2.4. Das Kohärenzgefühl /Sense of Coherence (SOC)

Antonovsky (1997, S. 36) sieht im Kohärenzgefühl eine zentrale Variable für Gesundheit. Somit bildet es das „Kernstück" des Salutogenetischen Modells und wird nach Antonovsky als individuelle, psychologische Grundhaltung, einem Grundgefühl eines Menschen gegenüber dem eigenen Leben und der Welt gesehen und wie folgt von ihm definiert:

„Das SOC (Kohärenzgefühl) ist eine globale Orientierung, die ausdrückt, in welchem Ausmaß man ein durchdringendes, andauerndes und dennoch dynamisches Gefühl des Vertrauens hat, dass

1. *die Stimuli, die sich im Verlauf des Lebens aus der inneren und äußeren Umgebung ergeben, strukturiert, vorhersehbar und erklärbar sind (Verstehbarkeit);*
2. *einem die Ressourcen zur Verfügung stehen, um den Anforderungen, die diese Stimuli stellen, zu begegnen (Handhabbarkeit);*

140

3. diese Anforderungen Herausforderungen sind, die An-
strengung und Engagement lohnen (Sinnhaftigkeit).

(vgl. auch Kapitel 3.3.4.2.2.) Die beschriebenen Teilkomponenten bezeichnet Antonovsky als Verstehbarkeit, Handhabbarkeit und Sinnhaftigkeit:

1. „Gefühl von Verstehbarkeit (sense of comprehensibility)"
Diese Komponente beschreibt die Erwartung bzw. die Fähigkeit von Menschen, Stimuli- auch unbekannte- als geordnete, konsistente, strukturierte Informationen verarbeiten zu können und nicht mit Reizen konfrontiert zu sein bzw. zu werden, die chaotisch, willkürlich, zufällig und unerklärlich sind. Mit Verstehbarkeit meint Antonovsky also ein kognitives Verarbeitungsmuster.
2. „Gefühl von Handhabbarkeit bzw. Bewältigbarkeit (sense of manageability)"
Diese Komponente beschreibt die Überzeugung eines Menschen, dass Schwierigkeiten lösbar sind. Antonovsky nennt dies auch instrumentelles Vertrauen und definiert es als das „Ausmaß, in dem man wahrnimmt, dass man geeignete Ressourcen zur Verfügung hat, um den Anforderungen zu begegnen (Antonovsky, 1997). Dabei betont Antonovsky, dass es nicht nur darum geht, über eigene Ressourcen und Kompetenzen verfügen zu können. Auch der Glaube daran, dass andere Personen oder eine höhere Macht dabei helfen, Schwierigkeiten zu überwinden, ist damit gemeint, ein Mensch, dem diese Überzeugung fehlt, gleicht dem ewigen Pechvogel, der sich immer wieder schrecklichen Ereignissen ausgeliefert sieht, ohne etwas dagegen unternehmen zu können. Antonovsky betrachtet das Gefühl von Handhabbarkeit als kognitiv-emotionales Verarbeitungsmuster.
3. „Gefühl von Sinnhaftigkeit bzw. Bedeutsamkeit (sense of meaningfulness)"
Diese Dimension beschreibt das Ausmaß, in dem man das Leben als emotional sinnvoll empfindet: *Dass wenigstens einige der vom Leben gestellten Probleme und Anforderungen es wert sind, dass man*

*Energie in sie investiert, dass man sich für sie einsetzt und sich ih-
nen verpflichtet, dass sie eher willkommene Herausforderungen
sind, als Lasten, die man gerne los wäre* (Antonovsky, 1997).

Antonovsky sieht diese motivationale Komponente als die wichtigste an. Ohne die Erfahrung von Sinnhaftigkeit und ohne positive
Erwartungen an das Leben ergibt sich trotz einer hohen Ausprägung der anderen beiden Komponenten kein hoher Wert des gesamten Kohärenzgefühls. Ein Mensch ohne Erleben von Sinnhaftigkeit wird das Leben in allen Bereichen nur als Last empfinden
und jede weitere sich stellende Aufgabe als zusätzliche Qual. Ein
stark ausgeprägtes Kohärenzgefühl führt dazu, dass ein Mensch
flexibel auf Anforderungen reagieren kann. Hier wird auch der
Bezug zu Copingkonzepten deutlich.

Wie bereits in Abschnitt 3.3.4.1.3.„Coping als Persönlichkeitsdis-
position" kurz erläutert, versucht der trait-orientierte Ansatz in der
Copingforschung, übergeordnete Begriffe für verschiedene Bewältigungsstrategien festzulegen.

Er aktiviert die für diese spezifischen Situationen angemessenen
Ressourcen. Ein Mensch mit einem gering ausgeprägten Kohärenzgefühl wird hingegen Anforderungen eher starr und rigide beantworten, da er weniger Ressourcen zur Bewältigung hat bzw.
wahrnimmt.

Der SOC wirkt nach Antonovsky als flexibles Steuerungsprinzip, als Dirigent, der den Einsatz verschiedener Verarbeitungsmuster (Copingstile, Copingstrategien) in Abhängigkeit von den Anforderungen anregt. „Die Person mit einem starken SOC wählt die bestimmte Coping- Strategie aus, die am geeignetsten scheint, mit dem Stressor umzugehen, dem sie sich gegenüber sieht „ (ebenda). Das Kohärenzgefühl ist also nicht mit Copingstilen gleichzusetzen, sonder nimmt eine übergeordnete und steuernde Funktion ein (Antonovsky, 1993a)

Das Kohärenzgefühl kann auch als ein Rahmenmodell für verschiedene Copingansätze hinzugezogen werden und kann eine Erklärung für den angemessenen und flexiblen Einsatz unterschiedlicher Copingmechanismen und –verhaltensweisen bieten.

3.3.5. Motivationale Persönlichkeitsmerkmale

Eine für unternehmerisches Handeln zentrale Eigenschaft ist den Untersuchungen McClellands zufolge die Stärke des *Leistungsmotivs* (McClelland & Winter, 1969; McClelland, 1987). Leistungsmotivation bildet nach Überzeugung der Forscher, die dies in den 50er und 60er Jahren des 20. Jahrhunderts erforscht haben, eine Schlüsselstelle der klassischen Motivationspsychologie. Der Begriff Leistungsmotivation ist jedoch nicht deckungsgleich mit scheinbar ähnlichen Begriffen der Alltagssprache z.B. „Fleiß", „Eifer", „Arbeitswille", „Strebsamkeit". Rheinberg (2002) nennt unterschiedliche Gründe, um ein Leistungsziel anzustreben, z.B. ein höheres Gehalt, um sich mehr Annehmlichkeiten leisten zu können; gute Ergebnisse erzielen, um eine höhere Position zu bekleiden und schlussendlich an Prestige zu gewinnen und mehr Einfluss ausüben zu können. Rheinberg betont, dass auch diese Ziele (höheres Einkommen, Prestigegewinn) ebenfalls angestrengtes Arbeitsverhalten auslösen können, ohne dass das mit Leistungsmotivation in Verbindung gesetzt werden kann.

„Leistungsmotiviert im psychologischen Sinn ist ein Verhalten nur dann, wenn es auf **die Selbstbewertung der eigenen Tüchtigkeit** *zielt, und zwar in* **Auseinandersetzung mit einem Gütemaßstab**, *den es zu erreichen oder zu übertreffen gilt. Man will wissen, was einem in einem Aufgabenfeld gerade noch gelingt und was nicht, und strengt sich deshalb besonders an "(Rheinberg, 2002, S. 62)*

Auch nach einer Kurzdefinition von McClelland, Atkinson, Clark & Lowell (1953) bildet den Kern der Leistungsmotivation die „Auseinandersetzung mit einem Gütemaßstab" (zitiert nach Rheinberg, 2002). Das Leistungsmotiv wird demnach durch konkrete Arbeitsaufgaben angeregt. Für Personen steht dabei eine möglichst gute Aufgabenbewältigung im Vordergrund. Je stärker das Leistungsmotiv ausgeprägt ist, desto

- höher sind die Ansprüche, die Personen an die Qualität und Güte von Arbeitsergebnissen stellen,
- mehr Anstrengung verwenden Personen darauf, aufgabenrelevante Ziele zu erreichen,
- größer ist die Bereitschaft, berufliche Leistungen kontinuierliche verbessern zu wollen.

Leistungsmotivierte Personen fühlen sich von Aufgaben angezogen, die interessant, vielseitig und von mittlerer Schwierigkeit sind, so dass sie einerseits herausfordernd wirken, andererseits aber auch realistische Bewältigungschancen besitzen. Es ist die Aufgabe um ihrer selbst willen, die Personen reizt, und Leistung *per se,* die Personen nach möglichst guten Resultaten streben lässt. Leistungsmotivierte Personen ziehen ihre Befriedigung eher aus Belohnungen, die mit der Tätigkeit selbst verbunden sind, als aus Belohnungen, die andere Personen oder Organisationen für Tätigkeitserfolge in Aussicht stellen. Das hieße konkret, dass leistungsmotivierte Personen sich nicht beispielsweise durch Anreizsysteme motivieren lassen, die die Organisation zur Verfügung stellt, sondern sich durch Merkmale der Tätigkeit selbst motivieren lassen. Dieser Aspekt wird in der Vorstellung der eigenen Untersuchung und der anschließenden Merkmalsdefinition wieder aufgegriffen. Von erfolgreichen Unternehmensgründern ist bekannt, dass sie „besessen" von einer Geschäftsidee gewesen sind, dass selbst Schwierigkeiten und Rückschläge sie nicht daran gehindert haben, eigene Produktvorstellungen zu realisieren oder dass sie an viel versprechenden Projekten weitergearbeitet haben, auch wenn mit diesen zunächst kein Durchbruch auf dem Markt zu erzielen gewesen ist (vgl. Goebel, 1990). Der junge Walt Disney musste 302 Banken abklappern, ehe man ihm einen Kredit gewährte, damit er „den glücklichsten Ort der Welt" schaffen konnte. Den Ort kennen wir: Disneyland (vgl. Löhr, 2005 S. 167)

Ein weiteres motivationales Persönlichkeitsmerkmal ist die Stärke *internaler Kontrollüberzeugung* (Furnham, 1986; Bonnet & Furnham, 1991). Es kennzeichnet die Neigung, berufsrelevante Ereignisse auf eigenes Bestreben, eigene Fähigkeiten oder eigenes Handeln zurückführen zu wollen. Das Handeln internal kontrollierter Personen wird durch Machbarkeits- und Selbstwirksamkeitsvorstellungen geleitet. Personen mit internaler Kontrollüberzeugung sind proaktiv ausgerichtet, für sie ist es wichtig, sie selbst betreffende Angelegenheiten auch selbst in die Hand zu nehmen.

Erfolge schreiben internal kontrollüberzeugte Personen eher ihren eigenen Fähigkeiten zu, wohingegen sie Misserfolg eher auf internal variable Faktoren- beispielsweise auf mangelnde Anstrengung- zurückführen. Diese Ursachenzuschreibung stärkt im Erfolgsfall das Selbstbewusstsein und hält bei Misserfolg die Motivation wach, weiter an sich zu arbeiten und es beim „nächsten Mal" besser machen zu können. Kontrollüberzeugung ist damit eine relativ stabile persönliche Überzeugung, Kontrolle ausüben zu könne, also grundsätzlich selbst die Umwelt beeinflussen und verändern zu können. Fröhlich (1998) definiert Kontrollüberzeugung als subjektive Annahme, über Reaktionsmöglichkeiten zu verfügen, mit deren Hilfe „unangenehme Ereignisse abgewendet, zumindest aber beeinflusst werden können". Die Kontrollüberzeugung beinhaltet zusätzlich aber auch, dass man meint Situationen nach eigenen Zielen und Wünschen *gestalten* zu können, d.h. nicht nur die Bewältigung unangenehmer Situationen. Nach Ansicht von Kobasa, Maddi & Kahn (1982) hat die Kontrollüberzeugung drei Aspekte:

1. die Überzeugung frei entscheiden zu können
2. die Bewertung der Stressoren als notwendigen Teil des Lebens (vgl. kognitiv-transaktionales Modell nach Lazarus, primäre und sekundäre Bewertung, Kapitel 3.3.4.1.1. in dieser Arbeit)
3. mehr Stressbewältigungsmöglichkeiten als nicht Kontrollüberzeugte zu kennen (vgl. Kapitel 3.3.4.1.3. in dieser Arbeit)

Flammer (1997) ist der Meinung, Kontrollüberzeugung sei zusammengesetzt aus den „contingency beliefs" und „competence beliefs." Der Kontingenzglaube betrifft den Glauben an die Wahrscheinlichkeit, mit der eine bestimmte Handlung zu einem bestimmten Ereignis führt. Die Kompetenzüberzeugung dagegen bezieht sich auf den

Glauben, dass man selbst die Fähigkeit besitzt, diese Handlung erfolgreich durchzuführen.

Laut Goebel (1990) legen erfolgreiche Unternehmensgründer wenig Wert darauf, von anderen gelenkt zu werden und werden sogar als „eigenwillig" beschrieben. Dies weist auf die Bedeutung internaler Kontrollüberzeugung hin.

Da das Anspruchsniveau erfolgsmotivierter Individuen im mittleren bzw. leicht überdurchschnittlichen Schwierigkeitsbereich liegt, ergibt sich als Konsequenz, dass Erfolgsmotivierte ebenso häufig Erfolge wie Misserfolge erleben. Ihre Leistungsbilanz ist weitgehend ausgeglichen. Warum aber können es sich Personen mit hoher Leistungsmotivation „leisten", ebenso häufig zu scheitern wie erfolgreich abzuschneiden? Nach Atkinson (1957, 1964) gilt für Hochleistungsmotivierte, dass ihr Stolz über einen Erfolg weit größer als ihre Beschämung über einen Misserfolg ist. Trotz ausgeglichener Leistungsbilanz fällt ihre Affektbilanz, also die Relation positiver im Vergleich zu negativen Selbstbewertungsemotionen, positiv aus. Dieser Sachverhalt wurde im Risiko-Wahl-Modell (Atkinson, 1957) postuliert, wirklich erklärt wurde er aber nicht. Erst die Arbeiten Weiner's et al. (Weiner, 1975; Weiner et al., 1971) haben Aufschluss über diese Frage verschafft. Erfolgsmotivierte neigen dazu, Erfolge mit Anstrengungen und Begabung, Misserfolge hingegen mit unzureichendem Bemühen zu erklären. Selbst wenn ihnen die Lösung einer Aufgabe misslingt, stellen Sie ihr Können nicht in Frage. Aus der Erfahrung des Misserfolgs entspringt die Erwartung, zukünftig Besseres leisten zu können. Erfolge vermitteln ihnen hingegen Gefühle der Freude und des Stolzes über das Geleistete und bestätigen damit das Können und Bemühen der handelnden Person. Trotz der ausgeglichenen Bilanz von Erfolgen und Misserfolgen treten bei Erfolgsmotivierten Selbstbewertungen hervor, die der eigenen Kompetenz zuträglich sind; selbstwertabträgliche Bewertungen kommen bei ihnen nur selten vor. Misserfolgsmotivierte hingegen erklären Erfolge und Misserfolge aber anders als Erfolgsmotivierte: Während sie Misserfolge auf mangelnde Begabung zurückführen, weisen sie für Erfolge keine eindeutige Präferenz hinsichtlich einer bestimmten Ursachenerklärung auf (Weiner et al.,

1971). Der Umstand, dass Misserfolgsmotivierte Fehlschläge als Zeichen des Versagens und unzulänglicher Fähigkeiten interpretieren, ist der eigentliche Grund dafür, warum sie Misserfolge als beschämend und entmutigend erleben. Erfolge können diese Versagensgefühle nicht kompensieren, denn sie werden in dieser Personengruppe nur selten auf Fähigkeit und Anstrengung zurückgeführt. Kirchler (1999, S. 272) stellt für unternehmerisch tätige Personen ein ausgeprägtes **Unabhängigkeitsstreben** fest:

„Ein Unternehmer handelt selbständig, trifft Entscheidungen und versucht, (neuartige) Ideen zu realisieren." (ebenda)

Auch Korunka, Frank & Becker (1993) berichten bei Unternehmensgründern vor allem über hohe Unabhängigkeitswerte (Autonomie). Erfolgreiche lassen sich insbesondere durch hohe Autonomieausprägungen charakterisieren (vgl. Kirchler, 1999, S. 274). Laut Goebel (1990) sind erfolgreiche Unternehmensgründer oftmals egozentrische und unkonventionelle Personen, was ebenfalls auf die Bedeutung der Eigenschaft „Unabhängigkeitsstreben" verweist. In den humanistischen Theorien (Maslow, 1970; Alderfer, 1972) spielt das Unabhängigkeitsstreben als Bedürfnis nach Autonomie und Selbstverwirklichung ebenfalls eine Rolle.

3.3.6. Zusammenfassung: Kerneigenschaften unternehmerischen Handelns

Müller (2000, S. 113) führte eine Studie durch, um die von King (1985) berichteten Eigenschaftsunterschiede zwischen selbstständig und unselbstständig tätigen Personen zu replizieren. Hierbei wurden die Persönlichkeitsmerkmale Leistungsmotivation, internale Kontrollüberzeugung, Risikobereitschaft, Problemlöseorientierung und Durchsetzungsbereitschaft untersucht. Für alle Merkmale liegt die Ausprägung von unselbstständig tätigen Personen unterhalb der Ausprägung von selbstständig tätigen Personen. Die deutlichsten Unterschiede zeigen jedoch die Ausprägungen der Leistungsmotivation und der internalen Kontrollüberzeugung. Müller leitet hieraus ein Modell ab, welches dispositionelle Einflüsse auf unternehmerisches Handeln abbildet.

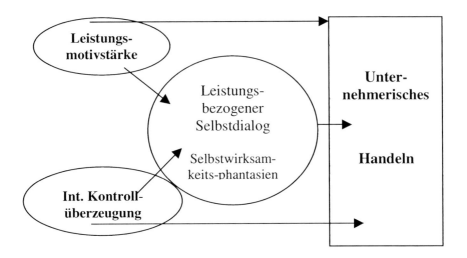

Abb. 3.4.: Modell dispositioneller Einflüsse auf unternehmerisches
Handeln (nach Müller, 2000, S. 118).

Beiden Merkmalen, Leistungsmotivation und internaler Kontrollüberzeugung, wird in der überwiegenden Literatur eine empirisch fundierte Bedeutung als Prädiktorvariable für unternehmerisches Handeln
zugewiesen (Schuler, 2003; Müller, 2000; McClelland, 1961).

3.4. Zusammenfassung: Unterschiede und Gemeinsamkeiten des „Unternehmers" und des selbständigen Handelsvertreters im Direktvertrieb

Selbständige Handelsvertreter im Untersuchungsfeld sind im Außendienst eines Direktvertriebs tätige einzelne Personen und nicht „Gründer" einer Produktionsfabrik oder Dienstleistungsunternehmung. Sie unterscheidet im Wesentlichen das fehlende Eigentum am Unternehmen, welches entsprechenden Einfluss und die Position an der Spitze eines Unternehmens sichert. Mit dieser positionalen Unterscheidung wird deutlich, dass sich ein Unternehmer und ein selbstständiger Handelsvertreter in unterschiedlichen Handlungssituationen befinden. Dies zeigt sich insbesondere an machtorientierten Kriterien, wie der formellen Macht, zum Beispiel dem Weisungsrecht gegenüber anderen, der Sanktions- und Gratifikationsmacht oder der Entscheidungsmacht sowie der Verfügbarkeit von Informationen und Ressourcen. Im Vergleich zum Unternehmer ist der Handlungs- und Gestaltungsspielraum eines selbstständigen Handelsvertreters im Außendienst eingeschränkter. Er unterliegt insbesondere dem Gestaltungswillen des Unternehmers und der von ihm geprägten Firmen bzw. Unternehmenskultur (vgl. auch Wiendieck, 2006). Dies zeigt sich neben der erwähnten Verfügbarkeit von Ressourcen und deren Kombination auch in organisationsinternen Handlungszwängen und Restriktionen, in welche der selbstständige Handelsvertreter eingebunden ist.
Ein weiterer positionsbedingter Unterschied zwischen Unternehmern und selbstständigen Handelsvertretern im Außendienst besteht darin, dass sich der erstere an der Spitze eines Unternehmens befindet, während der selbstständige Handelsvertreter im Außendienst viel stärker in die Gemeinschaft der mit dem (Direktvertriebs-) Unternehmen zusammenarbeiten „Kooperationspartnerfamilie" von weiteren selbstständigen Handelsvertretern im Außendienst eingebunden ist. Die organisatorische Notwendigkeit, im Team zu arbeiten, ist für den selbstständigen Handelsvertreter im Außendienst deshalb nicht nur größer, angesichts der steigenden Verbreitung von Arbeitsgruppen und Teamkonzepten in der Praxis gewinnt das Team- und Kooperati-

onsverhalten noch an Bedeutung. Die Gründe hierfür können aus dem hier vorangehenden Kapitel 2.3.3.4. entnommen werden. Die Tätigkeit im Außendienst erfordert es, dass Informationen über Kunden, Produkte und Prozesse ständig aktualisiert werden. Das Team eröffnet die Chance, sein Wissen zu teilen und zu vermehren.

Zusammenfassend kann festgehalten werden, dass sich der selbstständige Handelsvertreter in Hinblick auf positionale Definitionsvariablen in einem Kontext bewegt, der sich von dem des Unternehmers unterscheidet. Dies erklärt unterschiedliche Tätigkeits- und Rollenanforderungen.

Nimmt man als Definitionsbasis funktionale Unternehmerbegriffe fällt auf, dass je nach Ansatz und Perspektive die Merkmale „Risikoübernahme" bzw. „Risikobereitschaft" entweder personal oder funktional betrachtet werden können. Auf die personale Ebene geht genauer der nächste Abschnitt ein.

Selbstständige Handelsvertreter setzen kein Kapitel zum Start ihrer Tätigkeit ein und erfüllen damit nicht das Element „Risikoübernahme" als eines von Kets de Vries (1995, S. 7; 1977, S. 37) aufgestellten typischen drei Definitionselementen (Risikoübernahme, Leitungs- und Koordinationsfunktion und Innovationsfunktion, vgl. auch Kapitel 3.2.2.). Zu diesen insgesamt drei Definitionsmerkmalen zählt auch die Innovationsfunktion (vgl. Kapitel 3.2.2.). Selbständige Handelsvertreter im Direktvertrieb führen in der Regel keine Produkt- oder Dienstleistungsinnovationen durch oder arbeiten hieran. Somit wird deutlich, dass die Innovationsfunktion aus der Perspektive der funktionalen Unternehmerbegriffe, ein Unterscheidungsmerkmal zwischen Unternehmern und selbständigen Handelsvertretern sein kann.

Die vorgestellten empirischen Untersuchungen (siehe Abschnitt „Persönlichkeit des Unternehmers/Personale Sichtweise des „Unternehmers) zur Eruierung von Persönlichkeitsmerkmalen hat zahlreiche Persönlichkeitsmerkmale vorgestellt und kurz erläutert, die im Hinblick auf selbstständiges und unternehmerisches Handeln gewinnbringend sind und die in empirischen Untersuchungen signifikant mit der Tätigkeit als Selbstständiger und/oder Unternehmer zusammenhängen. Die vorliegende Arbeit geht unter anderem auf die Frage ein, ob die genannten Konstrukte bzw. Persönlichkeitsmerkmale bei selbstständigen Handelsvertretern festzustellen sind. Zusätzlich hierzu werden weitere Konstrukte herangezogen, um Berufsanforderungen und –bewältigungen von selbständigen Handelsvertretern im Direktvertrieb zu explorieren. Das nächste Kapitel fasst die bisherigen Ausführungen zu einem vorläufig vermuteten „Bild des selbständigen Handelsvertreters im Direktvertrieb" zusammen.

4. Zusammenfassung: Vermutetes Bild des „Direktvertrieblers" – Anforderungen, Persönlichkeitsmerkmale und Anforderungsbewältigungen des selbstständigen Handelsvertreters im Direktvertrieb

Aus den Ausführungen der vorangegangenen Kapitel eins bis drei soll in diesem Kapitel ein „vermutetes" Bild der selbstständigen Handelsvertreter im Direktvertrieb abgeleitet werden. Hieraus werden im Anschluss weitere Fragestellungen für die vorliegende Untersuchung abgeleitet.

4.1. Anforderungs- und arbeitsanalytische Betrachtung erwerbstätigkeitsbezogener Leistung

Anforderungs- und Arbeitsanalysen können entweder erfahrungeleitet-intuitiv, arbeitsplatzanalytisch-empirisch oder personenbezogen-empirisch erfolgen. Bei der erfahrungsgeleitet-intuitiven Methode werden die Anforderungen und damit verbundene Befriedigungsangebote anhand von Untersuchungen der Eigentümlichkeiten des jeweiligen Berufs (Tätigkeit, „Material", Werkzeuge, Umweltbedingungen, Auslese-, Ausbildungs-, Aufstiegsbedingungen) geschätzt. Diese Methode verlangt langjährige Erfahrung mit der zu analysierenden Arbeitstätigkeit und gegebenenfalls auch der zugehörigen Organisation, als auch mit den jeweiligen Menschen. Bei der personenbezogen-empirischen Anforderungs- und Arbeitsanalyse werden statistische Zusammenhänge zwischen den Merkmalen der in einem Beruf Tätigen einerseits, und Kriterien wie Leistungshöhe und Berufszufriedenheit andererseits untersucht. Das Ergebnis sind Anforderungen und zugleich Befriedigungsangebote, die in Art und Höhe beschrieben werden. Schuler weist in diesem Zusammenhang auf die Problematik von Selektions- und Trainingseffekten hin (siehe Schuler, 2003, S. 55). Bei der arbeitsplatzanalytisch-empirischen Methode werden die berufliche Tätigkeit und die Arbeitsplatzsituation mit Hilfe von formalisierten Vorgehen (meist Fragebögen) an konkreten Arbeitsplätzen untersucht und nach Zusammenfassung der Ergebnisse Schlussfolgerungen für den gesamten Beruf gezogen und relevante Personen-merkmale abgeleitet. Nach Schuler sind in der Praxis arbeitsplatzana-lytisch-empirische Methoden am weitesten verbreitet, häufig jedoch in Verbindung mit Elementen aus den beiden Richtungen, was als mul-timodales Vorgehen bezeichnet wird (vgl. Schuler, 2003, S. 55).

Dies entspricht auch dem Vorgehen der vorliegenden Studie (siehe auch Kapitel 6). Während sich die Hauptuntersuchung der personen-bezogen-empirischen Analysemethode zuordnen lässt, werden im Rahmen der Pilotuntersuchungen erfahrungsgeleitetes-intuitive Analy-severfahren eingesetzt. Formalisierte Arbeitsanalyseverfahren, die den arbeitsanalytisch-empirischen Verfahren zuzuordnen sind, werden nicht eingesetzt. Die offene Beobachtung der Tätigkeit an einem Ar-beitstag der Untersuchungsgruppe kann auch zur arbeitsanalytisch-empirischen Analysemethode gezählt werden. Es wurde jedoch kein quantitatives Verfahren eingesetzt. Die Forscherin begleitete selbstän-dige Handelsvertreter und dokumentierte den Tagesablauf offen, das heißt ohne vorab definierte Kriterien. Die Begründung liegt hierbei darin, dass eine offene Beobachtung eher akzeptiert wird als eine for-malisierte Arbeitsanalyse. Auch sind forschungsökonomische Überle-gungen bei der Entscheidung mitberücksichtigt worden. Maßgeblich entscheidend für die Auswahl der Methoden sind die Fragestellungen der Arbeit, die in Kapitel 5 vorgestellt werden.

4.1.1. Klassifizierung von Anforderungskriterien nach Beschreibungs-ebenen

Die wichtigsten Arten von Anforderungen für die Eignungsdiagnostik sind (Wiendieck & Hein, 2006, S. 69f)

- Eigenschaftsanforderungen (z.B. Fähigkeiten und Interessen)
- Verhaltensanforderungen (z.B. Fertigkeiten und Gewohnhei-ten)
- Qualifikationsanforderungen (z.B. Kenntnisse und Fertigkei-ten)

- Ergebnisanforderungen (z.B. Problemlösungen und Qualitätsstandards)

Wiendieck & Hein (ebenda) räumen ein, dass diese Arten von Anforderungen nicht immer scharf voneinander trennbar sind.

Die Klassifikation nach den Beschreibungsebenen Person, Verhalten und Ergebnissen ist das am häufigsten verwendet Schema zur Klassifikation erwerbstätigkeitsbezogener und berufsbezogener Anforderungskriterien. Diese Klassifikation wird auch zur Beschreibung und Bewertung beruflicher Leistung hinzugezogen. Nach Einschätzung von Schuler & Höft (2004) ist diese Klassifikation zugleich mit den meisten Leistungstheorien kompatibel. Ergebnisorientierte Anforderungskriterien, z.B. Umsatz- und Verkaufszahlen, Produktionsdauer und Fehlzeiten, sind in der Praxis weit verbreitet. Sie beziehen sich nur im geringen Maße auf eine vorgeschaltete Arbeitsanalyse, da sich ihre Formulierung an den angestrebten (Unternehmens-)Zielen orientiert. Schuler & Marcus (2004, S. 964) empfehlen, ergebnisorientierte Anforderungskriterien dort zur Leistungsmessung einzusetzen, wo eine Vielfalt unterschiedlichen Verhaltens zum Erfolg führen kann, eine Verhaltsbeobachtung nur bedingt möglich ist oder eine sichtbare Verhaltensintervention unangemessen erscheint. Für selbständige Handelsvertreter im Außendienst sind somit Umsatzziele zur Leistungsmessung empfohlene Leistungskriterien. Ihre Tätigkeit ist nur bedingt beobachtbar. Die Vorteile liegen in der deutlichen Repräsentation der eigentlichen Leistungsziele, in dem damit verbundenen Verhaltensspielraum sowie in der breiten Anwendbarkeit auf individueller und Teamebene. Probleme entstehen jedoch, wo Leistungsergebnisse nur schwer individuell zuzurechnen sind, da sie Ergebnis kollektiver Anstrengungen sind. Problematisch ist außerdem, dass bei ergebnisorientierten Leistungskriterien häufig zähl- und messbare Ergebnisse im Vergleich zu „weichen" Zielen überbewertet werden. Außerdem bestehen häufig nur unzulängliche Steuerungsmöglichkeiten bei negativen Zielabweichungen. Ergebnisorientierte Leistungskriterien, die schon im Scientific Management Bewertungsgrundlage waren, haben oft den Anstich des Objektiven, aber auch des Mechanistischen. Lange Zeit wurde die Reliabilität von Ergebniskriterien überschätzt und auch die Erwartung, leistungssteigernde Impulse mit humanistischen Prinzipien in zielorientierten Führungssystemen zu verbinden, hat sich nur teilweise bestätigt (Bernadin & Beatty, 1984 ,zitiert nach Schuler & Marcus,2004, S. 961). Die Leistungskriterien in Form von getätigten Verkäufen bzw. erzielten Umsatzzahlen geben bei selbständigen Handelsvertretern gleichzeitig einen Hinweis auf Anforderungen, weshalb sie im Rahmen der Untersuchung berücksichtigt werden. Verhaltensbezogenen Anforderungsbeschreibungen wird in der Literatur seit einigen Jahren die breiteste Zustimmung entgegenbracht (Campbell et al. 1993, Schuler, 2004b). Entsprechend häufig werden sie in der Praxis angewandt und theoretisch anerkannt. Viele Verfahren der Arbeitsanalyse erlauben eine direkte Ableitung von Verhaltenskriterien aus der Beschreibung von Tätigkeiten. In den Fällen, wo die Verhaltens-Erfolgs-Zusammenhänge bekannt sind, bilden Verhaltenskriterien den Kernbereich der Leistungsbeurteilung. Vorteile verhaltensbezogener Anforderungsbeschreibungen bestehen in ihrem hohen Informationsgehalt in Bezug auf Verhaltenssteuerung und Leistungsverbesserung. Weiterhin lassen sich verschiedene Verhaltensebenen differenzieren, die mit unterschiedlicher Tiefe und Genauigkeit betrachtet werden können. Zu problematisieren ist, dass nicht jedes relevante Verhalten beobachtbar ist, dass der Bezug zur eigentlichen Leistung nicht immer hergeleitet werden kann, dass Verhaltenskriterien so formuliert sein können, dass sie den Handlungsspielraum einengen und in ein Normenkorsett einschnüren.

Eigenschaftsbezogene Anforderungsbeschreibungen werden grundsätzlich dort angewandt, wo Verhalten nicht unmittelbar beobachtbar ist, Ziele nicht unmittelbar erfassbar sind und stattdessen ein relativ unabhängiges „Potential" festgestellt wird und eine zukunftsorientierte Entscheidung getroffen werden soll. Da der Erfolg oder Misserfolg von Unternehmern häufig in der (fernen) Zukunft liegt, wird im eigenschaftsorientierten Ansatz der Unternehmerforschung diese Perspektive zu Grunde gelegt (vgl. Kapitel 3). Nach Schuler und Marcus (2004) erfassen sie „eher Potenziale als eigentliche Leistungen, eignen sich aber gerade deshalb für Prognosen". Der Vorteil bei eigenschaftsbezogenen Anforderungsbeschreibungen besteht in dem hohen Allgemeinheitsgrad und der damit angenommenen Relevanz für die Vielfalt künftiger Anforderungssituationen. Der Hauptnachteil besteht darin, dass eine Reihe von Eigenschaftskriterien durch die Beurteilten nur in sehr begrenztem Umfang beeinflussbar sind und in diesen Grenzen zur Verhaltenssteuerung wenig taugen. Hinzu kommen die Urteilssubjektivität (Förderung von „Laienpsychologie", vgl. ebenda) und die „mangelnde Relevanz für das eigentliche Leistungskonstrukt" (ebenda). Nach Schuler und Marcus (2004) haben eigenschaftsbezogene Kriterien nach wie vor die weiteste praktische Verbreitung, erhalten jedoch von wissenschaftlicher Seite die geringste Unterstützung, während Verhaltensbeurteilungen bevorzugt werden (S. 961). Hingegen weisen sie jedoch darauf hin, dass „vom praktischen Standpunkt aus....für Persönlichkeit und Potenzialmaße (spricht), dass elaborierte Verhaltensskalen von erheblich größerem Entwicklungsaufwand nur wenig anderes erfassen als einige sehr allgemeine Fähigkeiten und Eigenschaften, die zu dem über Beurteiler generalisierbar sind." Die dreigeteilte Differenzierung der Anforderungsbeschreibungsebenen wird weiter aufgefächert (vgl. Schuler & Marcus, 2004). Zusammenfassend ist festzustellen, dass keine der drei Anforderungsbeschreibungsebenen allein optimal die Anforderungen für selbständige Handelsvertreter abzubilden vermag. Vielmehr hängt die Wahl und die Kombination vom a priori verfügbarem Vorwissen ab. Für die Entscheidung müssen nicht nur Faktoren der Relevanz und Validität herangezogen werden, sondern auch die Akzeptabilität und Praktikabilität.

4.1.1. Konstrukte zur Beschreibung personaler Merkmale

Persönlichkeitsmerkmale haben für die Betrachtung von unternehmerischer Leistung auf individueller Ebene eine hervorgehobene Rolle (vgl. Kapitel 3). Dabei ergibt sich nach Erpenbeck & von Rosenstiel (2003, S. XXVII) in der Literatur kein einheitliches Verständnis über die dabei relevanten psychologischen Konstrukte. So schreiben die Autoren: „insbesondere die Anzahl charakterologischer Eigenschafts- und Fähigkeitsbegriffe ist (eine) Legion und nur unter klaren Ordnungsprinzipien zu bändigen." (ebenda).

Ein wesentliches Ziel der vorliegenden Untersuchung ist es, Anforderungen an selbständige Handelsvertreter aus ihrer subjektiven Perspektive zu erfassen. Deshalb ist es wichtig, eine begriffliche Klärung verschiedener Konstrukte zur Beschreibung personaler Anforderungen vorzunehmen und in der Untersuchung zu prüfen, wie sie sich im konkreten praktischen Kontext zeigen. Für diese Begriffsbestimmung wird dem Differenzierungsvorschlag von Erpenbeck & von Rosenstiel (2003, S. XXVIIIf) gefolgt, die der Abbildung 4.1. zu entnehmen ist:

Neben der Beschreibung des personalen Konstrukts unterscheiden sie außerdem Handlungssituationen und –perspektive. Der Begriff der Handlungssituation weist darauf hin, dass bestimmte personale Konstrukte nach dem Verständnis der Autoren entweder direkt auf die Erfüllung äußerer Vorgaben, Anforderungen und Ziele gerichtet sind oder ergebnisoffener sein können. Konvergent-anforderungsorientierte Konstrukte sind auf die Erfüllung äußerer Vorgaben gerichtet, wohingegen divergent-selbstorganisative Handlungssituationen in Ihrem Ergebnis offener sind. Gleichzeitig sind einige Konstrukte eher auf die Person selbst (subjektzentrierte Handlungsperspektive) und andere auf ihr Verhalten (handlungszentrierte Perspektive) gerichtet.

Vor dem Hintergrund der allgemein angestiegenen Komplexität von Anforderungen und Aufgaben und der in den Kapiteln 1, 2 und 3 beschriebenen Anforderungen an Selbständige und Unternehmer, findet die Leistungserbringung häufiger in divergent-selbstorganisativen als in konvergent-anforderungsbezogenen Situationen statt. Gleichzeitig ist bei verkaufenden Tätigkeiten eine Orientierung an externe Zielgrößen kennzeichnend. Diese Zielorientierung an (Umsatz-)Kennzahlen wiederum ist Merkmal von konvergent-anforderungsbezogenen Situationen. Für die weitere Betrachtung wird eine Auswahl getroffen. Insofern sollten von den in Abbildung 4.1. dargestellten Konstrukten die Kompetenzen und Fähigkeiten die wichtigste, sowie Fertigkeiten, Qualifikationen und Eignung die zweitwichtigste Bedeutung haben.
Die Merkmale haben eine besondere Bedeutung, da eine bestimmte Konstellation von Persönlichkeitsmerkmalen selbständiger Handelsvertreter vermutet wird (vgl. Kapitel 4.2).
Die Ausdifferenzierung der Kompetenz als Handlungskompetenz, die sich wiederum aus personaler, fachlich-methodischer und sozialer Kompetenz zusammensetzt, ist weit verbreitet (vgl. Sonntag & Schaper, 1999, S. 211). Aufgrund der expliziten Handlungsorientierung selbständiger Handelsvertreter wird die Definition der Kompetenzklassen von Erpenbeck & von Rosenstiel (2003, S. XVI) übernommen:

Personale Kompetenzen
Personale Kompetenzen sind Dispositionen einer Person, reflexiv selbstorganisativ zu handeln, z.b. Selbsteinschätzung, Entwicklung produktiver Einstellungen und Werthaltungen, Motivation zu Leistung, Lernfreude und Entwicklungsorientierung.

Aktivitäts- und umsetzungsorientierte Kompetenzen
Hierunter fallen Dispositionen einer Person, aktiv und ganzheitlich selbstorganisiert zu handeln. Emotionen, Fähigkeiten, Erfahrungen und die anderen Kompetenzen werden gebündelt und in Aktivität umgesetzt. Die Autoren weisen darauf hin, dass diese Kompetenzen häufig als Integral der anderen gesehen werden, dieses aber nicht sind, weil „Aktivitäts- und Umsetzungsstärke" auch ohne das Zusammenwirken der anderen Kompetenzen vorhanden sein kann (S. XVII).

Fachlich-methodische Kompetenz
Die Kompetenz, sachlich gegenständliche Probleme zu lösen, z.b. fachliche und instrumentelle Kenntnisse einzusetzen, kreativ zu denken und zu handeln, Wissen sinnorientiert einzuordnen und zu bewerten sowie die eigene Arbeit methodisch zu organisieren.

Sozial-kommunikative Kompetenz
Unter diesem Begriff, fassen Erpenbeck & von Rosenstiel (ebenda) die Dispositionen zusammen, kommunikativ und kooperativ, selbstorganisiert zu handeln. Beispielhaft ist hierunter der Austausch mit anderen, das gruppen- und beziehungsorientierte Verhalten genannt. Gemeinsame Entwicklung von Plänen, Aufgaben und Zielen kann auch konkret als Beispiel hierzu gezählt werden.

Der Beschreibung der „vermuteten Anforderungen" an selbständige Handelvertreter in Kapitel 4.3. liegen die hier vorgelegten theoretischen Vorüberlegungen zu Grunde. Im nachfolgenden Kapitel 4.2. werden „vermutete Persönlichkeitsmerkmale" beschrieben, wobei sich der Begriff „Merkmal" an der Definition aus Abbildung 4.1. orientiert.

Konstrukt	Beschreibung	Handlungs-situation	Handlungs-perspektive
Variablen	- Klassen diskontinuierlicher und kontinuierlicher Merkmale, in denen sich Individuen voneinander unterscheiden, die aber direkten Beobachtungen nicht zugänglich sind und nur aufgrund anderer Daten erschlossen werden können; - können unspezifische Aufschluss geben über das Verhalten in verschiedenen Situationen	divergent-selbst-organistiv	subjekt-zentriert
Merkmale	- diejenigen Variablen, die einer Beobachtung eher zugänglich sind; - dem jeweiligen Individuum eigene messbare Erscheinungsform seiner Persönlichkeit; - spezifische Merkmale sind Persönlichkeitsmerkmale, die die relativ dauerhafte Erlebens- und Handlungsbereitschaft umfassen	konvergent-anforderungs-orientiert	subjekt-zentriert
Eigenschaften	Bezeichnen im Sinne von Persönlichkeitseigenschaften Entitäten und Wesenszüge von Menschen, die einer Person und ihrem Verhalten relativ stabil zugeordnet werden können	beide	subjekt-zentriert
Fertigkeiten	Sind durch Übung automati-	überwiegend	handlungs-

	sierte Komponenten von Tätigkeiten und unter geringer Bewusstseinskontrolle in stereotypen Anforderungsbereiche	konvergent-anforderungs-orientierte	zentriert
Eignung	Erfolgswahrscheinlichkeit, mit denen Personen, die bestimmte Merkmalsausprägungen aufweisen, vorgegebene berufliche oder andere Handlungsanforderungen erfüllen	besonders konvergent-anforderungs-orientiert	handlungs-zentriert
Qualifikation	Klar umrissene, häufig zertifizierte Komplexe von Kenntnissen, Fertigkeiten, Fähigkeiten, über die eine Person bei der Ausübung seiner beruflichen Tätigkeit verfügen muss	konvergent-anforderungs-orientiert	handlungs-zentriert
Fähigkeit	Verfestigte Systeme verallgemeinerter psychologischer Handlungsprozesse, inkl. erforderliche innere psychische Bedingung und lebensgeschichtlich- anlagenabhängig (genetisch) erworbene Eigenschaften, die den Tätigkeits- und Handlungsvollzug steuern Es wird unterschieden in allgemeine (z.B. abstraktions- und flexibilitätsbezogene), bereichsspezifische (z.B. sportlich, sprachlich) und berufsspezifische (z.B. handwerklich, technisch)	beide	handlungs-zentriert

	Fähigkeiten		
Kompetenz	Disposition zur Selbstorganisation physischen und psychischen Handelns; Bis zu einem bestimmten Handlungszeitpunkt entwickelte innere Voraussetzung zur Tätigkeitsregulation Umfasst sowohl Anlagen als auch Entwicklungsresultate	besonders divergent-selbst-organisativ	handlungs-zentriert

Abb. 4.1.: Differenzierung personaler Konstrukte (eigene Darstellung nach Erpenbeck & von Rosenstiel, 2003, S. XXVIIIff.)

4.2. Synopse: Beschreibung von Anforderungen

An dieser Stelle werden die in den Kapiteln eins bis drei vorgestellten empirischen Untersuchungen und Ergebnisse und theoretischen Überlegungen zusammengefasst, um für die eigene empirische Untersuchung ein vorläufiges Berufsbild des selbständigen Handelsvertreters im Direktvertrieb als Grundlage abzuleiten.

Als Voraussetzungen für die Tätigkeit als selbstständiger Handelsvertreter gibt die Gesetzgebung keine Angaben vor. Die Unternehmen, die über den Direktvertrieb Produkte vertreiben, geben auch keine Angaben über Voraussetzungen für den Einstieg in Hinblick auf Schulabschluss, Berufsausbildung und/oder Weiter- und Fortbildungen an. Dieser Punkt wird im Rahmen der weiteren Betrachtung zunächst ausgeblendet. Konkrete *Qualifikationsanforderungen* sind zu Beginn der Untersuchung nicht bekannt. Aber hier wird deutlich, dass die Betrachtung der **Kompetenzen** und sozialen Fertigkeiten eine wesentlich dominantere Rolle annehmen als fachliche Kenntnisse.
„Tagesgeschäft" des selbstständigen Handelsvertreters im Außendienst des Direktvertriebs ist die **kalte Akquise von Neukunden an der Haustür**. Hierbei ist das Ziel im persönlichen (face- to- face) Gespräch, Produkte und Dienstleistungen in der Wohnung eines Kunden

zu verkaufen. In einigen Fällen erfolgen die Ansprache und die Durchführung von Verkaufsgesprächen in wohnungsnaher Umgebung (Supermarktstand, Messe, Wochenmärkte). Aber auch die Pflege der Geschäftsbeziehung zu früheren Kunden ist ein Teil der Tätigkeit. Kernaufgabe ist der erfolgreiche Abschluss von Verkaufsgesprächen. Erst bei einem tatsächlichen Verkauf „lohnt" sich die investierte Zeit und der Aufwand. Die selbstständigen Handelsvertreter erhalten **kein festes Einkommen**, sondern eine Provision, die sich aus dem selbst getätigten Umsatz ergibt. Der eventuell hieraus resultierende Leistungsdruck, wurde bereits in Kapitel 2 angesprochen.

Während Gespräche mit Kunden stattfinden, wird in verkaufenden Tätigkeiten darauf hingewiesen, dass **Gefühlsarbeit/Emotionsarbeit** geleistet wird. Eine eventuell auftretende **emotionale Dissonanz** kann eine psychische Entwicklung in Richtung Burnout verstärken. Zusätzlich ist der selbstständige Handelsvertreter in einer „Sandwich-Position", was im zweiten Kapitel als **Rollenambiguität** definiert worden ist.

Selbstständige Handelsvertreter im Außendienst arbeiten draußen. D.h. sie führen Ihre Tätigkeit *"auf der Straße"* durch. Durch die **Witterungsbedingungen** in Deutschland können zusätzliche **physische Anforderungen** aufgrund von Kälte, Regen, Hitze im Sommer, etc. vermutet werden. Zu physischen Anforderungen zählen auch **langes Arbeiten im Stehen** und **lange und häufige Autofahrten**.

Zudem sind sie häufig in ein Team von selbstständigen Handelsvertretern eingebunden. Die **Teams** können sich aus Personen mit unterschiedlichem Erfahrungswert zusammensetzen. In der Regel wird im Sinne des Network-Marketing in Strukturvertriebsform gearbeitet, so dass unterschiedliche Hierarchiestufen anzunehmen sind. Abbildung 4.2. gibt das Konglomerat an Anforderungen an selbstständige Handelsvertreter im Direktvertrieb nach der Literaturdurchsicht zum derzeitigen Forschungsstand wider.

physische Anforderung

Teamarbeit

Gefühlsarbeit

Neukunden-akquise

Rollen-ambiguität

Existenzsicherung durch Umsatzleistung

Abb. 4.2.: Anforderungen an selbstständige Handelsvertreter im Außendienst des Direktvertriebs in Deutschland, die aus der Literaturrecherche entwickelt worden sind (eigene Darstellung).

4.3. Synopse: Beschreibung von Persönlichkeitsmerkmalen und der Beanspruchung

Basierend auf den selbstständigkeitsrelevanten Persönlichkeitsmerkmalen, die umfassend in Kapitel 3 erläutert wurden, werden für selbstständige Handelsvertreter im Direktvertrieb folgende Merkmale und –ausprägungen vermutet:

- hohe Leistungsmotivation
- hohe internale Kontrollüberzeugung
- hohes Unabhängigkeitsstreben

- hohe Belastbarkeit

  -> hohes SOC

- hohe emotionale Stabilität   -> niedr. Beanspr.

- mittlere Risikobereitschaft
- hohe Problemlöseorientierung
- hohe Ambiguitätstoleranz
- mittlere Durchsetzungsbereitschaft
- mittlere Anpassungsfähigkeit

Abb. 4.3.: Vermutete Persönlichkeitsmerkmale und angenommene Beanspruchung von selbstständigen Handelsvertretern im Außendienst des Direktvertriebs (eigene Darstellung).

Eine hohe Belastbarkeit und eine hohe emotionale Stabilität, werden durch die Messung des Kohärenzgefühls und des Stresserlebens (Beanspruchung) abgeleitet.

4.4. Synopse: Beschreibung der Anforderungsbewältigung

Aufgrund der angenommenen hohen Belastbarkeit (vgl. Abbildung 4.3) und des vermuteten hohen Kohärenzgefühls, ist ein flexibler Umgang mit unterschiedlichen Copingstilen (vgl. Kap. 3.3.4.2.2.) wahrscheinlich. Es wird davon ausgegangen, dass selbstständige Handelsvertreter, sowohl emotionszentrierte Bewältigungsstrategien anwenden, als auch problemzentrierte Bewältigungsstrategien. Aufgrund der Annahme, dass selbstständige Handelsvertreter mit dem Persönlichkeitsmerkmal der hohen internalen Kontrollüberzeugung ausgestattet sind, geht die Verfasserin davon aus, dass eher *problemzentrierte Anforderungsbewältigungsstrategien* im Arbeitskontext angewandt werden. Aufgrund der theoretischen Vorüberlegungen hinsichtlich Arbeitsanforderungen und Persönlichkeitsmerkmalen eher *weniger wahrscheinlich* werden folgende *problemvermeidende bzw. emotionszentrierte Bewältigungsformen* vermutet:

wahrscheinlich bevorzugt	unwahrscheinlich bevorzugt
PROBLEMFOKUS	EMOTIONSFOKUS

❖ die stresshafte Situation verändern
 	
❖ bestimmte Stressfaktoren beeinflussen
 	
❖ eine positive Einstellung einnehmen
 	
❖ über den Stress sprechen
 	
❖ Selbstveränderung
 	
❖ alternative zielgerichtete
   Handlungsstrategie
	❖ die stresshaften Elemente
	   der Situation ignorieren
	
	❖ die stresshaften Elemente
	   der Situation vermeiden
	
	❖ die Situation verlassen
	
	❖Ersatzhandlungen
	   (z.B. Alkoholkonsum)

Abb. 4.4.: Vermute wahrscheinliche Bewältigungsformen bei selbstständigen Handelsvertretern und beispielhafte konkrete Bewältigungsformen, die als weniger wahrscheinlich angenommen werden (eigene Darstellung).

5. Zielsetzung und Fragestellung der eigenen empirischen Untersuchung

Der Abgleich zwischen dem „vermuteten Bild" des selbstständigen Handelsvertreters im Direktvertrieb, das in Kapitel vier offen gelegt wurde, und dem tatsächlich empirisch untersuchten selbständigen Handelsvertreter ist das Hauptziel der empirischen Untersuchung. Hieraus werden folgende Fragestellungen für die weiteren Ausführungen abgeleitet:

- Fragestellung 1: Was sind die täglichen Anforderungen aus subjektiver Sicht der selbstständigen Handelsvertreter?
  - Was sind besonders herausragende und kritische Anforderungen, die sich aus der Tätigkeit im Außendienst ergeben?
- Fragestellung 2: Können die bei Unternehmern untersuchten und nachgewiesenen übrigen Persönlichkeitsmerkmale (außer Belastbarkeit und emotionale Stabilität) bei selbstständigen Handelsvertretern gefunden werden?
- Fragestellung 3: Wie ist die Ausprägung der Beanspruchung bei „Direktvertrieblern"?
  - Wie ist die Ausprägung des Kohärenzgefühls?
  - Wie „gestresst" sind sie in der Tätigkeit?
  - Gibt es Zusammenhänge zwischen dem Kohärenzgefühl, der Beanspruchung und den „harten" Leistungskriterien Umsatz und hierarchische Position?
- Fragestellung 4: Wie werden die täglichen Anforderungen bewältigt?
  - Wie werden herausragende und kritische Anforderungen bewältigt?

6. Empirische Untersuchung

6.1. Untersuchungsdesign

Um die Fragestellung der Arbeit empirisch zu untersuchen, wurde ein multimethodales Untersuchungsdesign erstellt. Die nachfolgende Abbildung gibt einen Überblick über das Forschdungsprozedere.

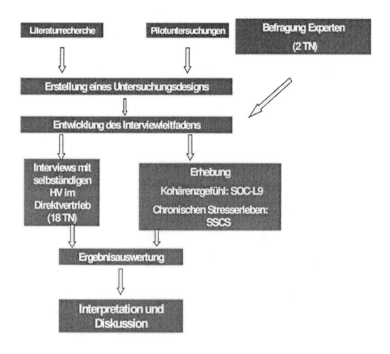

Abb. 6.1 : Überblick über das gesamte Forschungsvorgehen (eigene Darstellung).
HV = Handelsvertreter

Abbildung 6.1 zeigt auf, wie das gesamte empirische Vorgehen anhand vorheriger Überlegungen konzipiert worden ist. Der gesamte Forschungsprozess mitsamt Entwicklung und Begründung für die Fragestellung wird somit deutlich. Zunächst werden vorhanden Forschungsergebnisse hinsichtlich der genannten Fragestellung recherchiert und gesichtet. Parallel hierzu erfolgten die ersten Pilotuntersuchungen. Die Pilotuntersuchung war eine eintägige Begleitung mehrerer selbständiger Handelsvertreter und der Führungskräfte des Teams (08.30 Uhr bis ca. 20.00 Uhr an einem Freitag). An einem beispielhaften Arbeitstag wurden diese begleitet und die Arbeitstätigkeit wurde seitens der Autorin beobachtet. Im Rahmen der Pilotuntersuchungen wurde ein Mitarbeiter im Außendienst aus einem Unternehmen der Nahrungs- und Genussmittel frei befragt. Der Gesprächspartner wurde darüber befragt, was Inhalte, Tätigkeiten und Schwerpunkte im Beruf darstellen. Darüber hinaus wurde auch gefragt, was - von Seiten des Praktikers - wichtig wäre, wissenschaftlich zu untersuchen.

Eine weitere selbständige Handelsvertreterin und ein selbständiger Handelsvertreter aus der Versicherungsbranche wurden ebenso frei befragt. Als letzte Gespräche wurde zwei Interviews mit einer selbständigen Researcherin für Personalberatungen und einem selbständigen Personalberater geführt. Die Researcherin arbeitet auf selbständiger Basis für Kunden (Personalberatungen). Alle fünf Pilot-Interviews dauerten jeweils etwa 1,5 Stunden.

Als weitere Quelle für die Konstruktion der empirischen Untersuchung galt die Befragung von zwei Experten aus diesem Bereich. Ein Experte ist langjähriger Berater von Unternehmungen, selbst Unternehmer und wissenschaftlicher Experte in diesem Bereich. Ein weiterer Experte ist aus derselben Branche aus dem die Untersuchungsstichprobe entstammt. Die Pilotbefragungen wurden offen und ohne Leitfaden durchgeführt.

Anhand

- der Literaturrecherche
- der unter Kapitel 0 bis 3 genannten Vorüberlegungen
- der fünf freien Pilot-Interviews
- der Expertenbefragung und der
- durchgeführten Arbeitsplatz-Beobachtung

wurde der Interviewleitfaden entwickelt.

Der Interviewleitfaden ist dem Anhang dieser Arbeit angefügt (Kapitel 12). Die Untersuchung ist als Feldexploration zum Untersuchungsfeld Mitarbeiter im Direktvertrieb angelegt. Hierzu wurde eine Kombination von qualitativer und quantitativer Datenerhebung verwendet. Hierdurch sollte das Forschungsfeld möglichst detailliert hinsichtlich des Themas „Berufsanforderungen und –bewältigung bei selbstständigen Handelsvertretern im Direktvertrieb - aus Sicht der Betroffenen" ausgeleuchtet werden. Die Kombination unterschiedlicher Forschungsmethoden ist in der Literatur nicht unumstritten, deshalb soll hier ein kurzer Aufriss zu diesem Vorgehen erfolgen.

6.1.1 Zur Kombination qualitativer und quantitativer Daten

Die Kombination qualitativer und quantitativer Daten hat in den letzten Jahren in der empirischen Sozialforschung an Beliebtheit gewonnen und wird häufiger verwand. Prein, Kelle & Kluge (1993) unterscheiden drei Arten von Ansätzen zur Methodenintegration, die unterschiedliche Stärken und Schwächen haben und zu unterschiedlichen Zwecken herangezogen werden können: Das Phasenmodell, das Modell der Konvergenz und das Modell der Komplementarität.

1. Das Phasenmodell wurde von Barton und Lazarsfeld (1984) entwickelt. Hier

   dienen die qualitativ gewonnenen Daten lediglich der Hypothesengenerierung für weiterführende quantitative Untersuchungen. Sie betrachten qualitative Forschungsmethoden als besonders geeignet für explorative Untersuchungen, da hier ihres Erachtens eine Schwäche der quantitativen Hypothesengenerierung liegt. Quantitative Hypothesentests würden zwar detailliert beschrieben, es bliebe aber häufig unklar, wie die Forscher zu ihren Hypothesen gekommen seien. Eine auf qualitativen Methoden beruhende Hypothesenformulierung könne hier Abhilfe schaffen (Prein, Kluge & Kelle., 1993, S. 10).

2. Im Konvergenzmodell sollen die unterschiedlichen Vorgehensweisen qualitativer und quantitativer Forschung genutzt werden, um die jeweiligen Schwächen beider Forschungsmethoden zu minimieren. Hierdurch soll eine größere Validität der Ergebnisse erreicht werden (Erzberger, 1995, S.39). Dieser Ansatz beruht auf den Ausführungen von Denzin (1978). Beide Forschungsrichtungen stehen hier gleichberechtigt nebeneinander. Dies wird durch den Begriff der Methodentriangulation verdeutlicht: Durch die Verwendung unterschiedlicher Messpunkte zum gleichen Forschungsgegenstand soll eine hohe interne und externe Validität gewährleistet werden. An dieser Vorgehensweise ist viel Kritik geübt worden. „Ansatzpunkt der Kritik war, dass unterschiedliche Methoden nicht nur unterschiedliche Aspekte desselben Phänomens erfassen, sondern jede Methode ihren spezifischen Gegenstand konstituiert (....). Die Methoden stützen sich auf unterschiedliche Forschungsparadigmata der jeweiligen Gesellschafts- und Handlungstheorie. Eine Kombination von Methoden kann daher nicht als additiver Prozess aufgefasst werden, sondern muss als Möglichkeit einer umfassenderen Erfassung des Gegenstandes gesehen werden (Erzberger, 1995, S. 39).

3. Das Modell der Komplementarität greift die Kritik am Konvergenzmodell auf. Es geht davon aus, dass sich qualitative und quantitative Methoden auf unterschiedliche Gegenstandsbereiche beziehen und sich daher bei der Betrachtung eines Forschungsthemas spezifisch ergänzen können. Verschiedene Blickwinkel sollen hier kein einheitliches Bild liefern, sondern die unterschiedlichen Perspektiven des Gegenstandsbereiches aufzeigen. Beide Methoden stehen hier, im Unterschied zum Phasenmodell, gleichberechtigt nebeneinander. Erzberger (1995, S. 39-41) weist darauf hin, dass es Komplementarität als empirisches Verhältnis nicht gibt. Ob Ergebnisse in einem komplementären Verhältnis zueinander stehen, kann danach nur auf der Grundlage einer Theorie, einer Hypothese oder ei-

ner forschungsleitenden Fragestellung entschieden werden. Nur durch die Betrachtung der Ergebnisse im Licht von Hypothese und Theorie kann ihre Stellung zueinander beurteilt werden. So kann es auch geschehen, dass die auf so unterschiedliche Weise erhobenen Daten im Gegensatz zueinander stehen. Wenn eine solche Divergenz der Daten auftritt, müssen zuerst die Einzelergebnisse hinsichtlich ihrer Fehlerhaftigkeit überprüft werden. Können dann weder in der Datenerhebung noch in der Analyse Fehler ausgemacht werden, so muss die Forschungshypothese, von der eine bestimmte Komplementarität der Ergebnisse erwartet wurde, zunächst zurückgewiesen werden. Divergente Ergebnisse können aber auch dazu führen, dass alternative Erklärungen für ein Phänomen gesucht werden, um angemessenere Erklärungen für ein sozialwissenschaftliches Phänomen zu finden.

Im Fall der vorliegenden Untersuchung handelt es ich um eine Kombination der Methoden im Sinne des komplementären Modells. Beide Untersuchungsstränge stehen gleichberechtigt nebeneinander und werfen einen Blick aus unterschiedlichen Perspektiven auf das Forschungsfeld des selbstständigen Handelsvertreters im Direktvertrieb. Hierbei sind auch die Erkenntnisgegenstände unterschiedlich: Während die qualitativen Daten Aufschluss geben sollen über Persönlichkeitsmerkmale, Anforderungen und Anforderungsbewältigungen des selbstständigen Handelsvertreters im Direktvertrieb, sollen durch die quantitative Erhebung Aussagen über Auftreten von chronischem Stress und der Ausprägung des Kohärenzgefühls möglich werden.

Da beide Erhebungen aus praktischen und zeitökonomischen Gründen direkt aufeinander folgen (vgl. Abb. 6.2 unten), können leider in der quantitativen Erhebung keine zusätzlichen Daten erhoben werden, die sich aus den Überlegungen der qualitativen Untersuchung ergeben. Somit stellt die vorliegende Untersuchung eine Ist-Analyse der Situation von selbstständigen Handelsvertretern im Außendienst des Direktvertriebs dar, die einen explorativen Charakter hat.

6.1.2. Vorstellung der übergreifenden Auswertungsstrategie zur Beantwortung der Fragestellungen

Fragestellung 1: Was sind die täglichen Anforderungen aus Sicht der selbstständigen Handelsvertreter? Was sind besonders herausragende und kritische Anforderungen, die sich aus der Tätigkeit im Außendienst ergeben?
Fragestellung 4: Wie werden die täglichen Anforderungen bewältigt? Wie werden herausragende und kritische Anforderungen bewältigt?

Qualitative Datenauswertung:
Induktive Kategorienentwicklung aus dem Material und deduktive Kategorienentwicklung anhand der „vermuteten" Anforderungen (vgl. Kap. 2 und Kap. 4.2 und 4.4)

Fragestellung 2: Können die bei Unternehmern untersuchten und nachgewiesenen übrigen Persönlichkeitsmerkmale (außer Belastbarkeit und emotionale Stabilität) bei selbstständigen Handelsvertretern festgemacht werden?

Qualitative Datenauswertung:
Deduktive Kategorienentwicklung anhand der „vermuteten" Persönlichkeitsmerkmale (vgl. Kap. 3 und Kap. 4.3)

Fragestellung 3:
Wie ist die Ausprägung der Beanspruchung bei „Direktvertrieblern"?
- Wie ist die Ausprägung des Kohärenzgefühls?
- Wie „gestresst" sind sie in der Tätigkeit?
- Gibt es Zusammenhänge zwischen Beanspruchung und den „harten"
Leistungskriterien „Umsatz" und „hierarchischer Position"?

Quantitative Datenauswertung:
Fragebogen zum SOC, Stresserleben, Umsatzzahlen und Position in der Hierarchie

6.2. Untersuchungsfeld: Auswahl des Untersuchungsfelds

Bei der Auswahl des Untersuchungsfeldes werden ausschließlich selbständige Handelsvertreter berücksichtigt, die Produkte eines Unternehmens aus dem Bundesverband Direktvertrieb e.V. (vgl. Kapitel 2.1.4) vertreiben.

Die an der vorliegenden Untersuchung teilnehmenden Interviewpartner sind selbständige Handelsvertreter, die für ein Unternehmen Produkte vertreiben. Bei der Auswahl des Untersuchungsfeldes werden selbständige Handelsvertreter, die Konsumgüter des täglichen Bedarfs vertreiben ausgeschlossen. In dieser Branche wird aufgrund der Produkte (z.B. Kosmetik, Nahrungsmittel, Bekleidung, vgl. auch Kapitel 2.2.2. und Ab. 2.9) eine spezielle Situation des Kundenstamms vermutet (z.B. Unfähigkeit, Einkäufe selbständig ohne Hilfe zu erledigen; extreme zeitliche Einschränkungen; spezifische Ansprüche; etc.), da die Produkte gleichzeitig über den stationären Einzelhandel erwerbbar wären. Es kann aus der Produktspezifität geschlossen werden, dass die Frequenz der Kundenbesuche höher ist als für Investitionsgüter. Gleichzeitig sind Einzelproduktpreise in der Regel niedriger als für Investitionsgüter. Die Kernaufgabe der selbständigen Handelsvertreter dieser Kunden ist weniger die tägliche Neukundenakquise, als eher die Bestandskundenpflege. Für selbständige Handelsvertreter, die für Unternehmen, die Investitionsgüter herstellen tätig sind, stellt die tägliche „kalte" Akquise jedoch einen Kernpunkt Ihrer Arbeit dar. Da die „Ware" in der Regel nicht regelmäßig nachgeliefert, sondern täglich an neue Kunden abgesetzt werden muss.

Deshalb werden selbständige Handelsvertreter interviewt, die Investitionsgüter verkaufen. Die Auswahl der Branche ist also nicht zufällig. Die Auswahl der tatsächlich vertriebenen Güter ist jedoch zufällig. Mögliche Moderator-, Mediator- oder Störeffekte werden in der kritischen Reflexion gesondert erörtert.

6.3. Stichprobenauswahl

Um die Fragestellung der Arbeit zu beantworten, wurden 18 selbstständige Handelsvertreter im Direktvertrieb befragt. Dabei handelt es sich im Sinne der Definition aus Kapitel 1.2.3. um „Selbständige", die im Rahmen einer Organisation für den Vertrieb von spezifischen Produkten auf dem Weg des Direktvertriebs zuständig sind. Ausschließlich männliche Teilnehmer nahmen an der Untersuchung teil. Die Untersuchungsteilnehmer werden ausschließlich erfolgsabhängig vergütet und erhalten kein festes Gehalt. Die Auswahl der Untersuchungsstichprobe erfolgte aus pragmatischen Gründen durch den Kooperationspartner (Firma im Direktvertrieb) beziehungsweise durch die Geschäftsführung. Wesentliche Vorgaben seitens der Forscherin waren:

1. keine „Neulinge", d.h. mindestens seit einem Jahr als selbstständiger Handelsvertreter für das Unternehmen tätig
2. möglichst unterschiedliche Hierarchiestufen und Altersrahmen
3. unterschiedliche geografische Tätigkeitsgebiete im Raum NRW (Einwohnerzahl des Vertriebsgebietes, etc.)

An dieser Stelle kann als Vorgriff auf die Ergebnisse ein Hinweis darauf gegeben werden, dass die Vorgaben eins bis drei durch den Kooperationspartner erfüllt worden sind.

Aus pragmatischen Gründen wurde die Untersuchung nicht bundesweit durchgeführt, jedoch an unterschiedlichen Standorten im Bundesland Nordrhein-Westfalen.

6.4. Untersuchungsdurchführung

Die Untersuchung fand von August bis Oktober 2005 statt. An jedem Termin wurden jeweils drei Untersuchungsteilnehmer bzw. Interviewpartner befragt. Die Interviews fanden meist in einem ungestörten Raum in den jeweiligen Büros einer Vertriebsregion statt.

Der Rahmen des Untersuchungsablaufs ist standardisiert. Das Interview erfolgte vor der Fragebogenerhebung.

Abbildung 6.2 gibt den Ablauf wieder:

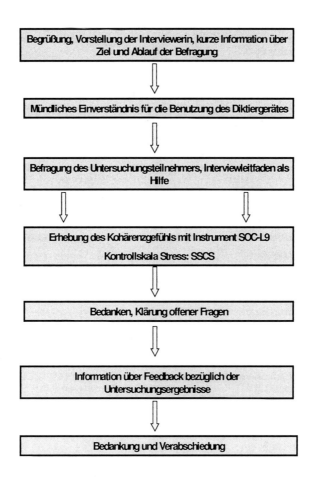

Abb. 6.2 : Überblick über den Untersuchungsablauf

6.5. Darstellung der eingesetzten quantitativen und qualitativen Instrumente

Dieses Kapitel beschreibt zunächst die eingesetzten Fragebögen hinsichtlich der Theorien die ihnen zu Grunde liegen und ihrer Gütekriterien. Dabei wird überblicksartig auf Gütekriterien der quantitativen Methoden eingegangen. Punkt 6.5.3. unterscheidet sich von den vorangehenden Unterkapiteln dahingehend, dass hier das eingesetzte qualitative Forschungsverfahren dargestellt wird. Da die Autorin der Arbeit bei qualitativen Forschungsmethoden von anderen Gütekriterien ausgeht, zeigt das nachfolgende Kapitel 6.6. Kerngütekriterien qualitativer Forschungsarbeiten auf.

6.5.1. SOC-L9 (Schumacher, Wilz, Gunzelmann & Brähler, 2000) Erfassung des Kohärenzgefühls, Beschreibung des Instruments, Begründung für die Auswahl

Die Teilnehmer erhalten im Anschluss an das Interview den Fragebogen SOC-L9.

Antonovsky hat für die Erfassung des Kohärenzgefühls einen 29 Items (SOC 29) umfassenden Fragebogen entwickelt. Dieser Fragebogen hatte in der ursprünglichen Fassung den Titel: „Fragebogen zur Lebensorientierung". Neben dieser Version existiert eine Kurzversion mit 13 Fragen (SOC 13). Das sind die zwei einzigen von dem Theoriebegründer entwickelten Messinstrumente für das Kohärenzgefühl. Der in der vorliegenden Untersuchung eingesetzte Fragebogen ist der SOC-L9 , welcher auch die Leipziger-Kurzskala genannt wird. Abel, Kohlmann & Noack (1995), Schumacher, Gunzelmann & Brähler (2000b), Geyer (2002) und Schmidt- Rathiens et al. (1997) bemängeln die formale Struktur der von Antonovsky entwickelten Fragebögen mit dem Hinweis auf nicht immer logisch konsistente Itemformulierung. Als problematisch wird unter anderem angesehen, dass einige Items als Fragen formuliert sind, während andere unvollendete Sätze darstellen, die die Pole der durchgängigen 7-stufigen Antwortskala bilden. Neben diesen formalen Kritikpunkten weisen Sack et al. (1997), Lutz et al. (1998), Rimann & Udris (1998), Sack & Lamprecht (1998) und Schumacher et al. (2000a, b) darauf hin, dass die theoretisch angenommenen drei Komponenten des Kohärenzgefühls (Verstehbarkeit, Handhabbarkeit und Sinnhaftigkeit) faktoranalytisch nicht methodisch „sauber" und eindeutig reproduzierbar sind. Schumacher et al. empfehlen daher, einen Gesamtwert des Kohärenzgefühls zu berechen. Dies widerspricht nicht der Ansicht von Antonovsky (1993b), der eine sehr enge Verknüpfung der einzelnen Subkomponenten postuliert und ebenfalls die Verwendung eines Gesamtwertes empfiehlt.

Der Vorteil dieser neuen „Leipziger Kurzskala" gegenüber der bisher zumeist verwendeten Kurzskala SOC-13 liegt jedoch nicht nur in ihrer geringeren Itemzahl, was bei zumeist sehr kostenintensiven Repräsentativerhebungen ein nicht zu
unterschätzenden Vorzug ist, sondern auch in der Tatsache, dass sie stärker als die SOC-13 die von Antonovsky als zentrale Komponente bezeichnete „Sinnhaftigkeit" repräsentiert. Vier von neuen Items repräsentieren im Fragebogen SOC-L9 die Sinnhaftigkeit, wohingegen Becker (1998) den ursprünglichen Fragebogen SOC-29 dahingehend kritisiert, dass hier die Sinnhaftigkeitskomponente nur durch acht Items erfasst wird und deshalb gegenüber den beiden anderen Komponenten (mit 11 bzw. 10 Items) eher unterrepräsentiert ist.
Die Trennschärfekoeffizienten der Items bezogen auf den SOC-L9-Skalenwert nehmen Werte zwischen $r=0,56$ und $r=0,68$ an und sind somit als gut einzuschätzen (vgl. Schumacher et al, 2000a, S. 476). Auch die interne Konsistenz der Kurzskala ist mit einem Cronbach α von 0,87 als gut einzustufen, zumal dieser Wert trotz der geringeren Itemzahl über dem der bisher gebräuchlichen Kurzskala SOC-13 ($\alpha=0,85$) liegt. Die hohe Korrelation mit der SOC-29 Gesamtskala mit $r= 0,94$ qualifiziert die SOC-L9 zusätzlich als eine valide Kurzfassung dieser Skala (vgl Schumacher et al, 2000a, S. 477). Um die von den Autoren Schumacher et al. selbst geforderte Eindimensionalität der SOC-L9 zu überprüfen, wurde unter Einbezug der neuen SOC-L9 Items eine erneute exploratorische Faktorenanalyse (Hauptkomponen-

tenanalyse mit orthogonaler Varimax-Rotation) berechnet. Im Ergebnis zeigt sich, dass alle Items auf einem einzigen Faktor laden, der alleine 49,9 % der Gesamtvarianz aufklärt. Die Faktorladungen der Items variieren dabei zwischen 0,66 und 0,78. Die SOC-L9 kann somit als eine valide Skala zur Erfassung eines SOC- Generalfaktors betrachtet werden. Sie gestattet somit mit nahezu vergleichbarer Reliabilität, aber weitaus ökonomischer als die SOC-29 Gesamtskala die Erfassung des Kohärenzgefühls.

Da Schumacher (2000b) neben Normwerten für SOC-29 und SOC 13 auch Normwerte für die SOC-L9 vorgelegt hat, ist es für die Untersuchung aus zeitökonomischer Sicht sinnvoll, die SOC-L9 Skala einzusetzen. Wie bereits erläutert, ist für die Fragestellung nicht relevant, welche Komponente des SOC betrachtet werden soll, sondern das gesamte Kohärenzgefühl steht im Mittelpunkt der Fragestellung. Deshalb ist auch die Eindimensionalität des SOC-L9 ein für die Fragestellung stimmiger Aspekt und legitimiert somit den Einsatz gerades dieses Instruments.

Der Fragebogen besteht - wie bereits oben erläutert - aus neun Items.

Folgende Minimal- und Maximalwerte sind für den Fragebogen relevant:

Tab. 6.1: Mögliche Minimal- und Maximalwerte des Fragebogens SOC-L9

Skala	Minimalwert	Maximalwert
Verstehbarkeit	2	14
Handhabbarkeit	3	21
Sinnhaftigkeit	4	28
Gesamtwert	**9**	**63**

6.5.2. SSCS Skala zum Stresserleben (Schulz, Schlotz & Becker, 2004)

Dieser Fragebogen ist eine 12-Item-Skala aus dem Fragebogen „Trierer Inventar zum chronischen Stresserleben" (TICS) mit insgesamt 57 Items und erfasst eine Kurzform, welche jedoch nicht unabhängig zum restlichen Fragebogen ist. Die „Screening Skala zum chronischen Stress" (SSCS) dient als Screening Instrument laut Autorenbeschreibung als Globalmaß für erlebten Stress. Die Verwendung dieser Skala im Rahmen der vorliegenden Untersuchung ist damit begründet, dass somit eine „Kontrollskala" zum Kohärenzgefühl vorliegt. Antonovsky (1997, S 127f) stützt sich hierbei auf die kognitiv-transaktionale Theorie von Lazarus (vgl. Kap. 3.3.4.1.1) und behauptet, dass Personen mit einem starken SOC Stimuli wahrscheinlicher als Personen mit einem gering ausgeprägtem Kohärenzgefühl, Stimuli als Nicht-Stressoren oder als irrelevant oder günstig bewerten. Empirische Studien bestätigen diesen Aspekt. Zum Beispiel haben Flannery & Flannery (1990) und Flannery, Perry, Penk & Flannery das SOC in Hinblick auf Stresserleben, Ängstlichkeit und Depression untersucht. Es zeigen sich hohe negative Korrelationen zwischen SOC und den unabhängigen Variablen Stresserleben, Ängstlichkeit und Depression (zit. nach Bengel, 2003, S. 120). Die Skala SSCS hat eine Reliabilität von $\alpha= 0.91$ und kann als gut bis sehr gut eingestuft werden.

6.5.3. Problemzentriertes Interview (Witzel, 1982;1985; 2000)

Qualitative Methoden der Datenerhebung unterscheiden sich nicht vollkommen von denen mathematisch-quantitativer Forschung. Sie differieren vor allem in Bezug auf den Grad der Standardisierung, mit der die Realität „beobachtet" wird. Das klassische Spektrum von qualitativen Datenerhebungsmethoden reicht von Gruppendiskussionen über Dokument- und Materialanalysen zu Experimenten und Beobachtungsverfahren (z.B. Flick, 2005). Innerhalb der empirischen Sozialforschung ist „das Interview (...) nach wie vor der „Königsweg" (Wienold, 2000, S. 104). Neben der teilnehmenden Beobachtung kommt dem Interview „als unmittelbare Kommunikation zwischen ForscherInnen und Personen aus der interessierenden Lebenswelt eine essentielle Bedeutung zu." (Froschauer & Lueger, 2003, S. 25) zu.

Insbesondere Leitfadeninterviews haben größere Aufmerksamkeit erfahren und werden in breitem Maß angewendet. Diese Aufmerksamkeit ist von der Erwartung bestimmt, dass in der relativ offenen Gestaltung der Interviewsituation die Sichtweise des befragten Subjekts eher zur Geltung kommt als in standardisierten Interviews (z.B. bei Kohli, 1978). Gerade wenn die Gewinnung eines Einblicks in die subjektiven Sichtweisen der selbstständigen Handelsvertreter im Vordergrund steht, ist der persönliche Kontakt zu ihnen nicht auszublenden.

„Durch die Möglichkeit, Situationsdeutungen oder Handlungsmotive in offener Form zu erfragen, Alltagstheorien und Selbstinterpretation differenziert und offen zu erheben, und durch die Möglichkeit der diskursiven Verständigung über Interpretationen sind mit offenen und teilstandardisierten Interviews wichtige Chancen einer empirischen Umsetzung handlungstheoretischer Konzeptionen in Soziologie und Psychologie gegeben." (Hopf, 2004, S. 350)

Es können mehrere Formen leitfadengestützter Interviews unterschieden werden, darunter beispielsweise das „fokussierte Interview", das „halbstandardisierte Interview" und auch das problemzentrierte Interview (Überblick z.B. bei Hopf, 2004; Flick, 2005). Das problemzentrierte Interview nach Witzel (1982, 1989, 2000) zeichnet gegenüber anderen Formen aus, dass es dem Forschungsinteresse eines „problembezogenen Sinnverstehen" entgegen kommt (Helfferich, 2004, S. 27). Kerngedanke des problemzentrierten Interviews besteht darin, sowohl die Perspektive der Befragten als auch die wissenschaftliche Theorie in ein Gesamtkonzept zu integrieren (Koch, 2006). Im Vordergrund steht sowohl die „Konzeptgenerierung durch den Befragten" als auch der Versuch, „ein bereits bestehendes wissenschaftliches Konzept" durch die Äußerungen des Befragten zu modifizieren (Lamnek, 1989, S. 74). Das problemzentrierte Interview orientiert sich an den drei theoretischen Grundpositionen Problemzentrierung, Gegenstandsorientierung und Prozessorientierung. Gemäß dem Prinzip der Problemorientierung kann die Auswahl des problemzentrierten Interviews als Erhebungsinstrument damit begründet werden, dass es einen Einblick in die subjektive Sicht der betroffenen selbstständigen Handelsvertreter erlaubt (Witzel, 2000, Abs. 4). Nicht die Methode bestimmt den zu untersuchenden Gegenstand, sondern der Gegenstand bestimmt die zu verwendende Methode. Durch diese Gegenstandsorientierung ist das leitfadengestützte Interview von besonderer Wichtigkeit, kann aber nach Witzel auch in Kombination mit anderen Methoden (Witzel nennt hier beispielsweise Gruppendiskussionen) verwendet werden, wenn dies für die Untersuchung wichtig erscheint (Witzel, 2000, Abs. 5). In der von der Verfasserin durchgeführten Untersuchung werden standardisierte, quantitative Verfahren parallel eingesetzt. Das problemzentrierte Interview ist prozessorientiert, denn im Laufe des Erhebungsprozesses wird das Erhebungsverfahren weiterentwickelt und dem Prozessfortschritt angepasst.

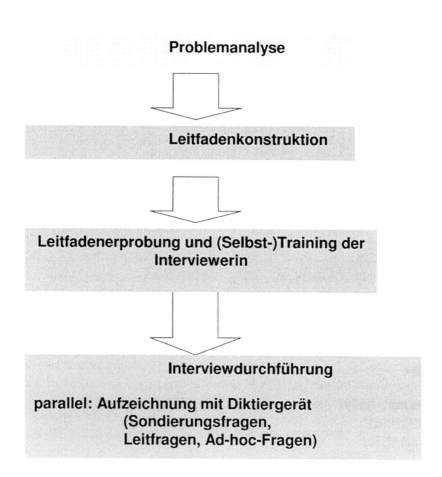

Problemanalyse

Leitfadenkonstruktion

Leitfadenerprobung und (Selbst-)Training der Interviewerin

Interviewdurchführung

parallel: Aufzeichnung mit Diktiergerät (Sondierungsfragen, Leitfragen, Ad-hoc-Fragen)

Abb. 6.3.: Ablaufmodell des problemzentrierten Interviews (modifizierte Darstellung nach Mayring, 1990, S. 48)

Das gewählte Vorgehen schließt sich damit einer Kritik am rein qualitativen Vorgehen an. Lamnek schreibt zutreffend (1989, S. 74):

„Dieses Vorgehen wird damit begründet, dass der Forscher eben nicht eine tabula rasa sein kann, dass er sich nicht völlig theorie- und konzeptionslos in das soziale Feld begibt und er

immer schon entsprechende Ideen und Gedanken (mindestens implizit) entwickelt hat."

Im vorliegenden Fall liegen Ideen und Gedanken nicht nur in impliziter Form vor, sondern wurden bereits in den vorangehenden Kapiteln 2 und 3 offen gelegt. Dies stützt auch Bröckermanns Argumentation (1989, S. 40), der eine völlige Unvereingenommenheit dem Forschungssubjekt gegenüber für unmöglich hält.

Das problemzentrierte Interview kann in folgende Phasen zergliedert werden (vgl. Witzel, 1985, S. 236-237 & 245-246, 2000, Abs. 11 bis 18, Lamnek, 1989, S. 75-76):

Phase 0:
Einführung in das Interview durch einen standardisierten Kurzfragebogen, der den Befragten für das „Interview" erwärmt. Mit seiner Hilfe werden demografische Daten erfasst, so kann der Erzählstrang der im weiteren Interview angestrebt wird, von den Informationen über die soziale Situation des Befragten deutlich getrennt werden.
Im vorliegenden Fall wurden bereits möglichst viele vorab über den Untersuchungsteilnehmer verfügbaren Daten eingeholt. Diese waren Alter, Dauer der Zusammenarbeit mit dem Unternehmen, getätigte Umsatzkennzahlen für den Zeitraum Januar bis Juli 2005 und die hierarchische Position des Untersuchungsteilnehmers. Das Alter, der Familienstand, die hierarchische Position und die Dauer der Zusammenarbeit mit dem Unternehmen wird als „Kurzfragebogen" trotzdem vorab als „warming-up" Fragen abgefragt.

Phase 1:
Festlegung der „erzählenden Gesprächsstruktur" und des Problembereichs der sozialen Wirklichkeit, der Gegenstand des Interviews sein soll. Im Interviewleitfaden sind die Forschungsthemen als Gedächtnisstütze und Orientierungsrahmen zur Sicherung der Vergleichbarkeit der Interviews festgehalten. Im Idealfall begleitet der Interviewleitfaden den Kommunikationsprozess als eine Art Hintergrundfolie, ist aber auf keinen Fall ein fester Gesprächsleitfaden. Im vorliegenden

Interview erfolgt der Hinweis auf den Wunsch, dass die befragte Person „ihre Sichtweise schildern" soll. Das sprachliche Niveau passt sich hierbei der Untersuchungsgruppe an. Die Frage nach der Beschreibung eines Arbeitstages dient der Festlegung des Problembereichs „Anforderungen im Direktvertrieb", der ein Gegenstand des Interviews sein soll.

Phase 2:
In der „allgemeinen Sondierung" wird der Befragte durch den Bezug zu Alltagselementen zur Erzählung stimuliert. Diese Anregung von Erfahrungsbeispielen sind bei der „gründlichen Rekonstruktion von relevanten Ereignissen" (Witzel, 1989, S. 247) hilfreich. Einzelne Sachverhalte und Zusammenhänge können spezifiziert werden. Im Interview geschieht dies durch eine möglichst detaillierte Schilderung von täglichen Anforderung, denen sich die selbstständigen Handelsvertreter täglich ausgesetzt fühlen. Auch werden Fragen zu persönlichen Voraussetzungen hierzu gezählt. Diese beziehen sich auf Eigenschaften, die im Direktvertrieb seitens der Befragten als wichtig und erfolgskritisch betrachtet werden. Anschließend an die Anforderungsbeschreibung wird danach gefragt, wie der Umgang mit diesen gehandhabt wird. Begleitet werden diese Fragen nach „Bewältigungshandlungen" durch Fragen nach persönlichen Fähigkeiten.

Phase 3:
In der „spezifischen Sondierung" versucht der Interviewer die Erzählsequenzen nachzuvollziehen. Drei Möglichkeiten der Verständnisgenerierung stehen dabei zur Verfügung: die Zurückspiegelung (dem Befragten wird eine Interpretationsangebot der gemachten Äußerung unterbreitet, wodurch er die Deutungen des Forschers kontrollieren, modifizieren und ggf. korrigieren kann), die Verständnisfrage (widersprüchliche Antworten oder ausweichende, unverständliche Äußerungen werden thematisiert, um zu gültigen und präzisen Interpretationen zu gelangen) und die Konfrontation (der Befragte wird mit Widersprüchen, Ungereimtheiten und Unerklärtem konfrontiert).

Phase 2 und Phase 3 überlappen einander. Die „spezifische Sondierung" erfolgte in Bezug auf die geschilderten Anforderungen und Tätigkeiten unmittelbar nach der Schilderung eines exemplarischen Tagesablaufs durch den Interviewpartner.

Phase 4:
In dieser Phase können „Ad-hoc-Fragen" gestellt werden, um auch solche Themenbereiche anzusprechen, die der Befragte nicht von sich aus angesprochen hat. Die Vollständigkeit der Daten soll in dieser Phase sichergestellt werden. An dieser Stelle werden Punkte besprochen, die bis zu diesem Zeitpunkt nicht erwähnt wurden, aber als interessant und zur Erkundung des Gegenstands wichtig erscheinen.

Das konkrete Vorgehen der im Rahmen der vorliegenden Untersuchung durchgeführten Interviews orientiert sich an diesem Phasenmodell. Ein Interviewleitfaden, der aus den vorbereiteten theoretischen Überlegungen zum Untersuchungsfeld (vgl. hierzu Kapitel 2 und Kapitel 3) abgeleitet worden ist, stellt sicher, dass alle relevanten Themenbereiche erwähnt werden. Die Frageformulierung kann dabei variiert und situativ angepasst werden, so dass kein grundsätzlicher Widerspruch zur offeneren, qualitativen Vorgehensweise entsteht. Der Interviewleitfaden bildet die Grundlage für die Phase der „Ad-hoc-Fragen". Die Fragen des Interviewleitfadens, die an anderer Stelle implizit beantwortet worden sind, werden nicht mehr gesondert gestellt, um einen natürlichen Interviewverlauf sicherzustellen. Witzel (1985, S.236) bezeichnet den Interviewleitfaden daher als „Gedächtnisstütze und Orientierungsrahmen"
Die Entwicklung des Interviewleitfadens ist Kapitel 6.1. zu entnehmen.
Alle 18 durchgeführten Interviews wurden Transkribiert. Die Transkription folgte den Regeln nach Dittmar (2004).

6.6. Gütekriterien qualitativer Forschungsarbeit

Quantitative und qualitative Forschungsstrategien beziehen sich jeweils „auf andere *Gegenstandsbereiche* und *Fragestellungen (...)* und weil der Anspruch beider Ansätze sich so stark unterscheidet können naturgemäß die Methoden der Gütesicherung bei qualitativer und quantitativer Forschung nicht identisch sein." (Reichertz, 2000, Abs. 67). Diese Position ist Grundlage für die vorliegende eigene empirische Untersuchung. Da es jedoch auch Positionen gibt, die dieser Grundlage widersprechen, sollen im nachfolgenden Abschnitt drei Grundpositionen zu Gütekriterien qualitativer Forschung offen gelegt werden, um anschließend Kernkriterien qualitativer Forschung aufzuzeigen.

6.6.1. Grundpositionen zur Bewertung qualitativer Forschung

Es lassen sich nach Steinke (2004, S.319f) folgende drei Positionen für qualitative Forschung unterscheiden:

a) Quantitative Kriterien für qualitative Forschung
Die zentralen Kriterien aus der experimentell-statistischen und der hypothesenprüfenden Forschung und aus der Psychometrie Objektivität, Reliabilität und Validität werden von Vertretern dieser Position auf qualitative Forschung übertragen. Kriterien aus der quantitativen Forschung werden dabei an die qualitative Forschung angepasst, indem sie modifiziert und operationalisiert werden. Ein Beispiel hierfür ist die „Intercoderreliabilität", die Mayring (2003, S.110) vorschlägt.

Wie bereits im obigen Zitat (von Reichertz, 2000, Abs. 67) dargestellt, wird kritisiert, dass quantitative Kriterien nicht für die Bewertung qualitativer Forschung geeignet seien (Steinke, 2004, S. 322). Sie basieren auf unterschiedlichen Methodologien, Wissenschafts- und Erkenntnistheorien; deshalb ist es nicht gerechtfertigt von qualitativen Gütekriterien eine Entsprechung zu Kriterien quantitativer Forschung zu erwarten. Bei der Auseinandersetzung mit diesen quantitativen Gütekriterien (Reliabilität, Objektivität, Validität) gibt es dennoch zahlreiche Anregungen für die qualitative Forschung (vgl. Steinke, 1999, S. 131ff.)

b) Postmoderne Ablehnung von Kriterien

Vertreter dieser zweiten Position argumentieren generell gegen die Möglichkeit, Qualitätskriterien für qualitative Forschung zu formulieren. Aus postmoderner Perspektive wird unterstellt, dass es unmöglich sei, Kriterien auf ein festes Bezugssystem zu beziehen (z.b. Richardson, 1994, S. 552; J.K. Smith, 1984 S. 383). Shotter (1990, S. 69) argumentiert aus sozial-konstruktivistischer Sicht, dass die Annahme, die Welt sei sozial konstruiert, nicht mit Standards für die Bewertung von Erkenntnisansprüchen vereinbar ist, da damit die Grundlage des sozialen Konstruktivismus verlassen wird.

Denzin (1990b, S. 231) definiert postmoderne Ethnographie auch dadurch, dass Forscher ihre Texte in der ersten Person Singular („ich") schreiben, wodurch die Kluft zwischen der beobachtenden Person und der beobachteten Realität überwunden wird und die Fragen nach Reliabilität und Validität sich nicht mehr stellen. Hier wird die völlige Ablehnung von Gütekriterien für die qualitative Forschung am deutlichsten.

Im Gegensatz hierzu sagt Steinke, dass qualitative Forschung nicht ohne Bewertungskriterien bestehen (Steinke, 2004, S. 321) kann. Die Zurückweisung von Kriterien entsprechend dieser Position birgt die Gefahr der Beliebigkeit und Willkürlichkeit qualitativer Forschung. Allein aus der Zugrundelegung konstruktivistischer Annahmen sei ein Verzicht auf Kriterien nicht zwingend (Steinke, 2004, S. 322)

c) Entwicklung eigenständiger Kriterien qualitativer Forschung
Vertreter der dritten Grundposition bezweifeln grundsätzlich die Übertragbarkeit quantitativer Kriterien auf qualitative Forschung und grenzen sich von den Vertretern der unter a) genannten Grundposition deutlich ab. Sie lehnen jedoch – nicht wie die unter b) vorgestellten Vertreter – Gütekriterien in der qualitativen Forschung ab, sondern nehmen wissenschaftstheoretische, methodologische und methodische Besonderheiten qualitativer Forschung als Ausgangspunkt für die Formulierung geeigneter Kriterien.

6.6.2. Ausgangspunkt für die Formulierung von Kernkriterien

Intention ist es, für die qualitative Forschung Kriterien zu entwickeln, die ihren Kennzeichen, Zielen, wissenschaftstheoretischen und methodologischen Grundsätzen Rechnung tragen. Dabei geht es weniger darum einzelne Kriterien zu formulieren, sondern ein System von Kriterien, das möglichst viele Aspekte der Bewertung qualitativer Forschung abdeckt. Dieses muss nach Steinke (2004, S. 323) auch Wege der Operationalisierung der Kriterien beinhalten, die deren konkrete Prüfung ermöglichen. Auch wenn hier ein Grundgedanke der experimentellen Forschungsrichtung deutlich wird („Operationalisierung"), werden insbesondere die in der quantitativen Forschung sehr bedeutsamen Begriffe „Objektivität", „Reliabilität" und „Validität" nicht für die Kriterien qualitativer Forschung verwendet. Besonders unter Validität wird in der qualitativen Forschung etwas anderes verstanden als in der quantitativen Diskussion (vgl. Steinke, 1999, S. 203).

6.6.3. Kernkriterien der qualitativen Forschungsmethoden für die vorliegende Arbeit

Nur unter Berücksichtigung der jeweiligen Fragestellung, Methode, der Spezifik des Forschungsfeldes und des Untersuchungsgegenstands lässt sich eine abschließende Kriteriendiskussion führen. Der gegenstands- , situations- und milieuabhängige Charakter qualitativer Forschung (vgl. Lüders, 1995, S. 319f.), die Vielzahl unterschiedlicher qualitativer Forschungsprogramme und die stark eingeschränkte Standardisierbarkeit methodischer Vorgehensweisen in diesem Bereich stehen eigentlich im Widerspruch zu der Idee, einen universellen, allgemein verbindlichen Kriterienkatalog zu formulieren. Dieser Widerspruch lässt sich durch ein zweistufiges Vorgehen auffangen:

(1) Die Formulierung zentraler, bereit angelegter *Kernkriterien* qualitativer Forschung und von Prozeduren zu ihrer Prüfung steckt einen Kriterienkatalog ab, an dem sich qualitative Forschung orientieren kann. Zu diesen Kernkriterien zählen nach Steinke (2004, S. 324ff.):

1. Indikation des Forschungsprozesses
2. Intersubjektive Nachvollziehbarkeit
3. Empirische Verankerung
4. Limitation
5. Kohärenz
6. Relevanz
7. Reflektierte Subjektivität

(2) Die Kriterien und Prüfverfahren sollten für die Anwendung *untersuchungsspezifisch-* d.h. je nach Fragestellung, Gegenstand und verwendeter Methode – konkretisiert, modifiziert und gegebenenfalls durch weitere Kriterien ergänzt werden.

Eine genaue Präzisierung der Kernkriterien findet sich bei Steinke (2004, S. 326ff.) und wird an dieser Stelle nicht ausgeführt. Die für die eigene Untersuchung spezifischen, dem Gegenstand und der Fragestellung orientierten Gütekriterien werden – wie oben unter (2) angegeben - konkret und durch ein weiteres Kriterium erweitert nachfolgend im Detail erläutert.

6.6.3.1. Indikation des Forschungsprozesses

Das Kriterium der Indikation ist weiter gefasst als die Forderung nach Gegenstandsangemessenheit, da nicht nur die Angemessenheit der Erhebungs- und Auswertungsmethode, sondern der gesamte Forschungsprozess hinsichtlich seiner Angemessenheit (Indikation) beurteilt wird.

6.6.3.1.1. Nähe zum Gegenstand

Der rasche soziale Wandel und die resultierenden Diversifikationen von Lebenswelten konfrontiert sozialwissenschaftlich orientierte Forscher zunehmend mit sozialen Kontexten und Perspektiven, die für sie so neu sind, dass ihre klassischen deduktiven Methodologien – die Fragestellungen und Hypothesen aus theoretischen Modellen ableiten und an der Empirie überprüfen – an der Differenziertheit der Gegenstände vorbeizielen. Forschung ist dadurch in stärkerem Maß auf induktive Vorgehensweise verwiesen: Statt von Theorien und ihrer Überprüfung auszugehen, erfordert die Annäherung an zu untersuchende Zusammenhänge „sensibilisierende Konzepte", in die – entgegen einem verbreiteten Missverständnisse- durchaus theoretisches Vorwissen einfließt (Geertz, 1983a, zitiert nach Flick, 2005, S. 13).

Zusätzlich hierzu ist ein weiteres Unterkriterium des Indikationskriteriums, dass die verwendeten Verfahren Irritationen des Vorwissens ermöglichen (Steinke, 2004, S. 327). Erhebungs- und Auswertungsverfahren sollten demnach so gestaltet sein, dass Überraschungen, d.h. Irritationen des Vorverständnisses des Forschers möglich sind.

Zur Erfassung der angenommenen unternehmertypischen Persönlichkeitsmerkmale (vgl. Kapitel 3 und 4) ist bewusst kein standardisierter Fragebogen eingesetzt worden, um das Untersuchungsfeld nicht vollständig einzuschränken und das Vorwissen irritieren und erweitern zu können. Gleichwohl ist das theoretische Vorwissen Ausgangspunkt für die Entwicklung des Interviewleitfadens gewesen. Auch wird das Vorwissen bei der Entwicklung deduktiver Kategorien mitintegriert (vgl. Kap. 6.6.).

Tägliche Anforderungen an selbständige Handelsvertreter, besonders herausragende Anforderungen im Rahmen der Tätigkeit und deren Bewältigung sind komplexe Zusammenhänge, die bei einer Vorgabe durch standardisierte Verfahren (Fragebögen) oder bei Fremdbeschreibungen - beispielsweise durch Experten – nicht die uneingeschränkte Perspektive der Betroffenen abbildeten. Wesentliches Ziel der Arbeit ist eine Herausarbeitung von Anforderungen und Bewältigungsmustern selbständiger Handelsvertreter im Direktvertrieb neben einer Exploration und dem Vergleich von selbständigkeitsrelevanten Persönlichkeitsmerkmalen aus der Perspektive der Betroffenen selbst.

Hieraus kann die Wahl der Erhebungsmethode des problemzentrierten Interviews als richtige Wahl legitimiert werden.

6.6.3.2. Intersubjektive Nachvollziehbarkeit

Im Unterschied zu quantitativen Forschung kann für qualitative Sozialforschung nicht der Anspruch auf intersubjektive Überprüfbarkeit erhoben werden. Eine identische Replikation einer Untersuchung ist unmöglich, weil das Vorgehen in der qualitativen Forschung nur begrenzt standardisierbar ist. Angemessen ist jedoch der Anspruch auf Herstellung von intersubjektiver Nachvollziehbarkeit des Forschungsprozesses, auf deren Basis eine Bewertung der Ergebnisse erfolgen kann. Mayring schlägt hierfür die Gütekriterien Verfahrensdokumentation, Argumentative Interpretationsabsicherung, Regelgeleitetheit und Nähe zum Gegenstand (siehe oben) vor (Mayring, 1993, S. 108-112). Die „Triangulation" und die „Kommunikative Validierung" werden von Mayring als weitere Gütekriterien ergänzt (ebenda). Da für die Beantwortung der Fragestellungen auf unterschiedliche Methoden zurückgegriffen wird, wird dem Kriterium der Triangulation unter 6.6.3.3. ein eigenes Unterkapitel gewidmet.

6.6.3.2.1. Verfahrensdokumentation

Die Dokumentation des Forschungsprozesses ist eine zentrale Technik, damit ein externes Publikum die Möglichkeit erhält, die Untersuchung Schritt für Schritt zu verfolgen. In diesem Zusammenhang ist auch die Dokumentation des Vorverständnisses des Forschers zwingend erforderlich, um die impliziten und expliziten Erwartungen des Forschers zu klären, da diese die Wahrnehmung, die Auswahl bzw. die Entwicklung verwendeter Methoden und damit die Daten und das Gegenstandsverständnis beeinflussen. Die Darstellung des Vorverständnisses und Vorwissens des Forschers ermöglicht zudem zu entscheiden, ob in der Studie wirklich Neues erkannt wurde, d.h. nicht nur nach Bestätigung von Ex-ante-Hypothesen gesucht wurde bzw. ob auch versucht wurde, dieses Vorwissen zu irritieren (Steinke, 2004, S. 325). Die vorangehenden Kapiteln 1 bis 5 haben das Vorverständnis der Verfasserin dieser Forschungsarbeit ausgebreitet, um die anschließende empirische Vorgehensweise unter Berücksichtigung des Vorverständnisses bewerten zu können.

Die Dokumentation der Erhebungsmethoden und des Erhebungskontextes ist ebenso zwingend erforderlich wie die Dokumentation der eigentlichen Daten. Dieses Kapitel 6 widmet sich eben diesen Kriterien, um den qualitativen Forschungsprozess hinsichtlich ihrer Qualität nachvollziehbar zu machen. Eine Dokumentation der Auswertungsmethoden gestattet eine Bewertung der Interpretation und die Prüfung, ob Verfahrensrichtlinien eingehalten wurden (Scheff, 1994, S. 8). Die konkreten Auswertungsschritte der vorliegenden Untersuchung mit der Stichprobe von selbständigen Handelsvertretern wird im anschließenden Kapitel 6.7. dezidiert vorgelegt.

6.6.3.2.2. Regelgeleitetheit

Auch qualitative Forschungsdesigns müssen sich notwendigerweise an Verfahrensregeln halten und das Forschungsmaterial systematisch bearbeiten. Dies gilt insbesondere in Hinblick auf die systematische Datenerhebung und Datenauswertung (vgl. Mayring, 1985, S. 187 und Mayring, 1990, S. 104). Die Regelgeleitetheit als Gütekriterium nötigt zur Regelexplikation, denn letztendlich stellt nur ein regelgeleitetes Vorgehen und die Explikation der angewendeten Regeln die Möglichkeit zur Nachvollziehbarkeit qualitativ-wissenschaftlichen Handelns sicher. Nachvollziehbarkeit meint im qualitativ orientierten Forschungsdesign allerdings nicht die Replizierbarkeit von Untersuchungsbedingungen und Forschungsergebnis, sondern betont anstelle der Replizierbarkeit die „situative Kontextgebundenheit von Datenerhebungs- und Auswertungsverfahren" (Lamnek, 1988, S. 162). Das regelgeleitete Vorgehen erlaubt erstens die „Feststellung der Strukturübereinstimmung", wenn es darum geht, typische Alltagssituationen zu selektieren, und zweitens ist sie die Grundlage für die „Konsensbildung über die Stimmigkeit der Interpretation" (vgl. Lamnek, 1988, S. 146). Die Regelgeleitetheit des Vorgehens im Rahmen der eigenen Untersuchung wird vorwiegend an dem Ablaufmodell zum Problemzentrierten Interview (Kapitel 6.4.3. und zentrierten Interview (Kapitel 6.4.3. und 6.4.3.1.) und bei der Beschreibung des inhaltsanalytischen Vorgehens (Kapitel 6.7) deutlich.

6.6.3.2.3. Argumentative Interpretationsabsicherung

Im Rahmen der Dokumentation von Auswertungsschritten spielen Interpretationen eine entscheidende Rolle (vgl auch Lamnek, 1988, S. 146, siehe oben). Sie dürfen nicht gesetzt, sondern sollten „argumentativ begründet sein" (Mayring, 1990, S. 104). Dies kann nach Mayring (ebenda) nur vor dem Hintergrund eines explizierten und adäquaten Vorverständnisses geschehen, wodurch Deutungen theoriegeleitet vorgenommen werden können. Darüber hinaus sollte die Interpretation „schlüssig sein" und keine Brüche aufweisen. Inkonsistenzen müssen erklärt werden. Schließlich kann die Suche, Überprüfung und Widerlegung von Alternativdeutungen ein „wichtiges Argument der Geltungsbegründung von Interpretationen sein" (Mayring, 1990. S. 104). Diese Inkonsistenzen sollten ebenso dokumentiert werden wie Entscheidungen und Probleme, wie beispielsweise Widersprüche, die in der Analyse aufgetreten sind und nicht gelöst werden. Auch dieses Kriterium, welchem auch die vorliegende Untersuchung genügen soll, wird im Kapitel 6.7. und in der Vorstellung der Ergebnisse im Kapitel 7 offen gelegt.

6.6.3.2.4. Kommunikative Validierung

Die Ergebnisse einer Untersuchung werden den Beforschten vorgelegt und durch Diskussionen bezüglich der Ergebnisse validiert - dieses Kriterium wird als kommunikative Validierung bezeichnet. Die kommunikative Validierung ist jedoch umstritten, da Ergebnisse und Interpretation der Forschung über das subjektiv-intentional Repräsentierte der Befragten hinausgeht, so dass die Zustimmung der Befragten kein Qualitätsmaßstab für die Güte der Untersuchung darstellen muss (Koch, 2006, S. 34). Kommunikative Validierung darf nicht das einzige Kriterium für die Beurteilung des Gehalts wissenschaftlicher Aussagen sein, da Forscher sonst bei den Bedeutungsstrukturen der Betroffenen stehen bleiben würden (vgl. Mayring, 1990, S. 106). Die Gewährleistung der kommunikativen

Gewährleistung der kommunikativen Validierung führt im praktischen Feld mitunter zu pragmatischen Schwierigkeiten. Hierfür ist auch die vorliegende Untersuchung ist ein (weiteres) Beispiel. Neben organisatorischen Schwierigkeiten, war es für die meisten Befragten nicht zumutbar einen zweiten Termin für die Nachbefragung einzuräumen. Der Aspekt der kommunikativen Validierung konnte nur ansatzweise vorgenommen werden. Es wurden „ersatzweise" einige Expertengespräche mit Forscherkollegen geführt (vgl. Lamnek, 1988, S. 152), eine systematische kommunikative Validierung hat jedoch nicht stattgefunden. In Anbetracht dieses „Defizits", werden die Ergebnisse beurteilt.

6.6.3.3. Triangulation

Durch multimodales Vorgehen wird gemäß dem Prinzip der Triangulation versucht, eine Art „Absicherung" für die erhaltenen Ergebnisse bzw. Interpretationen zu erhalten (Lamnek, 1988, S. 233). Durch Triangulation wird versucht, die Qualität der Forschung „durch die Verbindung mehrerer Analysegänge" zu vergrößern (vgl. Mayring, 1990, S. 106; Miles & Huberman, 1994, S. 263 und S. 266). Dies kann auf unterschiedlichen Ebenen geschehen: bei der Triangulation lässt sich eine „Daten-Triangulation" und eine „Between-Method-Triangulation" unterscheiden. Mit der Daten-Triangulation werden verschiedene ergänzende Datenarten, z.b. Bilder, Gesprächstexte, Akten erhoben und ausgewertet. Bei der „Between-Method-Triangulation" werden verschiedene einander ergänzende Methoden eingesetzt. Als Beispiel ist die kombinierte Anwendung quantitativer und qualitativer Methoden zu nennen, die in der vorliegenden Untersuchung Anwendung findet. Flick beschreibt sein Verständnis von Triangulation:

„ Unter diesem Stichwort wird die Kombination verschiedener Methoden, verschiedener Forscher, Untersuchungsgruppen, lokaler und zeitlicher Settings sowie unterschiedlicher theoretischer Perspektiven in der Auseinandersetzung mit einem Phänomen verstanden." (Flick, 1992b, S. 17)

Bei der vorliegenden Untersuchung werden für die Exploration der Anforderungen, Anforderungsbewältigungsstrategien und der Persönlichkeitsmerkmale selbständiger Handelsvertreter sowohl quantitative als auch qualitative Methoden verwendet. Als quantitative Verfahren werden Fragebögen zur Erfassung des Kohärenzgefühls und des chronischen Stresserlebens verwendet. Problemzentrierte Interviews zielen auf ein Verständnis der Anforderungen und Bewältigungen ab. Der Mehrwert der Triangulation ergibt sich aus dem Zusammenfügen beider Ergebnisstränge und einer „Absicherung" der eigenen Interpretation. Mögliche Widersprüche, Probleme oder aber auch Kohärenzen und Stimmigkeiten beider Ergebnisstränge sollen getroffene Entscheidungen und Interpretationen fundieren.

6.7. Datenauswertung mit Hilfe der Inhaltsanalyse

Im Kontext von Inhaltsanalysen fungieren „Kategorien" als Variablen bzw. als Variablenausprägungen. Den Kern der inhaltsanalytischen Methodik stellen die „Bedeutungsaspekte" dar, die in Form des jeweiligen inhaltsanalytischen Kategoriensystems festzulegen sind. Dabei geht es einerseits darum, diese Kategorien möglichst theoriegeleitet entsprechend zu den jeweiligen Fragestellungen aufzustellen (vgl. Rustemeyer, 1992, S. 21); andererseits können auch aus den vorliegenden Transkripten heraus entsprechend der Fragestellung Kategorien gebildet werden. In beiden Fällen kann die Inhaltsanalyse demnach nicht besser sein, als das ihr zugrunde liegende Kategoriensystem. Rustemeyer (1992, S. 92) beschreibt die Funktion der Kategorienentwicklung:

„Durch die Kategorienexplikation wird das für eine jeweilige Inhaltsanalyse relevante Kategoriensystem differenzierter beschrieben. Anhand des Kategoriensystems können dann die Textteile hinsichtlich der Bedeutungsaspekte eingeordnet werden, ..."

Für die konkrete Analyse der durchgeführten 18 problemzentrierten Interviews wird aufgrund der unterschiedlichen Fragestellungen ein eigenes Auswertungssystem entwickelt. Hierfür dienen die Transkripte der Interviews als gesamte Auswertungseinheit (vgl. Mayring, 2003, S.53). Die Reihenfolge der Interviews, welche durch die Verfasserin analysiert werden, hat keine besondere Relevanz im Hinblick auf die Fragestellung. Als Kodiereinheit, d.h. kleinste Einheit des Materialbestandes, der ausgewertet werden darf, werden mindestens sinnvolle Satzfragmente festgelegt. Der größte Textbestandteil, der unter eine Kategorie fallen kann, die so genannte Kontexteinheit (Mayring, 2003, S. 53) ist ein Sinnabschnitt im Transkript. Idealtypisch werden Kategoriensysteme entweder induktiv aus dem Material gewonnen oder deduktiv- d.h. theoriegeleitet- an das Material herangetragen (Bortz & Döring, 2002, S. 330; Mayring, 2003, S. 74). Die in der Praxis gängige Mischform, bei der ein a priori aufgestelltes, grobes Kategorienraster bei der Durchsicht des Materials ergänzt und verfeinert wird, wird im Rahmen der Untersuchung angewandt (vgl. Bortz & Döring, 2002. S. 330). Dabei werden sowohl deduktive als auch induktive Kategorienentwicklungen durchgeführt, um die im Kapitel 4 vorgestellten vermuteten Persönlichkeitsmerkmale, das vermutete Anforderungsprofil und das vermutete Bewältigungsmuster selbständiger Handelsvertreter im Direktvertrieb genauer zu erfassen.

6.7.1. Deduktive Kategorienentwicklung (nach Mayring, 2003)

Hier geht es darum, schon vorher festgelegte, theoretisch begründete Auswertungsaspekte an das Material heranzutragen. Der qualitative Analyseschritt besteht darin, deduktiv gewonnene Kategorien zu Textstellen methodisch abgesichert zuzuordnen. Gerade dieser Schritt wird, obwohl ein solches Verfahren häufig angewendet wird, wenig beschrieben (vgl. Mayring, 2000, Abs. 13).
Hier zunächst ein Ablaufmodell der allgemeinen deduktiven Kategorienentwicklung:

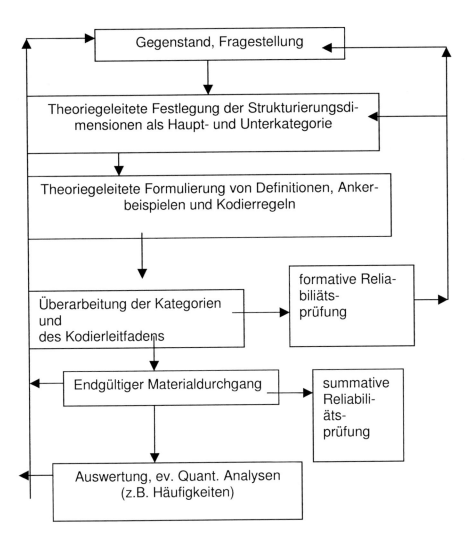

Abb. 6.4.: Ablaufmodell deduktiver Kategorienentwicklung (nach
    Mayring, 2003)

Kernstück ist hier die genaue Definition der vorgegebenen Kategorien und die Festlegung von inhaltsanalytischen Regeln, und wann ihnen eine Textstelle zugeordnet werden kann. Dabei hat sich das Arbeiten mit einem Kodierleitfaden bewährt (Mayring, 2000, Absatz 15) im Kodierleitfaden werden explizite Definitionen, prototypische Textstellen („Ankerbeispiele") und Abgrenzungsregeln zwischen den Kategorien zusammengetragen und im Analyseprozess erweitert und überarbeitet.

Die deduktive Kategorienentwicklung kann auch bei der strukturierenden Inhaltsanalyse eingesetzt werden.

Im Rahmen der Auswertung wird die skalierende Strukturierung (vgl. Mayring, 2003, S. 93) insbesondere für die Betrachtung der Fragestellung 2 verwendet. Die skalierende Strukturierung intendiert, das Material bzw. bestimmte Materialteile auf einer Skala (in der Regel Ordinalskala) einzuschätzen.

Im Hinblick auf die Ausprägung der selbständigkeitsrelevanten Persönlichkeitsmerkmale, die im Kapitel 3.3. diskutiert wurden, werden drei Ausprägungen pro vermutetem Persönlichkeitsmerkmal für das Kategoriensystem abgeleitet. Es handelt sich hierbei um die Persönlichkeitsmerkmale Leistungsmotivation, Kontrollüberzeugung, Unabhängigkeitsstreben, Risikobereitschaft, Problemlöseorientierung, Ambiguitätstoleranz, Durchsetzungsbereitschaft und Anpassungsfähigkeit, welche jeweils mit drei Ausprägungen (hoch, mittel, niedrig/kein) im Kategoriensystem vertreten sind.

Der Ablauf der skalierenden Inhaltsanalyse für die vorliegenden Persönlichkeitsmerkmale ist in Abbildung 6.5. abgebildet:

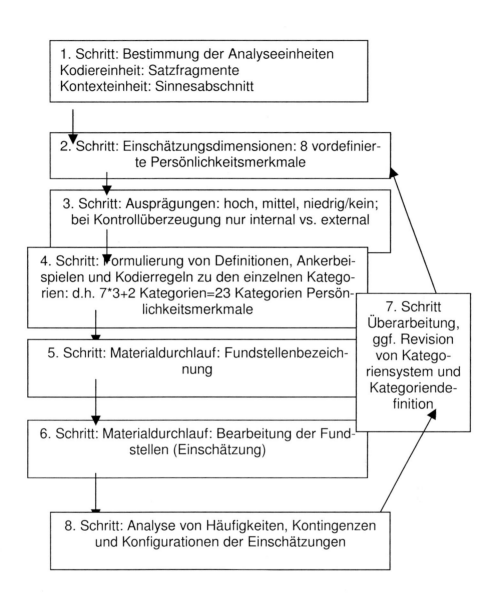

1. Schritt: Bestimmung der Analyseeinheiten
Kodiereinheit: Satzfragmente
Kontexteinheit: Sinnesabschnitt

2. Schritt: Einschätzungsdimensionen: 8 vordefinierte Persönlichkeitsmerkmale

3. Schritt: Ausprägungen: hoch, mittel, niedrig/kein;
bei Kontrollüberzeugung nur internal vs. external

4. Schritt: Formulierung von Definitionen, Ankerbei-
spielen und Kodierregeln zu den einzelnen Kategorien: d.h. 7*3+2 Kategorien=23 Kategorien Persönlichkeitsmerkmale

5. Schritt: Materialdurchlauf: Fundstellenbezeich-
nung

6. Schritt: Materialdurchlauf: Bearbeitung der Fundstellen (Einschätzung)

7. Schritt
Überarbeitung,
ggf. Revision
von Katego-
riensystem und
Kategoriende-
finition

8. Schritt: Analyse von Häufigkeiten, Kontingenzen
und Konfigurationen der Einschätzungen

Abb. 6.5.: Ablaufmodell skalierender Strukturierung für die Fragestellung 2 bzw. für die Erfassung der Persönlichkeitsmerkmale (eigene Darstellung in Anlehnung nach Mayring, 2003)

Ebenfalls deduktiv werden die vermuteten Anforderungen Rollenambiguität, Teamarbeit, Existenzsicherung durch Umsatzleistung, Neukundenakquise, Gefühlsarbeit (Emotionsarbeit) und physische Anforderungen aus dem bisherigen theoretischen und empirischem Vorwissen abgeleitet. Um die Fragestellung nach den tatsächlichen täglichen, aber auch herausragenden Anforderungen beantworten zu können, werden die Hauptkategorien gemäß dem Vorwissen inhaltlich vorstrukturiert. Hier erfolgt keine Skalierung. Ziel der inhaltlichen Strukturierung ist es, bestimmte Themen, Inhalte und Aspekte aus dem Material herauszufiltern und zusammenzufassen. Nach derselben inhaltlichen Strukturierung erfolgt die Auswertung für die vermuteten Bewältigungsstrategien.

Die inhaltliche Strukturierung zur Beantwortung der Fragestellungen drei und vier wird im folgenden Ablaufschema verbildlicht:

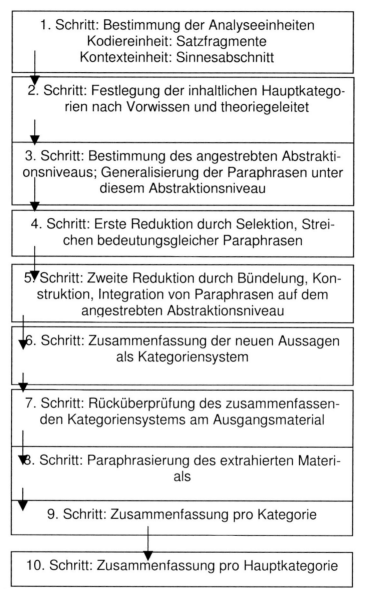

1. Schritt: Bestimmung der Analyseeinheiten
Kodiereinheit: Satzfragmente
Kontexteinheit: Sinnesabschnitt

2. Schritt: Festlegung der inhaltlichen Hauptkategorien nach Vorwissen und theoriegeleitet

3. Schritt: Bestimmung des angestrebten Abstraktionsniveaus; Generalisierung der Paraphrasen unter diesem Abstraktionsniveau

4. Schritt: Erste Reduktion durch Selektion, Streichen bedeutungsgleicher Paraphrasen

5. Schritt: Zweite Reduktion durch Bündelung, Konstruktion, Integration von Paraphrasen auf dem angestrebten Abstraktionsniveau

6. Schritt: Zusammenfassung der neuen Aussagen als Kategoriensystem

7. Schritt: Rücküberprüfung des zusammenfassenden Kategoriensystems am Ausgangsmaterial

8. Schritt: Paraphrasierung des extrahierten Materials

9. Schritt: Zusammenfassung pro Kategorie

10. Schritt: Zusammenfassung pro Hauptkategorie

Abb. 6.6.: Ablaufmodell der inhaltlichen Strukturierung der Anforderungen und Bewältigungen selbständiger Handelsvertreter im Direktvertrieb.

Ziel ist es das deduktiv vorgelegte Kategoriensystem durch induktiv, aus den Transkripten heraus entwickelten, Kategorien zu ergänzen. Für die induktive Kategorienentwicklung werden parallel zwei methodische Konzepte in Ergänzung zueinander verwendet. Das nächste Kapitel zeigt die induktive Kategorienentwicklung nach Mayring (2003) und in Grundzügen die Kategorienentwicklung nach der Grounded Theory auf. Die Inhaltsanalyse ist dominante Auswertungsmethode der vorliegenden Arbeit, während die Methode der Kategorienentwicklung nach der Grounded Theory (gegenstandbegründete Theorie) ergänzend angewandt wird. Sie ist nicht das zentrale Element im Rahmen der Auswertung.

6.7.2. Induktive Kategorienentwicklung (nach Mayring, 2003)

Im Gegensatz zur deduktiven Kategorienentwicklung kann bei der induktiven Kategoriendefinition die Kategorie direkt aus dem Material in einem Verallgemeinerungsprozess abgeleitet werden, ohne sich auf vorab formulierte Theorienkonzepte zu beziehen.
Mayring deutet auf die Intransparenz bei der Kategorienentwicklung aus dem Material heraus hin. Die Darstellungen zur klassischen Inhaltsanalyse schweigen sich zum Problem, woher denn ihre Kategorien kommen und wie sie entwickelt werden, weitgehend aus:

„How categories are defined... is an art. Little is written about it." (Krippendorff, 1980, S. 76)

Innerhalb der qualitativen Inhaltsanalyse nach Mayring (2003) lässt sich dieser Kategorienbildungsprozess nun aber systematischer beschreiben, da Mayring die gleiche Logik und reduktiven Prozeduren, die in der zusammenfassenden Inhaltsanalyse eingesetzt werden, auch für die induktive Kategorienbildung verwendet. Das folgende Prozessmodell beschreibt den Vorgang:

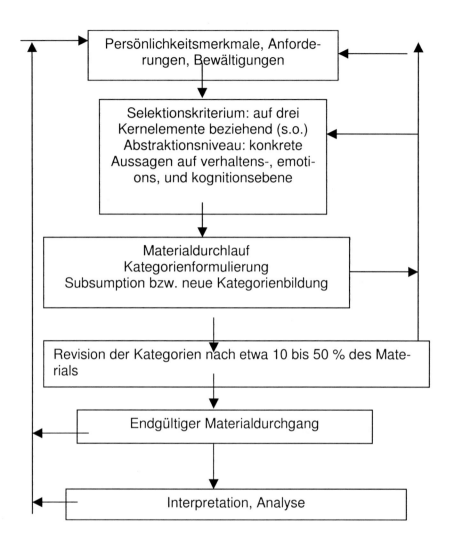

Abb. 6.7: Prozessmodell induktiver Kategorienbildung (in Anlehnung an Mayring, 2003, S. 75)

Im Unterschied zur qualitativen Inhaltsanalyse nach Mayring (siehe oben), die im Ergebnis eine Reihe von nur locker verbundenen Kate-

211

gorien durch die Zusammenfassung, Explikation oder Strukturierung von zugeordneten Textteilen beschreibt, zielt der Grounded Theory-Ansatz stärker auf eine feine Vernetzung von Kategorien und Subkategorien ab (Bortz & Döring, 2002, S. 333). Um diese Vernetzung von Kategorien und Subkategorien zu gewährleisten wird als zusätzliches und ergänzendes Auswertungsverfahren für die Anforderungs- und Bewältigungsbeschreibung die induktive Kategorienentwicklung nach dem Kodierparadigma des Grounded Theory Ansatzes durchgeführt (Glaser & Strauss, 1998).

6.7.2.1. Induktive Kategorienentwicklung nach der Grounded Theory (Glaser & Strauss, 1988)

Die Bezeichnung „Grounded Theory" (gegenstandsbezogene bzw. empirisch fundierte Theorie) wird häufig sowohl für die Methode als auch für das mit dieser Methode erzielte Forschungsergebnis verwendet. Der Schwerpunkt der Methode liegt darin, sich bei der gegenstandsbezogenen Analyse der Daten und der Entwicklung von Theorien auf empirische Analysen zu konzentrieren. Die Ergebnisse wissenschaftlicher Theorien und anderer empirischer Untersuchungen fließen kaum in die Untersuchung ein. Damit wird beabsichtigt, eine Verengung des Blickwinkels durch zu starke Konzentration auf die vorgefasste Forschungsmeinung und Theorie zu vermeiden. Dieser Grundsatz der Grounded Theory kann bei bestimmten Konstellationen im Gegensatz zu der im Kapitel 6.6.3.2. aufgeführten Kriterien zur Intersubjektiven Nachvollziehbarkeit (vgl. Kapteil 6.6.3.2.) stehen. Das Vorwissen und die Vorkenntnis des Forschers - auch implizite Vorannahmen - ist bei der Betrachtung der Gütekriterien ein wichtiger Aspekt; da diese bei strikter Einhaltung der Grounded Theory nicht mehr nachprüfbar sind, entsteht eine „Kluft". Im Rahmen dieser Arbeit wird das Vorwissen nicht ausgeblendet, sondern bewusst in die induktive Kategorienentwicklung integriert; es wird jedoch versucht den offenen und explorativen Charakter beizubehalten, um neue Erkenntnisse aus den Daten zu gewinnen. Ziel der empirischen Forschung ist die Entdeckung und Rekonstruktion von sozialen Zusammenhängen. Die Grounded Theory und ihre Methode sind theoriegenerierend. Die

Theorie wird aus der Analyse der empirischen Daten entwickelt. Für die vorliegende Arbeit steht jedoch die Theoriegenerierung nicht im Vordergrund, sondern die Rekonstruktion der Perspektive der Untersuchungsstichprobe hinsichtlich beruflicher Anforderungen und der Anforderungsbewältigung.

Wesentliche Module der Methode der Grounded Theory sind
- Theoretisches Codieren (suchen und analysieren von theoretische relevanten Konzepten m Feld)
- Komparative Analyse (kontinuierliches vergleichen und analysieren von empirisch gewonnenen Daten)
- Theoretisches Sampling (eine kontinuierliche Stichprobenziehung, die im Gegensatz zum statistical sampling nicht ex-ante gezogen wird).

Für eine detaillierte Beschreibung der Grounded Theory sei an andere Stelle verwiesen (z.b. Glaser & Strauss, 1998; Strauss & Corbin, 1996; Glaser, 1978)
Im den nachfolgenden Unterkapiteln wird das offene, axiale und selektive Kodieren beschrieben, das bei der induktiven Kategorienentwicklung angewandt wird.

6.7.2.1.1. Offenes Kodieren

Beim offenen Kodieren werden die Daten analytische „aufgeschlüsselt", wobei sich das Prinzip der Grounded Theory zeigt: Von den Daten, d.h. vom Text aus, werden sukzessive Konzepte entwickelt, die schließlich als Baustein für ein Modell genutzt werden können. Dieser Schritt kann auch als das erste „Aufbrechen" des Materials bezeichnet werden. Für den Anfang des „Aufbrechens" wird empfohlen, einzelne, kurze Textpassagen Zeile für Zeile auszuwerten. Später können größere Absätze oder ganze Texte kodiert werden. Um über eine einfache Paraphrasierung hinauszukommen, werden folgende „theoriegenerierende" Fragen an den Text gestellt:
- Was? Warum geht es? Welches Phänomen wird angesprochen?

- Wer? Welche Personen, Akteure sind beteiligt? Welche Rollen spielen sie dabei? Wie interagieren sie?
- Wie? Welche Aspekte des Phänomens werden angesprochen (oder nicht angesprochen)?
- Wann? Wie lange? Wo? Wie viel? Wie stark?
- Warum? Welche Begründungen werden gegeben oder lassen sich erschließen?
- Wozu? In welcher Absicht, zu welchem Zweck?
- Womit? Welche Mittel, Taktiken und Strategien werden zum Erreichen des Ziels verwendet?

Nach Böhm (2004, S. 478) nutzt der Forscher sein Hintergrundwissen über den Kontext der untersuchten Textpassage und generell sein Wissen über den untersuchten Bereich. Böhm erläutert jedoch nicht, ob dieses „Hintergrundwissen" auch theoretisches Wissen enthält oder nicht. Das Arbeitsergebnis ist ein Interpretationstext, der das analytische Denken über das Phänomen festhält und häufig Fragen enthält, wie das Phänomen weiter untersucht werden könnte. *Theoretische Codes* im Sinne von Begriffen aus wissenschaftlichen Theorien sollten anfangs gemieden werden. Als fruchtbar hingegen gelten *In-vivo-Codes*, die als umgangssprachliche Deutungen der Phänomene direkt aus der Sprache des Untersuchungsfeldes stammen. In-vivo-Codes sind Teile von „Theorien", die vom Produzenten des jeweiligen Textes selber formuliert wurden. Traditionelle Kategorien wie Alter, Geschlecht, sollen erst nach gründlicher Prüfung ihrer Relevanz verwendet werden. In diesem Sinne werden die hierarchischen Stufen, das Alter und weitere vordefinierte und vorab bekannte Merkmale der Untersuchungsteilnehmer beim offenen Kodieren ausgeblendet. Der Text und das Hintergrundwissen des Forschers erlauben, unterschiedliche Aspekte oder Eigenschaften des jeweils untersuchten Phänomens zu benennen. Gedankliche (auch abwegige und extreme) Vergleiche liefern Hinweise auf die mögliche Variation der Aspekte bzw. ihrer Ausprägungen. Wenn sich ein Aspekt oder eine Eigenschaft auf einem Kontinuum anordnen lässt, ist eine Dimension ermittelt.

Das offene Kodieren ist ein expandierendes Verfahren in dem Sinn, dass zu einem kleinen Stück Originaltext beträchtliche Mengen Interpretationstext hinzugefügt werden können. Um den Überblick zu behalten, schreibt der Forscher kontinuierlich *Memos* (gründen sich auf Codenotizen und auf übergreifende Zusammenhänge, die der Forscher Schritt für Schritt erkennt), und sortiert und gewichtet die Arbeitsergebnisse. Beim Ordnen der Konzepte zeigt, sich, welche Konzepte wichtig für die eigene Fragestellung sind und dementsprechend vertiefend analysiert und welche Zwischenergebnisse beiseite gelegt und nicht weiter verfolgt werden sollten. Der nächste Schritt ist das axiale Kodieren.

6.7.2.1.2. Axiales Kodieren

Das axiale Kodieren dient der Verfeinerung und Differenzierung schon vorhandener Konzepte und verleiht ihnen den Status von Kategorien (Böhm, 2004, S. 478). Eine Kategorie wird in den Mittelpunkt gestellt, und ein Beziehungsnetz wird um sie herum ausgearbeitet. Typischerweise wird das axiale Kodieren besonders in mittleren und späteren Stadien der Auswertung angewendet. Ebenso wie das offene Kodieren wird das axiale Kodieren auf sehr kurze Textsegmente (im Sinne einer Feinanalyse), auf größere Textabschnitte oder den gesamten Text angewendet. Für die Theoriebildung ist vor allem das Ermitteln von Beziehungen und Relationen zwischen der Achsenkategorie und den damit in Beziehung stehenden Konzepten in ihren formalen und inhaltlichen Aspekten wichtig. Die Achsenkategorie wird in ihren zeitlichen und räumlichen Beziehungen, Ursache-Wirkungs-Beziehungen, Mittel-Zweck-Beziehungen, argumentativen, motivationalen Zusammenhängen ausgearbeitet. Die hypothetischen Beziehungen sind beim axialen Kodieren in einem deduktiven Vorgehen immer wieder anhand neuen Datenmaterials zu überprüfen. Zur Ermittlung der Relation zwischen Kategorien, die sich auf Teilaspekte des sozialen Handelns beziehen, hat sich folgendes Kodierparadigma (Böhm, 2004) bewährt:

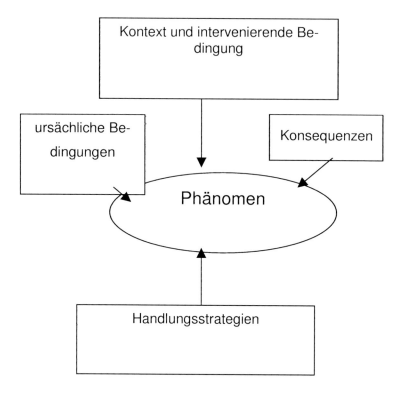

Abb. 6.8.: Kodierparadigma (nach Böhm, 2004, S. 479)

Die Anforderungen und Anforderungsbewältigungsstrategien - nicht jedoch die Persönlichkeitsmerkmale- werden gemäß dieses Kodierparadigmas axial kodiert. Beziehungen und Relationen werden erstellt. Den letzten Schritt bildet das selektive Kodieren.

6.7.2.1.3. Selektives Kodieren

In dieser Phase wird der Forscher vor allem als Autor auf der Grundlage der bis dahin erarbeiteten Kategorien, Codenotizen, Memos,

Netzwerke, Diagramme etc. tätig. Als Ausgangspunkt für die Festlegung des zentralen Phänomens der Analyse empfiehlt sich das Sichten von Codelisten, zusammenfassenden Memos und Netzwerkdarstellungen. Das zentrale Phänomen wird als *Kernkategorie* bezeichnet und ist möglicherweise schon in der Formulierung der Fragestellung der Untersuchung enthalten. Allerdings stellt sich im Forschungsprozess manchmal heraus, dass ein anderes Phänomen als ursprünglich angenommen für den Gegenstandsbereich eine zentrale Bedeutung gewinnt. Es sind gerade solche Verschiebungen der Forschungsperspektive im Zuge der Datensammlung und Interpretation, die zu neuen und überraschenden Erkenntnissen führen. Deshalb wird in der Grounded Theory empfohlen, im Verlauf der Forschung immer wieder zu fragen, welche Phänomene im Mittelpunkt stehen, und entsprechende Theorien-Memos zu formulieren.

Beim Vorliegen mehrerer gut durchgearbeiteter Achsenkategorien kann davon ausgegangen werden, dass das zentrale Phänomen in seinen wesentlichen Aspekten erfasst wurde – andernfalls ist es erforderlich, zu früheren Phasen des Forschungsprozesses zurückzukehren. Es zeigen sich folgende zwei Möglichkeiten:

1. Eine der Achsenkategorien erfasst das zentrale Phänomen und bietet sich damit als Kernkategorie an. Der Anwärter auf die Kernkategorie zeichnet sich formal durch seine vielfältigen Relationen zu allen anderen wichtigen Kategorien aus und hat eine zentrale Stellung im Begriffsnetz.

2. Häufig erweist es sich als sinnvoll, ein Phänomen in den Mittelpunkt zu stellen, auf das sich mehr als eine Achsenkategorie bezieht. In diesem Fall ist es notwendig, sich von den Achsenkategorien zu lösen und eine neue Kategorie zu formulieren, die durch Zusammenfassung oder Reformulierung einer vorhandenen Kategorie entsteht.

Eine häufige Schwierigkeit während der Untersuchungspraxis ist es, angesichts „lauter wichtiger Details" die zentralen Aussagen der Untersuchung bündig zu fassen. Hier sollte der Forscher fragen, welche „Geschichte" in den Daten enthalten ist. Der Forscher fasst in wenigen Sätzen die Ergebnisse der Untersuchung für einen interessierten Leser zusammen.

Leitfragen für diese Niederschrift sind: Worum geht es? Was habe ich durch die Untersuchung gelernt? Was steht im Mittelpunkt? Welche Zusammenhänge bestehen? Die zentrale Geschichte dreht sich um die Kernkategorie, entfaltet diese prägnant und zeigt die Zusammenhänge zu anderen, wichtigen Kategorien. Nach Festlegung der Kernkategorie, ihrer Eigenschaft und Dimensionen werden andere relevante Kategorien systematisch und schemageleitet in Beziehung zur Kernkategorie gesetzt. Sind die Relationen der zentralen Kategorien formuliert, lassen sich ihre jeweiligen Eigenschaften und Dimensionen auf Regelmäßigkeiten und Muster vergleichen.

Der Grad der Verallgemeinerbarkeit einer so gewonnenen Theorie hängt zum Teil von einem Abstraktionsprozess ab, der das gesamte Forschungsvorgehen durchzieht. Je abstrakter die entwickelten Kategorien - insbesondere die Kernkategorie – formuliert sind, desto größer wird der Anwendungsbereich der Theorie. Damit wächst aber auch der Aufwand bei ihrer Entwicklung, denn letztlich muss der Weg von den Daten zu den relativ abstrakten Kategorien lückenlos dokumentiert sein (vgl. auch Kapitel 6.6.3.2.1. Verfahrensdokumentation). Eine gegenstandsverankerte Theorie ist überprüfbar, indem man die Theoriesätze als Hypothesen erneut an die Wirklichkeit heranträgt. Für soziale und vor allem historische Phänomene sind dabei Grenzen gesetzt, weil sich die sozialen Bedingungen nicht beliebig und exakt reproduzieren lassen.

6.8. Computergestützte Auswertung

Im Unterschied zu Statistikprogrammen sind Programme, die für die qualitative Sozialforschung entwickelt wurden, nicht Werkzeuge zur *Analyse,* sondern zur *Strukturierung* und *Organisation* von Textdaten (Kelle, 2004, S. 488).

Die Auswertung wurde mit Hilfe des Computerprogramms Atlas.ti (Muhr, 2004) durchgeführt. Die Wahl fiel auf dieses Programm, da das Programm sowohl inhaltsanalytische Features (Möglichkeit der Zusammenfassung von Kodes als Kategorien und Superkategorien) als auch Features, die für die Anwendung des Kodierparadigma nach der Grounded Theory (s.o., Memos, Netzwerke) hilfreich sind, beinhaltet. Die Wahl fiel auch aufgrund pragmatischer und praktischer Überlegungen auf das Programm, da es der Verfasserin am leichtesten verfügbar war und aus subjektiver Beurteilung „leicht handhabbar" ist.

7 Ergebnisse

Nach einer Beschreibung der Untersuchungsstichprobe werden Ergebnisse über Anforderungen, Persönlichkeitsmerkmale, Ausprägungen des Kohärenzgefühls und des Stresserlebens und der Bewältigungsmöglichkeiten der untersuchten Handelsvertreter aufgeführt. *Kategorienbezeichnungen* sind im nachfolgenden Abschnitt kursiv gekennzeichnet.

7.1. Beschreibung der Untersuchungsstichprobe

Es nahmen 18 selbständige Handelsvertreter an der vorliegenden Untersuchung teil. Alle Handelsvertreter sind im Außendienst für das ausgewählte Direktvertriebsunternehmen tätig und verfügten zum Zeitpunkt der Datenerhebung mindestens zwei Jahre Erfahrung im Außendienst des Direktvertriebs, wobei die Untersuchungsteilnehmer unterschiedliche Erfahrungsdauer als selbständige Handelsvertreter verfügen. Tabelle 7.1. zeigt die Spannbreite der Tätigkeitsdauer auf. Das Durchschnittsalter der Untersuchungsstichprobe liegt bei 43,5 Jahren, wobei der jüngste Teilnehmer 33 Jahre und der älteste Teilnehmer 58 Jahre alt sind.

Tab. 7.1.: Verteilung Dauer der Tätigkeit als selbständiger Handelsvertreter für die Stichprobe

	N	Min.	Max.	Mittelwert	Standardabw.
Dauer der Tätigkeit im Außendienst in Jahren	18	2	20,5	8,7	5,8

Die Untersuchungsstichprobe ist Teil einer größeren Organisation mit bestehenden Hierarchien. Die selbständigen Handelsvertreter im Direktvertrieb der untersuchten Stichprobe gehören unterschiedlichen hierarchischen Stufen an. Tabelle 7.2. gibt die Positionen der untersuchten Stichprobe wider.

Tab. 7.2.: Verteilung der Fach- und Führungspositionen der Untersuchungsstichprobe

Regionaler Vertriebsleiter	1
Verkaufsleiter	3
Bezirksleiter (erste Führungsstufe)	8
Fachberater	5
Werber	1

„Werber" führen keine Verkaufsgespräche, sondern sprechen ausschließlich Kunden an der Tür an. Der „Werber" in der Untersuchungsstichprobe ist für Terminierung von Verkaufsgesprächen für einen Bezirksleiter aus der Untersuchungsstichprobe zuständig.
Fachberater sind selbstständige Handelsvertreter im Direktvertrieb ohne offizielle personelle Verantwortung. Sie akquirieren Kunden an der Türe und führen selbständig Verkaufsgespräche durch. Die Fachberater der Untersuchungsstichprobe sind im Bedarfsfall bei der Einarbeitung von neuen Kollegen beteiligt. Neue selbständige Handelsvertreter oder an der Tätigkeit interessierte Personen begleiten dann die Fachberater während Ihrer Arbeitszeit. Bezirksleiter sind erfahrender Fachberater mit unterschiedlicher Führungsspanne. Verkaufsleiter sind langjährig erfahrende Handelsvertreter, die auch Bezirksleiter führen.
Der regionale Vertriebsleiter in der Untersuchungsstichprobe verantwortet die Führung seiner Region und damit der Verkaufs- und Bezirksleiter aus der Region „West".

Wie aus der Tabelle 7.1 zu entnehmen ist, besteht die Untersuchungsgruppe vorwiegend aus Bezirksleitern. Bezirksleiter sind erfahrenere selbständige Handelsvertreter, die sowohl Erfahrung aus der Branche sowie der Organisation des Herstellerunternehmens besitzen. Auf Grundlage dieser Erfahrung, werden Bezirksleitern weitere selbständige Handelsvertreter zugeordnet, die „neu" in die Organisation und/oder in die Branche kommen. Bezirksleiter entscheiden, ob ein neuer Handelsvertreter mit ihnen oder mit anderen Fachberatern aus der Gruppe „mitlaufen". Es besteht keine Weisungsbefugnis gegenüber diesen selbständigen Handelsvertreter (Hierarchiestufe: Fachberater und/oder Werber). Die Verkaufsleiter sind den Bezirksleiter hierarchisch übergeordnet, es besteht auch zwischen Bezirksleitern und Verkaufsleitern kein formale Vorgesetzten-Mitarbeiter Verhältnis.

Der regionale Vertriebsleiter ist den Verkaufsleitern seiner Region hierarchisch übergeordnet, ohne gleichzeitig über Weisungsbefugnis zu verfügen.

7.2. Anforderungen an selbständige Handelsvertreter

Die in Kapitel vier vermuteten Anforderungen an selbständige Handelsvertreter werden nachfolgend im Lichte der eigenen Ergebnisse betrachtet. Die Kategorienbildung erfolgte sowohl deduktiv als auch induktiv Mithilfe der qualitativen Inhaltsanalyse (Mayring, 2003; vgl. Kapitel 6.7) und unter Zuhilfenahme von Auswertungselementen aus der Grounded Theory (vgl. Kapitel 6.7.2).

Sobald die phänomenologische Betrachtung und die Betrachtung von Strukturen im Zentrum der Arbeit steht, werden Häufigkeitsverteilungen irrelevant (vgl. Kapitel 6.7.). Auch wenn sich beispielsweise ein bestimmtes Phänomen nur mit Hilfe eines einzigen Vertreters aufspüren ließe, so ist es ein sicheres Zeichen für die Existenz und Reproduzierbarkeit dieser Struktur. Dabei beinhaltet der Begriff „Struktur" in Hinblick auf die vorliegenden Fragestellungen, komplexe Zusammenhänge an Anforderungen.

Die Anforderungen werden nach Erpenbeck und von Rosenstiel (2003, S. XVI) in fachlich-methodische und sozial-kommunikative Anforderungen bzw. Kompetenzen unterteilt (vgl. auch Kapitel 4.1.2). Die grundlegende Anforderung und die herausragenden, kritischen Anforderungen, die aufgrund der Interviewanalysen herausgearbeitet wurden sind von dieser Einteilung ausgeschlossen.

7.2.1. Grundlegende Anforderung: Existenzsicherung durch Umsatzleistung

Eines der wichtigsten Merkmale in ihrer Tätigkeit ist für Handelsvertreter der Untersuchungsgruppe, dass sie selbständig sind und deshalb ihr Einkommen vom selbst erwirtschafteten Umsatz abhängt. Da die Untersuchungsteilnehmer alle hauptberuflich selbständig als Handelsvertreter tätig sind, bestreiten sie ihren Lebensunterhalt ausschließlich durch den Vertrieb von Produkten der Firma Heim und Haus. Es handelt sich hierbei um eine zentrale Anforderung, die besondere Beachtung verdient. Um als selbständiger Handelsvertreter agieren zu können, muss eine Bereitschaft vorliegen, die eigene Existenz ausschließlich und durch möglichst regelmäßig selbst erwirtschaftete Umsatzleistungen zu bestreiten. Wenn diese

Anforderung nicht akzeptiert und bewältigt wird, erübrigen sich die weiteren Anforderungen. Deshalb wird die Anforderung *Existenzsicherung durch Umsatzleistung* als die grundlegende Anforderung bezeichnet.

Dass die eigene Existenz durch die getätigte Verkäufe bzw. Umsatzleistungen gesichert wird, wird von den Untersuchungsteilnehmern besonders betont.

P 6: TN 9.txt - 6:22 [Wir haben ja auch noch den Dru..] (98:98) (108:108)
Codes:[B2/03ExistenzsicherungdurchUmsatzleistung]

„Wir haben ja auch noch den Druck, wenn wir am Ende des Monats nichts zusammen haben, dann haben wir ja auch nichts verdient. Das ist natürlich ein Riesendruck für uns.

Da denkst Du manchmal: ‚Hast Du jetzt alles verlernt, da funktioniert jetzt gar nichts mehr.' Man ist total niedergeschlagen, **man kriegt Existenzängste** irgendwann, weil je weniger Umsatz man macht, um so weniger verdient man. Das ist schon … heftig dann, wenn man so in eine Krise gerät. Gerade als Neuer."

P15: TN 15.txt - 15:21 [wenn wir nicht täglich versuch..] (98:98)
Codes:[B2/03ExistenzsicherungdurchUmsatzleistung]

„wenn wir nicht täglich versuchen, neue Kunden zu gewinnen oder neue Aufträge zu bekommen, (ähm) dann… dann bleiben wir auf der Stelle stehen, d. h. also wir können ja nur Umsätze tätigen, wenn wir auch neue Termine frischer Kunden und dementsprechend neue Aufträge reinbringen, wo ich dann auch wieder Angebote mache, wo dann im Nachhinein vielleicht auch der Eine oder Andere noch bestellt und (ähm) man nur darf sich da nicht von abhängig machen"

Die unter den Persönlichkeitsmerkmalen herausgearbeitete hohe Ausprägung der *Risikobereitschaft* ist inhaltlich mit dem durch die Interviews erhaltenen Befund stimmig, dass das Einkommen täglich neu erarbeitet werden muss und somit keine mittel- oder langfristig gesicherten Einnahmequellen vorliegen. Dieses Risiko ist vorhanden und wird von den Untersuchungsteilnehmern getragen. Die Existenzangst wird nicht in direktem Bezug zur eigenen Person genannt, sondern allgemein formuliert: **„man kriegt Existenzängste".** Grundsätzlich fällt eine Tendenz auf, sich selbst als positiv und erfolgreich im Sinne eines erzielten hohen Umsatzes darzustellen. Falls Schwächen eingeräumt werden wird darauf hingewiesen, dass es

doch „irgendwie klappt" - also, dass die eigenen Umsätze den Zielvorgaben entsprechen und dass die eigene Person mit der eigenen Arbeit zufrieden ist. In Kapitel 7.2.6.1. wird das oben genannte Zitat von Teilnehmer 9 weiter interpretiert.

Es wird in folgendem Interviewausschnitt deutlich, dass die Abhängigkeit des Einkommens von den Umsatzleistungen von einigen „Anfängern" nicht von Beginn an durchschaut wird:

P 8: TN 18.txt - 8:29 [TN 18: - und viele ha' m noch ..] (187:191)
Codes:[B2/03ExistenzsicherungdurchUmsatzleistung]

„TN 18: - und viele ha' m noch nie ´ne Selbständigkeit mitgemacht. So, und die sind zwar selbständig, fühlen sich aber wie Angestellte. Und…

Interviewerin: Was heißt das: ‚sich wie Angestellte fühlen?'

TN 18: Das heißt also: sich die Zeit noch nicht richtig einteilen, richtig für den Job da zu sein und wirklich auch nur dafür Geld zu bekommen, was umgesetzt worden ist. Sondern einfach im Kopf noch haben: ‚Mein Gott, nee, ich bin den ganzen Tag draußen, ich mache, also muss auch das Geld fließen'. So, und wenn man vorher einmal selbständig war und, ich sach' jetzt einfach ma, 'n Geschäft hatte: Wo nicht verkauft wird, da kommt auch kein Geld rein. So, und dieses Denken ist einfach im Moment noch nicht da. Und das ist 'ne verdammt harte Geschichte sie in den Weg rein zu bekommen, auch vor allen Dingen, die Arbeitszeit gut einzuteilen. Das ist immens. Man merkt ganz klar, dass bei Neulingen immer noch viele, viele Sachen falsch gemacht werden, anders gemacht werden, ich sach' jetzt ma': wenn ich uns als alte Hasen sehe, uns kann's schlecht gehen, wir sind trotzdem unterwegs. Wir sind trotzdem am arbeiten, oder wir sind mal 'n halben Tag im Bett und sind dann wieder im Einsatz. **Bei neuen Leuten merkt man wirklich noch, das ist fast so 'ne Einstellung wie „Krankenscheinmentalität".** Der hat 'ne Erkältung, ist vielleicht noch vier Tage nicht da. Und all dieses rüber zu bringen, bevor dieses große Erwachen kommt, dass bei den Überweisungstagen dann 'ne Nullrunde dabei ist, das ist 'ne verdammt harte Geschichte. Also die in die Selbständigkeit rein zu bekommen und wirklich denen beizubringen, dieses selbstständig, ‚selbst' und ‚ständig' was dafür zu tun, ist 'ne ganz harte Geschichte."

Auch hier wird der Leistungsdruck aufgrund der Notwendigkeit der Existenzsicherung durch das Zitat „**ist 'ne ganz harte Geschichte**" unterstrichen.

Um jedoch die eigene Existenz von Tag zu Tag neu zu sichern, ist die **Kernanforderung** die *Neukundenakquise* und die Bereitschaft, die Arbeitszeit mehr als die bei „klassischen" Angestellten vertraglich vereinbarten 8 Stunden pro Tag auszudehnen.
Dies entspricht den rechtlichen Rahmenbedingungen und den Unterscheidungskriterien zwischen Angestellten (mit festgelegten Arbeitszeiten und festem Gehalt) und Selbständigen.

7.2.2. Physische Anforderungen

Unter den physischen Anforderungen wird die Unterkategorie *Äußeres Erscheinungsbild* vorgestellt. Die zweite Unterkategorie *Robustheit in jeder Wetterlage* betont die wetterabhängige Tätigkeit, die in Kapitel 7.2.1. (*Externale Kontrollüberzeugung*) weiter thematisiert wird.

Äußeres Erscheinungsbild

Die interviewten selbständigen Handelsvertreter haben ein klares Bild, von den Anforderungen an das äußere Erscheinungsbild, an sich selbst und auch an Ihre Kollegen. Ein Teilnehmer drückt dies kurz mit folgenden Adjektiven aus:

P14: TN 14.txt - 14:10 [sportlich, sauberes, adrettes ..] (123:123)
Codes:[B2/01Physische Anforderungen]

„sportlich, sauberes, adrettes Auftreten."

Das äußere Erscheinungsbild richtet sich nach den Erwartungen der Kundenzielgruppe. Die Kunden werden einer bestimmten Altersgruppe zugeordnet und ihnen wird eine konservative Haltung zugeschrieben. Daraus leiten die Untersuchungsteilnehmer die Anforderungen an ihr äußeres Erscheinungsbild ab:

P11: TN 3.txt - 11:42 [Also erst mal aufs Äußere. Int..] (48:52)
Codes: [B2/01Physische Anforderungen]

„TN 3: Ja auf so was muss man achten. Es gibt Leute, die kann man in unserem Beruf nicht gebrauchen. Langhaarige, Tätowierte, Ohrringe. Da muss ich sagen, das geht nicht. Ich muss dem Kunden gegenübersitzen und der Kunde spielt, sag ich jetzt mal, auch mit mir. Und wenn ich dann

sag ich mal 3 Goldkettchen anhab, oder hab einen Ohrring an, dann sagt der Kunde sich, och hör mal. **Weil unsere Kunden, muss man ja mal sagen, sind ja doch etwas mehr konservativ."**

Insgesamt gibt es eine Reihe von äußeren Merkmalen, die als nicht geeignet betrachtet werden. Hierzu werden konkret genannt:

- lange Haare
- Vollbart
- Offensichtliche Piercings
- Offensichtliche Tätowierungen
- Ungewöhnlich viel Schmuck
- Unangenehmer Körpergeruch (Qualm)
- Nicht der Produktgruppe angepasstes Auftreten und Bekleidung
- Unsaubere Bekleidung

Es wird ein eher der Produktgruppe angepasstes Auftreten bevorzugt.

Robustheit gegenüber der Wetterlage

P 2: TN 4.txt - 2:61 [Gut, was gefällt mir an dem Jo..] (15:15)
Codes:[B2/01Physische Anforderungen]

„Gut, was gefällt mir an dem Job nicht so? Ich sag mal **bei jedem Wetter an die Tür zu gehen ist natürlich nicht das Tollste,** „

Dieses Zitat gibt den Alltag der selbständigen Handelsvertreter im aktiven Verkauf wieder. Wie in Kapitel 7.3.1. unter der Kategorie *Externaler Kontrollüberzeugung* herausgearbeitet werden wird, ist eine Abhängigkeit zur Wetterlage vorhanden. Körperlich müssen nämlich Hitze, Kälte, Regen, etc. „ausgehalten" werden, um Kunden zu finden und anzusprechen. In Anbetracht der klimatischen Veränderungen und der Wechselhaftigkeit des Wetters kann ein weiterer sehr großer Untersuchungsbereich festgestellt werden. Wie sieht die physiologische Anpassung des Körpers aus? Was ist in sehr kalten Jahreszeiten bzw. im Winter? Was ist mit körperlichen Erkrankungen, die aufgrund externer Reize ausgelöst werden? Wie reagiert das Immunsystem des selbständigen Handelsvertreters bei ständigem Einsatz draußen?

P17: TN 17.txt - 17:5 [hat mir sehr, sehr viel beigeb..] (60:60)
Codes:[B2/01Physische Anforderungen]

„hat mir sehr, sehr viel beigebracht, also der hat mir eigentlich den Direktvertrieb von draußen, von Haustür zu Haustür zu laufen, hat der mir unheimlich (betont) gut beigebracht, **also der hat mich dann tagsüber, wo das richtig kalt war, mit minus 10, 15 Grad, hat er mich draußen rumgeschickt und ich bin dann gelaufen wie 'n Döppken und da hab' ich eigentlich das, den richtigen Direktvertrieb richtig kennen gelernt,"**

Psychoneuroimmunologische Untersuchungen, stützen die Annahme, dass die körperliche Anfälligkeit für Krankheiten bei hohem Beanspruchungserleben steigt (z.B. Cohen et al. 1993, 1995, 1998 und 1999). Die Untersuchungsteilnehmer der vorliegenden Untersuchungsgruppe weisen geringe Ausprägungen im Beanspruchungsbzw. Stresserleben auf (vgl. Kapitel 7.4). Dies macht plausibel, dass das Feld der tätigkeitsbedingten Krankheiten von den Teilnehmern der vorliegenden Untersuchung nicht erwähnt wird. Die Zusammenhänge zwischen dem Stresserleben, den durch die Wetterlage bedingten Anforderungen und dem individuellen Gesundheitszustand sind in weiteren Untersuchungen zu analysieren.

Eng verbunden mit den physischen Anforderungen ist die Kategorie *Alter*. Verglichen mit dem Immunsystem junger Menschen ist das Immunsystem älterer Menschen stärker von Stress beeinträchtigt (Kiecolt-Glaser et al. 2001, 2002), wobei gleichzeitig ältere eine bessere Stressbewältigung beweisen (Silver et al., 1998). Interviewteilnehmer (TN) 1 sieht seine physische Konstitution eng mit dem eigenen Alter in Verbindung:

7.2.3. Alter

Hier zeigen sich tendenziell widersprüchliche Ergebnisse. Durch die hohen physischen Anforderungen, robust gegenüber jede Wetterlage zu sein wirft Interviewteilnehmer 1 folgende Bedenken ein:

P 1: TN 1 .txt - 1:18 [Interviewerin: (Überlegt) Ja, ..] (65:70)
Codes:[B2/09Alter]

„Interviewerin: (Überlegt) Ja, würden Sie sich nochmals für den Weg entscheiden? Noch mal so arbeiten?
TN 1: Ja, aber das würde ich dann, das heißt wenn ich noch mal auf die Welt kommen würde, würde ich das mit jüngeren Jahren machen. Weil das ist dann einfacher.
Interviewerin: In wie fern?
TN 1: Einfacher ist es einfach, ich sag mal so, wenn Sie 6 Stunden unterwegs sind, ob kalt ob warm, oder wie auch immer. Kann ich mir vorstellen leichter mit 20 oder 25 als mit 48 oder 50. (mmh) So mein ich das jetzt. Ich muss es ja auch zugeben, ich merk ja auch, dass ich älter werde. Mit 48 ist man noch nicht uralt...

Interviewerin: ... man ist nicht 70...
TN 1: ... aber es ist schon mal so ein Schnitt, wo man sagt ja mit 25 da kannst du immer noch"

Schlussfolgerung aus diesem Zitat ist, dass die Akquise an der Tür bei jeglicher Wetterlage für 20 und 25-jährige selbständige Handelsvertreter einfacher ist, da die körperlichen Anforderungen leichter bewältigt werden.
Diesem stehen zahlreiche Fundstellen gegenüber, die die „psychische Reife" selbständiger Handelsvertreter und die Akzeptanz beim Kunden thematisieren. Insgesamt sprechen die Untersuchungsteilnehmer über 30-Jährigen eine höhere „psychische Reife" und eine höhere Akzeptanz beim Kunden zu.

P 3: TN 5.txt - 3:31 [Und viele Jüngere haben halt n..] (47:47)
Codes:[B2/09Alter]

„Und viele Jüngere haben halt noch das Problem, **wir hatten so unter 20 welche, das funktioniert einfach nicht. Die sind einfach vom Kopf her nicht reif genug für diesen Job.** Unter 30 dürfte im Direktvertrieb eigentlich keiner anfangen, weil er gar nicht weiß worum es geht. Jetzt egal was für ein Produkt. Direktvertrieb ganz allgemein. Und da hat sich das ein klein bisschen geändert. „

P 3: TN 5.txt - 3:55 [ich denke gerade Schulabgänger..] (79:81)
Codes:[B2/09Alter]

„ich denke gerade Schulabgängern fehlt die geistige Reife in diesem Job. (Mmmh) Weil sie einfach diese Alter noch nicht haben. Klar, ihnen fehlt die Erfahrung und das Problem ist **unser Kunde ist ja der potentielle......D. h. das fängt irgendwo ab Mitte 20 an, meistens Ende 20, Anfang dreißig**
Interviewerin: joah...
TN 5: weil das einfach von der finanziellen Seite her ist und wenn sie jetzt hier einen 19-jährigen hinschicken, der hat es natürlich extrem schwer. Allein so nach dem **Motto viel Klientel ist über 40, oder der Großteil der Klientel ist Mitte 30, zwischen Mitte 30 und Mitte 50, wenn sie ihre 18-jährigen dahin schicken, das wird schwierig.** (Mmmh) Es gibt ja Ausnahmen, gar keine Frage. Aber das sind dann Menschen, die in dem Alter schon mit den Füßen voll auf dem Boden stehen, und nicht irgendwo am träumen sind. „

P 5: TN 8.txt - 5:53 [Es ist schwierig, als Werber o..] (148:148)
Codes:[B2/09Alter]

„Es ist schwierig, als Werber o.k., heißt nur von Tür zu Tür gehen, nur Adressen machen, kann man dem Kunden auch sagen an der Tür, Wir machen nur die Werbung hier. Ich schicke einen Fachberater raus, der kümmert sich dadrum. **Verkäufer sollten, erfolgreiche Verkäufer, sehe ich bei uns ja immer wieder, ab 30, 35, da kommt die Fachkompetenz herüber, dem Kunden gegenüber. Und wir nehmen vielleicht auch 50, 60, gar kein Thema. Also, Alter nach oben hin**

spielt keine Rolle bei uns. Nach unten hin wird es schwieriger, ne.“

Im Unterschied zu dieser Aussage sind in der Untersuchungsstichprobe selbst drei Teilnehmer, die in sehr jungem Lebensalter die Entscheidung für die Tätigkeit als selbständigen Handelsvertreter getroffen haben, ununterbrochen und auch finanziell erfolgreich aktiv sind (TN 3, TN 6 und TN 15). Die Unterkategorie *Alter* thematisierten diese Interviewteilnehmer nicht und konnte diese bei den Interviews somit nicht kodiert werden. Die Ergebnisse der inhaltsanalytischen Auswertung werfen deshalb weitere Fragen auf. Welche Rolle spielt das Alter – insbesondere der Unterschied zwischen den Generationen der 20 bis 30-Jährigen versus der Generation der ab 30-Jährigen? Wie wichtig ist physische Gesundheit und Fitness? Was bedeutet denn in diesen Zitaten „psychische Reife“? Die „psychische Reife“ wird nicht weiter ausgeführt, es kann vermutet werden, dass hiermit auf Selbstmanagementfähigkeiten (vgl. Kanfer, Reinecker & Schmelzer, 2004) hingedeutet wird, die nach Ansicht der Untersuchungsstichprobe jüngeren Menschen fehlt. Gleichzeitig zeigt der Umstand, dass in der Regel in freier Umgebung gearbeitet wird, dass die körperliche Robustheit gegenüber der Wetterlage eine wichtige Voraussetzung ist.
Weitere Längsschnittuntersuchungen (z.B. „Jüngere“ Anfänger vs. „Ältere“ Anfänger als selbständige Handelsvertreter) und weitere Querschnittuntersuchungen mit quantitativen Messungen von Umsatzleistungen, hierarchischer Leistung und weiterer Variablen könnten eine Antwort auf die Unstimmigkeit geben.

7.2.4. Arbeitszeiten

Einheitlich berichtet die Untersuchungsstichprobe von ihrer Arbeitszeit als „von morgens bis abends durch", welches auch als einziges „In-vivo-Code" bei der Auswertung entwickelt wurde.
P 1: TN 1 .txt - 1:1 [Von morgens bis abends durch.] (12:12)
Codes: [B2/03/04Arbeitszeit: Von morgens bis abends durch]

„von morgens bis abends durch"

Bei zusammenfassender Analyse der Interviews und der Arbeitstagbeschreibungen der Teilnehmer wird deutlich, dass die Handelsvertreter morgens zwischen 8.00 Uhr und spätestens 10.00 Uhr mit ihrer Arbeit beginnen. Zunächst treffen „die Teams" zusammen, begrüßen sich, verteilen die zu bewerbenden Gebiete und marschieren gemeinsam zur Kundenansprache los. In der Kernzeit von morgens 08.00 bzw. 10.00 Uhr bis zum späten Nachmittag 17.00 bzw. 18.00 Uhr werden die Haushalte angesprochen. Im Anschluss hat der selbständige Handelsvertreter idealerweise Verkaufsgespräche, die ggf. bereits an vorherigen Arbeitstagen vereinbart worden sind.
Der Arbeitstag kann bis 22.00 Uhr dauern und wird durch eine Mittagspause unterbrochen. Die Möglichkeit zwischendurch Pausen – auch für mehrere Stunden – einzulegen, besteht jederzeit. Die Aussagen der Untersuchungsstichprobe sind sehr kohärent und widersprechen sich kaum. Freizeit steht den selbständigen Handelsvertretern hiernach kaum zur Verfügung. Das ist auf den ersten Blick irritierend, da doch die Selbständigkeit die Möglichkeit eröffnet, mehr Freizeit zu genießen. Aufgrund der Notwendigkeit, Umsätze zu tätigen, ist es für den selbständigen Handelsvertreter zwingend notwendig, Termine zu vereinbaren und (möglichst abschlussorientierte bzw. geschäftsabschließende) Verkaufsgespräche zu führen. Bei der Terminvereinbarung richten sich die selbständigen Handelsvertreter nach den Möglichkeiten ihrer Kunden, die in der Regel ganztags berufstätig sind, und somit erst am späten Nachmittag bzw. Abend für ein Verkaufsgespräch zur Verfügung stehen. Es besteht im ersten Moment für den

selbständigen Handelsvertreter somit fast 14 Stunden am Tag (09.00 bis 23.00 Uhr) und an 7 Tagen in der Woche (wochentags Ansprachen an der Tür, an Wochenenden flankierende Marketingmaßnahmen auf Märkten) die Möglichkeit, zu arbeiten. Die Teilnehmer geben an, dass Sie viele Wochen im Jahr versuchen, diesen Rhythmus beizubehalten. Andererseits gibt es aufgrund der Wetterlage Einschränkungen. Beispielsweise geben die Interviewteilnehmer einheitlich an, dass bei regnerischem Wetter keine Türakquise betrieben wird. Ein Teilnehmer weist darauf hin, dass bei Einbruch der Dunkelheit auch keine Türakquise durchgeführt werden sollte, um Kunden nicht zu „erschrecken":

P 5: TN 8.txt - 5:52 [TN 8: im Sommer, wie gesagt, h..] (24:24)
Codes: [B2/03/04Arbeitszeit: Von morgens bis abends durch]

„TN 8: im Sommer, wie gesagt, halb 10, früher sollte man nicht, denn da stört man schon mal an de Tür, ja, da hats ( ) gewisse Gefühle, **ne und im Winter .. klar, nicht im Dunkeln nicht gehen, gehen wir nicht mehr an die Tür, ja also, wo es jetzt ... Schluss, Feierabend"**

Da der Sonnenuntergang in winterlichen Jahreszeiten in Deutschland früh ist (z.B. ca. 16.30-17.00 Uhr im Dezember), kann hieraus geschlussfolgert werden, dass die mögliche Arbeitszeit im Winter kürzer ist als in den sommerlichen Jahreszeiten (Sonnenuntergang z.B. ca. 22.00 Uhr im Juni/Juli).
Jahresabschlüsse, Feiertage und Ferienzeiten beeinflussen die Arbeitszeiten der Untersuchungsteilnehmer zusätzlich. In Ferienzeiten sind weniger potentielle Kunden anzutreffen, was sich durch eine Reduktion der Arbeitszeit äußert. Ähnlich ist es an bestimmten Feiertagen, da Kunden aus gesellschaftlichen und allgemeinen Pietäts- und Höflichkeitsgründen nicht während dieser Tage akquiriert werden (z.B. Weihnachten und Ostern). Ein Interviewteilnehmer jedoch berichtet, dass es auch einen Feiertag gibt, an dem er regelmäßig akquiriert und verkauft:

P 6: TN 9.txt - 6:60 [TN 9: Im Sommer gibt es ein kl..] (100:102)
Codes:[B1/01/01LeistungsmotivationHoheAusprägung]

„TN 9: Im Sommer gibt es ein kleines Loch und Weihnachten auch. **Also bei uns gibt es auch viele Ausflüchte. Viele sagen: ,Karneval brauchst Du nicht raus, da verkaufst Du in Köln gar nichts'.** Interviewerin: Lieber feiern (lacht). TN 9: Genau. Aber stimmt nicht. Das ist eine Einstellungssache. **Ja, das ist nicht so, die Hälfte in Köln feiert und die andere Hälfte hat frei. Und jedes Jahr habe ich bis jetzt Rosenmontag ein (Produkt) verkauft in Köln. Also das ist einfach immer auch eine Einstellungssache.** Auch bei diesen ,Hängern': da muss man eben vorarbeiten und sagen: ,Also, in dieser Zeit müssen wir dann statt 6 Stunden auch noch mal ne siebte Stunde laufen, um das auszugleichen'"

Die Elemente der Tätigkeit selbständiger Handelsvertreter können wie folgt aufgeteilt werden:

Vorbereitung:	Aufteilung der Verkaufsgebiete, ggf. Planung der Arbeitsverteilung im Team
Akquise:	Türakquise, Ansprache von Kunden zwecks Terminvereinbarung
Verkaufsgesprächsführung:	Führung von intensiven, ausführlichen und abschlussorientierten Gesprächen beim Kunden
Nachbereitung:	ggf. Weiterleitung einer Bestellung an das Herstellerunternehmen, ggf. Organisation, Dokumentation des Vorgangs

Aus dieser groben Aufteilung der Tätigkeit wird deutlich, dass es theoretisch für Handelsvertreter möglich wäre, an 24 Stunden am Tag – quasi „rund um die Uhr- und sieben Tagen pro Woche zu arbeiten. Vorbereitung, Akquise und Verkaufsgesprächsführung können im Rahmen von 08.00 bis ca. 22.00 Uhr stattfinden, während die Nachbereitung im Anschluss an die Verkaufsgespräche erfolgen kann. Dies wird selbstverständlich aus praktischen und insbesondere gesundheitlichen Gründen nicht kontinuierlich in dieser Form durchgeführt. Ausreichende Schlaf- und Ruhephasen fehlen schließlich bei dieser theoretischen Berechnung völlig. Insgesamt stellen die Untersuchungsteilnehmer eine hohe Arbeitszeit, die auf die Abendstunden ausgedehnt wird, in den Mittelpunkt ihrer Beschreibungen. Die hohe Arbeitszeit wird von fast allen Interviewees angegeben.

Eine quantitative Messung der Arbeitszeit kann die Arbeitszeiten selbständiger Handelsvertreter systematisch strukturieren. Hieraus könnten Zyklen, Hoch- und Tiefphasen abgeleitet werden.

7.2.5. Fachlich-methodische Anforderungen

Trotz Mangel an expliziten Qualifikationen als Voraussetzung für die Tätigkeitsaufnahme, (vgl. Kapitel 2 und 4), werden branchenspezifische, fachliche Anforderungen deutlich.

7.2.5.1. Technische Kenntnisse

Die zu verkaufenden Produkte der Untersuchungsstichprobe sind erklärungsbedürftige Investitionsgüter. Ein technisches Interesse und eine technische Versiertheit kann a priori für die Ausübung der Tätigkeit vorausgesetzt werden. Diese Anforderung wird jedoch kaum als Voraussetzung genannt, sondern es wird ein Schwerpunkt auf die *Ausbildung im Direktvertrieb* gelegt. Der fachliche und berufliche Hintergrund der Untersuchungsstichprobe kann ein Grund dafür sein, dass technische Kenntnisse nicht explizit thematisiert wurden.

Die Hälfte der an der Untersuchung teilnehmen Interviewpartner hat einen technischen oder handwerklichen Tätigkeitshintergrund; die andere Hälfte der Untersuchungsstichprobe ist seit langen Jahren in der Branche tätig, so dass das technische Verständnis als selbstverständlich vorausgesetzt werden kann. Gleichzeitig besitzt diese Hälfte der Untersuchungsgruppe Erfahrung in der Selbständigkeit. Die Kenntnis von technischem Grundwissen wird für die eigene Arbeit insbesondere rückblickend für die Anfangszeit als positiv bewertet.

Ein Grund für dieses Ergebnis kann sein, dass in der Vergangenheit die Kriterien technisches und handwerkliches Verständnis und Erfahrung in selbständiger Erwerbstätigkeit und kaufmännische Kenntnisse Auswahlkriterien bei der Wahl von selbständigen Handelsvertretern für die Herstellerfirma waren. Es könnte angenommen werden, dass diese Untersuchungsgruppe durch ihre Tätigkeit bei der Firma über branchenrelevante Qualifikationen verfügt, da diese bereits bei der Vorauswahl als Voraussetzung gefordert worden sind. Aufgrund der schwierigen Überprüfbarkeit von vergangenen Auswahlprozessen, kann diese Aussage nur als Vermutung beibehalten und nicht weiter überprüft werden. Die profunden Kenntnisse in der Branche - sowohl technisch als auch kaufmännisch - sind Kennzeichen der vorliegenden Untersuchungsstichprobe, obwohl diese Kenntnisse nicht explizit als zwingende Voraussetzungen formuliert werden. Wichtiger als Qualifikationen oder Vorkenntnisse ist nämlich aus Sicht der Untersuchungsteilnehmer, die Bereitschaft zur umfassenden Aus- und stetigen Weiterbildung (*Lernbereitschaft*).

7.2.5.2. Ausbildung im Direktvertrieb

Es wird die Forderung selbständiger Handelsvertreter deutlich, die Tätigkeit des selbständigen Handelsvertreters als rechtlich anerkannten Beruf anzuerkennen. Hierzu zählt die Forderung nach einer systematisierten und strukturierten Ausbildung, die der Tätigkeit vorgeschaltet ist. Hier wird offen Kritik an der aktuellen Rechtslage geübt:

P10: TN 2.txt - 10:17 [Also ich klär ihn erst einmal ..] (44:44)
Codes:[B4/01Ausbildung im Direktvertrieb]

„Also ich klär ihn erst einmal über unseren Beruf auf. Und diesen Beruf, den muss man erlernen, wie den Elektriker, wie jeden anderen Job auch. **Leider haben wir ja keine Ausbildungsmöglichkeit, so dass wir ausbilden dürften. (Mmmh) Das sind gesetzliche Dinge.“**

Die Zeitschrift des Bundesverbands Direktvertrieb „Bulletin des Direktvertriebs" thematisiert in regelmäßigen Abständen die Anerkennung des Berufs. Es werden Modelle zur Ausbildung vorgeschlagen und diskutiert, unter anderem die Synergetisierung mit dem Ausbildungsberuf des Einzelhandelskaufmanns Zusätzlich hierzu gibt es einen IHK-Zertifizierungslehrgang „Berater im Direktvertrieb" (Bohle, 2003; Bundesverband Direktvertrieb, 2005). Da die Ausbildung vor der Tätigkeitsausübung stattfindet, ist eine Einführung eines Ausbildungsberufes, der die Tätigkeiten der aktuellen selbständigen Handelsvertreter beinhaltet möglich. Ob die Absolventen des Ausbildungsganges nach ihrem Abschluss im Angestelltenverhältnis oder als Selbständige ihre Tätigkeit fortführen, wäre eine Option jedes Einzelnen, hätte jedoch auch Konsequenzen für die Personalpolitik der Direktvertriebsunternehmen. Es liegt die Vermutung nahe, dass durch eine derartige Regelung zusätzliche, kostengünstige Arbeitskräfte erhofft werden, da diese voraussichtlich zunächst nicht provisionsabhängig vergütet werden. Schließlich sind Ausbildungsvergütungen in der Regel von geringerem Umfang als die Vergütung von ausgebildeten Fachkräften.

Während die Qualität der Ausbildung kritisch betrachtet wird, wird deutlich, dass eine stetige Bereitschaft zur Aus-, Fort- und Weiterbildung von den Untersuchungsteilnehmern für sich und andere Handelsvertreter gefordert wird:

Lernbereitschaft

Das produzierende Unternehmen, deren Produkte von den Teilnehmern der Untersuchung vertrieben werden, veranstaltet regelmäßig Schulungen, Lehrgänge und weitere Veranstaltungen zur internen Aus- und Fortbildung.
Aus den Interviews geht nicht hervor, welche Inhalte in den Schulungen vermittelt werden. Es gibt einen Hinweis darauf, dass neben technischen Kenntnissen auch Kenntnisse zu Optimierung des Verkaufserfolgs vermittelt werden:

P 4: TN 6.txt - 4:40 [Ja, neue Leute werden natürlich..] (47:47)
Codes:[B2/08LernbereitschaftHoheAusprägung]

„Ja, **neue Leute werden natürlich auf Lehrgänge angesetzt**. Mache ich auch hier, oder im etwas größerem Rahmen, organisiert von der Firma HA. Auch wenn in irgendwelchen Hotels Lehrgänge stattfinden. Und das ist wichtig, **denn die Leute sollen ja nicht auf dem Stand der Dinge stehen bleiben**. Man kann immer was dazu lernen."

P11: TN 3.txt - 11:10 [ch bin heute mittlerweile sehr..] (34:34)
Codes:[B2/08LernbereitschaftHoheAusprägung]

„Ich bin heute mittlerweile sehr viel geschult worden, in Verkaufspsychologie, Menschenpsychologie und man hat mir auch sehr viel geboten, dass man weiß mit welchen Menschen man es zu tun hat. „

Neben den Schulungen wird jedoch betont, dass es eine grundsätzliche Anforderung ist, stetig weiterzulernen. Dieses bezieht sich vorwiegend auf die Verhaltensebene im Umgang mit Kunden, Vorgesetzte und Kollegen fungieren als Vorbilder.

P 6: TN 9.txt - 6:30 [Ja, genau durch Vorbilder. Dem..] (112:112)
Codes:[B2/08LernbereitschaftHoheAusprägung]

„Ja, genau durch **Vorbilder.** Dem habe ich das auch geglaubt. Ich hab gesehen, dass es geht, und ich habe auch gesehen: ‚Mensch, der arbeitet viel und die Jungs um ihn herum, die arbeiten auch viel und sie haben auch viel Umsatz, dann muss das ja funktionieren.'"

P17: TN 17.txt - 17:13 [Man kann nicht von heute auf m..] (79:79)
Codes:[B2/08LernbereitschaftHoheAusprägung]

„Man kann nicht von heute auf morgen alles. Ich konnt's auch nicht. **Und ich find's immer schön, wenn dann neue Leute kommen, und ich kann ja auch noch was lernen, weil ich hab' immer einen Spruch (lacht) 'ne alte Kuh lernt immer noch dazu. (Mmmh (lacht))"**

Während die stetige Weiterbildung hinsichtlich produktspezifischer Kenntnisse nicht explizit formuliert wird, wird klar auf die Notwendigkeit verwiesen, sich neue Methoden und Techniken anzueignen, um Kunden anzusprechen:

P14: TN 14.txt - 14:37 [Ja, lernen in der Richtung – o..] (72:72)
Codes:[B2/08LernbereitschaftHoheAusprägung]

„Ja, lernen in der Richtung - okay, andere Ansprache, mal nen anderen Satz. Wie bekomme ich den Kunden auf nen Termin.

Wir leben ja davon, von den Terminen. Direkttermine für die nächsten zwo, drei Tage und immer im Voraus. **Ja, da gibt's so gewisse Richtungen, Tricks, die man da machen kann:"**

Um diese Ergebnisse in einen theoretischen Kontext einzuordnen, wird *Lernbereitschaft* näher betrachtet. Anlässlich der "Nordic-European Conference: Lifelong Learning – from Idea to Reality" wurde der Lernbegriff als Summe von drei Lernkontexten definiert. (Dohmen, 1997, S. 19) Diese wurden in diversen Studien aufgenommen und als „nordisches Modell" bezeichnet. Es unterscheidet:

a) formales Lernen: organisiertes, strukturiertes Lernen, das mit einem Examen abschließt und Berechtigungen vermittelt (z.B. für eine Berufsausübung)
  - Beispiel: IHK-Zertifikatslehrgang „Berater im Direktvertrieb"

b) nicht-formales Lernen: organisiertes und strukturiertes Lernen, das sich jedoch nicht auf formale Abschlüsse und Berechtigungen bezieht.
  - Beispiel: Lehrgänge und Schulungen, die die Herstellerfirma veranstaltet.

c) informelles/selbstgesteuertes Lernen: offenes und unorganisiertes Lernen
  - Beispiel: Lernen durch Kollegen und Vorgesetzte

Die subjektiv empfundene Anforderung *Lernbereitschaft,* ist aus Sicht der Handelsvertreter eine stetige Anforderung, jederzeit zu lernen. Hier wird der Akzent einerseits auf selbstgesteuertes Lernen als Anforderung gesetzt. Selbständige Handelsvertreter erarbeiten sich selbständig Wissen über Produkte, Kunden und weitere handlungssteuernde Informationen. Kollegen und Führungskräfte sind dabei die Personen, die am häufigsten als Informationsquelle oder Vorbild fungieren. Andererseits existieren interne Schulungen, die organisiert sind und inhaltlichen und zeitlichen Strukturen unterliegen. Das selbstgesteuerte, informelle Lernen ist die tägliche Anforderung an selbständige Handelsvertreter aus ihrer Sicht. Die zweitgrößte Bedeutung gilt den nicht formalen Lernformen, die in der Regel durch den Herstellbetrieb veranstaltet werden. Ihre Bedeutung für die eigene Verkaufspraxis wird als wichtig eingeschätzt und lobend hervorgehoben.

Um die Tätigkeit erfolgreich durchzuführen, sind keine formalen Qualifikationen notwendig, deshalb kann vermutet werden, dass das formale Lernen kaum im Bewusstsein der Handelsvertreter präsent ist. Die Weiterbildung der Industrie- und Handelskammer (vgl. oben Kapitel 7.2.5.2.) „Berater im Direktvertrieb" wird von keinem der Untersuchungsteilnehmer explizit und namentlich genannt. TN 12 bemängelt offensiv das Fehlen einer formalen Lernanforderung bzw. das Fehlen einer qualifizierenden formalen Aus- und Weiterbildung:

P 7: TN 12.txt - 7:72 [Sie können jeden Bäcker oder M..] (87:89) und (89:89)
Codes:[B4/01Ausbildung im Direktvertrieb]

„Sie können jeden Bäcker oder Metzger von der Straße nehmen und innerhalb von anderthalb Jahren zum Versicherungsfachmann mit Prüfung vor der Industrie- und Handelskammer ablegen, ist in allen Direktvertriebsunternehmen nicht häufig, **selbst bei VX (Firma) gibt es halt eine Prüfung, die man ablegt vor VX(Firma)-Mitarbeitern, aber nicht vor irgendeiner Institution oder vor persönlich nem gesammelten Anlaufpunkt, wo man einen richtigen Stempel auf die Brust kriegt, hier, du bist Fachberater im Außendienst, ... bemängele ich ein bisschen.**
Interviewerin: Was bemängeln Sie denn da insbesondere?
TN 12: Na, dass die Qualität der Ausbildung im Direktvertrieb sehr häufig zu wünschen übrig lässt

Dass auch viele Leute im Direktvertrieb aufgrund ihres persönlichen Auftretens es schaffen, wir sind ja alle Schauspieler, wir sind ja Verkäufer, und Verkäufer sind halt Schauspieler und stehen halt beim Kunden auf der Bühne, und sind in der Lage, 2 bis drei Stunden

242

lang mit einem schönen Lächeln und schönen Geschichten, dem Kunden irgendwas vorzugaukeln, damit die halt mein Produkt kaufen, **was aber jetzt was hier gerade bei uns auch wichtig ist, so ein paar technische Fragen zu wissen, da gibt es einige Leute, die Kram erzählen, der absolut Mumpitz oder Humbug ist, weil wir da auch keinen großen Wert drauf legen, weil nur Zahlen zählen.** Uns interessiert nicht, **ob der Kunde tatsächlich die Versicherung über Schneckengehäuse haben will oder ob (PRODUKTBEISPIEL)....... Das wissen die wenigsten Leute hier im Unternehmen. Hauptsache, am Ende des Monats stehen die dreißigtausend Euro des Verkäufers da. Mehr zählt nicht, und sobald das nicht mehr da ist, da verliert er an Image. Er verliert an Boden und irgendwann ist er dann halt weg vom Direktvertrieb.** Darum auch Ellenbogen."

Weitere fachlich-methodische Anforderungen, die auf vorauszusetzenden Qualifikationen verweisen, werden nicht angeführt. Da die Tätigkeit im direkten Verkauf definitionsbedingt immer eine soziale Interaktion beinhaltet (vgl. Kapitel 2) wird deutlich, dass sozial-kommunikative Anforderungen unter fachlich-methodische Anforderungen gezählt werden können. Diese werden im nachfolgenden Abschnitt 7.2.5.3. im Detail ausgeführt.

7.2.5.3. Sozial-kommunikative Anforderungen

Unter sozial-kommunikativen Anforderungen werden alle übergeordneten Kategorien vorgestellt, die auf kommunikative und kooperative Kompetenzen schließen lassen.

7.2.5.3.1. Neukundenakquise

Aus den analysierten Interviews kann der Rückschluss gezogen werden, dass die *Neukundenakquise* die **Kernanforderung** ist. Die Neukundenakquise kann in drei Abschnitte eingeteilt werden:

a) Kundenansprache - „klingeln"
b) Verkaufsgesprächsführung beim Kunden - „Termine fahren"
c) Flankierende Werbemaßnahmen

a)   Kundenansprache – „klingeln"

Die Kundenansprache an der Tür drückt ein Interviewpartner folgendermaßen aus:

P11: TN 3.txt - 11:38 [Und dann ging das los: Mit den..] (22:22)
Codes:[B2/03/01Neukundenakquise]

„Und dann ging das los: Mit den Prospekten geht ihr jetzt in die Siedlungen, guckt wo irgendwas fehlt, was wir haben und sagt zu den Leuten das haben wir, wollt ihr das haben? (Mmmh) und so einfach, **im Grunde genommen wie ein Idiot. Man geht von Tür zu Tür schellt, stellt sich vor...**"

Das eigentliche Ziel der Kundenansprache – also der Verkauf, um auch einen Gewinn für die investierte Arbeitszeit zu erhalten und die Existenz zu sichern- wird weniger explizit formuliert. Der Weg zum Ziel: die (vielen) Gespräche mit (vielen) Kunden werden ausführlicher und situationsgebunden beschrieben.
Es wird jedoch auch deutlich, dass die Verkaufsgesprächführung nicht unbedingt unabhängig von der Kundenansprache an der Tür ist:

P 8: TN 18.txt - 8:27 [TN 18: Absolut, natürlich! Wei..] (138:139)
Codes:[B2/03/01Neukundenakquise]

„TN 18: Absolut, natürlich! Weil man muss ja auch, ich sach mal, im Endeffekt geht's ja schon los, quasi, **man fängt ja schon gleich an zu verkaufen, in dem Moment, wenn man anne Tür is, um erst ma einen Termin zu bekommen, weil man muss dem Kunden ja 'nen Grund geben, warum soll ich abends kommen? Warum soll er** bei mir kaufen? So, und damit geht's ja quasi dann schon los. Und wie gesagt, und dann halt diese Umsetzung nachher: Ist schon 'ne harte Geschichte. So, und et is' ja auch so, gerade im (PRODUKTBE-REICH): man spricht ja auch schon von 'n paar Euro. Geht ja alles schon in den Tausenderbereich."

b) Verkaufsgesprächsführung – „Termine fahren"

Die Verkaufsgesprächsführung bildet den „sensiblen" Punkt der Tätigkeit des selbständigen Handelsvertreters. An dem erfolgreich verlaufenden Verkaufsgespräch wird die bisherige investierte Zeit gemessen. Ist das Gespräch erfolgreich „lohnt" sich die bis dahin investierte Zeit. An diesem Punkt kann eine Differenzierung hinsichtlich der Anforderungen getroffen werden:

Fähigkeiten, um Kunden zu überzeugen

Hier werden zahlreiche Fähigkeiten genannt, die bei erfolgreicher Verkaufsgesprächsführung bedeutsam sind. Hierzu zählt Empathie und sprachliche Ausdrucksstärke.

P 5: TN 8.txt - 5:33 [Er muss natürlich gut sprechen..] (58:60)
Codes:[B2/03/01/01FähigkeitenumKundenzuüberzeugen]

„Er **muss natürlich gut sprechen** können.
Interviewerin: Was heißt gut sprechen?
TN 8: Er muss, äh, auf äh Fragen vom Kunden, äh, auch spitzfindige Fragen, spitzfindige Fragen ist ein bisschen übertrieben (leiser), aber - **er darf sich nicht aufs Glatteis führen lassen, wenn der Kunde jetzt hört, wir müssen noch andere Angebote reinholen und so was, das muss man einfach überhören, das geht dann rein und raus, einem Ohr raus, anderen Ohr rein und raus, also durch und äh, das überhört man einfach als Verkäufer."**

P 5: TN 8.txt - 5:36 [Wichtig ist wie gesagt, das Äu..] (112:112)
Codes:[B2/03/01/01FähigkeitenumKundenzuüberzeugen]

„Wichtig ist wie gesagt, **das Äußere. Man muss sich verbal gut ausdrücken** können, man muss sich, äh .. nicht aufs Glatteis führen, man muss standfest bleiben beim Kunden"

Die Ergebnisse bestätigen den ersten Spannungsbogen „Empathie vs. Biss" in Wiendiecks Spannungsbögen zum Direktvertrieb (2006, vgl. auch Kapitel 2.3.3.5).
Neben einer stringenten Argumentation, ist es eine „Basisanforderung" (ebenda) den Kunden zu verstehen und gegebenenfalls auch flexibel zu argumentieren- ohne jedoch in eine Beliebigkeit bzw. „Unseriosität" zu verfallen.

P 5: TN 8.txt - 5:48 [Interviewerin: Mm.. Sie haben S..] (151:152)
Codes:[B2/03/01/01FähigkeitenumKundenzuüberzeugen]

„Interviewerin: Mm.. Sie haben Seriosität gesagt, was meinen Sie genau mit Seriosität, also ..
TN 8: Da kommt auch das Äußere wieder. **Man muss dem Kunden auch gerade Linie ins Auge gucken können**, man muss ja nicht wegschwenken, wenn der Kunde einen beobachtet, **man muss Augenkontakt halten und dementsprechend auch standfest sein.**"

Dieses Zitat unterstreicht Wiendiecks zweiten Spannungsbogen „Stetigkeit vs. Flexibilität" (ebenda, vgl. auch Kapitel 2.3.3.5),

Sich nicht auf mögliche Kunden verlassen, sondern weiterakquirieren

Trotz Ausbildungen zu Beginn der Tätigkeit, stetigen Schulungen zu Produkten, stetigem Kontakt mit erfahrenen Kollegen, endet nicht jedes Verkaufsgespräch mit einem erfolgreichen Abschluss. Es werden Angebote erstellt, und nicht jeder Kunde entscheidet sich sofort. Die Kernanforderung ist jedoch, sich nicht auf durch den Kunden in die Zukunft verlegte Entscheidungen zu „verlassen", sondern täglich neu zu akquirieren:

P15: TN 15.txt - 15:35 [Interviewerin: (Ähm), Sie hatt..] (95:96)
Co-
des:[B2/03/01/02SichNichtAufMöglicheKäuferVerlassenSonderWeite
rakquirieren]

„Interviewerin: (Ähm), Sie hatte gerade gesagt, dass Sie nicht mehr...
also der trauert man nicht mehr hinterher, sagen Sie, also das klingt
für mich ein bisschen so, als hätten Sie mal da hinterher getrauert.
TN 15: Ja natürlich, (ähm) gerade sag mal, wenn man anfängt, wenn
man noch nicht so viel Erfahrung hat, das seh´ ich auch immer bei den
neuen Kollegen, (ähm) die eben halt Angebote erstellt haben und dann
hoffen, Mensch die Leute kaufen doch bei mir oder... oder das wird
noch was (ähm), das ist nur ein ganz geringer Prozentsatz, der im
Nachhinein noch eben halt (ähm) dann was bestellt. Da hat man sich
am Anfang drauf verlassen, sagen wir mal man hat für (Produkt) einen
Auftrag angeboten, dann hat man gehofft, in den nächsten Wochen,
die bestellen noch mal hier und das war meistens nicht der Fall. Das
war auch so ´ne Lernphase eben, wo man dann eben festgestellt hat,
(ähm) da darf man sich nicht drauf verlassen, also im Grunde genommen zählt nur das, was... was ich mir neu erarbeite, also das tägliche,
die tägliche Arbeit oder neue Kundengewinne und mich nicht auf das
verlasse, was ich angeboten habe (mmh, mmh). Das ist also ganz
wichtig, weil wenn ich davon ausgehe, dieses Jahr hab´ ich Angebote
gemacht, ich weiß nicht für ´ne halbe Million vielleicht (ähm), ob da
noch was davon reinkommt? Es kann sein, möglich, wäre schön
wenn´s so wäre, aber (ähm) da kann ich mich nicht drauf verlassen.
Weil dann bin ich verloren (mmh). **Also nur das, was ich mir täglich
erarbeite und was ich mir neu erarbeite, davon leben wir im
Grunde genommen.** Und wenn dann irgendjemand mal anruft, wo
ich ein Angebot gemacht habe oder ich telefonier das mal nach, (ähm)
da bestellt noch einer, dann freue ich mich da drüber, aber (ähm) da ist
dann ein Zubrot mehr oder weniger.“

Hier wird erneut verdeutlicht, dass die tägliche und stetige Kundenakquise eine Kernanforderung für selbständige Handelsvertreter der
Untersuchungsgruppe ist.

Dieser Punkt wird in Kapitel 7.5. unter den Anforderungsbewältigungsstrategien näher betrachtet und an dieser Stelle nicht weiter ausgeführt.

c) Flankierende Werbemaßnahmen

Neben der Kundenansprache an der Tür, bestehen weitere flankierende Marketingmaßnahmen, die von den Untersuchungsteilnehmern genutzt werden. Hierzu zählen Verkaufsstände auf Messen, (Trödel- und Super-) Märkten und Stadtfesten.

P13: TN 13.txt - 13:49 [Wie komme ich an die anderen A..]
(92:92)
Codes:[B2/03/01Neukundenakquise]

„Wie komme ich an die anderen Adressen, ja indem ich eh meine Werbesachen packe, normalerweise in mein Gebiet fahre, und aussteige und bei den Leuten schelle. **Wir arbeiten ja im direkten Vertrieb, das heißt wir haben ja mehrere mehrere Möglichkeiten an Adressen zu kommen.** Durch **Haustürwerbung,** (mmh)........durch **Promotionstände oder Informationsstände,** ...die wir im Kaufhaus zum Beispiel aufbauen, im Winter ne, **so kleine Stände,** das kennen Sie, (mmh) da gibst ja manchmal, die verkaufen Sachen all so Zeug,"

Die genauen Anforderungen und Unterschiede zur Ansprache an der Haustür können nicht genau aus den vorhandenen Daten abgeleitet werden. Es wird jedoch deutlich, dass die flankierenden Werbemaßnahmen eine unterstützende Funktion für die Direktansprache des Kunden an der Tür darstellen:

P 9: TN19.txt - 9:42 [und gut, war nicht einfach das..] (147:147)
Codes:[B1/05/01ProblemlöseorientierungHoheAusprägung]

„und gut, war nicht einfach das erste Jahr, die ersten anderthalb Jahre, aber gut, da braucht man natürlich auch einen starken Partner, ne? -

meine Frau in dem Moment. Und ja, und hab ja dann auch die Kurve noch gekriegt. **Ich habe mir dann ein Konzept ausgedacht, weil an der Haustür war ich nicht so der Stärkste sag ich mal, ich hab meinen Halt dann darin gesucht, dass ich mir nen Verkaufsstand gesucht hab, z. B. in R.** (Stadt) **in H**(Stadt) **(den hab ich) den hat im Vorfeld schon ein anderer Kollege gemacht, der ist dann in diesem Jahr ausgeschieden, er hat sich beruflich verändert, und ja, dann hab ich so, hab ich dann hier, hab ich dann ne Kombination zwischen Haustürgeschäft und halt eben diesen Markt, auch Trödelmärkte hab ich gemacht. Das mach ich auch immer noch, zwar nicht mehr so in der Häufigkeit wie früher. Und so hab ich so praktisch mein Ding gefunden, sag ich mal.** Ich habe gut, nicht den idealen Erfolg den ich mir so wünsche, aber ich kann davon leben. Übers Jahr gesehen, man hat gute Monate, man hat schlechte Monate. Darüber hatten wir uns ja auch mal unterhalten."

Das obige Zitat wurde bei der Interviewauswertung in die Kategorie *Problemlöseorientierung Hohe Ausprägung* zugeordnet. Hier wird jedoch deutlich, dass das „an der Haustür „nicht so der Stärkste" sein ein Problem darstellen kann und von diesem Untersuchungsteilnehmer konstruktiv angegangen worden ist. Somit bilden die flankierenden Werbemaßnahmen eine Unterstützung für das eigentliche Geschäft an der Haustür. Sie „entlasten" den Druck an der Tür, da der selbständige Handelsvertreter subjektiv nicht den Zwang hat, an dieser Tür erfolgreich einen Termin zu vereinbaren und anschließend ein Verkaufsgespräch zu führen. Die flankierenden Marketingmaßnahmen werden erneut unter dem Kapitel 7.5 Anforderungsbewältigung aufgegriffen.

7.2.5.3.2. Führung im Direktvertrieb

Eine neue (induktive) Kategorie, ist die *Führung* von selbständigen Handelsvertretern im Direktvertrieb. Als Führung werden alle Verhaltensweisen bezeichnet,

„die auf eine zielorientierte Einflussnahme zur Erfüllung ge-
meinsamer Aufgaben in oder an einer strukturierten Arbeitssitu-
ation ausgerichtet sind" (Wunderer, 2006, S. 204).

Es besteht in der Untersuchungsstichprobe ein dreistufiges Führungs-
system, dem Bezirksleiter, Verkaufsleiter und regionale Vertriebsleiter
angehören. Wie in Kapitel zwei näher ausgeführt ist diese Struktur für
Direktvertriebsorganisationen und Network-Marketing Organisationen
kennzeichnend. Die Mitglieder jeder Hierarchieebene sind selbständige Handelsvertreter, sie unterscheiden sich hinsichtlich Berufserfahrung und bisheriger Leistung von den Fachberatern und „Werbern",
die keine Führungsfunktion besitzen. Die Beschreibung der Führungs-
ebenen erfolgte in Kapitel 6.3. Die erzielte Umsatzleistung der zugeordneten Fachberater, die ein Team bilden, wirkt sich als zusätzliche
leistungsorientierte Vergütung (so genannte „Super-Provision") auf
die Einkünfte der jeweiligen Führungskraft aus. Somit ist der Erfolg
des eigenen Teams eine wesentliche Einnahmequelle und ein wichtiges Ziel für den jeweiligen Bezirks-, Verkaufs- oder Vertriebsleiter.

P13: TN 13.txt - 13:66 [im Direktvertrieb interessiert..] (128:132)
Codes:[B4/02Führung im Direktvertrieb]

„im Direktvertrieb interessiert das eh direkt die die Teampartner und
dann natürlich auch den Leiter des Teams weil er oft ja auch davon
profitiert.
Interviewerin: Inwiefern profitiert der Leiter des Teams davon?
TN 13**: Weil der Superprovision kriegt. Also im Direktvertrieb ist
es eigentlich so, dass die Leitenden immer auch, von den, von den
eh eh. Ja, wie soll ich sagen ....von den Gruppenmitgliedern profitieren** --------.(Telefon klingelt erneut) Hör mal ..TN 13 Herr H. ich
bin hier in nem Interview mit einer Dame,.........ja.....k..ne dann gucken sie mal, vielleicht ist es Sternchen 21, Sternchen gucken Sie
doch mal in das Heft da rein. Ja, gestern war es auch nicht umge-
stellt...... also alles klar .. Ok. Tschüss.

Interviewerin: (Lacht) Ja die Leitenden Mitarbeiter profitieren von, von den ehm also Sie haben praktisch auch eh etwas vom Erfolg ihres Teams sozusagen.

TN 13: Sonst würd ich es nicht machen oder ne ne. (mmh) (mmh) (ja) Hunger ist der Tod ----- ist das Leben. Aber ich bin ja schon sehr großzügig, mach sehr viel für andere auch ohne direkte Gegenleistung, aber ich denke so ein Team aufzubauen und zu führen ist doch eine riesen Arbeit und ein riesen Gewinn für das Unternehmen und davon möchte ich etwas ab haben, (mmh) weil ich auch Teil des Unternehmens bin (mmh)."

Motivation zur stetigen Akquise

Führung im Direktvertrieb bedeutet, die zugeordneten selbständigen Handelsvertreter zu motivieren. Das Selbstverständnis der Führungskraft ist es, als Vorbild zu fungieren. Die sozial-kognitive Lerntheorie (Bandura, 1986) bzw. das „Modelllernen" kann als Erklärung für das Führungsverständnis hinzugezogen werden, da die „Vorbildfunktion" der Führungskraft hier als zentrales Führungselement eingesetzt wird. Diese Anforderung an die Führungskräfte ist das Komplement zur Anforderung *Lernbereitschaft* (vgl. oben Kapitel 7.2.5.2) an die selbständigen Handelsvertreter. Während die *Lernbereitschaft* von selbständigen Handelsvertretern ohne Führungsverantwortung als Anforderung an sich selbst gestellt wird, wird *Lernbereitschaft* von selbständigen Handelsvertretern mit Führungsspanne generell – auch von anderen - gefordert.

P11: TN 3.txt - 11:55 [TN 3: Ja, Motivation. Interview..] (69:71)
Codes:[B4/02Führung im Direktvertrieb]

„TN 3: Ja, Motivation.
Interviewerin: Das ist so zu sagen auch als Ideal, also...
TN 3: Ja, also unsere Firma ist im Grunde genommen basieren auf gut Beraten zu Hause verkaufen. Das amerikanische Management die (FIRMA X), (FIRMA E), oder (FIRMA A) oder was auch immer das ist. Das funktioniert alles gleich. Alles gleich. **Es geht einfach dar-**

um, dass die Leute ein Vorbild bekommen. **Dieses Vorbild muss in der Rangliste vor ihnen stehen und die müssen sich fragen: Was hat der das ich nicht hab?** Und dadurch, dass wir die anderen loben, dadurch dass man Pokale kriegt, dass man eine Ehrennadel kriegt, 10 Jahre dabei, wir zahlen so viel an Nebensachen, wenn man sich umguckt, da gibt es so viel. Jetzt kann man einen Grill gewinnen oder eine Woche SLK kann man fahren, dann, was weiß ich ein Wochenende Mallorca, also diese Sachen."

Es ist also Aufgabe der „Führungsriege" die „Geführten" von der Wirksamkeit der Tätigkeit zu überzeugen. Das Kernleistungskriterium ist die Umsatzkennzahl, somit ist die Leistung messbar und wird transparent gemacht. „Ranglisten" geben die Leistung eines jeden selbständigen Handelsvertreters an. Diese und andere Anreizsysteme werden als Führungsinstrumente zur Motivation eingesetzt. Der Spannungsbogen zwischen Frustration versus Euphorie im Direktvertrieb, der nach Wiendieck auf einem - lernpsychologisch betrachteten - variablem Quotenplan basiert (2006, siehe auch Kapitel 2.3.3.5.), wird durch die „künstlich" geschaffenen Anreizsysteme intensiviert. Ein Bezirksleiter drückt dies treffend folgendermaßen aus:

P 7: TN 12.txt - 7:108 [Also, die Leute wollen ja alle..] (161:161)
Codes:[B4/02Führung im Direktvertrieb]

„Also, die Leute wollen ja alle gebauchpinselt werden. Daher finde ich das eine sehr sehr gute Regelung, nicht? Und wenn wir die Leute so überlisten müssen über die kleinen Wettbewerbe, ne bessere Leistung zu bringen, damit das ganze Unternehmen mehr Geld im Pott drin hat**, dann ist es ein gutes Werkzeug. Dann ist es ein gutes Werkzeug."**

Als weitere „Werkzeuge", die die Führungskräfte zur Motivationserhaltung
und -steigerung verwenden, können eine Vielzahl von Handlungen bezeichnet werden, die der Unterkategorie *Coaching* zugeordnet werden:

Coaching

Die Begriffsdefinition für „Coaching" ist nach Rauen (2005, S. 26) eine

„professionelle Beratung, Begleitung und Unterstützung zur Verbesserung der Lern- und Leistungsprozesse."

Hieraus ergibt sich die Schlussfolgerung für die Praxis, dass Coachings zwischen Bezirksleitern und Fachberatern bzw. Verkaufsleitern und Fachberatern oder auch zwischen Verkaufsleitern und Bezirksleitern lösungsorientierte, professionelle und dialektische, vor allem aber zeitliche begrenzte Prozesse darstellen, in die Elemente aus persönlichem Dialog, individueller Beratung und praxisorientiertem Training integriert werden. Coaching wird dem Coachee als ein Werkzeug zur Verfügung gestellt, um sein persönliches Ziel zu erreichen (Fischer-Epe, 2002, S. 19). „Unterstellte" selbständige Handelsvertreter zu motivieren, die Akquisetätigkeit kontinuierlich zu betreiben, wird begleitet durch eine intensivere Auseinandersetzung mit dem Einzelnen. Diese Auseinandersetzung ist eine intensive Beschäftigung mit dem einzelnen Handelsvertreter und äußert sich durch Beobachtung der Arbeitsweise des Handelsvertreter, Verhaltensbeschreibungen und der Identifizierung potentieller Fehlerquellen. Diese anspruchsvolle verhaltensanalytische und gleichzeitig „soziale Arbeit" der Führungskräfte hat eine sehr wichtige Bedeutung für den Erfolg des einzelnen „unterstellten" selbständigen Handelsvertreters.

P11: TN 3.txt - 11:54 [Doch, müssen wir. Also nicht i..] (107:107)
Codes:[B4/02Führung im Direktvertrieb]

„Doch, müssen wir. Also nicht ich selber, ich gehe sehr wahrscheinlich dann noch ein, zweimal mit. Wenn ich jetzt seh das der Verkaufsleiter demotiviert ist. Aber der Verkaufsleiter hat ja immer noch einen Bezirksleiter. Und die müssen dann was tun. Dafür kriegen die dann ihren, sag ich jetzt mal, Ausgleich gezahlt und der Ausgleich ist dafür da, Leute zu motivieren und zum Erfolg zu führen. (Mmmh) Und wenn ich dann jemanden habe, der selber egoistisch ist und dem Anderen den Erfolg nicht gönnt, dann hab ich natürlich den falschen Bezirksleiter. Also **wenn ich seh dass der Mann Probleme hat, dann nutzt es mir nichts zu sagen: du musst um 8 Uhr raus, du musst Verträge abschließen. Ich muss den erst mal an die Hand nehmen und wieder positiv einstellen. Und das nutzt mir nichts wenn ich sag komm mal her, ich schreib dir 1000 Euro gut. Ich muss ihm schon zeigen, wie kann ich mich ernähren, wo ist das Problem.** (Mmmh) Und dazu hab ich diese mittlere Schiene, die ich eben selber beigebracht kriege."

Die Einzelleistung hängt somit vom System der Führungskräfte ab. Führungskräfte haben erkannt, dass der emotionale und motivationale Zustand des selbständigen Handelsvertreters eine erfolgs- und leistungskritische Variable darstellt. Dass dies ein komplexes Problem mit komplexen Anforderungen an die Führungskräfte darstellt ist sehr deutlich. Die höchste Hierarchieebene, der regionale Vertriebsleiter, hat zusätzlich ein sehr differenziertes Bild bezüglich der unterschiedlichen Anforderungen an Bezirksleiter und Verkaufsleiter:

P11: TN 3.txt - 11:47 [Klar der Fachberater, das ist ..] (40:40)
Codes:[B4/02Führung im Direktvertrieb]

„Klar der **Fachberater, das ist nicht demseine Aufgabe, den müssen wir so betreuen.** Und dann eben der **Bezirksleiter, der muss das nicht ganz so wissen, der muss nur wissen: du gehst** morgen dahin. Der **Verkaufsleiter muss aber schon ein bisschen mehr auf die Menschlichkeit eingehen, ne?** Dann hab ich natürlich diese Frustrate, versuch ich umzudrehen in positive Sachen. Aber das gelingt nicht jedem, ist nicht jeder Verkaufsleiter topp ausgebildet, topp geschult."

Untersuchungsteilnehmer 3 (TN 3) differenziert feine Unterschiede von Führungskräften im Umgang mit den ihnen zugeordneten selbständigen Handelsvertretern. Während den direkten Führungskräften, den Bezirksleitern, eine antreibende, fast sogar autoritäre Aufgabe zugeschrieben wird („der muss nur wissen: du gehst morgen dahin",

254

im Sinne von: der Bezirksleiter muss den Fachberater dazu antreiben, zum Kunden an die Tür zu gehen und zu klingeln), werden von Verkaufsleitern empathische und weitere soziale und psychologische Fertigkeiten gefordert. Kenntnisse und Verhaltensweisen in der Interaktion mit den zugeordneten selbständigen Handelsvertretern sollen sicher und flexibel angewandt werden können („Der Verkaufsleiter muss aber schon ein bisschen mehr auf die Menschlichkeit eingehen, ne?...Aber das gelingt nicht jedem, ist nicht jeder Verkaufsleiter topp ausgebildet, topp geschult"). Hierfür verweist TN 3 auf Ausbildungen und Schulungen speziell für Verkaufsleiter und räumt ein, dass dies nicht immer gewährleistet werden kann.

Von den übrigen Führungskräften – Bezirksleitern und Verkaufsleitern – wird diese Differenzierung in den Anforderungen für Bezirksleiter und Verkaufsleiter nicht angeführt.

Stattdessen vergleicht ein Verkaufsleiter die Anforderungen an sich mit den Anforderungen an einen *Vater:*

P12: TN 10.txt - 12:42 [Ja, ja, nicht nur von vor 20 J..] (217:217)
Codes:[B4/02Führung im Direktvertrieb]

„Ja, ja, nicht nur von vor 20 Jahren, sondern jetzt immer noch. **Die sehen mich hier so als den großen Daddy**, der das alles leitet, der das alles **mit so ner gewissen Routine, mit so ner gewissen Seriösität, mit so ner hohen Liebe, mit so ner Zuneigung auch macht**, ohne mich selber -jetzt sagen wir mal- in diese Position zu bringen, aber ich hab das immer so gewollt. **Ich hab hier „Open Büro", wie man so schön sagt.**"

Die Anforderungen *Routine* und *Seriosität* werden explizit genannt. Vor der Gemeinschaft der „Mitarbeiter" wird auch hier die Vorbildfunktion deutlich, da durch Routine vermittelt werden soll. Routine basiert auf Erfahrung und komplexe Fertigkeiten und Fähigkeiten zu routinieren, erfordert langjährige Erfahrung. Sind erst einmal Fertigkeiten und Fähigkeiten routiniert, erfolgt in Anlehnung an die Handlungsregulationstheorie (Hacker, 2005) eine Entlastung für weiterführende, andere Anforderungen. Wenn Führungskräfte „alles mit so ner gewissen Routine (machen)" vermittelt dies eine Vorstellung von Handhabbarkeit und Sicherheit für Mitarbeiter. Gleichzeitig wird der emotionale Einsatz für die Mitarbeiter verdeutlicht. Der Verkaufsleiter nimmt an, dass seine Mitarbeiter ihn als einen Verkaufsleiter sehen, der seine Arbeit mit *Liebe* und *Zuneigung* ausfüllt. Liebe und Zuneigung sind sehr intime emotionale Zustände; hierdurch wird aber auch die Nähe und Verbundenheit an die Tätigkeit verdeutlicht.

Die besinnliche Äußerung verliert jedoch an Verbindlichkeit, als der Verkaufsleiter seine Rolle weiter beschreibt: „. **Ich hab hier „Open Büro", wie man so schön sagt."**

Auffällig und für die Untersuchungsstichprobe einzigartig ist der Wechsel in eine Fremdsprache, in diesem Zitat ins Englische. Durch die im Untersuchungsfeld unübliche Geschäftssprache Englisch versucht der Verkaufsleiter seine Professionalität herauszustellen, gleichzeitig schafft er sich durch die Fremdsprache eine Distanz zum bisher Gesagten. Auch der englisch-deutsch kombinierte Ausdruck „Open Büro" misslingt; denn dies ist kein feststehender Ausdruck in der deutschen oder englischen Sprache. Der Ausdruck „offene Tür" wäre formal richtiger gewesen.

Das Ziel des Engagements des Verkaufsleiters wird von TN 20 explizit genannt:

P18: TN 20.txt - 18:58 [Weil für mich ist wichtig, (Ti..] (462:466)
Codes:[B4/02Führung im Direktvertrieb]

„Weil für mich ist wichtig, (Tisch klopfen) ich bin hier der Verantwortliche
Interviewerin: Mhm
TN 20: **und meine Leute müssen zufrieden sein.**
Interviewerin: Mhm, mhm, mhm
TN 20: **Meine Unzufriedenheit oder irgendwas kann ich besser in den Griff bekommen wie Unzufriedenheit von drei Verkäufern."**

Die „Unzufriedenheit" in dieser Aussage bezieht sich auf fehlende erfolgreiche Verkaufsabschlüsse und die darauf folgenden, weit reichenden Konsequenzen. Bei fehlenden Umsatzkennzahlen fehlt das Einkommen für den einzelnen selbständigen Handelsvertreter. Dies kann zu Zweifeln an der Tätigkeit und an der eigenen Person führen; schließlich auch zum Ende der Tätigkeit als selbständiger Handelsvertreter. Die Fortführung der Tätigkeit und die Mitarbeiterbindung im Direktvertrieb wird als Erfolgsfaktor diskutiert und es wird darauf hingewiesen, dass die Fluktuation im Vertrieb zum „Nadelöhr des Erfolges" wird (Wiendieck, 2003, S. 6)

Wiendieck (2003, S. 6) führt aus:

> *„Oft ist es leichter, einen Kunden als einen Mitarbeiter zu gewinnen. Und ein neuer Mitarbeiter kann hundert neue Kunden finden. Schlimm, wenn der neue Mitarbeiter dann nicht der eigene, sondern der des Wettbewerbers ist und die neuen Kunden früher mal die eigenen waren. "*

Neue und auch zeitweise weniger leistungsstarke und erfolgreiche Mitarbeiter an die Tätigkeit und an das (herstellende, kooperierende) Unternehmen zu binden, kann wiederum als eine Kernanforderung für die Führungsfunktionen gefolgert werden.

Wiendieck geht weiterhin auf den Grad der Führungsintensität ein (ebenda), indem er betont, dass es bei hoher Qualifikation und starker Bindung an das Unternehmen weniger direkter, direktiver und kontrollierender Führungs- und Steuerungsmittel bedarf. Dies könnte eine Erklärung dafür sein, dass nicht ständig und stetig eine intensive Auseinandersetzung mit dem einzelnen selbständigen Handelsvertreter erfolgt. Stattdessen können die institutionalisierten Teambesprechungen als eine Form von „*Gruppen-Coaching*" bezeichnet werden. Diese finden meistens zu Beginn der Woche (montags) statt. Die Teambesprechungen haben zusätzlich weitere Funktionen. Organisationale Aspekte der Arbeit werden vereinbart, beispielsweise das Einsatzgebiet für die aktuelle Woche. Der „coachende" Charakter der Teamsitzungen wird insbesondere dadurch gewährleistet, dass Verkaufsgespräche besprochen werden. Auftragsschreiben werden bei der Führungskraft abgegeben. Dies entspricht den von Wiendieck genannten Führungsmitteln zur Mitarbeiterbindung:

> *„Eine wertschätzende Führung, abgestimmte Erwartungen und ehrliche Rückmeldungen sind die Mittel der Wahl"* (ebenda)

Auch die Zusammenstellung von Teams ist die Aufgabe von Bezirks- und Verkaufsleitern, wie TN 3 berichtet:

P11: TN 3.txt - 11:56 [TN 3: Ja. Der Fachberater alle..] **(46:46)**
Codes:[B4/02Führung im Direktvertrieb]

„TN 3: Ja. Der Fachberater allein kann es ja gar nicht. Der ist ja nur, deshalb sollte man ja auch versuchen Teams zu bilden, dass man die Leute nicht allein rausschickt. Man sollte schon, im Grunde genommen, die Teamarbeit, die ist auch das A und O für uns. (Mmmh) Wenn ich mich morgens um 9 mit einem Kumpel treffe und ich geh zusammen raus, einer geht die rechte Straßenseite einer die Linke**, ist für uns der Vorteil wenn der eine negativ ist und der andere ist positiv dann hat der Positive einen Termin und sag dem Negativen, guck auch mal. Die stechen sich gegenseitig hoch. Aber 2 Negative draußen, da solltest du als Vorgesetzter wirklich sagen, also pass auf. Die beiden öden sich so an, der eine hat private Probleme, der andere hat Schulden und haben beide noch nichtmals einen Termin, also das kann dann, dass die ganz schnell beide für sich alleine arbeiten. Und das ist dann wenig positives. (Mmmh) Und da sind ganz ehrlich sehr, sehr viele Probleme in der Führung."**

Der „richtigen" Zusammenstellung von Teams wird eine sehr hohe Bedeutung für den Verkaufserfolg beigemessen. Die Führungskraft muss zunächst selektieren können wer „positiv" und wer „negativ" ist und diese Handelsvertreter im nächsten Schritt zu einer gemeinsamen Arbeit führen. Das Zitat spiegelt den Jargon wider: als „negativ" bezeichnet der Vertriebsleiter selbständige Handelsvertreter, die mit geringer Motivation („öden sich so an") und einem hohen Leistungsdruck – fast schon Zwang – zum Verkauf an die Tür des Kunden gehen. Dass die Wahrscheinlichkeit hoch ist, dass Kunden nicht zur Terminierung für ein ausführliches Verkaufsgespräch überzeugt werden können, ist für den Vertriebsleiter sehr hoch (*„und haben beide noch nichtmals einen Termin."*). Die emotionale Befindlichkeit des selbständigen Handelsvertreters und der Einfluss auf die Wirkung beim Kunden ist für diese Führungskraft ein Kriterium für die Gestaltung der Teams. Die emotionalen Anforderungen an selbständige Handelsvertreter werden unter Punkt 7.2.5.3.5. ausgeführt. Die Anforderungen, in Teams zu arbeiten, werden im nachfolgenden Abschnitt weiter ausgeführt.

7.2.5.3.3. Teamarbeit

Dass in Gruppen mit mehreren selbständigen Handelsvertretern gearbeitet wird, wird von allen Interviewteilnehmern dieser Untersuchung bestätigt. Eine erste Differenzierung bezüglich der Anforderungen an selbständige Handelsvertreter bei der Teamarbeit wird bei der inhaltsanalytischen Analyse herausgearbeitet.
Der von Wiendieck (2005, vgl. auch Kapitel 2.3.3.3.) aufgestellte Spannungsbogen zwischen Teamarbeit und Einzelkämpfertum, wird in den erhaltenen Ergebnissen ersichtlich: Neben der Notwendigkeit einer gemeinsamen Teamarbeit, herrscht auch eine Konkurrenz zwischen zusammenarbeitenden selbständigen Handelsvertretern.

Teamarbeit (positiv/neutral)

Unaufgefordert nennen alle Interviewteilnehmer Situationen, in denen gemeinsam mit Kollegen, Mitarbeitern und auch Führungskräften gearbeitet wird. Die Arbeit in der Gruppe ist für die Untersuchungsteilnehmer sehr präsent und ein Element bei der Beschreibung ihres Arbeitstalltags:

P 6: TN 9.txt - 6:51 [Also in einem Gebiet und dann ..] (62:62)
Codes:[B2/04Teamarbeit(positiv/neutral)]

„Also in einem Gebiet und dann treffen wir uns mittags ,Ja, was hast Du gemacht?' Das ist immer einfacher zusammen, als wenn man alleine losgeht."

Die Notwendigkeit der Teamarbeit wird unterschiedlich begründet. Zentral ist die *soziale Unterstützung* durch Kollegen, die die Ausdauer und Motivation aufrechterhält:

P 6: TN 9.txt - 6:50 [Zusammen ist es ist immer einf..] (60:60)
Codes:[B2/04Teamarbeit(positiv/neutral)]

„Zusammen ist es ist immer einfacher zu gehen, zu motivieren als als Einzelner."

Der kommunikative und auch fachliche Austausch bildet die Grundlage für die *soziale Unterstützung* durch die Teammitglieder.

Die *soziale Unterstützung* durch Kollegen wird besonders dann als hilfreich wahrgenommen und positiv bewertet, wenn Ansprachen an der Tür potentieller Kunden mehrfach ergebnislos bzw. ohne Terminvereinbarung verlaufen.

P 5: TN 8.txt - 5:26 [Alleine ist sehr, sehr schwer,..] (170:170)

„Alleine ist sehr, sehr schwer, meistens machen wir immer Gruppenarbeit. **Das frustet, alleine. Da muss man schon sehr mental, sehr stark drauf sein, um alleine durchzuhalten."**

Dies entspricht der empirisch belegten Bereitschaft von Personen in ungewissen oder unangenehmen Situationen von Menschen begleitet zu werden, die sich in derselben oder vergleichbaren Situation befinden (Schachter, 1959).
Diese objektiv oder subjektiv gegebene Gleichheit – zum Beispiel in Bezug auf Ausbildung, Arbeitsinhalt, Umgang mit Kunden – ist bei selbständigen Handelsvertretern gegeben und führt zu einer gesteigerten Bereitschaft, sich im sozialpsychologischen Sinne zur Gruppe zusammenzuschließen. Dies gilt insbesondere dann, wenn hohe Zurückweisungsquoten zu einer geringen Befriedigung in der Tätigkeit führen. In diesem Fall sind es gerade die sozialen Beziehungen, die kompensatorisch zur Bedürfnisbefriedigung beitragen müssen. Trotzdem kann die Bedürfnisbefriedigung nur gering durch die Teamarbeit kompensiert werden, da die grundlegende Anforderung *Existenzsicherung durch Umsatzleistung* präsent ist.

Die Teamarbeit dient einigen selbständigen Handelsvertretern zusätzlich als ein Instrument zur Prozessoptimierung. Um Arbeitszeiten optimal auszunutzen, wird von einigen Interviewpartnern angeführt, dass die Arbeitsteilung zwischen einem „Werber", der in der Regel den eigentlichen Fachberatern und auch Führungskräften zuarbeitet, und einem eigentlichen „Verkäufer", eine „optimale Ausnutzung der Arbeitszeiten" darstellt:

P16: TN 16.txt - 16:66 [Ich hatte einfach die Schwieri..] (112:112)
Codes:[B2/04Teamarbeit(positiv/neutral)]

„Ich hatte einfach die Schwierigkeit, ich hatte keine Werber, als ich an zu verkaufen fing, **wenn sie Verkäufer und Werber sind, dann treten sie sich selber in den Hintern, (Ja) dann laufen Sie selber, die Haupt... (setzt neu an) die beste Werbezeit ist dann, wenn alle zuhause sind, (Ja) wenn die Leute Feierabend haben, das ist aber gleichzeitig, genau gleichzeitig die beste Verkaufszeit. Also das heißt, sie können nur werben oder verkaufen.** Und sie, (Mmh) und da habe ich direkt gesagt, wenn ich das mache, dann halbiere ich meine Arbeitskraft, ich bin dann also zur Hälfte Werber, und zur Hälfte der Verkäufer. So, da allerdings der reine Werber, oder man könnte jetzt sagen, es gibt Leute die beispielsweise, habe ich jetzt Kollegen machen das von mir, die haben sich zum Team zusammen getan, da macht dann einer mal eine Woche Werbung für den anderen, und der andere verkauft, da werden die Umsätze geteilt, dass ist schon so der erste Lösungsversuch."

P18: TN 20.txt - 18:70 [Ne, und dann aber auch diese D..] (426:430)
Codes:[B2/04Teamarbeit(positiv/neutral)]

„Ne, und dann aber auch diese Durststrecke sag ich mal auch überwunden habe, mit einem Mitarbeiter geholt von einer anderen Firma und habe dann hier wieder knapp XY D-Mark geschrieben, **das heißt, die Arbeit geteilt, er hat die Adressen und Termine gemacht und ich hab sie aufgeschrieben. Wie man eigentlich hier am erfolgreichsten arbeiten kann.**
Interviewerin: Also werben und dann
TN 20: Ja

Interviewerin: Termine machen.

TN 20: Ja, richtig (hustet). Wenn Sie jemanden haben, der für Sie nur wirbt,"

Neben der Kontakthäufigkeit und der wahrgenommenen Ähnlichkeit (Schachter, 1959) ist der gemeinsame Erfolg beim Erfüllen einer Aufgabe ein Grund für wachsende zwischenmenschliche Bindung, worauf bereits Back (1951) hingewiesen hat. Geht man davon aus, dass die untersuchten Handelsvertreter Befriedigung bei erfolgreichen Verkaufsabschlüssen finden, so ist offensichtlich, dass bei komplexen Anforderungen, die Gruppenzusammengehörigkeit als Vorteil erlebt wird. Durch Kooperation (Spieß, 1996), durch das Zusammenwirken mit anderen, wird die Selbstwirksamkeit erlebt und die Mitgliedschaft in der Gruppe positiv bewertet.

P16: TN 16.txt - 16:18 [Daraufhin hat er mir gesagt, m..]
(164:164)
Codes:[B2/04Teamarbeit(positiv/neutral)]

„Daraufhin hat er mir gesagt, mach Du das, und da habe ich den Auftrag geschrieben und zum Schluss haben wir uns die Provision geteilt. (Mmh) So geht das, mit der Zusammenarbeit."

Im Gegensatz zur unterstützenden Funktion von Teams und Kollegen, steht die Kategorie *Konkurrenz und Konflikte in Teams*.

Konkurrenz und Konflikte in Teams

Von einem Untersuchungsteilnehmer werden explizit Konflikte in Teams genannt. Der Interviewpartner stellt komplexe Bezüge her, um die aus seiner Sicht bestehenden Gründe hierfür zu verdeutlichen.
Die getätigten Umsätze stellen eine messbare Leistungskennzahl für selbständige Handelsvertreter dar. Umsätze bilden die Grundlage für das eigene Einkommen, da das Einkommen prozentual abhängig von den erfolgreich getätigten Verkäufen ist. Zusätzlich zu dieser Dimension, werden durch das Unternehmen interne Wettbewerbe für alle

selbständigen Handelsvertreter veranstaltet, deren Hauptintention die Gesamtumsatzsteigerung für das Unternehmen ist. Des Weiteren findet eine Jahresendehrung der leistungsstärksten Verkäufer statt, die als „Top-Club" bezeichnet wird. Durch diese Bezeichnung wird der elitäre und erstrebenswerte Charakter dieser Gruppe von Handelsvertretern unterstrichen. Es werden also zahlreiche Anreize geboten, die zusätzlich zur grundlegenden Anforderung – nämlich der Existenzsicherung – die Motivation zur hohen Leistung auslösen sollen.

Der Wunsch wiederum, die höchsten Umsatzzahlen im Team zu haben kann aus Sicht dieses Untersuchungsteilnehmers zu „Neid" und „Missgunst" (vgl. Zitat unten) führen, da alle Teammitglieder dasselbe Ziel besitzen.

P 7: TN 12.txt - 7:1 [Direktvertrieb ist `nen typisc..] (26:26)
Codes:[B2/04/03Teamarbeit(Konkurrenz/KonflikteimTeam)]

„Direktvertrieb ist `nen typischer Arbeitsbereich von Männern, weil, mmh**, wir sind alle Hähne mit dem dicksten Kamm und Alpha-Tiere. <u>Jeder will besser sein als der andere</u> und es ist so, dass keiner ein gutes Haar an dem anderen lässt, wenn er die Möglichkeit dazu hat und so viel Neid und Missgunst „**

P 7: TN 12.txt - 7:80 [Das ist ganz einfach so, das k..] (143:143)
Codes:[B2/04/03Teamarbeit(Konkurrenz/KonflikteimTeam)]

„Das ist ganz einfach so, das kann man nicht verhindern. Jedenfalls nicht hier bei uns, glaube ich, obwohl, man sollte ja Respekt und Loyalität gegenüber jedem anderen halt mitbringen, **aber wenn sie mal als kleines Mäuschen dabei sind, in der Gruppe immer nett und freundlich, aber hinter dem Rücken, aber immer schlecht.** Ne, und da ist auch soviel **Missgunst** drin. <u>**Wenn ich nur diesen Monat der Beste wäre!**</u> Ah, das hat der Blinde ja nur wieder mit anderen Leuten geschafft oder „Was hat er da wieder abgezogen, das also das muss er drei oder vier oder fünfmal machen. Da gibt es Tausende Sachen, die man den Leuten hinterher wieder sagt. Es gibt ganz **viel Missgunst und Neid in den Unternehmen…"**

Die beschriebenen Wettbewerbe können als positive Ordnungssysteme gesehen werden, durch das Leistung stimuliert wird. Dies beinhaltet zwar ein gewisses Konfliktpotential (z.b. wenn zwei Handelsvertreter sich wechselseitig übertrumpfen wollen), muss aber nicht unbedingt zum Konflikt führen. Zudem sind auch Konflikte ohne Wettbewerbssituationen möglich, jedoch in der Untersuchungsgruppe nicht berichtet worden. Konkurrenz und Konflikt können deshalb nicht ohne genauere Betrachtung gleichgesetzt werden. Mit Müller-Bader (1977, S. 13, zitiert nach Regnet, 1996, S. 15) kann man sie jedoch als

„graduelle Abstufung des gleichen Phänomens, das durch die Zielinkompatibilität der beteiligten Individuen gekennzeichnet ist",

sehen.

Die Konkurrenzsituation kann auch als ein Verteilungskonflikt bezeichnet werden. Ein Verteilungskonflikt ist beispielsweise dann gegeben, wenn unterschiedliche Handelsvertreter die Wahrscheinlichkeit, in einem Verkaufsgebiet einen Verkaufstermin an der Türe zu vereinbaren, gleich einschätzen („Marktpotential"), jedoch wissen, dass nur einer oder nur einige wenige des Teams in den Genuss des Nutzens kommen.

In diesem Zusammenhang wird ein besonderes Gewicht auf Persönlichkeitsmerkmale gelegt. Diese werden für die Konfliktentstehung oft (mit-)verantwortlich gemacht (z.B. Kurtz, 1983). Hier sind vor allem herauszustellen:
- Leistungsmotivation
- Misstrauen/Vertrauen

Kurtz (1983, S. 34, zitiert nach Regnet, 1996, S. 32) meint, „je misstrauischer Menschen sind, desto häufiger zeigen sie Konfliktverhalten. Esser spricht von „aufgestauter Aggressivität". Darüber hinaus werden emotionale Spannungen, schwierige Charaktere, Unbeherrschtheit und fehlende Leistungsmotivation genannt (vgl. Regnet, 1992). Gerade wenn selbständige Handelsvertreter mit hoher Leistungsmotivation im Team mit Handelsvertretern mit geringer ausgeprägter oder fehlender Leistungsmotivation zusammentreffen, sind Konflikte möglich. Der Umgang mit leistungsschwachen Kollegen und Mitarbeitern ist deshalb ein weiteres potentielles Konfliktfeld. Dabei sind widersprüchliche Perspektiven in den vorliegenden Interviewausschnitten zu finden:

P 7: TN 12.txt - 7:88 [Allerdings haben die wenigsten..] (93:93)
Codes:[B2/04/03Teamarbeit(Konkurrenz/KonflikteimTeam)]

„Allerdings haben die wenigsten dann auch den Mut, denen das auch zu sagen, „Hör' mal zu, du bist ein Pfeifenkopf[I.S.22]!" Wenn man da halt jetzt, ne, als würden Sie mir dann sagen, guck mal der, super , klasse Oder dann: „Hast Du das nicht gesehen, der hat jetzt wieder das und das angestellt. Was hat der für einen Mist gemacht? **Da wird dann direkt wieder auf andere Leute fokussiert, damit man halt nicht diese unangenehme Situation hat, mit dem mal tatsächlich darüber reden zu müssen, warum bist du eigentlich so schlecht, wo ist das Problem?"**

P17: TN 17.txt - 17:42 [aber ist so 'n Freun-, freunds..] (66:70)
Codes:[B2/04/03Teamarbeit(Konkurrenz/KonflikteimTeam)]

„aber ist so 'n Freun-, freundschaftlich**, weil wir sehen (kurzes Lachen) uns mehr als unsere eigenen Frauen**
Interviewerin: ja, glaub ich (lacht zustimmend)
TN 17: Durch den Direktvertrieb.
Interviewerin: durch die Arbeit, ja.
TN 17: Und, äh, dass es nicht immer reibungslos läuft, das ist normal, weil ich sag mal so**, in 'ner Ehe gibt's Krach (Mmmh) und ich denk mir mal, äh.. so was kann auch gut und gerne mal auch unter Mitarbeitern,** äh.. nur ich sag mal, **da muss man ,mal drüber reden und das find' ich auch sehr (Klappern) gut, da wird einmal richtig knallhart, (Klappern) äh, dann auf'n Tisch gehauen** (Klappern) und wird gesagt, also entweder gehn wir den Weg so weiter, oder wir lassen's. (Mmmh) Nein, dann wird auch rigoros mit den Leuten dann gesprochen, weil wer nicht mitzieht, ich sag mal, ich geh' mal von dem .. Ding aus, was mir zugetan wird, das muss ich auch zurück geben können. (Mmmh) Das heißt, also wenn mir geholfen

wird, dann muss ich auch kucken, dass ich dementsprechend äh, dafür auch was tue, 'ne?"

Einerseits wird behauptet, dass Konfliktgespräche vermieden werden, da die hierfür nötige Konfliktbereitschaft fehlt („Mut"). Als Methode zur Konfliktvermeidung wird die Ablenkung der Aufmerksamkeit weg von den erzielten Leistungen hin zu anderen Teammitgliedern genannt.

Andererseits betont ein Untersuchungsteilnehmer, dass eine offene und klare Kommunikation in Konfliktsituationen eine wirksame und angewandte Maßnahme ist. Sie dient einerseits der Entscheidung, ob ein leistungsschwacher Mitarbeiter die Tätigkeit als selbständiger Handelsvertreter weiter fortführt und andererseits auch der Herstellung einer gerechten Austauschbeziehung (ich geh' mal von dem .. Ding aus, was mir zugetan wird, das muss ich auch zurück geben können. (Mmmh) Das heißt, also wenn mir geholfen wird, dann muss ich auch kucken, dass ich dementsprechend äh, dafür auch was tue, 'ne?")

Die Perspektive, aus der die angeführten Interviewpartner argumentieren, entspricht nicht ihrer eigenen Perspektive. Während Teilnehmer (TN) 12 sich aus der Perspektive seiner Mitarbeiter berichtet, nimmt TN 17 die Perspektive von Führungskräften ein. Es stellt sich die Frage, wie Führungskräfte auf die Frage nach dem Umgang mit leistungsschwachen Mitarbeitern geantwortet hätten. Um diese Frage zu beantworten, kann in einer weiteren Untersuchung das Thema „Führung" und „Umgang mit leistungsschwachen Mitarbeitern" weiter analysiert werden.

7.2.5.3.4. Rollenambiguität

Umsatzorientierung vs. Serviceorientierung

Die grundlegende Anforderung, durch erzielten Umsatz, die eigene Existenz zu sichern, wirkt sich auf die Kundenbeziehung aus. Hier entsteht ein ambivalentes Verhältnis, da der selbständige Handelsvertreter aufgrund der strukturellen Rahmenbedingungen zwischen seinen eigenen Bedürfnissen und den Bedürfnissen des Kunden steht. In 7.2.3.3.1. werden die Fähigkeiten zusammengefasst, um Kunden zu überzeugen. Hier werden kommunikative und empathische Fähigkeiten als Anforderungen genannt. Die geforderten Fähigkeiten dienen dem Ziel, die Kunden vom Produkt zu überzeugen und den eigenen Umsatz zu steigern. *Kunden überzeugen* ist ein Pol auf einem Kontinuum.

P15: TN 15.txt - 15:8 [Nur (ähm) das ist das Interess..] (70:70)
Co-
des:[B2/03/02Rollenambiguität/KundenÜberzeugen/Umsatzorientierung]

„Nur (ähm) das ist das Interessante dabei, wenn Sie den Kunden davon überzeugt haben, dass das, was Sie ihm anbieten, genau das richtige ist für seine Probleme, die er hat und (ähm) Sie ihn davon überzeugt haben und (ähm) er dann (ähm) das Vertrauen hat und dann eben den Auftrag (ähm) bei Ihnen erteilt. Das ist so das A und O eigentlich dabei,"

Diese Anforderung ist komplex, da der Erfolg eines Verkaufsgespräch und die Akzeptanz eines Kunden nicht ausschließlich von den Gesprächen mit den selbständigen Handelsvertretern abhängt. Die Interviewpartner geben an, dass die „Mund-zu-Mund" Empfehlung für oder gegen die Produkte eine wichtige Quelle ist und dass deshalb das Bestreben besteht, möglichst zufriedene Kunden zu hinterlassen. Damit erhofft sich der selbständige Handelsvertreter eine gute Referenz und mögliche weitere Kunden. Eine einseitige Orientierung auf die Neukundenakquise ist demnach nicht eine singuläre erfolgsbedingende Anforderung in der Tätigkeit, sondern ist gepaart mit der Anforderung, das versprochene Produkt mit der hierfür benötigten handwerklichen Dienstleistung dem Kunden möglichst zeitnah anzuliefern. An dieser Stelle wird die enge Zusammenarbeit und fachliche Abhängigkeit zur Gruppe der Monteure deutlich. Auch die unter 7.2.5.3.3. aufgezeigten Konflikte in der Teamarbeit zwischen Verkauf und Montage werden bei der Betrachtung der Beziehung zwischen dem Kunden und dem selbständigen Handelsvertreter verständlicher. Während die Handelsvertreter für die Auftragseinholung zuständig sind, ist es Aufgabe der Monteure die Aufträge beim Kunden zu erfüllen (vgl.7.2.5.3.3).

TN 14 deutet auf mögliche Reklamationen hin, die direkt an die Handelsvertreter gerichtet werden.

P14: TN 14.txt - 14:21 [Denn, es ist ja nicht nur dami..] (336:337)
Codes:[B2/03/03Rollenambiguität/Serviceorientierung]

„Denn, es ist ja nicht nur damit getan, dass wir die Aufträge reinholen. Ne?. Was wir verkaufen ist ja auch -. Wir müssen uns ja auch um den Kunden kümmern, wenn was nicht ist. Wir (betont) werden angerufen, nicht die Firma.
-Hören Sie mal, ich wart jetzt schon vier Wochen auf das und das Produkt"

Für einen selbständigen Handelsvertreter liegt die Hauptverantwortung für die Auftragserfüllung auch beim „Verkäufer":

P18: TN 20.txt - 18:8 [Unsere Aufgabe ist es an die W..] (132:132)
(134, 148)
Codes:[B2/03/03Rollenambiguität/Serviceorientierung]

„Unsere Aufgabe ist es XY..... und einen zufriednen Kunden zu hinterlassen, auch Notfalls eben ein paar Teile zu fertigen oder sonst was zu machen. Ne, das ist für mich immer ganz wichtig. ...."

Ich möchte ein Produkt an den Mann bringen, ich möchte es vernünftig an den Mann bringen, das ich mein Geld mitnehmen kann und möchte da auch keine Reklamation erleben müssen"

Die Abhängigkeit von Kunden und die bewusste Akzeptanz dessen, werden vom Vertriebsleiter als wichtige Serviceanforderung gesehen:

P 3: TN 5.txt - 3:60 [Zufriedenheit beim Kunden ist ..] (95:95)
Codes:[B2/03/03Rollenambiguität/Serviceorientierung]

„Zufriedenheit beim Kunden ist ja ganz, ganz wichtig. Und ich sag der Kunde ist bei mir König. Der Kunde ist bei uns derjenige, der das Geld reinbringt und kein anderer und den muss man hegen und pflegen mit allen Mitteln und alles andere ist dann nebensächlich, nur der Kunde ist maßgebend."

Ein Interviewpartner sieht eine Hierarchie in der Kunden-Handelsvertreter Beziehung:

P10: TN 2.txt - 10:6 [Ein Kunde muss immer über eine..] (68:68)
Codes:[B2/03/03Rollenambiguität/Serviceorientierung]

„Ein Kunde muss immer über einem Verkäufer stehen. Und nur so kann man auch den Verkauf gestalten. (Mmmh)"

Trotz der Kernanforderung, stetig neue Kunden zu akquirieren, um eigene Ziele zu erreichen, ist für die untersuchten Teilnehmer selbstverständlich, dass nicht kurzfristige Akquise betrieben, sondern mittel- bis langfristige Kundenbeziehungen aufgebaut werden sollen. Dies entspricht der besonderen Anforderung im Direktvertrieb, da der persönliche Kontakt im Vordergrund des Vertriebsgeschäfts steht. Deshalb sind Kundenempfehlung präferierte, langfristig orientierte Strategien der Neukundenakquise.
Zusammenfassend kann festgestellt werden, dass die Rollenambiguität aus dem intrapsychischem Annäherungs-Annährungskonflikt (Lewin, 1963, 1968) heraus resultiert (Umsatz vs. Service).

7.2.5.3.5. Emotionsarbeit

Die Kernanforderung der Neukundenakquise (vgl. 7.2.5.3.1.) bedingt eine empathische Zuwendung zum Kunden. Daneben wird versucht, beim Kunden bestimmte positive Emotionen zu wecken, um Verkaufsziele zu erreichen:

P 7: TN 12.txt - 7:7 [das ist ja die Arbeit des Dire..] (62:62)

„das ist ja die Arbeit des Direktvertriebs, den Kunden dazu zu begeistern, hier und heute emotional etwas zu kaufen. ...Wir wollen den Kunden ja sofort dazu bringen, etwas zu kaufen, ihn zu begeistern, hier und heute etwas zu kaufen, weil"

Um kauffördernde, positive Emotionen beim Kunden zu wecken, gehen die untersuchten selbständigen Handelsvertreter davon aus, dass diese positiven Emotionen vorher konkretisiert und von ihnen selbst vorgelebt werden müssen. Deshalb wird das Verhalten beim Kunden von Interviewpartnern als *„schauspielen"* bezeichnet. Das *schauspielen* beinhaltet neben den verbalen Überzeugungsversuchen und argumentativen Strategien, eine empathische und freundliche Interaktions- und Kommunikationsebene. Die Herstellung und Präsentation von ausgewählten Emotionen für Kunden dienen dem Ziel, die Verkaufsabsichten des Kunden zu bestärken. Die in Kapitel 2.3.3.3.4. angenommene „Gefühlsarbeit" (Hochschild, 1983, 1990) beziehungsweise Emotionsarbeit (Zapf, 2002) wird insbesondere während der Verkaufsgespräche als Anforderung deutlich.

Hochschild (1990) nennt das *„schauspielen"*, das durch Mimik und Gestik versucht dem Interaktionspartner etwas vorzuspielen, "surface acting". Übersetzt also „Oberflächenhandeln" oder aber Agieren an der Oberfläche. Dabei handelt es sich nicht um ein empfundenes, sondern vielmehr um den Ausdruck eines "passenden" Gefühls (Heller, 1994, S.206). Ein großes Problem bei diesem Agieren ist die Glaubwürdigkeit, da diese Kunst zwar schön und ihre Wirkung heftig ist, jedoch der nötige Tiefgang und die Nachhaltigkeit fehlen (Stanislawski, 1986, S.34). Dadurch kommt es im „wirklichen Leben" ski, 1986, S.34). Dadurch kommt es im „wirklichen Leben" leicht zu einem faden Beigeschmack, der sich in Abwehr, Misstrauen etc. widerspiegelt (Heller, 1994, S.207). Kunden können also das Oberflächenhandeln als solches erkennen und deshalb dem Handelsvertreter gegenüber misstrauisch werden. Bei der zweiten Art des Schauspielens dem „deep acting" (inneren Handeln oder Tiefenhandeln) handelt es sich um eine Darstellungsform, bei der der Darstellende versucht einen authentischen Gefühlszustand zu erreichen um ein Gefühl nicht nur nachzuspielen, sondern es als selbst induziertes Gefühl auszudrücken (Heller,1994, S.207; Kannheiser, 1992, S.211; Dunkel, 1988, S.72). Die verschiedenen Techniken des „deep acting" lassen sich nach den drei Ebenen Organismus, Psyche und Sozialdimension, sowie den kognitiven und handelnden Formen der Emotionsarbeit unterscheiden (Gerhards, 1988, S.53). Dieses Verzerren der Situationswahrnehmung und Erzeugen von Vorstellungsbildern um ein bestimmtes Gefühl zu erleben und zu zeigen, führt oft zu erheblichen Anstrengungen (Heller, 1994, S.207). Stanislawski (1986) spricht hier von einer "Psychotechnik", die sich auf das Erleben, Phantasie und emotionales Gedächtnis berufen muss. Im Schauspiel wird die erzeugte Illusion als eine Tugend angesehen und hat nach Ende der Vorstellung keine Bedeutung mehr. Im realen Leben führt dies dazu, dass der Klient den Akt der Manipulation zwar nicht mehr so stark als diesen empfindet, es jedoch zu einer Selbsttäuschung kommt und diese längerfristig nicht erwünschte Folgen haben könnte (Heller,1994, S.212; Dunkel, 1988, S.74).

Emotionskontrolle

Um glaubwürdig „schauspielen" zu können, wird die Kontrolle über eigene Kognitionen und Emotionen vorausgesetzt. Teilnehmer 12 (TN 12) fasst den Zusammenhang zwischen *Emotionskontrolle* und *schauspielen* zusammen:

P 7: TN 12.txt - 7:89 [TN 12: Das ist die Nummer 1 ni..] (95:95)
Codes:[B2/02Emotionsarbeit]

„TN 12: Das ist die Nummer 1 nicht nur hier, sondern allgemein im Direktvertrieb. **Wenn Du den Kopf nicht frei hast, wenn Du nicht in der Lage bist, die Probleme, all deine Sorgen,** die haben wir alle haben, kein Menschen ist sorgenfrei oder problemfrei, **abzuschalten, ein Lächeln oder das Schauspielergesicht aufzuziehen und den Kunden davon zu überzeugen, dass ist jetzt das Produkt, das du unbedingt haben musst.** Das ist jetzt wirklich superklasse und hat ja auch nen Spitzenpreis, wollen wir heute sofort bestellen, weil, ich habe es nur noch dreimal auf Lager und wenn jetzt irgendjemand vor Ihnen wegbestellt, dann sind die alle weg, dann zahlen Sie einen Tausender mehr. **Wenn man nicht in der Lage ist, die ganzen Probleme abzuschalten und diese Schauspielerei aufzubauen, kann man im Direktvertrieb nicht überleben.**“

Es wurde in den Interviews herausgearbeitet, dass die Untersuchungsteilnehmer bestrebt sind, tatsächlich einen authentischen Gefühlszustand zu erreichen oder ein selbst induziertes Gefühl auszudrücken. Diese Gefühle sind zumeist Heiterkeit, Fröhlichkeit und insbesondere Freundlichkeit gegenüber den Kunden. Die Untersuchungsteilnehmer betonen, dass dieser emotionale Zustand eine Voraussetzung ist, um den Dialog mit Kunden erfolgreich zu gestalten. Dies entspricht dem Tiefenhandeln (deep acting) nach Hochschild (1990, S. 56f.). Elemente des Oberflächenhandelns begleiten das schauspielen stetig („Schauspielergesicht“, vgl. Zitat oben), da das Lächeln an der Türe und während der Verkaufsgespräche als Bestandteil der Interaktion genannt werden. Besonders deutlich werden Auswirkungen des Tiefenhandelns in folgendem Zitat:

P 2: TN 4.txt - 2:64 [Auch wenn ich sage ach ja, heu..] (17:17)
Codes:[B3/01/02AktivIndirektSelbstveränderung/-reflexion]
No memos

„Auch wenn ich sage ach ja, heute da machst du mal eine halbe Stunde später, mal 1 Stunde später. Das funktioniert nicht, das ist alles was ich verkehrt gemacht habe. **Dadurch ist es so, dass ich generell eine positive Lebenseinstellung habe.** Ich bin, **ich sehe ja nichts negati-**

ves, ich sehe die Dinge sehr positiv. Das waren ja die Fehler. Ich sag mal am Anfang als ich bei Firma HA. war, hab ich alles sehr negativ gesehen und ich hab gesehen, da komm ich nicht sehr weit mit. **Jetzt ist das so, ich sehe alles positiv. Ich bin schon morgens gut gelaunt, ich bin kein Morgenmuffel. Ich kann morgens schon am Frühstückstisch wenn wir 3 zusammen sitzen erzählen ..** Das ist eigentlich so dass, woraus ich meine Sache schöpfe. Ich setzte mir kleine Ziele**, ich bin gut drauf, sag werbe gut, dann verkaufst du gut** und was am Ende am Abend rauskommt, weißt du eh nicht. **Ich sag, so heute, das schaffst du schon. So nach dem Motto heute ist mein bester Tag. Das ist einfach so meine Einstellung und danach habe ich gelernt zu leben. Und das beeinflusst auch meine ganze Umwelt. Ich bin im Ansehen stark gestiegen, jeder freut mich wenn er mich sieht, macht auf jeden Fall den Eindruck.**"

Den Akt der Veränderung eigener Emotionen und Kognitionen beschreibt der Untersuchungsteilnehmer (TN 4) nicht mehr als Manipulation, sondern als tatsächliche Emotionen und Kognitionen. Die Veränderung der Emotionen ist ihm bewusst, nur bewertet er die „neuen" Emotionen positiver und für die anvisierten Verkaufsziele adäquater :
„, ich bin gut drauf, sag werbe gut, dann verkaufst du gut" (vgl. oben).

Die in den Kapitel 2.3.3.3.4. und 4 vermutete emotionale Dissonanz (Zapf, 2002) tritt stetig während den Interaktionen mit Kunden auf. Damit ist die Akzeptanz und die Bewältigung der emotionalen Dissonanz eine Anforderung an die Handelsvertreter. Die emotionale Dissonanz ist unabhängig von der Dauer der Interaktion mit dem Kunden. Ein interviewter Werber ‚der keine ausführlichen Verkaufsgespräche in der Wohnung des Kunden führt, sondern ausschließlich für die Generierung von Verkaufsterminen an der Türe des Kunden zuständig ist, äußert eine starke Beanspruchung durch die ständige Emotionsarbeit:

P17: TN 17.txt - 17:26 [nd dann will ich nur Ruhe habe..] (148:148)

„und dann **will ich nur Ruhe haben**. Weil wenn man den ganzen Tag geredet hat, von morgens bis abends. Man kann diesen Außenjob ei- gentlich nur fünf bis sechs Stunden wirklich machen, quasseln, nur an der Haustür. Weil danach ist man ... so was von ausgej- **ausgepowert,** weil ich ja wirklich 100 Prozent bei jeder Haustür bringe, dann ist man so was von kaputt,"

Als kritische Situation nennt dieselbe Untersuchungsperson einen persönlichen Angriff durch einen potentiellen Kunden. Eine sehr gro- ße Emotions- und Handlungskontrolle wird somit vorausgesetzt und ist eine Hauptanforderung „an der Tür":

P17: TN 17.txt - 17:56 [nur wenn man mich persönlich....]
(112:112)
Codes:[B2/02Emotionsarbeit]

„nur wenn man mich persönlich... **angreift**, jetzt nicht über die Fir- ma Heim und Haus, sondern sagt, „du bist 'n .. Haste nich' gesehen." und .. dann sag' ich zu ihnen, „wissen Sie was," ich sag', „drehen Sie sich einfach um, machen Sie die Tür zu, dann kommen Sie mit Ihrem Leben nicht klar." **Aber ich geh' da nicht mit 'nem fiesen Wort weg, sondern, ich sag' ihnen das nur, dass er mich jetzt angegrif- fen hat und so geb' ihnen das auch, er, er spürt es, dass er mich angegriffen hat, das geb ich ihm zu spüren, und dann sag' ich,** „Wissen Se was, machen Sie einfach die Tür zu, machen Sie sie am besten nie wieder auf, wenn jemand klingelt. Weil Sie sind arm. (ab- fällig)" und dann geh' ich. Weil, ich bin nicht beleidigend, nur, wenn man mich beleidigt, dann versuch' ich das auf 'ner Schiene zu machen (hustet), auf 'ner fairen Weise (räuspert sich), aber auf 'ne direkte Weise dann auch, 'ne? (Mmmh) Dass ich ihnen dann zu verstehen gebe, da haste 'n Fehler gemacht und da musste jetzt mal drüber nachdenken."
Ein persönlicher Angriff während eines Verkaufsgesprächs wird von den verkaufenden Fachberatern, Bezirksleiter, Verkaufsleitern und

dem Vertriebsleiter nicht berichtet. Es ist anzunehmen, dass bei Einladung des Verkäufers in die Wohnung ein basales Interesse an Produkten besteht und die Kundenmotivation als höher eingestuft werden kann.

Teufelskreis

Aus den Interviews wird ein *Teufelskreis* in Emotionen und Handlungen herausgearbeitet, dessen Bewältigung als weitere Anforderung beschrieben werden kann. Während es eine kognitive Verhaltensanforderung ist, persönliche und private Probleme während der Arbeitstätigkeit zu ignorieren, ist es gleichzeitig erforderlich, die hohen emotionalen Beanspruchungen bedingt durch die emotionale Dissonanz und die hohen Frustrationsraten nicht in die persönliche, private Umgebung „mitzunehmen":

P 7: TN 12.txt - 7:74 [Was hast du jetzt schon wieder..] (93:94)
Codes:[B2/02Emotionsarbeit]

„Was hast du jetzt schon wieder für Sorgen? Oder so ein Kram. Und da kommen dann ne ganze Menge Sachen: Die Kinder haben Schnupfen, der Goldfisch ist schwanger, der Strom wird wieder einmal abgestellt, das Auto kommt nicht übern TÜV und, und, und ...**wo die alle Probleme haben, die die hier mit reinschleppen in ihre Tagesarbeit, und weil sie die auch haben und in ihre Tagesarbeit reinschleppen, können sie nicht erfolgreich sein, weil sie den Kopf nicht frei haben.**"

P17: TN 17.txt - 17:51 [Und bei mir ist das Problem, i..] (85:85)
Codes:[B2/02Emotionsarbeit]

„**Und bei mir ist das Problem, ich nehm' die Sachen immer mit nach Hause.** (Mmmh) **Ich erzähl' das dann meiner Frau und das ist ein großer Fehler.** (Mmmh) **Weil so, wie ich mir mein Problem, die Probleme zuhause lasse, so sollte ich auch die Probleme von (Firma XY) im Auto lassen,** auf (Mmmh) Deutsch gesagt. Aber teilweise hab' ich immer noch, dass ich sie immer noch mit (Klappern) nach Hause nehme"

Die Entstehung eines auf den ersten Blick „unlösbaren" intrapsychischen Vermeidungs-Vermeidungs-Konflikts (Lewin, 1963; 1968) kann aus den Interviewanalysen abgeleitet werden. Einerseits sollen persönliche Problematiken nicht im beruflichen Kontext mitgeteilt werden, andererseits wird deutlich, dass das familiäre Umfeld der untersuchten Handelsvertreter durch die Arbeitstätigkeit im Außendienst ohnehin Belastungen ausgesetzt ist - wie beispielsweise unsicheres Einkommen und lange Arbeitszeiten - und zusätzliche Belastungen somit zu Konflikten und Widerständen führen können (vgl. Zitat oben).

In der Literatur wird bei Existenzgründern das private Umfeld als eine wichtige Ressource für die soziale Unterstützung festgestellt (Moser et al., 1999). Tatsächlich ist die Unterstützung durch den Lebenspartner für Unternehmensgründer die zentrale Ressource bei der Bewältigung des hohen Arbeitsdrucks und der Vielfalt an neuen Aufgaben (Lang-von Wins et al., 2002).

Dies wird von der hierarchisch höchsten Führungskraft der Untersuchungsgruppe bestätigt, der die Unterstützung des privaten Umfeldes auch als eine primäre Voraussetzung für die Tätigkeit als selbständiger Handelsvertreter anführen:

P11: TN 3.txt - 11:26 [Also wenn das zu Hause nicht m..] (97:97)
Codes:[B2/03/01Neukundenakquise]

„Also wenn das zu Hause nicht mitspielt, dann bin ich hier fehl am Platz."

Ob die Akzeptanz oder die Unterstützung durch das private Umfeld bei der untersuchten Stichprobe vorhanden ist, konnte im Rahmen der Untersuchung nicht genauer überprüft werden. Der kollegiale Austausch und die Beziehung zur Führungskraft rücken in den Mittelpunkt der vorliegenden Betrachtung, um aus dem beschriebenen Teufelskreis „auszubrechen".

In Kapitel 7.5.2. wird die Bedeutung der *Teamarbeit* in Hinblick auf die *Emotionskontrolle* weiter ausgeführt.

7.2.6. Herausragende Anforderungen

Die in Kapitel 4 nach Literaturdurchsicht vermuteten Anforderungen für die Tätigkeit als selbständiger Handelsvertreter wurden empirisch überprüft. Die Analyse der durchgeführten Interviews ermöglichen eine Differenzierung der in Kapitel 4 aufgeführten vermuteten Anforderungen (vgl. oben Kapitel 7.2.1. bis 7.2.5.).

Zusätzlich zu den Anforderungen, die im Rahmen der täglichen Arbeit anzutreffen sind, sind weitere Anforderungen aus dem Datenmaterial herausgearbeitet worden, die auf besondere kritische Ereignisse schließen lassen. Die herausgearbeiteten Kategorien *Arbeiten mit Angst* und *Extremsituation während eines Verkaufsgesprächs* sind nicht unter die Kategorie Emotionsarbeit zugeordnet worden, da beide Kategorien extreme Anforderungen darstellen, die nicht ausschließlich die Arbeitstätigkeit, sondern auch das Selbstverständnis des selbständigen Handelsvertreters und die gesamte Persönlichkeit betreffen. Insofern handelt es sich um zusätzliche Kategorien und herausragende und kritische Ereignisse, die im nachfolgenden Kapitel gesondert beschrieben werden.

7.2.6.1 Angst im Direktvertrieb

Eine Emotion, die ebenfalls Ursache der emotionalen Dissonanz während der Kundeninteraktionen ist, ist die tatsächlich empfundene *Angst,* die es gilt „schauspielerisch" zu verbergen (vgl. Kapitel 7.2.5.3.5). Neben Freude, Trauer, Wut und Scham ist Angst eines der Grundgefühle, die bei jedem Menschen lebensbegleitend sind und in den verschiedenen Lebensabschnitten mit unterschiedlichen Inhalten ausgestattet werden. Der Begriff Angst grenzt sich von der Furcht dadurch ab, dass sich Furcht meist auf eine reale Bedrohung bezieht (gerichtete Angst), Angst ist dagegen meist ein ungerichteter Gefühlszustand. Angst ist ein Gefühl, das auftritt, wenn Individuen sich in Situationen befinden, denen sie in ihrer Wahrnehmung „nicht oder noch nicht gewachsen sind" (Riemann, 1997). Angst begegnet Individuen daher notwendigerweise immer, wenn etwas Neues in Angriff genommen wird oder ihnen etwas Unvertrautes begegnet. Das Gefühl der Angst ist untrennbar mit der persönlichen Entwicklung verbunden. Angst hat dabei einen Doppelaspekt:

> „ *...einerseits kann sie uns aktiv machen, andererseits kann sie uns lähmen. Angst ist immer ein Signal und eine Warnung bei Gefahren, und sie enthält gleichzeitig einen Aufforderungscharakter, nämlich den Impuls, sie zu überwinden." (Riemann, 1997, S. 9)*

Angstreaktionen sind eine besondere Form von Stressreaktion und sind durch eine höhere Aktivierung des Organismus gekennzeichnet. Umstritten ist, ob diese angstbedingte Aktivierung leistungsfördernd oder leistungshindernd wirkt. Yerkes und Dodson (1908) hatten gezeigt, dass zwischen dem Grad der Aktivierung und der Leistung kurvlineare Beziehungen bestehen. Das Aktivierungsniveau operationalisierte in ihren Untersuchungen stressinduzierende bzw. beanspruchungsinduzierten Reize (nicht angstauslösende Reize). Tatsächlich sprechen verschiedene empirische Untersuchungen (vgl. Brandstätter, Franke & von Rosenstiel 1966; Sweeney, Smouse, Rupiper & Munz,

1970) dafür, dass bei geringfügig gesteigerter Angst die Leistung zunächst ebenfalls ansteigt, um dann – bei weiter steigender Angst – wieder abzufallen.

Die von den Untersuchungsteilnehmern berichtete empfundene Angst kann in drei Dimensionen unterteilt werden:
- Angst an der Tür
- Angst im Verkaufsgespräch
- Angst in der Selbständigkeit

Jede der Dimensionen ist durch eine neuartige Situation und der damit verbundenen Unsicherheit gekennzeichnet. Die unten aufgezeigten Ergebnisse hinsichtlich der Kategorie *Angst* können als reale und begründete Ängste eingestuft werden.

Angst an der Tür

Das Phänomen Angst an der Tür zu haben wird im Folgenden als *Klingel-Angst* bezeichnet und in der Einführung einer Veröffentlichung von Wiendieck (2006a, S.6) berichtet:

> „....., aber der mechanisch einfache Druck auf den Klingelknopf erwies sich als psychologisch schwierig......Und mitunter ertappte ich mich bei der absurden Hoffnung: **Vielleicht hast Du Glück und es macht niemand auf.**"

Dieselbe „absurde Hoffnung" drückt ein Untersuchungsteilnehmer aus:

P 2: TN 4.txt - 2:74 [weil ich sage mal, bei mir war..] (41:41)
Codes: [B2/07Angst]

„weil ich sage mal, bei mir war es eine große Hemmschwelle am Anfang, das Klingeln. Früher war es ein bisschen lockerer. Da hat man jemanden mitgenommen, mal 3 Türen gemacht und dann gesagt, so jetzt bist du dran. **Und da hab ich mir gewünscht, dass beim ersten keiner da ist, und war auch Gott sei Dank keiner da. Und dann** dachte ich mir bei der nächsten Tür kann doch gar nicht sein, ich hab doch schon geklingelt. Aber da ist einfach eine Hemmschwelle, die man überbrücken muss. Ich hab die Einstellung, dass man diese Hemmschwelle auch nicht zu krass knacken sollte, nicht so nach dem Motto: du bist jetzt 2 Stunden hier, also klingele jetzt. Sondern ich gebe den Leuten dann Zeit sich selber zu finden und manche trauen sich zu, dann auch schon mal selber an die Tür zu gehen... „

Die Hoffnung wird als „absurd" bezeichnet, da sie sich im Gegensatz zum eigenen Ziel befindet. Verkaufen kann nur derjenige, der auch Termine hat, Termine hat nur derjenige, der akquiriert hat. Und die Akquise kann nur gelingen, wenn ein potentieller Kunde angetroffen wird, den es zu umwerben gilt. Wieder steht ein selbständiger Handelsvertreter in einem Spannungsfeld, wenn er vor einer Türe steht. Einerseits erhöht sich dadurch, dass er aktiv wird, die Initiative ergreift und Kunden sucht die Wahrscheinlichkeit, reale Verkäufe zu tätigen, und dadurch seinen Umsatz und seine Existenz zu sichern. Andererseits kann diese Kette an Wahrscheinlichkeiten mit einer einzigen Zurückweisung des Kunden an der Türe vernichtet werden:

P 6: TN 9.txt - 6:53 [Ich hatte mir immer vorgestell..] (70:70)
Codes:[B2/07Angst]

„Ich hatte mir immer vorgestellt, ich kriege die Tür vor die Nase zugeknallt und alle böse und, und, und."

Jedes Klingeln an der Tür ist eine neuartige Situation und durch Unsicherheit gekennzeichnet. Der Begriff *Klingel-Angst* entstammt wörtlich aus der Untersuchungsgruppe. Die Angst vor einer aggressiven Zurückweisung ist Teil der *Klingel-Angst*. Nicht nur dass eine Zurückweisung die Umsätze und damit die Existenzsicherung durch Umsatzleistung gefährdet ruft Angst hervor, sondern es wird durch die Angst vor einem persönlichem Angriff, dem man hilflos ausgeliefert ist (vgl. Zitat oben), begleitet. Es wird aber gleichzeitig deutlich gemacht, dass die Angst, bei einer Zurückweisung persönlich angegriffen zu werden unbegründet sein kann:

P 5: TN 8.txt - 5:35 [man darf keine Klingel-Angst h..] (112:112)
Codes:[B2/07Angst]

man darf keine Klingel-Angst haben, ne. An der Tür, bing-bong, wobei die Klingel-Angst die meisten Leute, die anfangen bei uns, werden es direkt merken, ich habe es auch direkt am 1. Tag gemerkt,( ), **die Leute sind überwiegend freundlich. Unwahrscheinlich (betont) freundlich**

Eine weitere Bezeichnung für die Angst die entsteht, kurz bevor oder während der Handelsvertreter die Türschelle betritt ist „Schwellenangst". Die besondere Bedeutung der Tür als „Schwelle" zum Kunden wird hierdurch unterstrichen.
Die Klingel-Angst wird reduziert, wenn die subjektive Einschätzung der Abhängigkeit zum aktuell anzusprechenden Kunden als geringer wahrgenommen wird.

P16: TN 16.txt - 16:51 [Also anfangs habe ich das als ..] (70:70)
Codes:[B2/07Angst]

„Also anfangs habe ich das als großen Stress empfunden, als ich an die Tür gegangen bin, **das weiß ich noch, als ich angefangen habe und habe gedacht, da musst du jetzt hin, musst jetzt an die Tür, und dadurch dass ich jetzt natürlich Termine habe, ist das für mich jetzt mehr in so zur Beruhigung."**

Teilnehmer 16 nutzt häufiger und intensiver als die an der Untersuchung teilnehmenden Fachberater flankierende Werbemaßnahmen (Stände auf Trödel- und Supermärkten; vgl. TN 16, P16). Die unabdingbare Notwendigkeit an der Tür verkaufsorientierte Gespräche zu führen und Termine für Verkaufsgespräche zu vereinbaren erhöht die *Angst an der Tür*. Mit dem Wissen, bereits erfolgreich gewesen zu sein, da bereits erfolgreich Verkaufsgespräche geführt oder Verkaufsgespräche terminiert wurden, sinkt die Abhängigkeit zum aktuell angesprochenem Kunden an der Tür und damit die Angst vor Zurückweisung. Doch auch wenn erfolgreich geklingelt worden ist, ein potentieller Kunde angetroffen und ein Termin für ein ausführliches Verkaufsgespräch vereinbart worden ist, endet nicht das Angstpotential im Direktvertrieb. Während des Verkaufsgesprächs kann der selbständige Handelsvertreter weiterhin Angst empfinden.

Angst im Verkaufsgespräch

Die Ergebnisse aus den Interviews machen auf eine explizite Situation während der Verkaufsgespräche aufmerksam. Es handelt sich hierbei um die Phase in einem Verkaufsgespräch, in der der Kunde die eventuell endgültige Entscheidung für oder gegen das Produkt fällt. Diese Situation wird von Wiendieck (2006a, S. 9) in seinem ersten Spannungsbogen beschrieben und als Spannungsbogen zwischen „Empathie vs. Biss" bezeichnet:

„.... Erst die Entscheidung beendet diese Spannung und wirkt befreiend. Es gibt allerdings ein Zeitfenster für die Entscheidung. Diese zu erkennen und entschlossen zu nutzen zeichnet den guten Außendienstler aus. In der Phase der Unentschiedenheit würde ein forsches Vorgehen Widerstand wecken, aber in einer Phase der Entscheidungsbereitschaft wird es meist als hilfreich erlebt. Die Vereinbarung der Gegensätze von Einfühlung und Biss zeichnet den guten Außendienstler aus. "

Die Ergebnisse aus den durchgeführten Interviews zeigen auf, dass dieser Spannungsbogen zwischen „Einfühlung und Biss" für die selbständigen Handelsvertreter der vorliegenden Stichprobe ein angstauslösendes Element darstellt. Die Fähigkeit „Biss zu zeigen" und Kunden offensiv auf die Kaufentscheidung anzusprechen, kann Angst erzeugen.

P 2: TN 4.txt - 2:80 [TN 4: Z. B. Gestiken, die Wort..] (65:65)
Codes:[B2/07Angst]

283

„TN 4: Z. B. Gestiken, die Wortwahl, da hab ich zu viel dem Kunden erzählt. Und früher bin ich halt zum Kunden gefahren und hab losgelegt mit Projektvorführung und alles runtergerasselt. Gut, also alles was das Produkt Gutes zu bieten hat, ohne jetzt darauf zu achten, ob den Kunden das auch wirklich interessiert. Es gibt Kunden, die interessiert es viel zu wissen. Ich habe aber auch Kunden dabei, die sagen, gut das ist ein (Produkt) und man merkt schon, der hört eigentlich gar nicht mehr richtig zu. Und ich muss dann die Signale verstehen. Auch gezielter im Abschluss zu werden. **Früher war es immer so, dass man Angst hatte. Jetzt war eigentlich alles klar, aber ich konnte einfach nicht sagen: Machen wir jetzt, sondern ich war eigentlich immer so Mmmh, ja. Ich hab dann immer gewartet, bis der Kunde sagt so jetzt, machen wir mal.** Das sind einfach so Dinge, die ich so in Verkaufsseminaren einfach gelernt habe.“

P 3: TN 5.txt - 3:45 [Oder viele Leute wussten nicht..] (63:63)
Codes:[B2/07Angst]

„Oder viele Leute wussten nicht, dass ich beim Kunden jetzt die Frage stelle: So, wann (liefern) wir das jetzt ...? Die haben einfach Angst, dass der Kunde nein sagen würde. Nur, das ist die Grundvoraussetzung warum ich dahin fahre. Das ist ganz wichtig. Und aus Angst dass der Kunde dann sagt, nee ich nimm' (Produkt) doch nicht. Und daran dann einfach scheitern.“

Analog der *Klingel-Angst* an der Türe, kann die Angst im Verkaufsgespräch als *Frage-Angst* paraphrasiert werden. Eine offensive Frage hinsichtlich der Kaufabsicht zu stellen kostet die Handelsvertreter eine gewisse „Überwindung“.

Zusätzlich zu Ängsten, die aufgrund der Kernanforderung der Neukundenakquise auftreten – sowohl an der Türe *(Klingel-Angst)* als auch während des Verkaufsgesprächs *(Frage-Angst)* – wurde bei den Interviews eine weitere Angst herausgearbeitet, die den operativen Tätigkeitsanforderungen übergeordnet ist.

Die Angst in der Selbständigkeit bezieht sich auf die grundlegende Anforderung, die bereits in Kapitel 7.2.1. offen gelegt wurde. Die grundlegende Anforderung, dass die eigene Existenz ausschließlich durch erzielte Umsatzleistungen abgesichert wird, ist stellenweise für die untersuchten Handelsvertreter angsterzeugend. Die *Angst in der Selbständigkeit* bezieht sich auf eine potentiell ungewisse und unsichere finanzielle Situation in der Zukunft. Eine ausschließlich nüchterne, objektive, emotionslose Betrachtung dieses Erwerbsprinzips ist für die Untersuchungsteilnehmer nicht immer möglich. Teilweise sind bewertende Äußerungen eng an die Beschreibung ihrer Tätigkeit für selbständige Handelsvertreter geknüpft; stellenweise wird die grundlegende Anforderung neutral beschrieben, jedoch bei fortschreitendem Interviewverlauf auf mögliche Einkommensschwankungen und -unsicherheiten hingedeutet.

P 6: TN 9.txt - 6:62 [Da denkst Du manchmal: ‚Hast D..]
(108:108)
Codes:[B2/03ExistenzsicherungdurchUmsatzleistung]

„Da denkst Du manchmal: ‚Hast Du jetzt alles verlernt, da funktioniert jetzt gar nichts mehr.' Man ist total niedergeschlagen, **man kriegt Existenzängste** irgendwann, **weil je weniger Umsatz man macht, um so weniger verdient man. Das ist schon … heftig dann, wenn man so in eine Krise gerät.** Gerade als Neuer.“

P14: TN 14.txt - 14:52 [Es ist wirklich die Angst, ob ..] (163:164)
Codes:[B2/07Angst]

„**Es ist wirklich die Angst, ob das für viele Jahre so gut geht. Oder bis zu meiner Rente**, wenn ich mal in Ruhestand gehe. Das ist die Angst. **Weil, es geht ja immer auf und ab bei uns.** Es erreicht niemand so die gleiche Welle. Da spielen Urlaub ne Rolle, Ferien, in den Gebieten wenn Sommerferien sind, Schulferien und, und, und … . Das sind alles so ausschlaggebende Dinge. Viele scheuen sich dafür, bei vielen stehen die Frauen nicht dahinter.

„Ja kommst du wieder so spät, und die Kinder und, und, und ... ." Das sind alles so Sachen."

Aus den Interviews kann abgeleitet werden, dass sich die *Angst in der Selbständigkeit* auf mögliche materielle Verluste bezieht. Die *Angst in der Selbständigkeit* wird dadurch verstärkt, dass kaum Alternativen hierzu benannt werden. In diesem Punkt ist diese Angst um die berufliche und persönliche Existenz mit der Angst von Führungskräften bzw. Managern in abhängigen Beschäftigungsverhältnissen vergleichbar:

„Die Verflachung und Entgrenzung von Organisationen konfrontiert das Management, die Führungskräfte der klassischen Moderne, mit der existentiellen Angst, vom Nichts verschluckt zu werden, weil sie sich häufig mit Haut und Haaren den Unternehmungen und ihren eigenen Karrieren verkauft haben und selten alternative Entwürfe durchdacht wurden." (Freimuth, 1999, S. 270).

Die untersuchten selbständigen Handelsvertreter und die von Freimuth (ebenda) geschilderten angestellten Führungskräfte investieren maximale psychische und physische Energie zur Aufgaben- und Ergebniserfüllung. Die Tatsache, dass keine alternativen Erwerbskonzepte bei eventuellem Zusammenbruch des Systems, vorliegen, erzeugt bei ihnen latente Angst.

7.2.6.2. Extremsituation während des Verkaufsgesprächs

Die Teilnehmer der vorliegenden Untersuchung führen Verkaufsgespräche vorwiegend in der Wohnung von Kunden, die in der Regel Privatpersonen sind. Durch den Besuch des selbständigen Handelsvertreters in der Wohnung des Kunden erhält der Handelsvertreter einen Einblick in die Privatsphäre der Kunden. Die befragten Handelsvertreter gehen sehr diskret mit Informationen um, die sie durch ihre langjährige berufliche Erfahrung über ihre Kunden sammeln. Es werden kaum Informationen über Kunden während der Interviews genannt, die nicht im Zusammenhang zur generellen Thematik der Verkaufsgesprächsführung stehen. Eine Ausnahme bildet die Erzählung eines Teilnehmers, der in der Vergangenheit während eines Verkaufsgesprächs den natürlichen Tod eines Kunden miterlebt hat.

P17: TN 17.txt - 17:22 [Ich hab' auch schonmal einmal ..]
(116:116) (120:120) (128:128) (138:138)
Codes:[B2/06Tod eines Kunden während Verkaufsgespräch]

„Ich hab' auch schonmal einmal bei der andern Firma, wo ich bei der andern Firma gearbeitet hab', da war ich beim Kunden, hab' da gesessen, hab' (Produkt) da hab' ich damals noch verkauft, (Produkt) und (Produkt), .. und der Mann ist nach oben gegangen, und hat sich hingelegt, und dann sagt die Frau, 'bleiben Se noch 'n bisschen, trinken Se noch'n Käffchen und dann können Se in Ruhe gehen.' (Hustet).. **und dann wollt' sie dem Mann wachmachen und dann ist der oben gestorben....äh, ich bin auch 'n emotionaler Mensch,** also wenn man mir irgendwo... äh, wenn mir so was passiert, **dann komm (Ja, klar) ich auch schnell zu Tränen,** also muss ich ganz ehrlich sagen, also.. **Ich habe da zwei Stunden noch gesessen, bis die Kinder dann aus Frankfurt kamen und hab' dann die Frau beruhigt und klar, sicher, die Kriminalpolizei kommt ...Das waren die, das, das Schlimmste, was mir überhaupt mal beim Tod wirklich eines Mannes dabei zu sein, das war..**

Ja. Nee, weil, man, man hat's wirklich live erlebt und .. ich sag' mal so, ich hab' weder meine Oma, mein Opa, da war ich nich' dabei beim, beim Tod, **aber bei diesem Mann, muss ich ganz ehrlich sagen, das hat mir auch drei Monate lang wirklich so... bisschen so zurückgehalten. Ich bin dann öfters zu der Frau hingefahren, hab' da bisschen gekuckt, den Job in Anführungszeichen "vernachlässigt", weil ich mir eigentlich äh.. ich kam mir irgendwie schuldig vor, dass ich ihr nicht geholfen hab', nicht helfen konnte."**

Kennzeichnend für diesen Teilnehmer ist, dass die damalige Situation im Gedächtnis sehr präsent ist und eine sehr intensive emotionale Beteiligung an der Situation deutlich wird. Der selbständige Handelsvertreter, der diese Situation schildert, führt heute keine eigenen Verkaufsgespräche in den Wohnungen mehr durch. Seine Arbeit fängt an der Haustüre an und endet mit der Terminierung von Verkaufsgesprächen für einen anderen Kollegen.

Die beschriebene Situation macht deutlich, dass aufgrund der Nähe des selbständigen Handelsvertreters im Direktvertrieb zur Privatsphäre des Kunden, besonders beanspruchende und prägende Situationen entstehen können. Handelsvertreter lernen Kunden und ihre persönliche Lebensumgebung und –umfeld kennen. Dabei wechseln sich zahlreiche Eindrücke und Erfahrungen ab. Die Folgen für das Miterleben dieser Eindrücke und von Extremsituationen bei den für sie eigentlich fremden Menschen –ihren Kunden- können weitreichend und vielfältig sein. Unabhängig davon, welche Folgen und wie weitreichend diese sein können, macht das obige Zitat und die Schilderung der Situation von TN 17 klar deutlich:

der Handelsvertreter ist in der Situation in seiner Rolle **allein**. Kein anderer Kollege, kein Bezirks- oder Verkaufsleiter erlebt mit ihm diese Situation. Die Vermeidung von Verkaufsgesprächen kann als eine Konsequenz dieser Erfahrung interpretiert werden. Trotz dieses „Handicaps" als Handelsvertreter (Vermeidung von Verkaufsgesprächen in der Wohnung des Kunden), ist die Zusammenarbeit als aufgabengeteiltes Zwei-Mann-Team mit einem Bezirksleiter eine sinnvolle Lösung des Problems.

7.3. Persönlichkeitsmerkmale von „Unternehmern" und selbständiger Handelsvertreter der Untersuchungsstichprobe im Vergleich

Acht selbständigkeitsrelevante Persönlichkeitsmerkmale standen im Fokus der Interviewauswertung zur Beantwortung der Fragestellung, ob diese auch bei selbständigen Handelsvertretern gefunden werden können (vgl. Kapitel 3.3 und Kapitel 6.1.2).

7.3.1. Motivationale Persönlichkeitsmerkmale

Die hohe Ausprägung der **Leistungsmotivation** ist bei der Betrachtung der Interviewanalyse auch quantitativ auffällig. Eine fehlende hohe Leistungsmotivation wird durch die Untersuchungsteilnehmer sehr negativ bewertet. Einen Vergleich hierzu bildet auch die induktiv gebildete Unterkategorie, die mit Block 5 *Nicht erwünschte Verhaltensweisen* bezeichnet wurde. Diese Verhaltensweisen verdeutlichen entgegengesetzte Verhaltensweisen zum hochleistungsmotivierten selbständigen Handelsvertreter, der angibt „von morgens bis abends durch" (In-vivo-Code) zu arbeiten.
„P14: TN 14.txt - 14:12 [Nur viele, (mhm) ich sag mal, ..] (148:148)
Codes:[B5Nicht erwünschte Verhaltensweisen]

„Nur viele, (mhm) ich sag mal, sind nicht ehrgeizig genug"

P14: TN 14.txt - 14:54 [Und viele lassen's dann eben. ..] (170:170)
Codes:[B5Nicht erwünschte Verhaltensweisen]

„Und viele lassen's dann eben. **Minimalisten! Kein Ehrgeiz.** Wenn man heute weiß, es gibt so viel vom Staat, wenn man das sieht: Arbeitslosengeld und dann kriegen die das und das und das. Warum soll ich arbeiten gehen, warum soll ich was tun."

Zwei Untersuchungsteilnehmer räumen Fehler im eigenen Verhalten ein, und geben als leistungshinderlichen Grund eine geringe Bereitschaft zu arbeiten an, die sie jedoch in ihrem Verhalten geändert haben:

P 2: TN 4.txt - 2:4 [hab dann angefangen alles rich..] (9:9)
Codes:[B3/01/02AktivIndirektSelbstveränderung/-reflexion]

„hab dann angefangen alles richtig zu machen, was ich vorher falsch gemacht habe."

P 2: TN 4.txt - 2:59 [Interviewerin: Mmmh. Sie haben..] (10:11)
Codes:[B3/01/02AktivIndirektSelbstveränderung/-reflexion]

„Interviewerin: Mmmh. Sie haben gesagt, Sie hätten vor 99, 97 alles falsch gemacht, was man im Vertrieb falsch machen kann?
TN 4: Ja, ja so nicht, vielleicht nicht alles ganz falsch, aber ich sag mal so, wenn jemand wie ich so aus dem Berufsleben kommt und der es gewohnt ist morgens um 7 Uhr anzufangen und dann bis 15, 16 Uhr zu arbeiten. Praktisch zur Arbeit kommt, zwar auch selbstständig arbeiten kann, aber eigentlich gesagt bekommt, wie das auf der Baustelle ist, was so ungefähr zu tun ist, das selbstständig zu führen, das war nicht das Problem, aber einfach der Schritt in diese Selbstständigkeit, wo ich auf einmal irgendwann mal lernen musste, dass ich für mich selbst verantwortlich bin und keiner da ist, der sagt, so und so und das und das muss gemacht werden. Und es kann mal 8 Stunden überschreiten. Es kann 10, 11, 12 Stunden werden und man muss diese Eigenmotivation entwickeln. **Ich fand es am Anfang recht toll. Ob ich da eine halbe Stunde später kam oder auch nicht, das war nicht so tragisch. Und wenn es dann mal nicht so lief hab ich gedacht, gut fahr ich jetzt erst mal nach Hause. Also das man da niemandem so richtig Rechenschaft ablegen muss... Also letztendlich hab ich mir gedacht, gut, die können da ja ruhig mal was sagen, ich bin ja selbstständig. Ich kann ja selber bestimmen was ich mache und was ich tu. Das fing halt damit an, dass die Werbezeit generell zu wenig war, dass ich... Und überhaupt die Zeit, alles ein bisschen locker gesehen habe. Und gut, eben halt der Job nicht lief. ..."**

Die **Kontrollüberzeugung** ist überwiegend internal lokalisiert. 16 der 18 Interviewteilnehmer zeigen auf, dass sie fest davon überzeugt sind, dass Sie die Höhe ihres Einkommens tatsächlich selbst bestimmen können. Aus den Zitaten, die sinngemäß die grundlegende Heuristik widerspiegeln: „je mehr ich arbeite, desto mehr verdiene ich" (siehe Zitate TN 5 und TN 12 unten), wird deutlich, dass die selbständigen Handelsvertreter von diesem Prinzip überzeugt sind. Ziel ihrer Aktivität ist dabei die Umsatz- und Gewinnmaximierung.

P 3: TN 5.txt - 3:37 [Und bei uns ist das ja definit..] (41:41)
Codes:[B1/02/01Internale Kontrollüberzeugung]

„Und bei uns ist das ja definitiv so, dass sie ihr Gehalt ja mehr oder weniger selbst bestimmen. Das heißt also, wenn sie nichts tun haben sie **nichts und wenn sie richtig arbeiten, können sie richtig Geld verdienen."**

P 7: TN 12.txt - 7:58 [Direktvertrieb kann man immer ..] (191:191)
Codes:[B1/02/01Internale Kontrollüberzeugung]

„Direktvertrieb kann man immer Geld verdienen. Immer, **wenn man Geld verdienen will und fleißig ist. Wenn man faul ist, verdient man gar nichts. Das ist ja such das Schöne hier. Das ist leistungsorientiert."**

Als Variablen, die die Umsatzleistung und die eigene Leistung beeinflussen können und sich aber gleichzeitig der eigenen Kontrolle entziehen werden genannt:

- **Wetterlage:** da die Handelsvertreter von Tür zu Tür gehen ist insbesondere regnerisches Wetter nicht verkaufsfördernd. Aus den Aussagen wird deutlich, dass
    - a) die Handelsvertreter nass werden und nicht vernünftig arbeiten können, weil Sie „ein Gesicht ziehen"

(Quelle: Persönliche Mitteilung von TN 20 bei einem persönlichem Mitlauf der Verfasserin bei der Akquise an der Tür).

- o b) auch die Bereitschaft der Kunden geringer ist, die Tür zu öffnen.
- Die **politische, wirtschaftliche und somit sozioökonomische Gesamtsituation** ist ein weiterer Faktor, der die Bereitschaft der Kunden, Geld auszugeben und somit die erfolgreiche Tätigkeitsausübung der selbständigen Handelsvertreter beeinflusst. Die Interviews wurden im Jahr 2005 sehr kurz vor den Bundestagswahlen in Deutschland durchgeführt und TN 3 und TN 1 haben im Verlauf des Interviews explizit auf die bevorstehende Situation und die aktuelle Ungewissheit hingewiesen
- Eng verbunden hiermit ist auch die rechtliche **Gesetzgebung** (vgl. Kapitel „Scheinselbständigkeit") bezüglich des Status der selbständigen Handelsvertreter. Welche Abgaben Selbständige leisten müssen und welche nicht und damit auch die Attraktivität der eigenen Tätigkeit hängt auch von den Rahmengesetzgebungen ab.
- Schließlich ist die **„Chemie" zwischen Kunden und Handelsvertreter** ein weiteres Kriterium, das ein Handelsvertreter als unkontrollierbaren Faktor einführt.

Diese externalen Kontrollvariablen werden von wenigen Teilnehmern genannt und nicht näher ausgeführt. Auch Teilnehmer, bei denen die Dominanz der internalen Kontrollüberzeugung deutlich wird, nennen diese Variablen, die sie nicht beeinflussen können.

Ähnliche wie die Leistungsmotivation ist eine hohe Ausprägung des **Unabhängigkeitsstrebens** aus den Daten ableitbar.

P 3: TN 5.txt - 3:33 [Diese Flexibilität, die möchte..] (73:73)
Codes:[B1/03/01UnabhängigkeitsstrebenHoheAusprägung]

„Diese Flexibilität, die möchte ich auch nicht mehr missen. Ich weiß nicht, wenn ich jetzt in einen Job reingehen würde, wo ich, sagen wir mal, morgens von halb 8 bis um 17 Uhr irgendwo am Schreibtisch sitzen, das würde nicht mehr funktionieren. Für mich zumindestens (Mmmh)"

Es wird insbesondere auf die Möglichkeit der selbstbestimmten und freien Zeiteinteilung hingewiesen und auf die selbstbestimmte Arbeitstätigkeit, die nicht verbindlich an die Weisungen von Führungskräften gebunden ist:

P 7: TN 12.txt - 7:90 [TN 12: Mich persönlich reizt a..] (99:100)
Codes:[B1/03/01UnabhängigkeitsstrebenHoheAusprägung]

„TN 12: Mich persönlich reizt an meiner Tätigkeit, dass mir eigentlich kaum jemand persönlich in meine Arbeit hereinredet, dass ich das tun kann, was ich möchte, mmh, dass ich, da ich an selbständiges Arbeiten gewöhnt bin, meine Ziele ziemlich eigenständig definieren kann, <u>es gibt zwar immer wieder Leute, die andere Ziele für mich festsetzen</u>, aber wenn sie nicht unbedingt mit meinen überein liegen, muss ich ja deren Ziele nicht immer erreichen, sagen wir mal. Also ich kann für mich persönlich sagen, am Anfang des Jahres, ich wollte in den Topclub für dieses Jahr und da habe ich mir Gedanken gemacht, was muss ich da für Zwischenstopps einlegen, was muss ich dafür tun, und das ganze Jahr habe ich auf dieses Ziel hingearbeitet und das habe ich halt erreicht, da bin ich reingekommen bin."

An diesem Zitat ist erkennbar, dass nicht die Tatsache, dass formell keine Weisungsgebundenheit vorliegt, sondern, dass „kaum jemand persönlich in ...(die) Arbeit hineinredet...." hervorgehoben wird. Umsatzzielvorgaben werden zwar durch hierarchisch höher gestellte Führungskräfte festgesetzt („es gibt zwar immer wieder Leute, die andere Ziele für mich festsetzen, aber wenn sie nicht unbedingt mit meinen überein liegen, muss ich ja deren Ziele nicht immer erreichen.."), diese sind jedoch nicht verbindlich und dienen dem einzelnen selbständigen Handelsvertreter lediglich als Orientierung.

7.3.2 Kognitive Persönlichkeitsmerkmale

Unternehmer, die ihr Geschäft neu gründen stehen vielmals vor vielen neuartigen Problemen, welche die selbständigen Handelsvertreter der Untersuchungsstichprobe bei der Schilderung ihrer Tätigkeit nicht berichten. Schließlich gliedern sie sich in eine bestehende Struktur ein und werden von Kollegen in die Tätigkeit eingeführt. Das „Kernproblem" der Untersuchungsgruppe besteht darin, regelmäßige Verkäufe zu tätigen. Die Interviewteilnehmer zeigen sehr heterogene Lösungsmöglichkeiten auf.

Die Gewinnung von neuen Kunden wird dadurch bedingt, dass die Tätigkeit für die selbständigen Handelsvertreter erst dann finanziell entlohnt wird, wenn Umsätze getätigt und Provisionen verdient werden. Ausgehend davon, dass diese Anforderung als „Problem" bezeichnet wird, unternehmen die untersuchten Handelsvertreter verschiedenartige Bemühungen, um ihre Umsatzergebnisse zu erreichen. Es wird deutlich, dass lösungsorientiert über diesen Aspekt nachgedacht wird. Jedoch wird kaum ein detaillierter Plan oder eine Strategie von den Untersuchungsteilnehmern offen gelegt. Die Untersuchungsteilnehmer nennen keine übergeordnete Vision, die ihre Handlungen begleitet oder ihre Handlungen für die Zukunft ausrichtet. Das tägliche Kernproblem der Kundenakquise und Umsatzgenerierung ist gleichzeitig im Bewusstsein der Untersuchungsteilnehmer sehr präsent.

Erste Tendenzen zur **Problemlöseorientierung** zeigen sich bei einigen Teilnehmern, die bereit sind, auf flankierende Werbemaßnahmen (Messen, Verkaufsstände auf (Trödel-) Märkten) zurückzugreifen, um Akquiseziele zu erreichen und mögliche Akquisezeiten (z.B. am Wochenende) möglichst umfassend auszunutzen. Als wesentliches Problemlösemittel kann deshalb die Zuhilfenahme flankierender Marketingmaßnahmen genannt werden.

P 9: TN19.txt - 9:42 [und gut, war nicht einfach das..] (147:147)
Codes:[B1/05/01ProblemlöseorientierungHoheAusprägung]

„und gut, war nicht einfach das erste Jahr, die ersten anderthalb Jahre, aber gut, da braucht man natürlich auch einen starken Partner, ne? - meine Frau in dem Moment. Und ja, und hab ja dann auch die Kurve noch gekriegt. **Ich habe mir dann ein Konzept ausgedacht, weil an der Haustür war ich nicht so der Stärkste sag ich mal, ich hab meinen Halt dann darin gesucht, dass ich mir nen Verkaufsstand gesucht hab, z. B. in R.** (Stadt in NRW) in Hochrath (den hab ich) den hat im Vorfeld schon ein anderer Kollege gemacht, der ist dann in diesem Jahr ausgeschieden, er hat sich beruflich verändert, und ja, **dann hab ich so, hab ich dann hier, hab ich dann ne Kombination zwischen Haustürgeschäft und halt eben diesen Markt, auch Trödelmärkte hab ich gemacht. Das mach ich auch immer noch, zwar nicht mehr so in der Häufigkeit wie früher. Und so hab ich so praktisch mein Ding gefunden, sag ich mal. Ich habe gut, nicht den idealen Erfolg den ich mir so wünsche, aber ich kann davon leben.** Übers Jahr gesehen, man hat gute Monate, man hat schlechte Monate. Darüber hatten wir uns ja auch mal unterhalten.“

P16: TN 16.txt - 16:55 [sieben Tage als Verkaufstage z..] (112:112)
Codes:[B1/05/02ProblemlöseorientierungMittlereAusprägung]

„sieben Tage als Verkaufstage zu nutzen, und habe dann versucht über die Märkte das zu machen. Und dann habe ich gemerkt, dass ich zwar Kosten habe, durch die Marktgebühren. (Ja) Aber ich habe einen gewissen Abstand, ich habe einen Gewinn, das ist das was letztendlich übrig bleibt, 'ne aus diesem Umsatz, den ich daraus habe. Die Gewinnspanne war dann bei einem manchmal zu niedrig, (Mmh) da aber eine Gewinnspanne immer ein Abstand ist, zwischen den Fixkosten und dem tatsächlichen Reingewinn war, (Ja) kann man den Reingewinn ja ohne Probleme auf eine gewisses Lohn…(setzt neu an) da weiß ich dass es sich rentiert. Dass das Ding rentabel läuft, dass weiß ich dadurch. (Ja) Die Rentabilität war auch da, (Ja) also konnte ich die Rentabilität für den einen Anhänger zwar nicht erhöhen, aber ich konnte dadurch dass sich der Gewinn erhöht, zweimal die gleiche Rentabilität haben, 'ne. Verstehen sie wie ich das meine?“

Für einen Teilnehmer ist neben dem Verkauf und der Akquise aber auch wichtig, Probleme zu lösen, die bei der Lieferung der verkauften Produkte an Kunden auftreten:

P18: TN 20.txt - 18:56 [weil ich, wenn ich mit einem M..] (216:216)
Codes:[B1/05/01ProblemlöseorientierungHoheAusprägung]

„weil ich, wenn ich mit einem (XY-Person) zur Baustelle fahre, **hab ich oft genug bewiesen, bei schwierigen Sachen und es ging dann um, ich sag mal, schöne Aufträge, wo der (Teammitglied) gesagt hat, ja wie soll das denn gehen?** So unter dem Motto bh ich will das gar nicht. Habe ich gesagt, gut ich komm mit. Ja, wir haben mal ein XY gemacht in J. (Stadt), da mussten durch die Balken jeweils ein kleines Loch von zehn Millimetern gebohrt werden, damit die (XY) liefen. **Ne, sagt der, das geht nicht. Doch, ich sag, das geht. Und ich bin nachher mit zur (XY) gefahren und hab die Löcher gebohrt und das funktioniert heute noch.** Nur die erste Aussage, das ist mir zu kompliziert, weil wir haben leider, ich sag mal, die haben ihre Standartlöhne und da kann auch kein (Mensch) hingehen und sagen oh Mensch, da hab ich so lange an einer Schraube, das schreibe ich mir jetzt mehr auf, kann er aufschreiben, wird aber meistens gestrichen. „

Im Sinne der „Serviceorientierung" (vgl. Kapitel 7.2.5.3.4. Rollenambiguität Umsatzorientierung vs. Serviceorientierung) ist dies eine hilfreiche Ausprägung der Problemlöseorientierung.

Das durch das herstellende Unternehmen vorgegebene Vergütungssystem wird bis auf einen Teilnehmer (TN 13) akzeptiert.

13: TN 13.txt - 13:64 [TN 13: Also jetzt bin ich scho..] (218:218)
Codes:[TN13]

„TN 13: **Also jetzt bin ich schon auf der höchsten Leistungsstufe, ich arbeite schon Tag und Nacht,** wissen sie. Ich hab xy, xyMark ganz alleine verkauft, eh Euro, (X) Mark, bei diesen kleinen, kleinen Durchschnittswerten. Ich denk, dass ist schon viel, und mein Team auch noch, wir haben xy (Betrag) verkauft, (ja) **und mein Gehalt ist nicht gut, also das das Geld dafür ist .. nicht in Ordnung.).**"

Das Herstellerunternehmen veranstaltet in regelmäßigen Abständen interne Wettbewerbe. Die Wettbewerbe belohnen alle Handelsvertreter, die innerhalb einer vorgegebenen Frist einen bestimmten Umsatz erreicht haben, mit Sachprämien. Diese können Haushaltsgegenstände oder Reisen sein, werden jedoch in zahlreichen Variationen und Prämienkonstellationen angeboten. Insbesondere diese Wettbewerbe werden von den Untersuchungsteilnehmern stetig lobend hervorgehoben. Nur ansatzweise und latent zeigt sich eine kritische Haltung:

P 7: TN 12.txt - 7:94 [Ich finde diese Prämien und Ge..] (157:157)
Codes:[B1/01/01LeistungsmotivationHoheAusprägung]

„Ich finde diese Prämien und Geschenke, die da gemacht werden, für den Normalsterblichen recht gut. Ich persönlich nehme die gerne mit, ne. Weil ich weiß, wenn ich die und die Stufe erreicht habe, habe ich auch mein Geld verdient. Das ist ja, etwas, was die Leute alle nicht erkennen oder viele nicht erkennen. Wenn ich jeden Monat 20.000 bis 30.000 Euro Umsatz bringe, dann habe ich mein Geld verdient. Dann kann ich meine Familie versorgen, und wir können am Wochenende auch mal irgendwo hinfahren, da können wir uns mal etwas gönnen. Mmh.. viele machen aber nur XY oder XY im Monat und gehen nicht über diese Schmerzgrenze, die bleiben immer nur in diesem Wettbewerbsraum. **Die sind nicht bereit, über diese Schmerzgrenze hinaus auch mal ein bisschen mehr zu tun. Und dann freuen sie sich eher über die Prämie,** die sie bekommen haben, ne, als ob sie so viel mehr gemacht haben. **Und wenn sie jetzt überlegen würden und hätten dann noch ein Scherfchen oben drauf gelegt und hätten auch auf XY den Umsatz gesteigert, dann könnten sie auf diese Prämien** verzichten, weil die ja auch nur lächerliches Obenbeiwerk ist. Ob ich jetzt zwei Wochen arbeiten muss, um eine Kaffeemaschine zu rödeln, um Gottes Willen, da gehe ich doch lieber zwei Wochen arbeiten und gehe mir ne Kaffeemaschine und (betont) nen Fernseher holen, weil ich das Geld ja verdient habe."

Die **Risikobereitschaft** der Untersuchungsgruppe wird durch Aussagen zum Einkommen exploriert.

P 2: TN 4.txt - 2:66 [Man muss sich also im Klaren s..] (21:21)
Codes:[B1/04/01RisikobereitschaftHoheAusprägung]

„Man muss sich also im Klaren sein, man weiß am Ende des Monats nicht, was man verdient hat. „

Allen Untersuchungsteilnehmern ist präsent, dass die tägliche Existenzsicherung durch die tägliche Akquise und den täglichen Verkaufserfolg bestimmt ist. Diese Anforderung ist durchaus im Bewusstsein der Untersuchungsgruppe (vgl. auch unter Kapitel 7.2.1. Anforderungen/Existenzsicherung durch Umsatzleistung/Neukundenakquise). Im Gegensatz zu Existenzgründern mit innovativer Produkt- oder Dienstleistungsidee, benötigen selbständige Handelsvertreter keine oder sehr geringe Startkosten. Das grundlegende „Problem" bedingt durch die grundlegende Anforderung der täglichen Existenzsicherung (vgl. Kapitel 7.2.1.) besteht für alle Untersuchungsteilnehmer. Es müssen tägliche neue Umsatzquellen erschlossen werden und es liegt kein festes kalkulierbares Einkommen vor. Durch die deutliche Akzeptanz dieser Konstellation, kann geschlossen werden, dass finanzielle Risiken eingegangen werden.
TN 5 und TN 19 geben an, durch Ihre (Ehe-) Partnerinnen in der Grundversorgung finanziell „abgesichert" zu sein.

P 3: TN 5.txt - 3:29 [Ich muss auch dazu sagen, ich ..] (41:41)
Codes:[B1/04/02RisikobereitschaftMittlereAusprägung]

„Ich muss auch dazu sagen, ich hatte einen riesigen Vorteil: Ich musste kein Geld verdienen um die Familie zu ernähren. (Mmmh) Das war für mich auch immer, ich sag mal, ich hatte das im Hinterkopf, aber das war immer so eine Sicherheit für mich irgendwo."

P 9: TN19.txt - 9:31 [Ja, und wie gesagt, ich hab da..] (147:147)
Codes:[B1/04/02RisikobereitschaftMittlereAusprägung]

„Ja, und wie gesagt, ich hab das dann hier ausprobiert und hab mich dann mit meiner Frau besprochen. **Ja, wenn meine Frau nicht gewesen wäre, hätt ich mich, wäre ich heute nicht selbstständig.** Ich mein, ich (nicht verständlich) ist ein hartes Brot und es gab ja dann vom Arbeitsamt auch so ein Überbrückungsgeld, was im ersten halben Jahr so eine Hilfe war, um erst mal so ein bisschen Fuß zu fassen"

P 9: TN19.txt - 9:50 [Interviewerin: Das heißt, Sie ..] (310:312)
Codes:[B1/04/02RisikobereitschaftMittlereAusprägung]

„**TN 19**: Ja, die Miete ist gesichert, ich sag mal so. Und die Scheibe Brot morgens. Ich sag das mal so ganz brutal."

Ob die übrigen Teilnehmer diesen Aspekt bewusst nicht im Verlauf des Interviews genannt haben oder ob tatsächlich bei ihnen eine sehr hohe Risikobereitschaft vorliegt, kann anhand der vorliegenden Daten nicht erschlossen werden. Aufgrund der Aussagen von TN 5 und TN 19, wird jedoch gleichzeitig deutlich, dass die finanzielle Absicherung durch (Ehe-) Partner für selbständige Handelsvertreter eine wichtige Grundlage zur Ausübung der Tätigkeit sein kann. Das selbständigkeitsrelevante Merkmal „Ambiguitätstoleranz" wird an dieser Stelle nicht detailliert betrachtet. Die Verhaltensanforderungen unter den Kategorien „Emotionsarbeit" im Kapitel 7.2.5.3.5. und „Rollenambiguität" in Kapitel 7.2.5.3.4. verdeutlichen ambivalente Situationen und den Umgang der interviewten selbständigen Handelsvertreter mit diesen und ergänzen die hier gefundenen Ergebnisse bezüglich selbständigkeitsrelevanter Persönlichkeitsmerkmale.

P 3: TN 5.txt - 3:44 [Ja, also, keine Frage, aber da..] (63:63)
Codes:[B1/06/01AmbiguitätstoleranzHoheAusprägung]

„Ja, also, keine Frage, aber dann muss man locker bleiben, einfach mal sitzen bleiben, sich mit denen über Gott und die Welt unterhalten und mal ablenken. **Deshalb, ein Verkaufsgespräch ist hochinteressant, weil man weiß ja von vornherein nicht wo es hingeht.**"

Insbesondere in Verkaufssituationen wird die Ambiguitätstoleranz deutlich. Wenn die Aspekte zur „externalen Kontrollüberzeugung" näher betrachtet werden, kann jedoch auch die Schlussfolgerung gezogen werden, dass auch bezüglich Wetter, sozi-ökonomischer und politischer Gesamtsituation Unsicherheiten akzeptiert und toleriert werden. Dies passt auch zum Punkt, dass „die Chemie" zwischen Kunde und selbständigem Handelsvertreter nicht immer kontrollierbar ist und gleichzeitig die „unpassende" Chemie" von den selbständigen Handelsvertretern durchaus akzeptiert wird:

P 3: TN 5.txt - 3:52 [Den ersten Eindruck, wenn man ..] (77:77)
Codes:[B1/06/01AmbiguitätstoleranzHoheAusprägung]

„Den ersten Eindruck, wenn man jemanden kennen lernt, der ist halt positiv, negativ, oder so mittel. **Es gibt da auch die Situation, ich komme zum Kunden, der macht die Tür auf: Uuuuh. Aber dann ist der Anreiz natürlich extrem groß diesen Kunden dann auch aufs Trapez zu kriegen. Zumindest für mich.** Manche Leute lassen dann sofort die Ohren hängen, dem kann ich ja sowieso nicht verkaufen. Und das ist der Reiz an der Sache. Und dann eine Situation z. B. ein Termin, wo ich hinfahre, der von Kollegen gemacht wurde, wo er dann im Nachhinein sagt, unvorstellbar, dass du bei dem Kunden verkaufen konntest. Ich hab den Termin eigentlich nur gemacht um des Termins Willen. Aber hätte ich nie gedacht, dass du da verkaufen kannst."

Werden Ausprägungen kognitiver Persönlichkeitsmerkmale zusammenfassend betrachtet, ist ein Ergebnis dieser Untersuchung, dass die Stichprobe berufliche Einkommensunsicherheit und das Risiko der Umsatz- und Gewinnunsicherheit akzeptiert. Zum Ende des Interviewleitfadens wurde sinngemäß folgende Frage gestellt: „Was planen Sie beruflich bis zum Ende Ihres Erwerbslebens? Planen Sie einen Wechsel oder einen Verbleib im Direktvertrieb?". Siebzehn (von achtzehn) Interviewteilnehmern gaben an, ihre Tätigkeit weiter fortführen zu wollen und geben an, Ihre Funktion als selbständige Handelsvertreter in Kooperation mit dem aktuellen Herstellerbetrieb weiterhin durchführen zu wollen.

Die Untersuchungsteilnehmer suchen nach kurzen bis mittelfristigen Mitteln, um ihre Ergebnisanforderungen hinsichtlich Neukundenakquise und Umsatzziel zu erreichen, entwickeln jedoch keine längerfristigen Ziele oder strategischen (Neu-)Ausrichtungen. Die Abbildung unten stellt dieses Ergebnis grafisch dar:

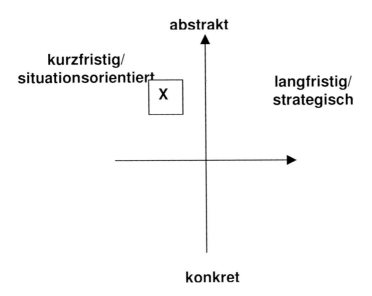

Abb. 7.1: Kognitives Persönlichkeitsmerkmal: Ausprägung der Problemlöseorientierung in der Untersuchungsstichprobe

Die Schilderungen der Interviewteilnehmer sind weniger konkret, da sie nicht Einzelheiten durchgeführter Verkaufsgespräche berichten, sondern auf die übergeordneten Ziele der Verkaufsgespräche verweisen. Auch wird aus den Interviews herausgearbeitet, dass die Untersuchungsteilnehmer sich selbst hinsichtlich ihrer Verkaufsgesprächsdurchführung reflektieren. Das heißt, die Situationen der Verkaufsgespräche an der Tür und in der Wohnung des Kunden werden zwecks Leistungsoptimierung für die Zukunft abstrahiert, reflektiert und bewertet. Die Problemlöseorientierung wird als situationsorientiert eingeordnet, da in den Interviews nicht herausgearbeitet werden konnte, dass eine andere Tätigkeit als die des selbständigen Handelsvertreters anvisiert (Ausnahme: TN 13) wird. Als selbständige Handelsvertreter besteht für die Teilnehmer der hier vorliegenden Untersuchung beispielsweise die Möglichkeit, Ihr Produktportfolio selbst zu bestimmen. Sie könnten beispielsweise Produkte verschiedener Branchen anbieten. Zudem stehen den selbständigen Handelsvertretern – wie übrigens allen Selbständigen- weitere Handlungsspielräume offen, wie die Arbeitszeitgestaltung, die Wahl des Arbeitsortes, die Wahl der Arbeitsmittel, etc. Kein Interviewteilnehmer geht explizit und ausführlich auf das Bestehen dieser Möglichkeiten ein. Eine Ausnahme bildet die freie Zeiteinteilung. Dabei ist zu beachten, dass das hohe Arbeitszeitvolumen gleichzeitig von den Untersuchungsteilnehmern in den Vordergrund der Interviews gestellt worden ist. Die Tatsache, dass eine selbstbestimmte Arbeitszeit vorliegt, ist nach den Ergebnissen eine ambivalente Situation: einerseits besteht Handlungs- und Gestaltungsfreiheit, kann jedoch unter der Bedingung der Existenzsicherung durch Umsatzleistung kaum ausgeschöpft werden, da in erster Linie die selbstbestimmten Umsatzziele erreicht werden müssen. Dieses ambivalente Muster entspricht dem in Kapitel 1.2.2. und 1.2.3. beschriebenen Merkmalen des Arbeitskraftunternehmers und den in Kapitel 2.3. erläuterten Situation von Handelsvertretern in Deutschland.

7.3.3. Soziale Persönlichkeitsmerkmale

Die Erfassung der sozialen Persönlichkeitsmerkmale **Durchsetzungsbereitschaft** und **Anpassungsfähigkeit** war bei der Auswertung der Interviews nicht unproblematisch. Es werden allgemeine Formulierungen über Verhaltensweisen angeführt, aber nicht der Bezug zur eigenen Person hergestellt. Idealerweise hätten diese Merkmale durch teilnehmende verdeckte oder offene Beobachtungen eruiert werden können. Es wird in den wenigen Fundstellen aus den Transkripten deutlich, dass Durchsetzungsbereitschaft sowohl beim Kunden, aber auch im Team bzw. im Kollegenkreis eine Rolle spielt. Die Durchsetzung beim Kunden ist eher mit einem „Überzeugen, das Produkt zu kaufen" verbunden, was nicht mit dem Durchsetzen bei Kollegen oder „Vorgesetzten" (Bezirks- oder Verkaufsleiter) gleichzusetzen ist. Der Aspekt „Kunden überzeugen" wurde unter „Anforderungen" näher betrachtet. Unter „Anforderungen-Team" wurde auf das Team näher eingegangen.

P 7: TN 12.txt - 7:10 [wo sich immer nur ganz wenig L..] (79:79)
Codes:[B1/07/01DurchsetzungsbereitschaftHoheAusprägung]

„wo sich immer nur ganz wenig Leute herauskristallisieren, die in diesem Ellenbogenbereich sich auch durchsetzen können."

P 7: TN 12.txt - 7:11 [Ja, weil Sie sich hier wirklic..] (81:81)
Codes:[B1/07/01DurchsetzungsbereitschaftHoheAusprägung]

Ja, weil Sie sich hier wirklich durchsetzen müssen. Darum Ellenbogenbereich im Direktvertrieb. Wir sind ja so genannte selbständige Handelsvertreter.

TN 12 nennt den Direktvertrieb „**Ellenbogenbereich**". Durch diese Bezeichnung hebt der Interviewteilnehmer die konkurrenz- und wettbewerbsorientierte Situation hervor. Es geht jedoch nicht klar hervor, ob sich diese Aussage auf die Kollegen oder auf die Kunden bezieht. Des Weiteren kann vermutet werden, dass die Anerkennung der Kollegen erst dann vorliegt, wenn sich der Einzelne auch gegen den Kunden durchsetzen kann.

P 7: TN 12.txt - 7:13 [nd jetzt gehen wir im Direktve..] (83:83)
Codes:[B1/07/02DurchsetzungsbereitschaftMittlereAusprägung]

und jetzt gehen wir im Direktvertriebsbereich auch hin und geben jedem, der nicht direkt nein sagt, ne, geben dem den Titel Handelsvertreter. Die unterschreiben nen Vertrag, die bekommen ne Provision, die bekommen ne Grundausstattung, ne Grundschulung und werden jetzt mal auf den Kunden losgelassen, und nun guck mal wat dabei rumkommt, und irgendwie bringt der halt ein paar Aufträge, das finden wir ganz toll, da verdienen wir halt alle dran, mmh, **wenn er aber keine bringt, dann ist er halt der letzte Depp**, ne, und irgendwann wird er verhungert sein, weil, er bekommt kein Geld mehr, das heißt, **irgendwann stirbt er ab, und das meine ich mit Ellenbogen,**

Eine kritische und reflektierte Haltung zu Grundlagen des Geschäftsfeldes im Direktvertrieb ist klar erkennbar. Die Durchsetzungsbereitschaft ist komplex, da sich der selbständige Handelsvertreter „gegen das System" durchsetzen muss, um weiterhin die Tätigkeit durchführen zu können. Eine sehr enge Verbindung zu den Anforderungen wird auch an diesem Zitat erkennbar. Der Leistungsdruck und die damit verbundene existenzielle Unsicherheit sind klar erkennbar. Die eigene Existenz wird durch tägliche Verkäufe gesichert – ein Punkt auf den unter dem Kapitel „Anforderungen" weiter eingegangen wurde („Existenzsicherung durch Umsatzleistung").

Das untersuchte Persönlichkeitsmerkmal „Anpassungsfähigkeit" kann indirekt anhand der Beschreibung der „Emotionsarbeit" und „Rollenambiguität" abgeleitet werden (Kapitel 7.2.5.3.4 Rollenambiguität und 7.2.5.3.5. Emotionsarbeit). Die Emotionsarbeit wird geleistet, um die Dienstleistung der Beratung und des Verkaufs zu gewährleisten. Indem die untersuchten Handelsvertreter Emotionsarbeit leisten, passen sie sich dem Gesprächspartner und der Situation an. Das kann eine Anpassung an Kunden, hierarchisch höher positionierte Führungskräfte oder Kollegen sein. Das Aushalten der zwittrigen Situation wurde unter der Anforderung „Rollenambiguität" beschrieben. Durch die Beschreibung dieser Verhaltensebene kann abgeleitet werden, dass Anpassungsfähigkeit als ein vorhandenes Persönlichkeitsmerkmal bei selbständigen Handelsvertretern festgestellt werden kann.

Im Hinblick auf soziale Persönlichkeitsmerkmale entsteht ein diffuses Bild. Die Darstellung der Anforderungen wird zeigen, dass Durchsetzungsbereitschaft und Anpassungsfähigkeit gegenüber Kunden ein wichtiges Erfolgskriterium für Verkaufsabschlüsse darstellt. Jedoch konnte wider Erwarten auf Grundlage der durchgeführten Untersuchung kein tieferes, differenzierteres Verständnis für diese beiden Persönlichkeitskonstrukte gewonnen werden.

7.3.4. Weiteres Persönlichkeitsmerkmal: Reizsuche

P13: TN 13.txt - 13:19 [Ich bin immer ganz nahm am Leb..]
(164:164)
Codes:[B1/09/01ReizsucheHoheAusprägung]

„Ich bin immer ganz nah' am Leben, versuch ich dran zu sein, am Blut, an der Hauptschlagader ich möchte sofort wissen was los ist mit Deutschland."

Neben den deduktiv abgeleiteten und im Material herausgesuchten Persönlichkeitsmerkmalen und deren Ausprägungen, wurden auch induktiv aus dem Material heraus Kategorien abgeleitet (vgl. Kapitel 6.7.2). Diese Kodierungen wurden unter der Kategorie „Reizsuche" zusammengefasst und in zwei Ausprägungen aufgeteilt. Eindeutig quantitativ überwiegend ist die hohe Ausprägung der Kategorie „Reizsuche".

Unter der Kategorie „Reizsuche Hohe Ausprägung" wurden die Aussagen zusammengefasst, die die Tätigkeit im Direktvertrieb als eine „Herausforderung" bezeichnen, die willentlich herbeigeführt wird. Auch die Vermeidung von monotonen Tagesabläufen, konstant bleibenden sozialen Kontakten und Abläufen ist für diese Kategorie kennzeichnend.

Die Zitate aus den vorliegenden Daten beziehen sich nicht einseitig auf das kennen lernen von neuen Menschen, sondern das kennen lernen vielfältiger neuartiger Erfahrungen ist ein dominantes Merkmal der Untersuchungsstichprobe. Diese selbst definierte Kategorie zeigt konzeptuelle und definitorische Ähnlichkeiten mit dem Konzept des Sensation Seeking (Zuckermann, 1979; Hammelstein & Roth, 2003) auf.

Das Sensation Seeking Konzept

Die Ursprünge des Konzeptes vom Sensation Seeking liegen in den Arbeiten von *Marvin Zuckerman* in den 1960er Jahren. Im Rahmen von Experimenten zur Stimulusdeprivation fanden Zuckerman, Albright, Marks und Miller (1962) bei ihren Probanden deutliche Unterschiede in der individuellen Toleranz gegenüber Reizdeprivation, die Zuckerman in einer Disposition begründet sah. Sein Forschungsinteresse galt nun der Annahme eines *Trait-Merkmals*, welches die Toleranzunterschiede erklärbar machen und zur Vorhersage der Reaktion auf Reizdeprivation dienen sollte. Jenes Merkmal betteten Zuckerman, Kolin, Price und Zoob (1964) im Sinne von Hebb (1955), der selbst einen *„optimal level of arousal"* (OLA) annahm, in ein homöostatisches Regelkreismodell ein und postulierten einen über die Individuen hinweg breit variierenden, optimalen Stimulationslevel (*„optimal level of stimulation"*). Demnach strebe ein über- oder unterstimuliertes Individuum stets in Richtung eines mittleren Erregungsniveaus. In dieser grundlegenden Konzeption wurde jenes Merkmal nun mit dem Begriff des *Sensation Seeking* versehen, und dazu präsentierten Zuckerman et al. (1964) auch die erste Version des zugehörigen Fragebogenmaßes, die *Sensation Seeking Scale (SSS)*, welche eine breite Stimulationstendenz erfassen sollte.

1968 räumten Zuckerman und Link allerdings ein, dass sich die SSS nicht zur Reaktionsvorhersage in Reizdeprivationsexperimenten eigne und nahmen eine Aufspaltung des Sensation-Seeking-Gesamtfaktors in 4 Unterfaktoren vor (Thrill Sensation Seeking, Social Sensation Seeking, Visual Sensation Seeking, Antisocial Sensation Seeking), um diesen Mangel zu beheben. Berichtete Korrelationen mit anderen Persönlichkeitskonzepten führten Zuckerman und Link zu dem Gedanken, beim Sensation Seeking könne es sich um einen Fundamental-Trait handeln, der anderen Traits zugrunde liegt. Den Low Sensation Seeker (LSS) und den High Sensation Seeker (HSS) beschrieben sie wie folgt (S. 425):

The low sensation seeker seems to need order and predictability in his environment. He values social affiliation and is willing to give to, or give in to, others to maintain stability. The high sensation seeker needs change in his environment, independence from others, and probably needs others primarily as an audi-

308

ence to his own performance. He tends to be impulsive and labile.

1978 legten Zuckerman, Eysenck und Eysenck mit der *SSS Form V* diejenige Fragebogenversion vor, die seitdem die häufigste Verwendung findet und wohl als internationaler Standard zur Erfassung des Sensation Seeking gilt. Immer noch wird eine Vier-Faktoren-Struktur postuliert, die dem Gesamtwert zugrunde liege, wobei nun die von Zuckerman (1971) vorgeschlagenen Bezeichnungen für die Subskalen verwendet werden: *„Thrill and Adventure Seeking"* (TAS), *„Experience Seeking"* (ES), *„Disinhibition"* (Dis) und *„Boredom Susceptibility"* (BS). Nach Zuckerman et al. (1978) erfasse die TAS-Skala ein Verlangen, an Sportarten oder Aktivitäten teilzunehmen, die mit Geschwindigkeit oder Gefahr verbunden sind. Die ES-Skala beschreibe eine Erfahrungssuche durch Geist und Sinne, Reisen und einen nonkonformistischen Lebensstil. Durch die Dis-Skala sei ein Verlangen nach sozialer und sexueller Enthemmung repräsentiert, welches sich in Trinken in Gesellschaft, Feiern und dem Wechsel von Sexualpartnern äußere. Die BS-Skala beschreibe eine Abneigung gegenüber Wiederholungen, Routine und „langweiligen" Menschen sowie einer Ruhelosigkeit in beständiger Reizumgebung.

In einer Konzeptzusammenfassung gab Zuckerman (1979, S. 10) dann die folgende Definition:

Sensation seeking is a trait defined by the need for varied, novel, and complex sensations and experiences and the willingness to take physical and social risks for the sake of such experience.

Um die Konzeptentwicklung weiter zu beschreiben, sei dieser 1979er Definition nun direkt Zuckermans (1994) aktuelle Definition von Sensation Seeking aus der letzten Konzeptübersicht gegenübergestellt (S. 27):

Sensation seeking is a trait defined by the seeking of varied, novel, complex, and intense sensations and experiences, and the willingness to take physical, social, legal, and financial risks for the sake of such experience.

Abgesehen davon, dass bei einer hohen Sensation-Seeking-Ausprägung nach Herpertz und Saß (1997, S. 178 f.) ungünstige Konsequenzen ausbleiben können, ist es auch vorstellbar, dass ein High Sensation Seeker Möglichkeiten findet, sein hohes Stimulationsbedürfnis sogar auf eine *funktionale Weise* in sein Leben zu integrieren. Konkreter ausgedrückt und auf den Punkt gebracht können demnach bei einem hohen Stimulationsbedürfnis durchaus auch besonders günstige Aspekte deutlich werden. Wenn wir diese Möglichkeit nun näher betrachten, nehmen wir eine *Ressourcenperspektive* ein, die z. B. auch nach Möller und Huber (2003) bisher zu sehr vernachlässigt worden sei. Eine solche Betrachtung von Sensation Seeking aus der Ressourcenperspektive führt die Arbeit von Otten (2005) durch.

Otten (2005) diskutiert unter anderem in seiner Arbeit mögliche Zusammenhänge zwischen dem salutogenetischen Ansatz und die Frage nach dem High Sensation Seeker, bei dem ungünstige Konsequenzen ausbleiben. Die Ausprägung des Sensation Seeking Merkmals kann ressourcenorientiert und beispielsweise als eine Widerstandsressource im Sinne des salutogenetischen Modells interpretiert werden. In der vorliegenden Untersuchung, wurde die Kategorie „Reizsuche" vorwiegend induktiv aus der Analyse eines Interviews entwickelt. Dieser Untersuchungsteilnehmer zeigte eine im Vergleich zur Untersuchungsstichprobe geringe Ausprägung des Kohärenzgefühls und gleichzeitig eine der höchsten Umsatzleistungen aus der Untersuchungsstichprobe. Die entwickelte Kategorie „Reizsuche Hohe Ausprägung" zeigt hohe Übereinstimmung mit den Merkmalen des High Sensation Seekers.

Eine quantitative Erfassung des Merkmals Sensation Seeking bei selbständigen Handelsvertretern ist nach Betrachtung der qualitativen Ergebnisse deshalb sinnvoll.

Das nachfolgende Kapitel 7.4. gibt Ergebnisse wieder, die zur Beantwortung der Fragestellung drei hinzugezogen werden.

7.4. Beanspruchung von selbständigen Handelsvertretern

Deskriptive statistische Berechnungen aus den beiden eingesetzten Fragebögen SOC-L9 und SSCS werden im nachfolgenden Abschnitt aufgeführt, um daraus getroffene Schlussfolgerungen als Antwort auf die dritte Fragestellung der vorliegenden Untersuchung zu geben. Die Fragebogendaten werden mit den ausgesuchten „harten" Kennzahlen Umsatz und Position in der Hierarchie in Relation gesetzt.

7.4.1. Ergebnisse des Fragebogens SOC-L9/ Kohärenzgefühl

Abbildung 7.2. gibt die Verteilung der Ergebnisse aus dem Fragebogen SOC-L9 wider.

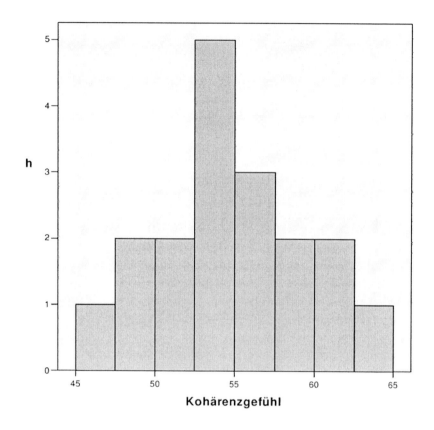

Abb. 7.2: Häufigkeitsverteilung der Ausprägung des Kohärenzgefühls in der Untersuchungsgruppe. N=18, h= Häufigkeit.

Es wurden folgende weitere deskriptiv-statistischen Daten errechnet, die in Tab. 7.3 offen gelegt werden:

Tab. 7.3: Deskriptive Daten aus dem Fragebogen SOC-L9

Minimum	46
Maximum	63
Mittelwert	54,6
Standardabweichung	4,7

Der Mittelwert für eine Normstichprobe von N=855 Männer im Alter zwischen 41 und 60 Jahren liegt bei einem Summenwert von 48,9 und einer Standardabweichung von 8,4. Damit wird deutlich, dass die der Mittelwert der vorliegenden Stichprobe auf eine höhere Ausprägung des Kohärenzgefühls hinweist als Männer im vergleichbaren Alter aus der Normstichprobe (vgl. Schumacher et al., 2000a, b).

Zusammenhang Kohärenzgefühl und Umsatz

Zusätzlich zu den bereits genannten Daten standen die Umsatzleistungen von 16 Untersuchungsteilnehmern zur Verfügung. Zwei Teilnehmern konnten keine direkten Umsatzdaten zugeordnet werden.

Um einen Vergleich durchführen zu können, wurden die Teilnehmer hinsichtlich Ihrer Kohärenzgefühl-Ausprägung in zwei Gruppen mit identischer Größe eingeteilt. Der Mittelwert diente zur Trennung zwischen Teilnehmern mit „sehr hohem Kohärenzgefühl" (SOC-L9 Wert über oder gleich 55) und Teilnehmern mit „mittelhoch ausgeprägtem Kohärenzgefühl"(SOC-L9 Wert unter 55).
Abbildung 7.4. stellt die Umsätze der beiden Gruppen dar.

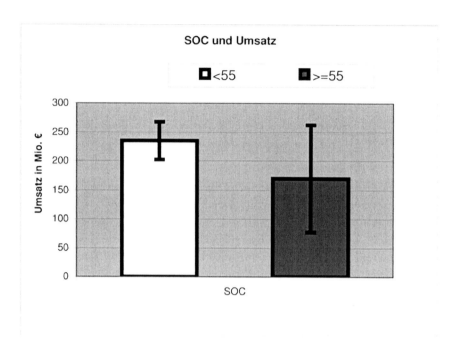

Abb. 7.3: Zusammenhang Kohärenzgefühl und Umsatz

Jeweils acht Untersuchungsteilnehmer sind der Gruppe „über oder gleich 55" und der Gruppe „unter 55" einzuordnen.
Die Berechnung eines 2-Stichproben t-Test für unabhängige Gruppen bei angenommener Varianzgleichheit ergibt p=0.08 und ist bei einem festgelegten Signifikanzniveau von 0.05 nicht signifikant, zeigt jedoch eine Tendenz zum signifikanten Niveau. Diese Berechnung erfolgt unter Einschluss aller Teilnehmer, denen auch ein Umsatz zugeordnet werden konnte. Hinsichtlich der Ausprägung des Kohärenzgefühls, kann aus theoretischer Sicht ein Einwand eingeworfen werden. Antonovsky (1997, S. 40f.) unterscheidet zwischen einem falschen, rigidem bzw. nicht authentischen SOC:

„Ich spürte intuitiv, dass es eine Möglichkeit geben musste, zwischen dem ausgeglichenen Zutrauen einer Person mit einem sehr starken SOC und der Rigidität des nicht-authentischen

*SOC zu unterscheiden. Als jemand, der überwiegend groß ange-
legte Fragebogenuntersuchungen durchgeführt hatte, stellte ich
mir die Lösung für das Problem, das sich aus der Unterscheidung ergab, einfach vor: ich würde diejenigen mit sehr hohen
Skalenwerten eliminieren. Nach meinem Gefühl musste etwas
daran falsch sein, jemanden als Person mit einem sehr starken
SOC einzustufen, der behauptet, nahezu alles zu verstehen, der
meint, es gebe für fast jedes Problem eine Lösung, und für den
Zweifel nicht tolerierbar sind. Und tatsächlich gaben in den diversen Studien, die bisher mit dem SOC-Fragebogen durchgeführt wurden, vier bis fünf Prozent der Befragten eine hohe
SOC-Antwort auf fast jedes Item. Diese konnten leicht ohne
Probleme für die Studie herausgenommen werden."*

Diesem Vorgehen Antonovskys wird auch in der vorliegenden Unter-
suchung gefolgt. Zwei Teilnehmer mit sehr hohen SOC-
Ausprägungen (Summenwerte 63 und 62) werden aus einer erneuten
Berechnung herausgenommen.

Dabei reduziert sich die Grundmenge auf N=14, da bereits zwei Teilnehmern von insgesamt 18 Teilnehmern kein direkter Umsatz zugeordnet werden konnte. Der Gruppenmittelwert bei dieser neu gebilde-
ten Gruppe liegt bei 53. Um zwei vergleichbar große Gruppen zu bilden, wird die Gruppen in eine Gruppe mit einem SOC Summenwert <
55 und eine Gruppe SOC >=55 geteilt.

Tab. 7.4: Neu gebildete Gruppen ohne Teilnehmer mit rigidem SOC

	Kohärenzgefühl Summenwert	N	Mittelwert	Standardabw.	Standardfehler des Mittelwer- tes
Umsatz	>= 55	6	164,17	53,022	21,646
	< 55	8	234,88	32,511	11,494

Abbildung 7.4. zeigt die grafisch die Unterschiede zwischen den Gruppen auf:

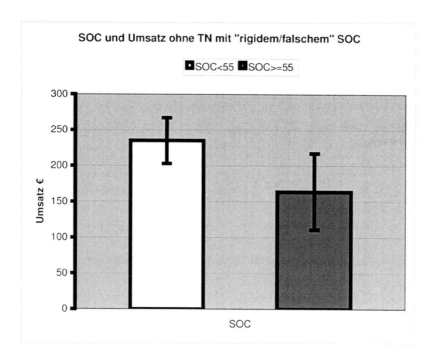

Abb. 7.4.: Zusammenhang Kohärenzgefühl (ohne Teilnehmer mit „falschem" SOC) und Umsatz.

Die Berechnung eines 2-Stichproben t-Test für unabhängige Gruppen bei angenommener Varianzgleichheit ergibt **p=0.009** und ist bei einem festgelegten Signifikanzniveau von 0.01 **signifikant.**

Das bedeutet, dass die Teilnehmer mit einer sehr **hohen Ausprägung des Kohärenzgefühl ab 55** im Durchschnitt **weniger Umsatz** erwirtschaften als Untersuchungsteilnehmer mit einer mittelhohen Ausprägung des Kohärenzgefühls bis zum Summenwert von 55. Durchschnittlich einen **höheren Umsatz** erwirtschaften also selbständige Handelsvertreter, die **im Vergleich zur Normalbevölkerung eine höhere Ausprägung des Kohärenzgefühls** aufweisen, aber in ihrer Ausprägung **nicht in extrem hohe Bereiche der Skala einzuordnen sind.**

Zusammenhang Kohärenzgefühl mit hierarchischer Position

Abb. 7.5. zeigt die Verteilung der hierarchischen Positionen in Relation zum Mittelwert des Kohärenzgefühls. Hier sind ein Regionaler Vertriebsleiter und ein Werber vertreten.

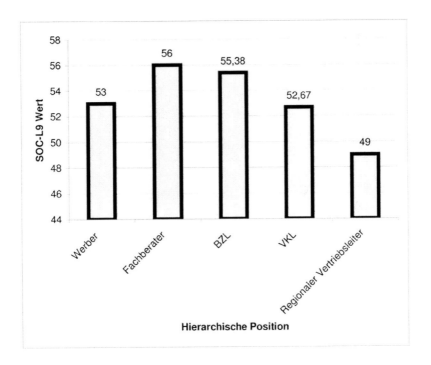

Abb. 7.5: SOC- Mittelwerte und die hierarchische Position der Teilnehmer.

Wie bereits in Kapitel 7.1. beschrieben wurde, nahmen lediglich ein Regionaler Vertriebsleiter, ein Werber und 3 Verkaufsleiter an der Untersuchung teil, während 5 Fachberater und 8 Bezirksleiter den Fragebogen ausfüllten.

Bezirksleiter und Fachberater der Untersuchungsstichprobe haben die höheren Ausprägungen im Kohärenzgefühl, während Werber, Verkaufsleiter und der regionale Vertriebsleiter die niedrigsten Werte aufweisen. Das bedeutet, dass die selbständigen Handelsvertreter, die fokussiert das „Kerngeschäft" der Kundenakquise und des Produktverkaufs betreiben die höchsten Kohärenzwerte aufweisen. Verkaufsleiter und regionaler Vertriebsleiter haben übergeordnete Führungsaufgaben, wohingegen der Werber aus der Untersuchungsgruppe ausschließlich an der Tür akquiriert und keine Verkaufsgespräche in der Wohnung der Kunden durchführt.

Die Berechnung eines t-Test auf signifikante Mittelwertsunterschiede zwischen Handelsvertreter mit Führungsfunktion (Bezirksleiter, Verkaufsleiter, regionaler Vertriebsleiter) und ohne Führungsfunktion (Werber und Fachberater) lieferte keine signifikanten Ergebnisse hinsichtlich der Ausprägung des Kohärenzgefühls. Es sind keine statistischen Unterschiede in der Ausprägung des Kohärenzgefühls zwischen den verschiedenen hierarchischen Funktionen festzustellen.

7.4.2. Ergebnisse des Fragebogens SSCS /Screening chronisches Stresserleben

Abbildung 7.6. gibt die Verteilung der Ergebnisse aus dem Fragebogen SSCS wider.

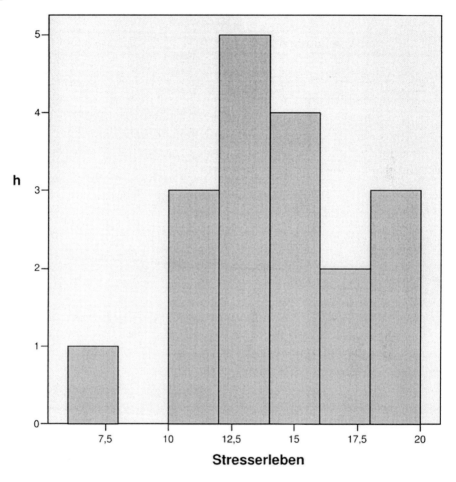

Abb. 7.6.: SSCS Werte der Untersuchungsteilnehmer. N=18, h= Häufigkeit.

Es wurden folgende weitere deskriptiv-statistischen Daten errechnet, die in Tab. 7.2 offen gelegt werden:

Tab. 7.5: Deskriptive Daten aus dem Fragebogen SSCS

Minimum	42
Maximum	57
Mittelwert	50,5
Standardabweichung	3,8

Der Mittelwert für eine Normstichprobe von N=376 Personen im Alter zwischen 31 und 59 Jahren liegt bei einem Normwert von 50, was einem Summenwert von 13 entspricht. Es wird deutlich, dass die hier vorliegende Untersuchungsstichprobe eine durchschnittliche bis leicht überdurchschnittliche Ausprägung des Stresserlebens aufweist als die Normstichprobe im vergleichbaren Alter.

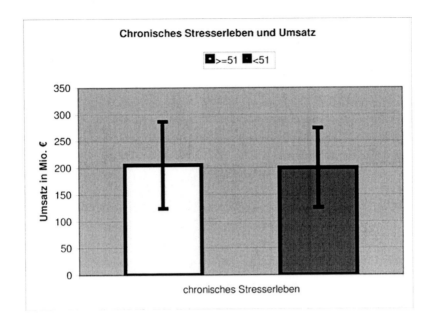

Abb.: 7.7: Zusammenhang Stresserleben (SSCS-Skala) und Umsatz.

Die Gruppe wird am Mittelwert getrennt, so dass sieben Untersuchungsteilnehmer der Gruppe „über oder gleich 51" und neun Teilnehmer der Gruppe „unter 51" einzuordnen sind. Die Abbildung zeigt
keine Unterschiede in der Umsatzleistung zwischen den beiden Gruppen. Auch die Berechnung eines t-Tests ergibt keine signifikanten
Unterschiede.
Das bedeutet, dass die Ausprägung des Stresserlebens im Rahmen der
vorliegenden Untersuchungsstichprobe keinen Zusammenhang mit der
Umsatzleistung aufweist.

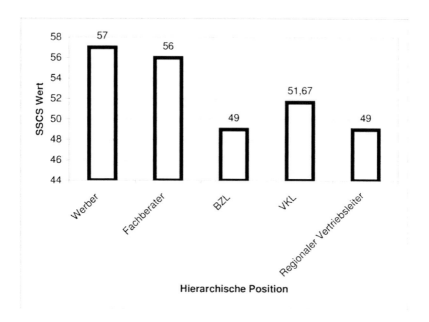

Abb. 7.8: Mittelwerte des Fragebogens SSCS aufgeteilt nach hierarchischer Position

Es nahmen ein Regionaler Vertriebsleiter, ein Werber und 3 Verkaufsleiter an der Untersuchung teil, während 5 Fachberater und 8 Bezirksleiter den Fragebogen ausfüllten.
Aus der obigen Abbildung kann entnommen werde, dass die Fachberater und der Werber einen höheren Stresszustand wahrnehmen, als
die hierarchisch übergeordneten Bezirks- und Verkaufsleiter und der
regionalen Vertriebsleiter.
Die Berechnung eines t-Tests auf signifikante Mittelwertsunterschiede
zwischen Handelsvertretern mit Führungsfunktion (Bezirksleiter, Verkaufsleiter, regionaler Vertriebsleiter) und ohne Führungsfunktion
(Werber und Fachberater) lieferte keine signifikanten Ergebnisse hinsichtlich der Ausprägung des Stresserlebens. Es sind keine statisti-

schen Unterschiede in der Ausprägung des Stresserlebens zwischen den verschiedenen hierarchischen Positionen festzustellen.

Um Zusammenhänge dieser Variablen zu untersuchen, wird im nachfolgenden Kapitel eine Korrelationsanalyse errechnet. Dabei werden die Variablen Kohärenzgefühl, Stresserleben, hierarchische Position und Dauer der Tätigkeit im Außendienst miteinander korreliert.

7.4.3. Korrelation der Fragebögen SOC-L9, SSCS, Umsatzkennzahlen, Hierarchische Position und Dauer der Tätigkeit

Tab. 7.6.: Korrelationen der Fragebögen SOC-L9, SSCS, Umsatzkennzahlen, Hierarchische Position und Dauer der Tätigkeit im Außendienst (AD)

	SOC	Chronisches Stresserleben	Umsatz	Hierarchische Position
Chronisches Stresserleben	**-,686****			
Umsatz	-,417 (N=16)	**-,06**		
Hierarchische Position	-,318	,185	,367 (N=16)	
Dauer Tätigkeit im AD	-,324	,183	**-,009** (N=16)	**,577***

Korrelationen nach Pearson
N=18, falls keine andere Angabe
**= Die Korrelation ist auf einem Niveau von 0.01 (2-seitig) signifikant
*= Die Korrelation ist auf einem Niveau von 0.05 (2-seitig) signifikant

Die Korrelationsberechnung zwischen dem den SOC-L9-Werten (Kohärenzgefühl) und den SSCS-Werten (chronisches Stresserleben) ergibt einen Wert von r= - 0,69. Die Korrelation ist auf einem Niveau von p=0.01 (2-seitig) signifikant. McSherry und Holm (1994, zitiert nach Bengel et al, 2001, S. 47) konnten an ihrer Stichprobe zeigen, dass sich Probanden mit hohen und mittleren SOC-Werten signifikant weniger „gestresst" erleben als solche mit niedrigeren SOC-Werten. In der vorliegenden Untersuchung liegen keine Vergleichsdaten von Personen mit niedrigeren SOC-Werten vor, jedoch kann bestätigt werden, dass ein signifikant negativer Zusammenhang zwischen Kohärenzgefühl und Stresserleben besteht. Positiv korrelieren die Variablen hierarchische Position und Dauer der Tätigkeit im Außendienst miteinander. Dieses Ergebnis ist nicht überraschend, da selbständige Handelsvertreter im Hinblick auf ihre Erfahrung und Leistung in hierarchisch höhere Positionen zugeordnet werden. Insofern bestätigt dieser Befund einen Selbstselektionseffekt, da leistungs- und umsatzstarke selbständige Handelsvertreter ihre Tätigkeit länger ausführen und in der Hierarchie aufsteigen. Die Ergebnisse unter „Anforderungsbewältigungsstrategien" zeigen, dass selbständige Handelsvertreter mit längerer Tätigkeits- und Erfahrungsdauer auf weitere Ressourcen bei der Kundengewinnung zurückgreifen können (vgl. Kapitel 7.5.1). Dies könnte ein Grund dafür sein, dass selbständige Handelsvertreter mit höherer Berufserfahrung auch höhere Umsätze tätigen und sich aufgrund ihrer Umsatzstärke als Bezirks- und/oder Verkaufsleiter qualifizieren. Andererseits zeigen die vorliegenden Daten, dass kein Zusammenhang mit der Dauer der Tätigkeit und den tatsächlich getätigten Umsätzen besteht. Es kann hieraus abgeleitet werden, dass das alleinige „Verharren" als selbständiger Handelsvertreter nicht zwangsläufig zu Umsatzsteigerung führt. Die Leistung hängt somit nicht direkt davon ab, wie lange jemand die Tätigkeit ausübt. Die sehr geringe Korrelation zwischen dem Umsatz und dem chronischen Stresserleben wirft weitere Fragen auf, da gleichzeitig eine hohe Korrelation zwischen Stresserleben und Kohärenzgefühl und zwischen Kohärenzgefühl und Umsatz besteht. Bei Kontrolle der Variable Kohärenzgefühl (Berechnung einer Partialkorrelation) erhöht sich der statistische Zusammenhang zwischen dem Stresserleben und dem Umsatz von r= -.06 auf einen Wert von r=-.52

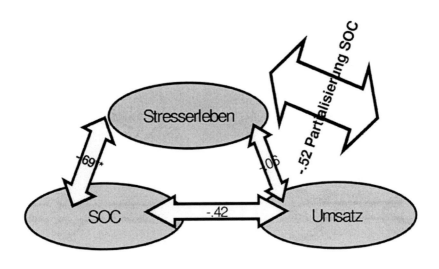

Abb. 7.9.: Korrelationen und Partialkorrelation SOC, Stresserleben und Umsatz.

Das Ergebnis kann dahingehend interpretiert werden, dass das Kohärenzgefühl die kognitive Bewertung des tatsächlichen Umsatzes mitbestimmt. Liegt ein geringer Umsatz vor, besteht die Wahrscheinlichkeit, dass das Stresserleben steigt. Das Kohärenzgefühl ist jedoch eine Variable, die das Stresserleben unabhängig vom tatsächlichen Umsatz mitbeeinflusst. Dies ist sowohl theoriekonform, als auch durch die hohe Korrelation zwischen Stress und Kohärenzgefühl gestützt (vgl. auch oben zitierte Studie von McSherry und Holm (1994)).

Die Bedeutung dieses Zusammenhangs wird unter Berücksichtigung der Anforderungsbewältigungsstrategien (vgl. Kapitel 7.5) intensiver in Kapitel 8.3. interpretiert und diskutiert.

7.4.4. Zusammenfassung

Zunächst kann resummierend festegestellt werden, dass die untersuchte Gruppe im Vergleich zur Normstichprobe der Allgemeinbevölkerung eine überdurchschnittliche Ausprägung des Kohärenzgefühls aufweist. Dies kann als Selektionseffekt interpretiert werden und besagen, dass eher Personen mit überdurchschnittlichem Kohärenzgefühl die Herausforderungen als selbständiger Handelsvertreter annehmen. Andererseits können die Ergebnisse so interpretiert werden, dass die Tätigkeit als selbständiger Handelsvertreter die Ausprägung des Kohärenzgefühls stärkt. Dies wäre jedoch in weiteren Untersuchungen zu überprüfen und kann nicht aus den vorliegenden Daten abgeleitet werden. Ein klares Ergebnis ist, dass extrem hohe Ausprägungen des Kohärenzgefühls zu geringerem Umsatz führen. Wohingegen selbständige Handelsvertreter mit mittelhoher Ausprägung, die sich im SOC-L9 zwischen 55 und dem in der allgemeinen Normstichprobe berichteten Mittelwert von 49 Summenpunkte bewegen, einen höheren Umsatz generieren. Es kann kritisch angenommen werden, dass diese extremen Ausprägungen des Kohärenzgefühls in den vorliegenden Daten einen Effekt sozialer Erwünschtheit im Rahmen der Untersuchung widerspiegeln. Dies kann durch widersprüchliche Zitate eines Teilnehmers betont werden:

P 1: TN 1 .txt - (52:54)

„Herr F: Schwierige Kunden? (Überlegt) Die nicht reden können, das sind für mich schwierige Kunden. Ich sag mal ich kann ernst reden und ich bin auch eigentlich ein sehr lockerer Vogel, da kann ich auch locker reden. So, wenn ich da einen vor mir sitzen habe, der immer nur so (betont, Richtung) geradeaus guckt oder am besten noch wenn ich ihm was erkläre gegen die Decke guckt (mmh) das sind für mich schwierige Kunden.
Interviewerin: Ja, aber das zeigt dann, also
Herr F: (unterbricht) Das ist so: erst zeigen sie Interesse und dann sitzen sie da, so nach dem Motto, oh, mein Gott. Man hat das Gefühl

als wenn sie ööh, red nicht so viel, komm mal auf den Punkt. (Mmmh, mmmh) Das ist für mich recht schwierig."

Die Eliminierung dieser Datensätze zur Berechnung der Mittelwertsvergleiche ist methodisch und inhaltlich gerechtfertigt. Die Ausprägung des chronischen Stresserlebens ist im Vergleich zu Normgrößen durchschnittlich.
Das chronische Stresserleben trägt in geringerem Umfang zur Varianzaufklärung bei als das Kohärenzgefühl.

Die negative Korrelation zwischen chronischem Stresserleben und Ausprägung des Kohärenzgefühls ist gleichzeitig festzuhalten und entspricht dem in der Literatur berichteten Zusammenhang (vgl. Bengel et al, 2001). Dies kann auf die gemeinsame kognitionstheoretische Basis beider Konstrukte zurückgeführt werden (vgl. Kapitel 3.3.4.1).

Trotz der hohen Korrelation zwischen dem Kohärenzgefühl und dem chronischen Stresserleben ist das Kohärenzgefühl ein geeigneterer Prädiktor zur Vorhersage der Umsatzleistung.

Die hier vorgelegten Ergebnisse aus den eingesetzten Fragebögen werden in Kapitel 8.3. mit weiteren Ergebnissen aus der Interviewanalyse zusammengeführt, interpretiert und diskutiert.

7.5. Anforderungsbewältigungsstrategien selbständiger Handelsvertreter

Wie werden die unter Kapitel 7.2. aufgeführten Anforderungen bewältigt? Während der Interviews lag der Anforderungsfokus in der Umsatzgenerierung und Neukundenakquise, da diese als Kernanforderungen angegeben wurden. Darauf aufbauend wurde offen gefragt, wie versucht wird, diesen Anforderungen gerecht zu werden. Die Ergebnisse können in problem- bzw. *handlungsfokussierte* und *emotionsfokussierte* Anforderungsbewältigungsstrategien eingeteilt werden. Während handlungsfokussierte Anforderungsbewältigungsstrategien als aktive Handlung zur Zielerreichung beschrieben werden können,

stellen emotionszentrierte Anforderungsbewältigungsstrategien individuelle und kollektive emotions- und kognitionszentrierte und –
regulierende Strategien dar, die nicht direkt ein Problem aufgreifen.

7.5.1. Handlungsfokussierte Anforderungsbewältigungsstrategien

Unter handlungsfokussierten (synonym problemzentriert) Anforderungsbewältigungsstrategien werden die Unterkategorien zusammengefasst, die auf eine handlungsorientierte Bereitschaft schließen lassen, Phasen mit weniger starken Umsätzen zu überbrücken und die Umsatzgenerierung weiter auszubauen. Hierunter fallen aktive Verhaltensweisen, um die Misserfolge an der Türe und in der Wohnung des Kunden zu bewältigen („Frust"). Die Handlungen und Verhaltensweisen werden zur Kategorie Anforderungsbewältigungsstrategien gezählt, wenn diese gezielt eingesetzt werden, um von Misserfolg geprägte Verkaufsgespräche zu bewältigen.

Kontinuierliche Arbeitsweise

Die Neukundenakquise kontinuierlich durchzuführen ist eine wichtige Anforderung, wie bereits in Kapitel 7.2.5.3.1. gezeigt wurde. Die Krux liegt darin, sich nicht auf Kunden zu verlassen, die nach einem Verkaufsgespräch keine Kaufentscheidung treffen, sondern auf eine Bedenkzeit verweisen. Diese Anforderung *„Sich nicht auf möglich Kunden verlassen, sondern weiterakquirieren"* (vgl. Kap. 7.2.5.3.1) ist gleichzeitig die Bewältigung derartiger Situationen. Die erhaltene Zurückweisung des Angebotes kann erst durch einen erfolgreichen Verkauf ins Gleichgewicht gebracht werden. So ist die Bewältigung eines Verkaufsgesprächs ohne Geschäftsabschluss durch die Suche nach möglichen erfolgreichen Verkaufsgesprächen gekennzeichnet. Die Wahrscheinlichkeit hierfür ist aus der Perspektive der interviewten Handelsvertreter umso höher, je mehr Kunden angesprochen und je mehr Termine für Verkaufsgespräche vereinbart worden sind.

Alternative Akquisestrategien

Ähnlich wie die *Kontinuierliche Arbeitsweise* können die *flankierenden Werbemaßnahmen* (beispielsweise Verkaufsstände auf Super- und Trödelmärkten und Messen) sowohl den Anforderungen als auch den

Anforderungsbewältigungsstrategien zugeordnet werden. Die flankierenden Werbemaßnahmen bieten insbesondere für diejenigen, die in der Direktansprache des Kunden an der Türe weniger Erfahrung haben oder unsicher sind, eine alternative Form der Kundenakquisition an. Diese Werbemaßnahmen können als aktive Anforderungsbewältigungsstrategie gezählt werden, da die selbständigen Handelsvertreter freiwillig und aus eigener Initiative derartige Maßnahmen aufgreifen können. Da der Bedarf der angebotenen Produkte teilweise wetterabhängig ist (vgl. 6.2.1.), und bei regnerischen Witterungsbedingungen keine Türakquise betrieben wird bzw. werden kann, geben Untersuchungsteilnehmer weitere Akquisestrategien an.

P 7: TN 12.txt - 7:97 [Dann muss ich mir andere Dinge..] (167:167) (173:174)
Codes:[B3/01/03Aktiv/Neue/andereArbeitsstrategie]

„Dann muss ich mir andere Dinge überlegen. Dann muss ich meine Mappe aufmachen und gucken, wo habe ich denn was verkauft. Da muss ich mal mit dem quatschen, der wollte doch noch ein (XY) kaufen und noch andere Absatzmöglichkeiten finden, ob ich die Kunden einfach anschreibe: Sie waren doch zufrieden. Machen Sie doch mal **einen Empfehlungsscheck**, wer braucht so was auch? Und dann kriegen Sie 50 Euro, ne und so weiter und so fort. Über solche Maßnahmen, in schlechten Zeiten muss man auch überlegen, andere Dinge anzugehen.
…Aber da gibt es, wie gesagt, andere Möglichkeiten, wenn ich lange genug dabei bin, wenn ich jetzt gerade angefangen hab, sehe ich natürlich dumm aus. Wenn ich nach drei Jahren hier schon meine 700 Kunden habe, dann **kann von meinen 700 Kunden einige reaktivieren**, da war doch ....ne alte Oma, „wie sieht's denn aus, da haben wir gerade eine Sonderaktion" oder sonst etwas, da lässt man sich halt was einfallen oder man stellt sich in ein **Kaufhaus** rein den ganzen Tag mit nem kleinen **Messestand** und verteilt da Prospekte was natürlich kostenintensiver ist und auch ein bisschen schwerer, weil man muss da besser selektieren, ne?"

Alternative Arbeitsstrategien zur Anforderungsbewältigung können unter folgenden drei Aspekten zusammengefasst werden:

- Vorhandene Kunden kontaktieren und direkt bei diesen neu akquirieren
- Sich nach „ausstehenden" Angeboten erkundigen
- Sich nach Empfehlungen bei vorhandenen Kunden erkundigen

Diese alternativen Arbeitsschritte können jedoch erst bei einem bereits aufgebauten Kundenstamm durchgeführt werden. Ein selbständiger Handelsvertreter, der noch wenig Berufserfahrung und wenig Kundenkontakte besitzt und bisher nur wenige Umsätze getätigt hat, wird diese Handlungsmöglichkeiten nicht ausschöpfen können.

7.5.2. Emotionszentrierte Anforderungsbewältigungsstrategien

Unter emotionszentrierten Anforderungsbewältigungsstrategien werden die Unterkategorien zusammengefasst, die sich nicht direkt auf eine aktive Handlung zur konkreten Problemlösung beziehen. Dabei besteht das vorhandene Problem darin, dass zu einem bestimmten Zeitpunkt zu wenig Umsatz generiert worden ist. Wesentliches Merkmalskriterium emotionszentrierter Bewältigungsstrategien ist, dass der selbst initiierte Kundenkontakt vermieden wird.

Soziale Unterstützung durch Kollegen und Führungskräfte

Dass in Teams gearbeitet wird, wird in Kapitel 7.2.5.3.3. herausgearbeitet und beschrieben. In Kapitel 7.2.5.3.5. werden die Anforderungen der Emotionsarbeit und Emotionskontrolle angeführt und hierbei auf die konfliktbehaftetet und ambivalente Situation der selbständigen Handelsvertreter aufmerksam gemacht. Soziale Unterstützung ist für die Bewältigung der hohen emotionalen Anforderung eine Variable, die die erfolgreiche Bewältigung fördert. Dies wurde bereits bei der Beschreibung der Teamarbeit unter Kapitel 7.2.5.3.3. erläutert und auf die Bedeutung sozialer Unterstützung nach Schachter's Emotionstheorie (1959) verwiesen. Kollegen und Führungskräfte geben emotionale und informationelle Unterstützung (vgl. Schwarzer, 2000, S. 54), das heißt sie hören zu, fühlen mit und trösten und unterstützen gleichzeitig mit notwendigen Informationen z.b. hinsichtlich Verkaufsgesprächsführung für die Akquisetätigkeit. Eine Unterstützung durch das private familiäre Umfeld ist zudem für die Handelsvertreter nur begrenzt, da der Transfer beruflicher Belastungen in den Familienalltag als ebenfalls belastend erlebt wird (vgl. TN 17, Kapitel 7.4.3.3.5. *Teufelskreis*). Um dem beschriebenen *Teufelskreis* zu entrinnen, ist der Austausch mit Kollegen und Vorgesetzten die wichtigste Anforderungsbewältigungsstrategie. Bei angestellten Arbeitnehmern konnten Kobasa und Puccetti (1983) zeigen, dass psychische und physische Beeinträchtigungen als Folge von Stress am Arbeitsplatz durch Vorgesetzten-Support positiv beeinflusst wurden, nicht jedoch durch Unterstützung seitens der Familie. Eine ähnliche Funktion der Führungskräfte für selbständige Handelsvertreter kann aufgrund der erhaltenen Interviewergebnisse angenommen werden.

Die Untersuchungsteilnehmer geben an, dass durch die Kommunikation mit Kollegen und Vorgesetzten die notwendige Unterstützung vermittelt wird. Das Vorhandensein der sozialen Unterstützung in der Untersuchungsgruppe ist an dieser Stelle als positiver Faktor hervorzuheben, da Moser et al. (2000) ein weitgehendes Fehlen von Unterstützungsquellen bei selbstorganisierter Erwerbstätigkeit feststellen.

Gleichzeitig tendieren Führungskräfte dazu, die Wirksamkeit handlungsfokussierter Anforderungsbewältigungsstrategien für Ihre Mitarbeiter herauszustellen, um somit eine höhere Handlungsbereitschaft zu erzeugen.

P 6: TN 9.txt - 6:61 [Wir müssen uns gerade in der W..] (102:104)
Codes:[B3/01/03Aktiv/Neue/andereArbeitsstrategie]

„**Wir müssen uns gerade in der Wintersaison - wir sind ja auch wetterabhängig** - da müssen wir **schnell reagieren und mal einen Kaufhausstand machen eben.** Oder jetzt in der Phase, wo noch viele

Stadtfeste sind, eben Samstag, Sonntag viel arbeiten. **Wie die kleinen, na, wie heißen die Tierchen (lacht) ... Eichhörnchen. Wie die Eichhörnchen müssen wir sammeln, damit wir dann über den Winter kommen.** Jetzt ist die Zeit da: September, Oktober, November, das sind eigentlich sehr gute Monate. Da müssen wir auch viel, viel Samstag, Sonntag arbeiten für die ganzen Stadtfeste.
Interviewerin: Aha
TN 9: Und dann nicht mehr im Dezember, Januar und Februar, da sind keine Stadtfeste mehr. Und da ist nicht mehr genug ranzuholen. Um genug anzuhäufen, müssen wir jetzt immer ranklotzen."

Schließlich wird ausdrücklich darauf hingewiesen, dass die Tätigkeit als Handelsvertreter im Alleingang respektive als „Einzelkämpfer" nicht realistisch bewältigbar ist:

P 8: TN 18.txt - 8:35 [TN 18: Ja! So und, wenn Sie je..] (336:336) (340:340)

„TN 18: Ja! So und, wenn Sie jetzt wüssten, Sie würden jetzt jeden Tag morgens aufsteh'n, allein ins Gebiet fahr'n, allein ihre Türwerbung machen, ihre Verkäufe machen und vielleicht irgendwo dann einmal die Woche zum Werk fahr'n und die Aufträge abzugeben - halten Sie nich' durch! **Also, man braucht ständig irgend ´n Kontakt mit den gleichen - mit Arbeitskollegen - die dasselbe durchmachen, also ich sach' jetzt mal einfach fast, dieses Geschäft - dieses Geschäft nicht im Team zu machen, ist fast unmöglich.** .. Und et ist auch wichtig, ist auch wichtig, gerade solche Sachen, **wenn man mal solche Tiefen durchmacht, dass man sich da austauschen kann.** Dass man, **gerade auch für neue Leute, dass die dann auch von älteren hören...**"

Kognitive Umbewertung

Die Umdeutung und Umbewertung ist eine Strategie, um mit Situationen umzugehen, in denen potentielle Kunden den Produkten oder der Person des Handelsvertreters ablehnend gegenüberstehen.

P 2: TN 4.txt - 2:60 [Interviewerin: Mmmh. Ehm, was ..] (14:15) (47:47)
Co-
des:[B3/01/01BewältigungAktivDirekt/PositiveEinstellung/emotionsz
entriert]

„Interviewerin: Mmmh. Ehm, was gefällt Ihnen denn nicht so gut an
Ihrer Tätigkeit? Ich frag jetzt mal ganz offen.
TN 4: (Pause) Eh, ja. Spontan fällt mir nichts ein. **Ich sehe kaum so
negative Seiten an dem Job. Weil ich den Job sehr positiv anneh-
me, eine Sache die ich auch gelernt habe und ansonsten ist es halt
wichtig positiv zu denken.**
...Also ist das ist es, **ich versuche mich nicht runterziehen zu lassen**
und ich sag wirklich wenn einer unfreundlich ist, es gibt ja Leute die
die Tür einfach zumachen, passiert selten, aber passiert auch. Das ist
nicht das wo ich mich jetzt negativ von beeinflussen lasse. **Sondern
ich sag mir, wie der heute Morgen aufgestanden ist, wer weiß was
der für ein Problem hat. Meistens sag ich dann, da haben wir einen gefundene,n der schon morgens in den Spiegel schaut und
sich selbst nicht leiden kann.** Ich hab auch viele andere Menschen
gesehen, das darf man einfach nicht überbewerten. Das ist eigentlich
auch die Sache die ich so für mich verinhaltliche. **Nicht einfach so
wenn mir jemand blöd kommt, das schüttele ich einfach ab, das
habe ich im nächsten Augenblick wieder vergessen.** Wenn die Leute nicht so nett sind, also so was kann mich alles nicht runter ziehen. „

Die interviewten Teilnehmer bewerten nicht ausschließlich die Situationen und Motive des Interaktionspartners um, sondern hinterfragen
aufgrund ihrer beruflichen Erfahrung auch eigene Verhaltens- und
Kognitionsmuster:

P 2: TN 4.txt - 2:72 [Also es passiert schon mal, da..] (35:35)
Codes:[B3/01/02AktivIndirektSelbstveränderung/-reflexion]

„Also es passiert schon mal, dass wenn da in einer Reihe 3, 4 Häuser stehen, alle mit der gleichen Terrasse, die gleiche Haustür und die sagen, ja wir interessierten uns für 4 (Produkte) und dann brauch ich nur einmal kommen, das ist ja eine Arbeit... Und das sind dann so die Dinge, wo ich dann irgendwann einen Schlussstrich ziehe... Und da hab ich auch an meinem Selbstbewusstsein gearbeitet, ich hab ein ganz anderes Auftreten bekommen und viel bin ich da auch so den Leuten gegenüber... Und ich bestimm dann letztendlich wo es lang-geht. **Aber das sind halt die Dinge, die ich früher alle nicht beher-zigt habe. Dieses Denken, also du bist halt gelernter Maurer, du hast in dem Bereich Verkauf überhaupt nichts zu suchen. Ich hab mich eigentlich selber als kleines Nichts eingestuft. Wo ich jetzt eigentlich zu der Erkenntnis gekommen bin, dass ich sein kann wie ich bin.** Und das war halt eben ein Prozess über Jahre. Und für Einsteiger ist das eben so, das ist ein Job, den man hart erlernen muss."

Die kognitive Bewertung ist eine zentrale Moderatorvariable, wie ein Stressor das Leben eines Individuums beeinflusst. Dies entspricht den Hauptaussagen des in Kapitel 3.3.4.1.1 vorgestellten kognitiv-transaktionalen-Stressmodells von Lazarus & Folkman (1984). Die kognitive Umbewertung kann als *tertiäre Bewertung* im Sinne des Modells aufgefasst werden. Die interviewten selbständigen Handels-vertreter führen eine Umbewertung von Ereignissen, Situationen und Interaktionen mit Kunden durch. Dabei werden diese als weniger stressreich und herausfordernd bezeichnet und sie versuchen, Misser-folge gelassener zu ertragen und insgesamt eine entspanntere Einstel-lung zu erlangen. Durch diese Umbewertung werden die zukünftigen Bewertungen beeinflusst, da Erfahrungen vorliegen, auf die Betroffe-ne zurückgreifen können. Dieses Erfahrungswissen über Misserfolge und die sich daraus ergebenden Konsequenzen dienen für die Zukunft als Ressource. Die Verfügbarkeit einer Ressource wird in zukünftigen Situationen als stress- und beanspruchungsreduzierende Variable wahrgenommen.

Bewusste Ablenkung

Als eine sehr wirksame Anforderungsbewältigungsstrategie geben Interviewpartner die Ablenkung von der Kernanforderung an. Diese Strategie steht im offensichtlichen Gegensatz zu den handlungsfokussierten Anforderungsbewältigungsstrategien, da bei fehlenden erfolgreichen Verkäufen und geringem Umsatz **nicht** aktiv nach neuen Kunden gesucht und neue Termine anvisiert werden, sondern bewusst diese Handlungen vermieden werden.

P 5: TN 8.txt - 5:41 [Es gibt immer mal Tage oder Wo..] (156:156)

„Es gibt immer mal Tage oder Wochen, wo man sagt: Oh, Gott. Das ist ein Scheißjob - (verlegen lachend) Geht das denn hier weiter so. Also ich mach das ja mittlerweile, früher ist das, mittlerweile bin ich ja lang genug dabei, **ich hab die Erfahrung, ich mach dann einfach frei!** Ich erhol mich. Ja, ich tu nichts (gemeinsam mit I. lachend), **wenn's nicht klappt, tu ich nichts. Dann ist man mental nicht dafür drauf, sondern macht ne Auszeit, manchmal 1 Tag, manchmal 2 oder man lässt ne Woche schleifen. Dann danach geht's wieder besser."**

Diese Strategie wird von Interviewpartnern genannt, die Führungskräfte sind und bereits über 3 Jahre als selbständiger Handelsvertreter tätig sind.

P 7: TN 12.txt - 7:96 [Es gibt in schlechten Phasen h..] (167:167) und (183:183)

„Es gibt in schlechten Phasen halt Dinge, wo ich mir sage: **„Jetzt nimmst Du dir mal ne Auszeit für 1 - 2 Stunden.** Jetzt tust Du dir mal was Gutes, **ein superleckeres Eis** auf dem.... Rathausplatz essen, machst mal 2, 3 Stunden Pause und gönnst Dir mal was, um Dich selber zu motivieren, oder ich geh auch hin, wie das in schlechten Zeiten so üblich ist - ich gebe normalerweise kein Geld aus - (einräumend)**, aber ich habe zum Beispiel ein Hobby**, was mich motiviert, dann geh ich halt in ein Modelleisenbahngeschäft, guck mir ein bis

337

zwei Stunden lang die Auslagen an und kauf mir irgendwas, was ich jetzt gerade haben will. **So, und damit motiviere ich mich, kriege wieder Energie und Gedanken und gehe wieder zurück an meine Arbeit**, um wieder den Dreh zu kriegen, und das funktioniert eigentlich ganz gut.

.... Das habe ich eben schon mal gesagt. **Ich motiviere mich über Kleinigkeiten selber**, ob ich mir jetzt einen kleinen Anhänger für 20 Euro kaufe für meine Modelleisenbahn oder **essen gehe oder mir nen Videofilm ausleihe und angucke, um mal abzuschalten, komplett abzuschalten von der eigentlichen Thematik** und dann wieder von vorne anzufangen, wir müssen ganz einfach von vorne wieder anfangen und mmh entweder funktioniert es oder es funktioniert halt nicht"

Bewusst wird auf Handlungen zurückgegriffen, die Lust erzeugen und den persönlichen Vorlieben entsprechen. Dass sich die Interviewpartner damit selbst motivieren, ist ihnen bewusst. Dabei ist die angegebene „Auszeit" im Vergleich zu angegebenen regulären Arbeitszeit kurz: der Zeitumfang reicht von einer Stunde bis zu maximal einer Woche.

Abb. 7.10. fasst die in der vorliegenden Untersuchung herausgearbeiteten Anforderungsbewältigungsstrategien selbständiger Handelsvertreter zusammen:

HANDLUNGSFOKUS   EMOTIONSFOKUS

* kontinuierliche
  Arbeitsweise

* alternative Akquise-
  strategien

* soziale Unterstützung
  durch Team + Führungskraft

* kognitive Umbewertung

* Ablenkung

Abb. 7.10.: Zusammenfassung der angewandten Bewältigungsstrategien selbständiger Handelsvertreter (eigene Darstellung).

Dabei bilden *Kontinuierliche Arbeitsweise* und *Bewusste Ablenkung* dichotome Handlungsalternativen zur Bewältigung:

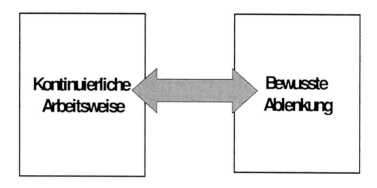

Abb.: 7.11: Dichotome Bewältigungsstrategien selbständiger Handelsvertreter der untersuchten Stichprobe (eigene Darstellung)

8. Interpretation und Diskussion der Ergebnisse

Im vorangegangenen Kapitel sieben wurden die Ergebnisse der Frage-bogenauswertung und der Interviewanalyse dargelegt. Das Ziel der Untersuchung war es, das Selbstbild selbständiger Handelsvertreter hinsichtlich Anforderungen und Bewältigungen zu explorieren und gleichzeitig das Kohärenzgefühl, das Beanspruchungserleben zu er-fassen und mit subjektiv wahrgenommenen Anforderungen und Be-wältigungen in Beziehung zu setzen.

Als ein statistisch belegbares Ergebnis zeigte sich, dass die Ausprä-gung des Kohärenzgefühls ein Prädiktor mit guter Vorhersagevalidität für die Umsatzleistung sein kann. Durch die Interviewanalyse konnten selbständigkeitsrelevante Persönlichkeitsmerkmale von Handelsver-tretern herauskristallisiert werden. Dabei zeigte sich, dass selbständige Handelsvertreter neuartige und risikoreiche Erfahrungen präferieren und aktiv aufsuchen. Die Besonderheiten der Untersuchungsgruppe werden im nachfolgenden Text weiter diskutiert. Die aus der Literatur entnommenen und als Grundlage für die eigene empirische Untersu-chung angenommenen Anforderungen wurden durch die Interview-analyse modifiziert, ergänzt und stellenweise verfeinert. Es erfolgte zusätzlich eine Strukturierung der Anforderungen in „grundlegende Anforderung" und „fachlich-methodische" Anforderungen; darunter wurden die „sozial-kommunikativen" Anforderungen gefasst, da in der Tätigkeit kommunikative Kompetenzen als Arbeitsinstrumente und –methoden eingesetzt werden. Herausragende Anforderungen und Extremsituationen, die es als Anforderung zu bewältigen gilt, wurden von diesen notwendigen täglichen Anforderungen getrennt betrachtet.

Die Anforderungsbewältigungsstrategien selbständiger Handelsvertre-ter (vgl. Kapitel 7.5.) sind aus den Interviews so herausgearbeitet worden, dass konkrete Verhaltensbeschreibungen im Ergebnisab-schnitt genannt worden sind.

Nach der Ergebnisauswertung und –darstellung im vorangegangenen Kapitel erfolgt eine weiterführende Interpretation und Diskussion der Ergebnisse an dieser Stelle.

Das in Kapitel vier erstellte Anforderungs- und Berufsbild des selbständigen Handelsvertreters wird mit den Ergebnissen der vorliegenden Untersuchung verglichen. Anhand der Ergebnisse der vorliegenden Untersuchung wird ein Integratives Modell über Persönlichkeitsmerkmale, Anforderungen und Anforderungsbewältigungsstrategien erstellt.

8.1. Anforderungen

Die Anforderungen als selbständiger Handelsvertreter werden aus der subjektiven Perspektive der Untersuchungsgruppe zusammengetragen, um an dieser Stelle Fragestellung 1 der vorliegenden Untersuchung (Frage nach den subjektiven täglichen und herausragenden Anforderungen in der Tätigkeit) zu beantworten. Das in Kapitel 4.3. aufgestellte und aus der Literaturdurchsicht erstellte Konglomerat an Anforderungen im Außendienst des Direktvertriebs kann aufgrund der Ergebnisse der vorliegenden Studie ergänzt und differenziert werden:

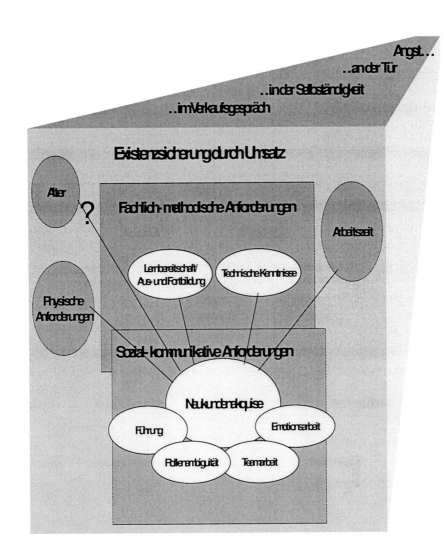

Abb. 8.1.: Anforderungen selbständiger Handelsvertreter im Direktvertrieb und Ängste als subjektiv wahrgenommene emotionale
Konsequenzen aus den Anforderungen im Hintergrund.

Die Abbildung verdeutlicht, dass objektiv messbare Anforderungen mit subjektiv empfundener Angst „verschmelzen". Dabei bildet die Anforderung *Neukundenakquise* eine handlungssteuernde Kernanforderung, die den Ausgangspunkt für die weiteren Anforderungen bildet. Die Anforderungen sind also so miteinander vernetzt, dass sie alle von der *Neukundenakquise* abhängen. Fundament ist wiederum die grundlegende Anforderung *Existenzsicherung durch Umsatz*. Die subjektive Angst ist für die Handelsvertreter immer (wieder) präsent. Die grundlegende Anforderung „Existenzsicherung durch Umsatz" bedingt fortwährend die „Angst in der Selbständigkeit", die wiederum zur Situationsangst beim „klingeln" und im Verkaufsgespräch führt.

Es handelt sich hierbei immer um eine Angst vor dem Versagen und damit der Angst um Existenzverlust.

Alter, Arbeitszeit und *physische Anforderungen* sind Anforderungen, die aus Sicht der Handelsvertreter den Erfolg oder Misserfolg ihrer Tätigkeit mitbedingen. Diese Kriterien unterscheiden sich deshalb von den übrigen Faktoren im Modell, weil es sich bei ihnen um konkrete Anforderungen handelt, die messbar bzw. sichtbar sind. Zudem gehen die Handelsvertreter davon aus, dass diese Anforderungen folgendem „SOLL- Profil" entsprechen:

- (sehr) hohe Arbeitszeit
- klar definierte physische Merkmale
- ein Alter ab 30 Jahren

Die übrigen von den Handelsvertretern subjektiv wahrgenommenen Anforderungen sind abstraktere, zum Teil auch innerpsychische Vorgänge (z.B. Emotionsarbeit), die in der Regel nicht eindeutig sichtbar sind. Im Unterschied zu *Alter, Arbeitszeit* und *physische Anforderungen* sind auch keine quantifizierenden oder konkreten Kriterien für die Erfüllung der übrigen Anforderungen genannt. Selbst *Technische Kenntnisse* werden nicht so klar umrissen, dass der Grad der Mindestkenntnis abgegrenzt wird. Im Mittelpunkt der Anforderungen stehen sozial-kommunikative Anforderungen und hierunter die *Neukunde-*

nakquise als wichtigste Anforderung. Die übrigen Anforderungen *Emotionsarbeit, Teamarbeit, Rollenambiguität und Führung* entstehen durch die Anstrengungen, die unternommen werden, um die Neukundenakquise durchzuführen.

In Kapitel 4.1.2. wird die aktivitäts- und umsetzungsorientierte Kompetenzklasse unterschieden. Hierunter fallen Dispositionen einer Person, aktiv und ganzheitlich selbstorganisiert zu handeln. Emotionen, Fähigkeiten, Erfahrungen und die anderen Kompetenzen werden gebündelt und in Aktivität umgesetzt. Die Autoren weisen darauf hin, dass diese Kompetenzen häufig als Integral der anderen gesehen werden, dieses aber nicht sind, weil „Aktivitäts- und Umsetzungsstärke" auch ohne das Zusammenwirken der anderen Kompetenzen vorhanden sein kann (vgl. Kapitel 4.1.2, und Erpenbeck & von Rosenstiel, 2003 S. XVII).

Weiterhin führen die Autoren aus:

„Es finden sich jedoch oft Personen- beispielsweise in der Gruppe der Unternehmer oder des oberen Management – deren fachlich-methodischen, sozial-kommunikativen und personalen Kompetenzen eher mäßig sind, deren Qualität jedoch vor allem darin besteht, gesetzte Ziele, komme was wolle, zu erreichen, die als „Durchreißer" gefürchtet und bewundert sind. Aktivitätsund Umsetzungsstärke hat unseres Erachtens einen eigenen, deutlich abgrenzbaren und messbaren Kompetenzcharakter." *(Erpenbeck & von Rosenstiel, 2003. S. XVIf).*

Während die Unterkategorien *Fähigkeiten, um Kunden zu überzeugen* zur Kategorie Neukundenakquise, eindeutig den sozialkommunikativen Kompetenzen zugeordnet werden kann, zeigen die beiden anderen Anforderungen *Sich nicht auf mögliche Kunden verlassen, sondern weiterakquirieren* und *Flankierende Werbemaßnahmen* die Erfordernis, aktivitäts- und umsetzorientierte Kompetenzen aufzuweisen.

Personale Anforderungen (vgl. Kapitel 4.1.2.) können dem Modell übergeordnet werden, da sie die Summe der aufgeführten Anforderungen bilden.

Die Leistung des einzelnen selbständigen Handelsvertreters wird durch die Führungskompetenz des Bezirksleiters oder Verkaufsleiters mitbestimmt, da diese den ihnen zugeordneten Handelsvertreter beratend zur Verfügung stehen. Ihre Funktion wurde versucht, mit dem *Coaching* Begriff im Rahmen dieser Arbeit zu beschreiben. Kritisch an der Verwendung dieser Bezeichnung ist, dass nach dem aktuell bestehenden Verständnis von Coaching, idealerweise der Coach von den Absichten des Coachees nicht berührt wird (Jochum & Jochum, 2001, S. 493). Er hat also keinerlei Interesse, die Handlungen des Coachees in irgendeiner Weise zielgerichtet zu beeinflussen – mit anderen Worten zu führen. „Führung" ist wiederum gleichzeitig eine weitere Anforderung an Bezirks-, Verkaufs- und Regionalleiter. Es entsteht ein weiterer Spannungsbogen (vgl. Wiendieck, 2005) Führung vs. Coaching, d.h. ein Spannungsbogen zwischen passiver Begleitung zur Lösung der Probleme des Coachees (Coaching) und einer zielgerichteten Einflussnahme zur Erfüllung gemeinsamer Arbeitsaufgaben – nämlich der Umsatzgenerierung (Führung). Der entscheidende Punkt ist die Tatsache, dass Handelsvertreter mit Führungsfunktion die Arbeitsleistung der ihnen zugeordneten Mitarbeiter nicht belohnen oder bestrafen können, denn die Rahmenbedingungen der Organisation regeln die Vergütungssysteme. Damit hat die Führungskraft im Direktvertrieb für selbständige Handelsvertreter keine Sanktions- oder Gratifikationsmacht. Da das Einkommen der Bezirks- und Verkaufsleiter in Anteilen aus dem Umsatz der ihnen zugeordneten Mitarbeiter berechnet wird („Super-Provision"), ist das Einkommen der Bezirks- und Verkaufsleiter von ihrer Führungs- bzw. Motivationskompetenz abhängig. Dieser Punkt unterscheidet auch das „Coaching" von selbständigen Handelsvertretern von anderen Coachingsituationen. Die Führungskräfte **haben** damit **ein Interesse** an der Leistung Ihrer „Coachees". Diese Unterscheidung zwischen den Anforderungen von selbständigen Handelsvertretern mit und ohne Führungsfunktion wird aus der vorliegenden Untersuchung deutlich. Die Führungsanforderungen sind in weiteren Studien näher zu untersuchen. Besondere Anforderungen an Führungskräfte (FK) und Coaches für selbständige Handelsvertreter im Gegensatz zur Führung und zum Coaching bei angestellten Arbeitnehmern macht das folgende Bild deutlich:

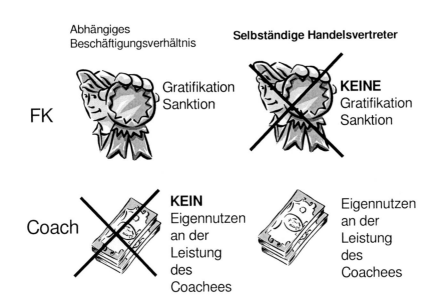

Abb. 8.2.: Gegenüberstellung Führung und Coaching von abhängig Beschäftigten versus selbständigen Handelsvertretern.

Die Bedeutung der Führungskräfte für die Anforderungsbewältigung wird im Kapitel 8.3. näher erläutert. Das nachfolgende Kapitel gibt eine Antwort auf die zweite Fragestellung, die danach fragt, ob in der Literatur berichtete und als empirisch als bedeutsam nachgewiesene Persönlichkeitsmerkmale und ihre Ausprägungen für „klassische" Unternehmer, in der vorliegenden Stichprobe festgestellt werden können.

8.2. Persönlichkeitsmerkmale

Die selbständigkeitsrelevanten und für Unternehmer in der Literatur berichteten und empirisch untersuchten Persönlichkeitsmerkmale hohe Leistungsmotivation und internale Kontrollüberzeugung sind in der Untersuchungsgruppe feststellbar. Die Bereitschaft, Leistung zu erbringen und sich mit einem Gütemaßstab zu messen ist bei den Interviewpartnern vorhanden. Die untersuchten Interviewpartner sind bereit, mit unsicheren Situationen im Umgang mit Kunden und im Rahmen ihrer Selbständigkeit umzugehen. Sie geben eine hohe Unabhängigkeit im Rahmen der Tätigkeit als selbständiger Handelsvertreter an, akzeptieren jedoch bestehende Hierarchien, Vergütungssysteme und Prozesse. Im Vergleich zum klassischen Unternehmer konzentrieren sich die Problemlösungsversuche der bestehenden Untersuchungsgruppe auf den Schwerpunkt der Umsatzgenerierung. Die Problemlöseorientierung beschränkt sich dabei auf kurz- bis mittelfristige Problematiken und das Kernproblem der Umsatzgenerierung. Weitere Problematiken werden nicht genannt und strategische Ziele nicht formuliert. Dies kann als ein Unterscheidungskriterium zwischen klassischen Unternehmern und selbständigen Handelsvertretern aufgefasst werden. Es wird außerhalb der Kernanforderung *Neukundenakquise* nicht nach weiteren Handlungs-, Entscheidungs- und Kontrollspielräumen gesucht, um diese dann auszuschöpfen. Zwar investieren die untersuchten selbständigen Handelsvertreter kein Eigenkapital zu Beginn ihrer Tätigkeit, erhalten aber gleichzeitig keine Einkommensgarantie. Diese Einkommens-Erwerbsstruktur und die Akzeptanz der vom kooperierenden Herstellerunternehmen aufgestellten Vergütungssysteme lassen die Annahme zu, dass das Merkmal der Risikobereitschaft neben Unternehmern auch Handelsvertreter kennzeichnet. Jedoch kommt einschränkend hinzu, dass das System der Vergütung (also zum Beispiel der festgelegte Prozentsatz für Provisionen) in der Regel akzeptiert wird. Die Ergebnisse der Untersuchung legen nahe, dass die Konstellation von Teams fast ebenso widerstandslos akzeptiert wird.

Die Suche nach neuartigen und potentiell risikoreichen Erfahrungen, ist durch die induktiv erstellte Kategorie „Reizsuche Hohe Ausprägung" beschrieben worden. Eine konzeptuelle Vergleichbarkeit dieser aus dem Interviewmaterial heraus entwickelten Kategorie mit dem Konzept des Sensation Seeking, bzw. mit Merkmalen des High Sensation Seekers (Zuckerman, 1979; Hammelstein & Roth, 2003) wurden bereits im Ergebnisabschnitt herausgearbeitet und können an dieser Stelle wiederholt herausgestellt werden. Die Untersuchungsdaten lassen die Schlussfolgerung zu, dass eine hohe Ausprägung des Persönlichkeitsmerkmals Sensation Seeking eine erfolgskritische Variable darstellt, weil die Bereitschaft vorhanden sein muss, täglich – trotz beispielsweise vorangegangener zurückweisender Erfahrungen mit Kunden- motiviert und begeistert tagtäglich an der Tür auf Kunden zuzugehen. Verkaufsgebiete sind zwar grob in Bezirke unterteilt, jedoch ändert sich die Einteilung in verschiedenen Abständen und die Verkaufsgebiete sind durchschnittlich im wöchentlichen Turnus unterschiedlich. Diese große Abwechslung im Arbeitsumfeld muss – neben zahlreichen unterschiedlichen Kunden – von den Handelsvertretern „ausgehalten" werden. Kollegen, Führungskräfte, Arbeitsgebiete und Kunden sind einem permanenten Wechselprozess unterzogen. Nicht die (mühsame) Bewältigung dieser Situation, sondern die aktive Suche nach einem derartigen Tätigkeitsumfeld ist nach den Ergebnissen dieser Untersuchung eine Voraussetzung für die Passung zwischen Persönlichkeit und dem Beruf des selbständigen Handelsvertreters. Insofern kann als ein Selektionskriterium vermutet werden, dass die untersuchte Gruppe weniger geeignet ist, in einem festen Umfeld zu arbeiten. Die Interviews unterstreichen diese Hypothese, da Teilnehmer aus früherem Angestelltenverhältnis angeben, gezielt diese Abwechslung im Direktvertrieb und in der Selbständigkeit zu suchen. Die Ergebnisse der eigenen Untersuchung geben weiterhin Anlass zur Hypothese, dass selbständige Handelsvertreter eine sehr hoch ausgeprägte Anpassungsfähigkeit aufweisen. Dies wird folgendermaßen begründet:
Zunächst zeigt sich, dass selbständige Handelsvertreter im Kundenkontakt Emotionsarbeit leisten. Sie präsentieren ihre Produkte beim Kunden; dabei wird deutlich, dass ihre eigene Person und Persönlich-

keit im Mittelpunkt als Präsentationsmittel steht. Sie manipulieren dabei ihre eigenen Gefühle und die Gefühle ihrer Kunden durch Methoden des Tiefen- und Oberflächenhandelns (vgl. Hochschild, 1990). Selbständige Handelsvertreter, die eine Funktion als Bezirks- oder Verkaufsleiter erfüllen, haben zusätzlich die Rolle eines *Beraters* oder *Coaches* für ihre Gruppe oder einzelne zugeordnete Handelsvertreter. Um Fachberater zu Leistung und Erfolg zu motivieren, ist es notwendig, sich mit der Arbeitsweise und der Persönlichkeit des Fachberaters zu beschäftigen. In den Interviews wird deutlich, dass Führungskräfte die ihnen zugeordneten Fachberater intensiv hinsichtlich ihrer Arbeitsweise beobachten. Fehler in der Arbeitsweise und auch potentiell leistungsmindernde Variablen, die in der Einstellung der Person liegen und nicht konkret sichtbar und direkt erfassbar sind, müssen durch die Führungskräfte identifiziert werden. Gespräche in der Gruppe und Einzelgespräche sollen dazu dienen, auf diese Fehler hinzuweisen. Insofern passt sich die Führungskraft dem zugeordneten Handelsvertreter an. Die Anpassung an Kunden einerseits und zugeordneten Kollegen andererseits zeigt eine sehr hohe Sensibilität für das Befinden anderer Personen. Selbständige Handelsvertreter gehen einen Schritt weiter: sie passen sich dem Gegenüber und der Situation an.

Die Durchsetzungsbereitschaft der Interviewpartner konnte nicht im Rahmen der Interviewanalysen belegt werden. Zwar ist eine Bereitschaft vorhanden, Kunden von den Produkten zu überzeugen; es wird jedoch vermehrt auf kommunikative und empathische „schauspielerische" Fähigkeiten verwiesen, um erfolgreiche Verkaufsgespräche zu führen. Der Anpassungsfähigkeit der Handelsvertreter kann aufgrund der vorliegenden Ergebnisse ein höheres Gewicht beigemessen werden, als der Durchsetzungsbereitschaft. Die untere Abbildung zeigt eine Synopse der Persönlichkeitsmerkmale, die in der Untersuchungsgruppe exploriert werden konnten.

motivational
- hohe Leistungsmotivation
- internale Kontrollüberzeugung
- hohe Unabhängigkeitsmotivation

kognitiv
- Problemlöseorientierung: kurz- bis mittelfristig
- Risikobereitschaft: hohe „Reizsuche“ – High Sensation Seeking?

sozial
- sehr hohe Anpassungsfähigkeit

Abb.: 8.3: Persönlichkeitsmerkmale selbständiger Handelsvertreter.

Fragestellung 2 kann dahingehend beantwortet werden, dass die für Unternehmer nachgewiesenen Persönlichkeitsmerkmale auch bei Handelsvertretern gefunden werden können. Jedoch zeigen sich die genannten Besonderheiten, so dass bei selbständigen Handelsvertretern weniger vom Unternehmer, als vom „internem Unternehmer“ bzw. Intrapreneur ausgegangen werden kann.

Intrapreneure zeichnen sich wie Entrepreneure durch hohe Leistungsmotivation, Kreativität und Risikobereitschaft sowie ein hohes Maß an Durchsetzungsvermögen und strategischem Denken aus, sind aber im Gegensatz zu diesen offen für die Belohnungssysteme einer Organisation und bereit, für ihre Ideen in-

nerhalb eines Unternehmens zu werben und sie gemeinsam mit hierarchisch Gleichgestellten zu realisieren (Lang-von Wins & Kaschube, 2007, S.153).

Ungeachtet der nicht erhobenen Kreativität und der weniger ausgeprägten langfristigen Strategieorientierung der Untersuchungsgruppe (vgl. Kapitel 7.3.2.), ist das charakteristische Merkmal selbständiger Handelsvertreter die Offenheit für die Belohnungssysteme der Organisation und die Bereitschaft mit hierarchisch Gleichgestellten im Team Leistungsziele zu erreichen. Ein weiteres, zu ergänzendes Persönlichkeitsmerkmal ist die hohe Ausprägung von Reizsuche bei selbständigen Handelsvertretern. Es wurde bereits die Ähnlichkeit zum Konzept des „High Sensation Seekers" im Ergebnisabschnitt diskutiert und deshalb kann aufgrund der explorativen Untersuchung an dieser Stelle die Hypothese aufgestellt werden, dass selbständige Handelsvertreter im Durchschnitt hohe Ausprägungen des Merkmals aufweisen.

8.3. Beanspruchung, Kohärenzgefühl und Anforderungsbewältigung

Um Fragestellung 3 der vorliegenden Untersuchung nach der Beanspruchungsausprägung selbständiger Handelsvertreter zu beantworten, wird von den Ergebnissen in Kapitel 7.4 ausgegangen. Die Ausprägung des Kohärenzgefühls der Untersuchungsgruppe zeigt im Vergleich zur Normalbevölkerung höhere Werte, während das Kohärenzgefühl gleichzeitig negativ mit dem Stresserleben korreliert. Diese Korrelation entspricht dem in der Literatur berichteten Zusammenhang zwischen Kohärenzgefühl und Stress (vgl. Bengel et al., 2001). Kennzeichen für selbständige Handelsvertreter ist also, dass sie ein geringes Stresserleben aufzeigen, das auf eine geringe Beanspruchung hindeutet. Goebel (1991) vermutet, dass in den besonderen Arbeitsbedingungen von Selbständigen Pufferfaktoren liegen, die sich mildernd auf das Beanspruchungserleben auswirken. Ähnliches vermuten Utsch und Frese (1998), die bei den von Ihnen befragten Unternehmern trotz hoher Arbeitsbelastungen nur einen geringen Beschwerdedruck in Hinblick auf psychosomatische Symptome angeben. Chay (1993) hat dagegen im Rahmen einer schriftlichen Befragung von Unternehmern, Selbständigen und abhängig Beschäftigten keine Unterschiede in Hinblick auf das psychosoziale Wohlbefinden gefunden. Er vermutet, dass negative Aspekte der Tätigkeit wie z.B. die im Vergleich mit abhängig Beschäftigten deutlich höhere Arbeitsbelastung durch ein höheres Maß an Autonomie abgemildert werden. Die Ergebnisse der vorliegenden eigenen Untersuchung an selbständigen Handelsvertretern entsprechen also den in der Literatur berichteten Ergebnissen hinsichtlich der Beanspruchung. Als Erklärung für dieses Ergebnis kann für selbständige Handelsvertreter auf das hohe Autonomie- bzw. Unabhängigkeitserleben in der Tätigkeit verwiesen werden, welches auch durch die gefundenen Persönlichkeitsmerkmale „internale Kontrollüberzeugung" und „Unabhängigkeitsstreben" unterstrichen wird. Insofern liegt der Schlussfolgerung nahe, dass aufgrund der Passung zwischen den Charakteristika in der Selbständigkeit (z.B. tatsächliche vorhandene Autonomie und Entscheidungsspielräume) und den Persönlichkeitsmerkmalen (z.B. Unabhängigkeitsstreben) die Anzahl der subjektiv wahrgenommenen Belastungsvariablen gering und das Beanspruchungserleben dementsprechend klein ist (vgl. Person-Environment-Fit, z.B. Wiendieck, 1994).

Die Mittelwertsvergleiche zwischen Gruppen mit höherer und niedrigerer Ausprägungen des SOC in der Untersuchungsgruppe, zeigen hochsignifikante Ergebnisse auf. Ein Kohärenzgefühl im Bereich zwischen 49 und 54 Punktwerten im Fragebogen SOC-L9 führt zu höheren Umsatzwerten als ein sehr hoch ausgeprägtes Kohärenzgefühl mit mindestens 55 Punktwerten. Damit kann belegt werden, dass das Kohärenzgefühl ein valider und guter Prädiktor für die Umsatzleistung ist, nicht jedoch für die hierarchische Position oder andere „harte" Leistungskriterien. Kritisch an diesem Ergebnis ist, dass nicht der gesamten Stichprobe Umsatzkennzahlen zugeordnet werden konnten. Dem regionalen Vertriebsleiter (höchste Hierarchiestufe) und dem Werber (niedrigste Hierarchiestufe) der Untersuchungsgruppe werden keine direkten Leistungskennzahlen zugeordnet. Insofern konnten lediglich Daten von 16 Untersuchungsteilnehmern in die Berechnung einbezogen werden. Des weiteren ist kritisch anzumerken, dass dieses Ergebnis aufgrund des geringen Stichprobenumfangs und der Auswahl der Untersuchungsstichprobe durch Dritte (Geschäftsführung des Herstellerunternehmens) einen Selektionseffekt widerspiegeln kann. Schließlich sind die Untersuchungsteilnehmer seit mehreren Jahren für das Herstellerunternehmen tätig. Andererseits liegt der Fokus der Betrachtung auf eben Handelsvertreter mit vorhandener Berufserfahrung und es kann davon ausgegangen werden, dass die Auswahl der Untersuchungsteilnehmer zufällig erfolgte. Lediglich die in Kapitel 6.3. von der Untersuchungsleiterin aufgestellten Mindestanforderungen wurden bei der Auswahl berücksichtigt. Die Übertragbarkeit dieses Ergebnisses für neue Handelsvertreter ist an anderer Stelle zu betrachten.

Da *Angst im Direktvertrieb* als eine Kategorie für subjektiv empfundene emotionale Konsequenzen aus den zahlreichen Anforderungen an Handelsvertreter erarbeitet wurde, entsteht an dieser Stelle eine bemerkenswerte Konstellation. Basierend auf den Diskussionen und

„scharfer" Kritik am Konstrukt des Kohärenzgefühls, wird die Behauptung aufgestellt, dass das Kohärenzgefühl kein autarkes, eigenständiges Konstrukt, sondern lediglich ein inverses Maß für Ängstlichkeit ist.
Bengel et al. (2001, S. 44) beziehen sich auf verschiedene Studien, die einen Korrelationskoeffizienten von bis zu r=-.85 nennen und spitzen diese Kritik zu (2001, S. 92):

„Homogene Ergebnisse finden sich vorwiegend zum Zusammenhang zwischen Kohärenzgefühl und Maßen psychischer Gesundheit, was von Antonovsky berücksichtigt bzw. nicht erwartet wurde. Hier wurden ausgesprochen hohe Korrelationen zwischen SOC und Ängstlichkeit sowie Depressivität gefunden. Damit stellt sich nach wie vor die Frage, ob die Messung des Kohärenzgefühls gegenüber Konstrukten mit langer und intensiver Forschungstradition zusätzlichen Informationsgewinn mit sich bringt. ..."

Die vorliegenden Ergebnisse geben Hinweise auf die Unterschiedlichkeit zwischen Ängstlichkeit bzw. Angst und Kohärenzgefühl. Während die Ausprägung des Kohärenzgefühls in der Untersuchungsgruppe in Relation zur Allgemeinbevölkerung hoch ist, ist die stetige Präsenz der *Angst in Selbständigkeit, an der Türe/ „Klingel-Angst"* und *im Verkaufsgespräch* eines der Kernelemente der Ergebnisse, die die Perspektive selbständiger Handelsvertreter widerspiegeln.
Die erhaltenen Ergebnisse können dem in der Literatur berichteten Zusammenhang „je höher das Kohärenzgefühl ausgeprägt ist, desto geringer ist die Ausprägung der Ängstlichkeit (vgl. z.B. Bengel et al. , S. 44)" widersprechen. Andererseits wurde die Ausprägung der Ängstlichkeit in der vorliegenden Untersuchung nicht quantitativ erfasst, so dass der angenommene Zusammenhang nicht revidiert werden kann, da hier keine Zusammenhangsberechnung vorliegt. Es kann sich hierbei um ein spezifisches Ergebnis von selbständigen Handelsvertretern handeln, die trotz vorhandener Ängstlichkeit ein höheres Kohärenzgefühl vorweisen. Schließlich kann das Kohärenzgefühl dazu beitragen, dass diese Angst stetig bewältigt wird. Dies ist aufgrund der durch die

Interviewanalyse gefundenen Bewältigungsstrategien sogar als sehr wahrscheinlich anzunehmen. Denn zunächst verbleiben die Handelsvertreter in der Selbständigkeit, obwohl diese Erwerbsform für sie angsterzeugend ist. Dann wird die subjektive „Klingel-Angst" fast täglich bewältigt, da dies zu einem basalen Element der Tätigkeit gehört. Schließlich müssen Ängste im Verkaufsgespräch bewältigt worden sein, da tatsächliche Umsatzleistungen erzielt werden. Die Angst „schwingt" mit, wird aber stetig bewältigt, da andernfalls die Tätigkeit nicht hätte ausgeführt werden können - und in dem Fall wäre die Existenz tatsächlich bedroht gewesen.

Die aus den Interviews herausgearbeiteten Anforderungsbewältigungsstrategien sind unterschiedlich. Wer nicht aktiv akquiriert - ob klassisch an der Türe oder durch flankierende Werbemaßnahmen-, erfährt gegenseitige Unterstützung im Team, bewertet stresserzeugende Situationen um und lenkt sich eine kurze Zeit sogar **bewusst** von der Tätigkeit ab. Die Ergebnisse entsprechen dem von Antonovsky (1997) aufgestelltem Bild, das Personen, die eine hohe Ausprägung des Kohärenzgefühls aufweisen:

„Der allererste und grundlegende Punkt ist, dass ein starkes SOC *kein* bestimmter Copingstil ist. Dies ist der Kern der Sache[....]Konsistent ein Copingmuster anzunehmen[...].. – bedeutet genau, der Natur des Stressors nicht gerecht zu werden und damit die Chancen für erfolgreiches Coping zu verringern. *Die Personen mit einem starken SOC wählt die bestimmte Coping-Strategie aus, die am geeignetsten scheint, mit dem Stressor umzugehen, dem sie sich gegenüber sieht. .. [..]Oder, [...], sie wählt aus dem Repertoire generalisierter und spezifischer Widerstandsressourcen, die ihr zur Verfügung stehen, die Kombination aus, die am angemessensten zu sein scheint." (Antonovsky, 1997, S.130)

Dies bestätigt die in Kapitel 4.4. aufgestellte hypothetische Anforderungsbewältigung von selbständigen Handelsvertretern. Sowohl emotionsregulierende als auch problemzentrierte Strategien werden zur

356

Bewältigung tätigkeitsbezogener Anforderungen von der Untersuchungsgruppe angewandt. Dabei zeigt sich entgegen der in Kapitel 4.4. aufgestellten Annahme, dass problemzentrierte bzw. handlungsfokussierte Bewältigungsstrategien einen äquivalenten Stellenwert wie vermeidende, emotionsregulierende Bewältigungsstrategien besitzen. Die beiden Strategiemuster stehen gleichwertig nebeneinander und ergänzen sich. Die konkreten Handlungsableitungen können jedoch gegensätzlich sein, was mit den dichotomen Handlungsalternativen *Ablenkung* versus *kontinuierliche Arbeitsweise* unterstrichen werden kann.

Die nachfolgende Abbildung fasst Vorannahmen und Ergebnisse der Untersuchung zusammen und gibt Antworten auf die Fragestellung 4 dieser Untersuchung. Der Aufbau und der Inhalt der Abbildung entspricht Kapitel 4.4., die erhaltenen Ergebnisse der Untersuchung sind dick gedruckt:

wahrscheinlich bevorzugt	unwahrscheinlich bevorzugt
HANDLUNGSFOKUS	EMOTIONSFOKUS

HANDLUNGSFOKUS	EMOTIONSFOKUS
❖ die stresshafte Situation verändern	❖ **die stresshaften Elemente der Situation ignorieren**
❖ **bestimmte Stressfaktoren beeinflussen**	❖ **die stresshaften Elemente der Situation vermeiden**
❖ **eine positive Einstellung einnehmen**	❖ **die Situation verlassen**
❖ **über den Stress sprechen**	❖ Ersatzhandlungen (z.B. Alkoholkonsum)
❖ Selbstveränderung	
❖ **alternative zielgerichtete Handlungsstrategie**	

Abb. 8.4: Angenommene Bewältigungsstrategien (Gesamt) und erhaltende Ergebnisse (dick gedruckt) selbständiger Handelsvertreter der vorliegenden Untersuchung.

358

Die Ergebnisse hinsichtlich Anforderungsbewältigung der selbständigen Handelsvertreter fundieren die Interpretation von Bengel et al. (S. 48) zum Kohärenzgefühl:

„Menschen mit ausgeprägtem Kohärenzgefühl scheinen dagegen eher über die Copingfähigkeit zu verfügen, ihrer Aufgabe Sinn zuzuschreiben. Antonovsky ist der Ansicht, dass die Suche nach einer Copingstrategie, „die für den erfolgreichen Umgang mit Stressoren universell effektiv ist" nutzlos ist (Antonovsky, Übersetzung nach Franke, 1997, S. 135). Er glaubt jedoch, dass Menschen mit hohem SOC über die notwendige Flexibilität verfügen, um – je nach Situation – die geeigneten Copingstrategien auszuwählen, welche nicht immer die aktiven, lösungsorientierten sein müssen. Gleichzeitig spricht er davon, dass eine Person mit starkem SOC zum Coping motiviert ist, ein Problem analysiert und von den zur Verfügung stehenden Ressourcen die geeigneten aktiviert."

Die Triangulation quantitativer und qualitativer Daten führen nach der Gesamtauswertung und Zusammenfügung selbst zu einem kohärenten Bild der Untersuchungsgruppe. In den Korrelationsberechnungen in Kapitel 7.4.3. konnte herausgestellt werden, dass der Zusammenhang zwischen Umsatz und Stresserleben erst bei Partialisierung der Variable Kohärenzgefühl negativ ist. Obwohl eine Regressionsberechnung zwischen Stresserleben und Umsatz keine eindeutige Richtung aufzeigt, kann aufgrund der Interviewergebnisse davon ausgegangen werden, dass ein geringer Umsatz zu einem Beanspruchungs- bzw. Stresserleben führen kann. Ein umgekehrter Zusammenhang kann als eine Folge einer primären existentiellen Bedrohung (vgl. Anforderung *Existenzsicherung durch Umsatzleistung*) interpretiert werden, was wiederum den angenommenen Richtungszusammenhang „geringer Umsatz führt zum Stresserleben" unterstreicht. Das Kohärenzgefühl ist damit eine dominante Moderatorvariable, die das Stresserleben und den Einsatz adäquater Bewältigungsstrategien steuert. Erst durch den Einfluss des Kohärenzgefühls werden Umsatzleistungen zur Beanspruchung oder zu keiner Beanspruchung. Die nachfolgende Abbildung fasst das Modell grafisch zusammen.

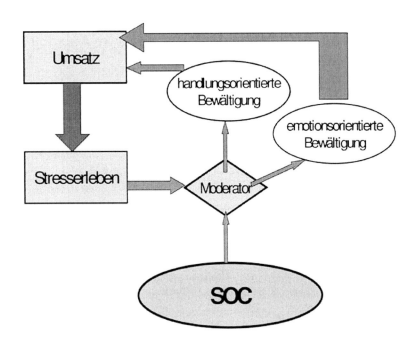

Abb. 8.5.: Modell über Zusammenhänge zwischen Umsatz, Beanspruchung (Stresserleben), Kohärenzgefühl (SOC) und Bewältigung (eigene Darstellung).

Dieses Modell entspricht der Moderatorfunktion des Kohärenzgefühls nach Udris & Rimann (2002, S. 143):

„...In Abhängigkeit vom Ausprägungsgrad von SOC vermag eine Person zukünftige Belastungssituationen oder Risiken mehr oder weniger genau zu antizipieren. Es resultiert ein akuter Spannungszustand, der sich auf die Einschätzung von passenden

präventiven Schutzmaßnahmen förderlich oder behindernd aus-
wirkt. Es kommt zu präventivem Coping-Verhalten, wobei mehr
oder weniger geeignete personale und situative Ressourcen-
quasi für den Ernstfall- aufgebaut werden (körperliche Fitness,
immunologische Abwehrkräfte, Handlungskompetenz, materielle
Ressourcen und soziale Unterstützung)..."

Es konnte kein Muster über Präferenzen in den Bewältigungsstilen
Handlungsfokus versus *Emotionsfokus* aus dem vorhandenen Datenmaterial herausgearbeitet werden. Bei Betrachtung der Gesamtinter-
views und der Ausprägungen des Kohärenzgefühls kann angenommen
werden, dass Handelsvertreter mit „gesundem" SOC im Gegensatz zu
Handelsvertretern mit sehr hohem bzw. rigidem SOC ökonomischer
mit ihren Ressourcen umgehen und gleichzeitig Informationsquellen
zur Steuerung ihrer Ressourcenplanung nutzen. Diese Behauptung
kann durch die Ergebnisse aus der Persönlichkeitsanalyse hinsichtlich
der Ausprägung „Externale Kontrollüberzeugung" unterstützt werden.
Hier machen die untersuchten Handelsvertreter auf Situationsvariablen aufmerksam, die außerhalb ihres eigenen Handlungs- und Ein-
flussbereichs liegen. Die sozioökonomische Situation der Kunden und
die gesamtwirtschaftliche Lage sind Variablen, die ihren persönlichen
Umsatzerfolg mitbestimmen. Handelsvertreter mit „rigidem" SOC
könnten die Bedeutung der gesamtwirtschaftlichen Situation unterschätzen und damit beispielsweise zu einer Zeit, in der die Wahrscheinlichkeit erfolgreicher Neukundenakquise niedrig ist, auf der
Bewältigungsstrategie *Kontinuierliche Arbeitsweise* beharren. Dies
wäre in einer derartigen fiktiven Situation jedoch weniger sinnvoll, da
persönliche Ressourcen (Zeit, Energie, Aufwand) investiert, der Ertrag
dessen jedoch eher unwahrscheinlich ist. Handelsvertreter mit „gesundem" SOC hingegen unterschätzen Rahmendbedingungen nicht, suchen aktiv nach Informationen, die ihre Tätigkeit betreffen. Dies können wirtschaftliche, politische Informationen oder auch Besonderheiten von bestimmten Kundengruppen sein (z.B. Verhalten bei Kunden
mit unterschiedlicher ethnischer Herkunft). Sie sind ihrer Umwelt
gegenüber aufgeschlossen und schauen „über ihren Tellerrand" hinaus. Diese unterschiedlichen Strategien zwischen adäquater und un-

adäquater Bewältigung können weiterführend mit planender versus momentaner Strategie sensu Hacker (2005) begründet werden. Selbständigen Handelsvertretern mit gesunder Ausprägung des Kohärenzgefühls werden bei dieser Hypothese planende Strategien zur Handlungskontrolle und –ausführung zugesprochen, wohingegen Handelsvertretern mit rigidem SOC eine eher momentane Handlungsstrategie verfolgen. Dies kann als eine Hypothese aus den Ergebnissen abgeleitet werden.

Burisch (2006) setzt die Fähigkeit einer Person, mit Burnoutfördernden Umweltfaktoren umzugehen in den Mittelpunkt seiner Betrachtung und vermutet, dass Personen, die von Burnout betroffen sind, weniger flexibel beim Wechsel und Ausschluss von Bewältigungsmöglichkeiten sind, sowie grundsätzlich über ein eingeschränktes Strategierepertoire verfügen (Burisch, 2006, S. 189). Das heißt, dass bei einem „gesunden" hohen Kohärenzgefühl davon ausgegangen werden kann, dass das Individuum flexibel auf Anforderungen reagiert und deshalb weniger von Burnout Symptomen (emotionale Erschöpfung, Depersonalisation, verminderte persönliche Leistungsfähigkeit, vgl. auch Kapitel 2.3.3.2) betroffen sein kann. Die Bedeutung eines gesunden Kohärenzgefühls ist damit theoretisch und praktisch unter zwei Gesichtspunkten wichtig: Bei sehr geringem oder „falschem" bzw. sehr hohem, „rigidem" Kohärenzgefühl (siehe unten) sind einseitige, „rigide" Bewältigungsmuster vorhersagbar. Damit ist auch die Wahrscheinlichkeit, dass der Handelsvertreter weniger Leistung erbringt erhöht, was wiederum das Auftreten der weiteren Symptome von Burnout (emotionale Erschöpfung und Depersonalisation) begünstigt.

Zahlreiche empirische Untersuchungen unterstreichen die Standpunkte Antonovskys und der Arbeitgruppe von Bengel: niedrige SOC-Werte korrelieren mit depressivem Bewältigungsverhalten (Becker et al., 1996), defensivem Abwehrmechanismus (Sammallahti et al., 1996), Hilflosigkeit (Callahan & Pincus, 1995) und mit Resignation (Rimann & Udris, 1998). Hohe SOC-Werte scheinen dagegen positiv mit Situationskontrollversuchen (Rimann & Udris, 1998) zu korrelieren. Die Untersuchungsteilnehmer nennen sehr unterschiedliche Bewältigungsmechanismen, die nicht immer zielgerichtet direkt auf die Bewältigung der Kernanforderung gerichtet sind. Vielmehr wird eine ausgeglichene Gelassenheit durch leistungsmotivierte Aktiviertheit wechselseitig begleitet. Franke (1997, S. 184) gibt die Wirkungsweise des Kohärenzgefühls folgendermaßen wider:

„Das Kohärenzgefühl als dispositionale Orientierung wirke dabei nicht im Sinne einer klassischen stabilen Persönlichkeitseigenschaft. Nach Antonovsky geht das Konzept der Persönlichkeitseigenschaften davon aus, dass Personen sowohl in stressfreien als auch in stresshaften Situationen zu bestimmten fixierten Verhaltenstendenzen neigen, sich somit in allen Situationen scheu, dominant, aggressiv oder zwanghaft verhalten. Das SOC-Konstrukt werde demgegenüber dann relevant, wenn es um Stresssituationen gehe: Je stärker das Kohärenzgefühl, desto mehr werde die Person dazu neigen, den Stressor und die von ihm gestellten Aufgaben genauestens zu untersuchen, Ressourcen zu seiner Bewältigung auszumachen und zu aktivieren und für Rückmeldungen, Zwischenbewertungen und gegebenenfalls Neuorientierung offen zu sein."

Der Unterschied zwischen Persönlichkeitsmerkmalen und dem Kohärenzgefühl ist, dass Persönlichkeitsmerkmale als stabil und in unterschiedlichen Situationen als gleich bleibend angenommen werden. Dies gilt auch für angenommene Stresssituationen. Der Vorteil des Kohärenzgefühls ist, dass eben nicht das Verhalten – insbesondere in Stresssituationen- konkret vorausgesagt werden kann, sondern die Ausprägung des Kohärenzgefühls bestimmt wie flexibel und mit wie vielen und welchen unterschiedlichen Ressourcen das Individuum die Situation bewältigt. Fasst man Verkaufssituationen und die Existenzsicherung als selbständiger Handelsvertreter als Stresssituationen auf, dann kann die Bedeutung des Kohärenzgefühls über die Bedeutung von Persönlichkeitsmerkmalen gestellt werden, wenn es um die Frage geht, wie diese Situationen bewältigt werden.

Extrem hohe Ausprägung des Kohärenzgefühls verdient aufgrund der vorliegenden Untersuchungsergebnisse besondere Aufmerksamkeit, besonders im Hinblick auf die Praxis. Als Wissenschaftler und Forscher mit Erfahrung in groß angelegten Fragebogenuntersuchungen, identifizierte Antonovsky das Problem dass es Probanden gibt, die sehr hohe, extreme Werte in den Fragebögen angeben. Er drückt seine Skepsis bei extrem hohen SOC-Werten ohne wissenschaftliche Begründung, jedoch eindeutiger aus(Antonovsky, 1997, S. 40f):

> *„Nach meinem Gefühl musste etwas daran falsch sein, jemanden als Person mit einem sehr starken SOC einzustufen, der behauptet, nahezu alles zu verstehen, der meint, es gebe für fast jedes Problem eine Lösung, und für den Zweifel nicht tolerierbar sind."*

Die geringen Umsätze von Handelsvertretern mit sehr hohen und der extremsten Ausprägung auf der SOC-L9 Skala können Antonovskys Skepsis ergänzen. Schließlich bewältigen sie de facto weniger erfolgreich die Anforderung, ihre Existenz zu sichern; den Kollegen mit geringerer bzw. „mittelhoher" Ausprägung gelingt es besser, ihre Kunden von den angebotenen Produkten zu überzeugen. Einerseits kann bei Extremausprägungen eine Antworttendenz im Sinne der sozialen Erwünschtheit (vgl. z.B. Edwards, 1957) vermutet werden. Andererseits könnten diese Handelsvertreter tatsächlich davon überzeugt sein, die Umgebung als verstehbar, handhabbar und immer sinnvoll zu erleben. Tatsächlich ist es so, dass der Untersuchungsteilnehmer mit der höchsten SOC-Ausprägung im Interview dieser Ausprägung widersprüchliche, diskrepante Äußerungen machte (vgl. Kapitel 7.4.4.), was sowohl den methodischen Sinn der Interviewdurchführung legitimiert (Triangulation) und als auch das „falsche" oder „rigide" SOC sensu Antonovsky (Antonovsky, 1997, S. 41) aufzeigt:

„Für jemanden, dem alles verstehbar erschien, würde Lange-
weile zu einem profunden Stressor werden, der wahrscheinlich
das Gefühl für Bedeutsamkeit erodieren ließe. (...) Wenn man
meint, alle Probleme ließen sich lösen, drängt sich auf einmal
die Realität auf und man ist erschüttert. Die Adaption an die
sich verändernde Wirklichkeit ist ebenfalls bei totaler libidinö-
ser Besetzung der gegenwärtigen Realität verstümmelt. Dies
wird gut zu beobachten sein, wenn man diese Menschen über ei-
nen längeren Zeitraum verfolgt. "

Die „Realität" ist bei selbständigen Handelsvertretern insbesondere
die Realität im Gespräch mit den Kunden, denn die Ergebnisse zeigen,
dass die Neukundenakquise als Kernanforderung wahrgenommen
wird. Unter *Fähigkeiten, um Kunden zu überzeugen* sind in Kapitel
7.2.5.3.1. Eigenschaften und Verhaltensweisen zusammengefasst, die
auf eine empathische Auseinandersetzung mit dem Kunden und sowohl stringente als auch flexible Argumentation im Verkaufsgespräch
hindeuten (vgl. Kap. 7.2.5.3). Diese Flexibilität kann ein Handelsvertreter mit „rigidem" SOC im Verkaufsgespräch nicht zeigen. Sehr von
sich, den Produkten und seinem Erfolg überzeugt, ist der Handelsvertreter mit falschem bzw. „rigidem" SOC ein egozentrisch wirkender
Selbstdarsteller, der den Kunden nicht die Seriosität vermitteln kann,
die für die Produktpalette angemessen ist. Schließlich handelt es sich
hierbei um erklärungsbedürftige Investitionsgüter, die eine lange
Haltbarkeit, Stabilität und Sicherheit gewährleisten sollen (vgl. Kapitel 6.2.). Eine stark dominante Selbstpräsentation des selbständigen
Handelsvertreters, ohne Einwände und Kritik des Kunden wertzu-
schätzen, kann dazu führen, dass die Akzeptanz beim Kunden gering
ist und weiter, dass aufgrund dieser Konstellationen, Kunden den
Kauf nicht tätigen. Schließlich ist es Ziel im Direktvertrieb „emotional
hier und jetzt etwas zu verkaufen" (vgl. Zitat TN 12)

P 7: TN 12.txt - 7:7 [das ist ja die Arbeit des Dire..] (62:62)
Codes:[B2/03/01Neukundenakquise]

„das ist ja die Arbeit des Direktvertriebs, den Kunden dazu zu begeistern, hier und heute emotional etwas zu kaufen."

Schafft es der Handelsvertreter mit rigidem SOC nicht, die Emotionsarbeit zu leisten, die für die Motivation des Kunden zum Kauf nötig ist, gelingt der Auftrag nicht.

Hochschild (1990) deutet darauf hin, dass eine Vielzahl von Berufen existiert, bei denen Emotionsarbeit zur Tätigkeitsanforderung gehört. Berufe dieses Typus weisen drei gemeinsame Merkmale auf. Erstens erfordern sie Kundenkontakt von Angesicht zu Angesicht (oder von Stimme zu Stimme). Zweitens verlangen die Berufe, dass bei ihrem Kunden ein bestimmter Gefühlszustand hervorgerufen wird, wie etwa Dankbarkeit oder Angst. Drittens ermöglichen sie dem Arbeitgeber mit Hilfe von Ausbildung und Überwachung ein bestimmtes Maß an Kontrolle über das Gefühlsverhalten ihrer Angestellten. Innerhalb einzelner Berufskategorien treffen diese Maßnahmen in unterschiedlichem Ausmaß auf die geforderte Tätigkeit zu.

Dabei weist Hochschild (1990, S. 120) darauf hin:

„Bestimmte, den Tätigkeitsbeschreibungen nicht erwähnte Arbeitsbedingungen – wie etwa Anreizsysteme, die für eine Verknüpfung des Eigeninteresses mit den bei der Arbeit erforderlichen Darstellungen und Gefühlen sorgen- erweisen sich bei der Bewältigung der Gefühlsarbeit als besonders erfolgsversprechend. Das Paradebeispiel dafür sind Vertreter, die auf Kommissionsbasis arbeiten. Fehlt ein eindeutiges Eigeninteresse, dürfte eine intensive Supervision die Gefühlsarbeit am meisten unterstützen."

Erfolgsversprechend bei der Bewältigung der Emotionsarbeit ist demnach die grundlegende Anforderung, die eigene Existenz durch Umsatzleistungen zu sichern. Das Eigeninteresse ist eindeutig vorhanden, wenn Emotionsarbeit geleistet wird und wird deshalb erfolgreich von den Handelsvertretern bewältigt. Dies wurde bereits in Kapitel 2 anhand der Studien von Rafaeli und Sutton (1987) diskutiert. Bei der Vortäuschung von Gefühlen aus Überzeugung (faking in good faith) betrachten die Handelsvertreter ihre Gefühlsdarstellungen als eine notwendige Anforderung der Tätigkeit, die sie als legitim erachten und aufgrund ihrer Identifikation mit dem Beruf bejahen (vgl. Kap. 2.3.3.). Bei Handelsvertretern mit rigidem SOC kann davon ausgegangen werden, dass kein Tiefenhandeln stattfindet, sondern primär Oberflächenhandeln eingesetzt wird. Tiefenhandeln würde bedeuten, das eigene SOC in Frage zu stellen: „Ist das von mir verkaufte Produkt wirklich gut?" „Macht es Sinn, dass ich es diesem Kunden anbiete" „Kann das Produkt wirklich eingebaut werden?". Es müsste eine tatsächliche Auseinandersetzung mit auftretenden realen Problemen im Verkaufsgespräch stattfinden – und zunächst die Akzeptanz entstehen, dass es Schwierigkeiten und Grenzen in der Konstruktion, Kompatibilität und Montage der verkauften technischen Produkte gibt. Diese kognitive Auseinandersetzung rüttelt an der Rigidität des Kohärenzgefühls und gibt Hinweise für nicht verstehbare, handhabbare und sinnhafte Umweltvariablen.

Wenn Handelsvertreter mit rigidem SOC Oberflächenhandeln als Emotionsarbeit einsetzen, kann dies zu Dissonanzen in der Gestik und Mimik führen, die beim Kunden Zweifel an der Echtheit der präsentierten Gefühle aufkommen lassen. Schließlich erzeugt erst die Kombination von Tiefenhandeln und Oberflächenhandeln eine Akzeptanz beim Dialogpartner (vgl. Kapitel „Emotionsarbeit").

Diese Variablen, einzeln oder auch zusammen auftretend können dazu führen, dass selbständige Handelsvertreter mit extrem ausgeprägtem Kohärenzgefühl weniger erfolgreich Umsätze tätigen und damit die von Ihnen genannte und beschriebene Kernanforderung weniger gut erfüllen.

Um Mitarbeiter dazu zu befähigen, besser mit Anforderungen umzugehen und diese zu bewältigen weisen Bengel et al. (2001, S. 168) auf die Schulung von Führungskräften als Praxisinstrument ersten Ranges hin.

„Als Ziel gilt ein kooperativer, situativ ausgerichteter Führungsstil, der eher als Coaching denn als Führung zu verstehen

*ist. In diesem Zusammenhang haben auch Vorgesetztenbeurtei-
lung .... ihre Bedeutung ".*

Die Führungskraft kann als eine Widerstandsressource betrachtet werden, wenn sie den einzelnen selbständigen Handelsvertreter beratend
und „coachend" zur Seite steht. Die Anforderungsbewältigung eines
selbständigen Handelsvertreters hängt somit auch von den Fähigkeiten
seiner Führungskraft ab, ihn bei der Problemlösung zu begleiten. Diese Ergebnisse stehen in Kongruenz mit den Ergebnissen der Anforde-
rungsbetrachtung (Kap. 7.2.5.3.2). Hier konnte aus dem Datenmaterial
abgeleitet werden, dass es eine Anforderung für Führungskräfte ist,
ihre Mitarbeiter einzeln und in Gruppen zu coachen. Die ambivalente
Situation selbständiger Handelsvertreter als Führungskraft und Coach,
ohne Gratifikations- und Sanktionsmacht, jedoch stellenweise mit
Eigeninteresse an der Leistung der unterstellten Handelsvertreters ist
ein weiteres Ergebnis aus der Anforderungsanalyse (vgl. Kap. 8.1.,
Abb. 8.2.).

8.4. Integratives Modell

Die selbst durchgeführte Studie hat das Selbstbild selbständiger Handelsvertreter hinsichtlich Anforderungen, Beanspruchung, Anforderungsbewältigungsstrategien und der selbst als bedeutsam wahrgenommenen Persönlichkeitsmerkmale erhoben. Die einzelnen Teilaspekte werden nun in einem Integrativen Modell abgebildet, um das Wirkungsgefüge und Abhängigkeiten zu präzisieren. Da die Ausprägung des Kohärenzgefühls als eine erfolgskritische Variable belegt wurde, stellt das Modell das SOC in den Mittelpunkt und lehnt sich an das salutogenetische Modell Antonovskys (1997) an.

Im Integrativen Modell wird davon ausgegangen, dass Lebenserfahrungen das Kohärenzgefühl (Pfeil A, Abbildung 8.3 unten) formen. Ein ausgeprägtes Kohärenzgefühl setzt Lebenserfahrungen voraus, die möglichst konsistent sind, eine wirksame Einflussnahme der Person erlauben und weder über- noch unterfordern. Solche Lebenserfahrungen werden durch das Vorhandensein der generalisierten Widerstandsressourcen ermöglicht (Pfeil B). Die generalisierten Widerstandsressourcen selbständiger Handelsvertreter sind einerseits die soziale Unterstützung durch Kollegen. Dies beinhaltet emotionale und informationelle Unterstützung (vgl. Schwarzer, 2000, S. 54). Coaching und Führung sind Aufgaben der hierarchisch höher positionierten „Führungskräfte". Einerseits wird der selbständige Handelsvertreter emotional unterstützt und es wird Hilfe zur Selbsthilfe und Selbstreflexion angeboten, andererseits beeinflussen Führungskräfte die Leistung durch verschiedene weiterführende kommunikative Mittel. Persönlichkeitsmerkmale können dann als Widerstandsressourcen bezeichnet werden, wenn ihre Ausprägungen mit den Anforderungen in der Selbständigkeit bzw. als Unternehmer im Unternehmen (Intrapreneur) übereinstimmen. Einen sehr wichtigen Stellenwert übernimmt die finanzielle Verlässlichkeit des Herstellerbetriebs ein, denn sie ermöglicht möglichst konsistente, vom Handelsvertreter beeinflussbare und sinnvolle Erfahrungen in Form selbst erwirtschafteter Einkünfte. Die Sinnhaftigkeit an die eigene Tätigkeit wäre in Frage gestellt, wenn die Auszahlungen der Provisionen ausblieben. Das Modell postuliert, dass die Entstehung bzw. das Vorhandensein der Widerstandsressourcen vom kooperierendem Unternehmen, der Unternehmenskultur und der Infrastruktur des Unternehmens abhängen. Einen Einfluss haben aber auch zufällige Ereignisse (für den Außendienst des Direktvertriebs der untersuchten Branche beispielsweise insbesondere: das Wetter).

Inwieweit diese einmal entstandenen generalisierten Widerstandsressourcen mobilisiert werden können, hängt von der Stärke des Kohärenzgefühls ab (Pfeil D). Hier besteht also eine Rückbezüglichkeit, die schnell zu einem Teufelskreis werden kann: Sind zu wenig Widerstandsressourcen vorhanden, dann beeinflusst dies die Entstehung des Kohärenzgefühls negativ; ein niedriges Kohärenzgefühl wiederum verhindert die optimale Nutzung der vorhandenen Widerstandsressourcen.

Stressoren konfrontieren den Organismus mit nicht automatisch beantwortbaren Reizen und lösen daher Spannungszustände aus (Pfeil E). Die mobilisierten Widerstandsressourcen beeinflussen den Umgang mit den Stressoren (Pfeil F) und den Spannungszustand (Pfeil G). Auch hier besteht wieder ein Rückbezug: Das Gelingen der Spannungsreduktion hat eine stärkende Wirkung auf das Kohärenzgefühl (Pfeil H): *„Indem wir einen Stressor bewältigen, lernen wir, dass das Leben weder zerstörerisch noch sinnlos ist."* (Antonovsky, 1979, S. 194, Übersetzung nach Bengel, et al., 2001). Aufgrund der erfolgreichen Spannungsreduktion bleibt der Gesundheitszustand bzw. die Lokalisation auf dem Gesundheits-Krankheits-Kontinuum erhalten (Pfeil I). Eine günstige Position auf dem Gesundheits-Krankheits-Kontinuum erleichtert dann wiederum den Erwerb neuer Widerstandsressourcen (Pfeil K). Erfolgloses Spannungsmanagement führt hingegen zu einem Stresszustand (Pfeil J). Dieser Stresszustand steht in Wechselwirkung mit vorhandenen pathogenen Einflüssen und Vulnerabilitäten und wirkt sich damit negativ auf die Position auf dem Gesundheits-Krankheits-Kontinuum aus. Die Gesundheit des Handelsvertreters ist eine wichtige Voraussetzung, um die Tätigkeit fortzuführen. Dies wurde bereits unter den Anforderungen unter der Kategorie *Physische Anforderungen* zusammengefasst.

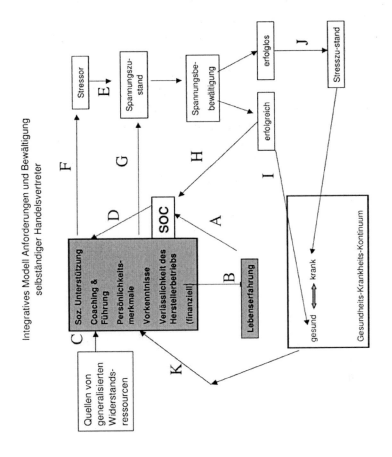

Abb. 8.6: Bedeutung des salutogenetischen Modells für selbständige
Handelsvertreter im Direktvertrieb (Seyran, 2007; eigene Darstellung
in Anlehnung an Antonovsky, 1997)

9. Konsequenzen für die Praxis und Handlungsempfehlungen

Die vorgestellten Ergebnisse der durchgeführten Studie können gewinnbringend in der Praxis genutzt werden. Die Konsequenzen und mögliche Implikationen der vorliegenden Untersuchung werden für die Selektion und Personal- und Organisationsentwicklung betrachtet.

Selektion

Da Interessenten sich nicht für ein angestelltes Arbeitsverhältnis bewerben, ist die Praxis der Selektion - im untersuchten Unternehmen - nur wenig reglementiert. Es wurde bereits auf die fehlende Notwendigkeit einer besonderen Qualifikation hingewiesen. Jeder Interessent erhält die Möglichkeit, durch das on-the-job Verfahren einen Einblick in die Tätigkeit zu erhalten, indem er den Arbeitstag von Handelsvertretern begleitet. Wenn kein Einwand von beiden Seiten (Interessent und z.B. Verkaufs-/Bezirksleiter) besteht, erfolgt nach den ersten Wochen, eine Schulung und eine Phase der Einarbeitung, um eine technische Grundausbildung zu gewährleisten. Es werden keine Vorgaben hinsichtlich Arbeitszeit vorgeschrieben, so dass der Interessent nach einer Einarbeitungszeit von ca. drei Monaten vollständig selbständig agieren kann. Die hohe Fluktuation und hohe Quote von Abbrechern nach der Einarbeitungszeit macht gleichzeitig auf die hohen Kosten für die übrigen Beteiligten aufmerksam: Kollegen, die Interessenten einarbeiten investieren ebenso Zeit in die Einarbeitung wie der Interessent selbst und sind ebenso enttäuscht, wenn von zahlreichen „Mitläufern" nur ein geringer Prozentsatz tatsächlich die Tätigkeit weiter fortführt. Deshalb ist die Selektion von Bewerbern für das gesamte System bedeutsam und ökonomisch sinnvoll.

Es kann aufgrund der Ergebnisse dieser Untersuchung vorgeschlagen werden, das Kohärenzgefühl als Auswahlkriterium hinzuziehen. Bewerber und Interessenten mit „rigidem" bzw. extrem ausgeprägtem SOC sollten aufgrund der erhaltenen Ergebnisse nicht in die engere Auswahl genommen oder sogar abgelehnt werden. Die Ausprägung des SOC zwischen 49 und 55 im SOC-L9 ist nach den vorliegenden Ergebnissen dieser Arbeit ein guter Prädiktor für einen längerfristig sinnvolle Bewältigung der Arbeitsanforderung und schließlich auch für hohe Umsatzleistungen. Bewerber, die in dieser Spannbreite liegen, können aufgrund der vorliegenden Daten höhere Umsätze erzielen. Die Ausprägung des chronischen Stresserlebens kann eventuell als Ergänzung erhoben und bei der Auswahlentscheidung hinzugezogen werden, um die Ergebnisse des SOC Fragebogens zu triangulieren. Der Einsatz eines SOC-Fragebogens ist zusätzlich deshalb sowohl aus ökonomischen als auch humanitätsorientierten Überlegungen sinnvoll, weil ein negativer Zusammenhang zwischen Burnout und Kohärenzgefühl angenommen wird. Die Interessenten mit vorgeschlagener Ausprägung des Kohärenzgefühls sind theoretisch und unter Betrachtung der Personenvariablen weniger gefährdet, von Burnout betroffen zu sein.

Äußere, körperliche Merkmale sind aus der Perspektive der Handelsvertreter immer noch relevante Kriterien, um Akzeptanz bei Kunden zu erhalten und können deshalb weiterhin als Auswahlkriterium beibehalten werden. Dabei bilden Seriösität und ein der Produktgruppe angepasstes Äußeres Orientierungshilfen für die Auswahl auf Grundlage der äußeren Erscheinung („sportlich, sauberes und adrettes Auftreten" vgl. P14: TN 14.txt - (123:123)).

Hinsichtlich des Alters können keine eindeutigen Ergebnisse vorgelegt werden, hier besteht aus Sicht der Handelsvertreter jedoch eine Präferenz von eher älteren Bewerbern, andererseits ist die körperliche Fitness und psychische Belastbarkeit ein dominanteres Merkmal. An dieser Stelle kann wiederholt darauf hingewiesen werden, dass hierzu keine eindeutige Aussage getroffen werden kann. Es empfiehlt sich im Zweifelsfall, auf die übrigen Selektionskriterien einzugehen.

Aufgrund der subjektiven empfundenen *Angst in der Selbständigkeit* können Verantwortliche für Einstellung prüfen, ob das soziale Umfeld des Bewerbers passend oder eher unpassend ist, d.h. ob das soziale Umfeld dem Bewerber auch in wirtschaftlich unstabilen Zeiten, noch Unterstützung bietet oder nicht. Zwei Teilnehmer dieser Untersuchung betonten die fortwährende finanzielle Unterstützung durch Ehepartnerinnen.

Im Einstellungsinterview, das als häufigstes eingesetztes Instrument zur Personalauswahl eingesetzt wird und bei Bewerbern akzeptiert wird (vgl. Schuler, 2003), können Persönlichkeitsmerkmale des Interessenten eruiert werden. Im Anhang dieser Arbeit ist ein halbstrukturierter Interviewleitfaden zur Erhebung der Persönlichkeitsmerkmale Leistungsmotivation, Kontrollüberzeugung, Unabhängigkeitsstreben, Problemlöseorientierung, Risikobereitschaft und Anpassungsfähigkeit angefügt. Der Interviewleitfaden wurde aus den kodierten und kategorisierten Interviews dieser Untersuchung entwickelt. Stimmen die Ausprägungen von motivationalen, kognitiven und sozialen Persönlichkeitsmerkmale mit dem entwickelten Profil überein, besteht eine gute Basis, dass der Bewerber mit hoher Wahrscheinlichkeit die Tätigkeit erfolgreich und längerfristig durchführt.

Als möglichen Ablauf des Auswahlprozesses wird vorgeschlagen, Interessenten möglichst zum Ende von Probearbeitsphasen den Fragebogen zum Kohärenzgefühl vorzulegen. Ist die Ausprägung des Kohärenzgefühls nach den Probearbeitstagen extrem, stützen die Ergebnisse dieser Untersuchung die Empfehlung, dem Interessenten von der Eignung als selbständiger Handelsvertreter im genannten Produktbereich abzuraten. Liegt die Ausprägung im oben genannten präferierten Bereich, ist die Wahrscheinlichkeit für die Eignung und erfolgreiche Umsatzerwirtschaftung höher.

Personal- und Organisationsentwicklung

Bei der Gestaltung der Arbeitsabläufe kann das gemeinsame Arbeiten im Team die Bewältigung der Anforderungen im Außendienst des Direktvertriebs unterstützen. Es ist sehr wahrscheinlich, dass aufgrund der hohen Anforderungen die Einzelarbeit weniger sinnvoll ist; die emotionale und informationelle Unterstützung der Kollegen stellt eine wichtige Ressource und Bewältigungsstrategie dar.

Die Zusammenstellung von Teams hat einen Einfluss auf die Umsatzergebnisse. In Kapitel 7.2.5.3.3. wurde bereits auf potentielle Konfliktfelder eingegangen. Demnach ist es sehr wahrscheinlich, dass in heterogenen Teams mit extremen Leistungsspannen destruktive Konflikte entstehen können, die auch die Umsatzleistung reduzieren. Um konstruktiven sozialen Wettbewerb (vgl. Stroebe, Diehl & Abakoumkin, 1996) in den Teams zu fördern, ist es Aufgabe der Team-Führung, möglichst eine Balance zu schaffen und zu halten. Entstehender *Neid* und *Missgunst* sind aufgrund der Anforderung nach hoher Leistungsmotivation von Handelsvertretern sehr wahrscheinlich, aber der Umgang mit diesen Gefühlen kann durch die Führungskraft kanalisiert werden. Der Einsatz von erfolgreicheren Teamkollegen als positive Vorbilder kann dazu führen, dass weniger erfolgreiche Teammitglieder wieder Hoffnung auf Erfolg schöpfen („wenn er es kann, kann ich es auch"). Zudem wird durch das positive Vorbild die Handhabbarkeit der Verkaufsgespräche sichtbar belegt („es funktioniert"). Zusätzlich wird der Anreiz geschaffen, selbst in die Funktion des „Vorzeigeverkäufers" zu schlüpfen und auch anderen als positives Beispiel zu dienen (klassischer „Köhlereffekt", Köhler, 1958; Witte, 1990).

Grundsätzlich ist es für den einzelnen Handelsvertreter sinnvoll, das persönliche Kohärenzgefühl weiterhin aufrecht zu erhalten und zu stärken. Die Aufgabe der Organisation ist es, Erfahrungen möglich zu machen, die gewährleisten, dass selbständige Handelsvertreter ihr SOC stärken können.

Die Ergebnisse der vorliegenden Studie zeigen komplexe Anforderungen an selbständige Handelsvertreter auf und geben Aufschluss über die Bewältigung dieser. Dabei kristallisierte sich das Kohärenzgefühl als eine Variable heraus, welche die adaptive, situationsspezifische und flexible Bewältigung von Anforderungen mitbedingt. Das salutogenetische Modell zeigt hiermit auch Bedeutung für die organisationale Gestaltung der Zusammenarbeit zwischen Organisation und selbständigen Handelsvertretern. Um Produktivität, Qualität und weiterhin das humane Wohlbefinden der Handelsvertreter zu steigern, können Herstellerunternehmen einige Handlungen durchführen: Zunächst ist es ein sinnvolles Ziel, im Berufsalltag das Kohärenzgefühl zu stützen oder im günstigen Fall sogar zu stärken. Dabei kann an folgenden drei Komponenten angesetzt werden (vgl. Bengel et. al., 2001, S. 168):

Verstehbarkeit
Transparenz und Verlässlichkeit sollte bei allen Faktoren hergestellt werden, die die Arbeit der Handelsvertreter betreffen. Dies betrifft beispielsweise die Arbeitsaufgabe, aber auch die Gewährleistung eines Überblicks über betriebliche Abläufe und Entscheidungen. Dies beinhaltet die Kenntnis von Produktionsprozessen und die Kenntnis von Schnittstellenbesonderheiten. Der Status des selbständigen Handelsvertreters sollte ebenso klar definiert und von Angestellten des Betriebes unterschieden werden. Die Transparenz von Karriereentwicklungsmöglichkeiten unterstützt ebenfalls die Komponente Verstehbarkeit. Diese Faktoren sind Bedingungen dafür, dass selbständige Handelsvertreter ihr Umfeld nachvollziehen und in ihrer Berufswelt konsistente Erfahrungen sammeln können. Besonders wichtig ist dies dann, falls und wenn Unternehmen vor einer Umorganisationen stehen.

Handhabbarkeit
Selbständige Handelsvertreter benötigen das Gefühl, ihre Aufgaben bewältigen zu können. Dazu ist natürlich die Grundvoraussetzung, dass sie mit ihren Aufgaben nicht unter- oder überfordert sind und sie auf Unterstützung durch Vorgesetzte, kollegiales Umfeld und Fortbildungsmöglichkeiten zurückgreifen können.

Bedeutsamkeit
Hier zählen Partizipation an Entscheidungsprozessen, Anerkennung und Wertschätzung zu den Schlüsselfaktoren, durch die selbständige Handelsvertreter ihre eigene Arbeit als bedeutungsvoll empfinden können. Hierarchisch höher positionierte Handelsvertreter agieren als „Coach", da sie die Sinnhaftigkeit der Tätigkeit ihren unterstellten Mitarbeitern in Leistungstiefphasen immer wieder erläutern. Hierdurch bleiben Kosteneinsparung, –reduktion und weitere Aspekte der

Nutzenmaximierung nicht das ausschließliche Ziel der Handelsvertreter, sondern „weichen" einem übergeordneten Sinn ihrer Tätigkeit.

Die anhand der Interviews explorierte Angst in der Selbständigkeit kann auch als leistungshemmendes Element interpretiert werden. Die ständige und stetige Angst, dass die eigene Existenz real bedroht sein kann, macht die Umwelt weniger vorhersehbar. Es wird auch deutlich, dass die Sinnhaftigkeit der eigenen Tätigkeit hierdurch permanent in Frage gestellt werden kann: „Welchen Sinn macht hoher Arbeitseinsatz, wenn es sich nicht tatsächlich lohnt?" Deshalb ist zu überlegen, ob ein festes Grundeinkommen zur Sicherung existentieller Bedürfnisse, diese Angst minimieren und damit die Leistung steigern kann. Die praktische Sinnhaftigkeit dieses Maßnahmenvorschlags kann dadurch untermauert werden, dass das untersuchte Unternehmen, sich in der Vergangenheit bereits als „zuverlässiger" Partner etabliert hat. Untersuchungsteilnehmer deuten darauf hin, dass neben regelmäßiger und pünktlicher Zahlungen auch in besonderen Ausnahmefällen, Vorauszahlungen durch das Kooperationsunternehmen geleistet werden können. Diese Möglichkeit entlastet die Untersuchungsteilnehmer und mindert ihre Angst in der Selbständigkeit. Die einfache Kenntnis dieser Möglichkeit erzeugt einen klar erkennbaren „Stolz" auf das Herstellerunternehmen; es kann von einer höheren emotionale Bindung (Meyer & Allen, 1997) ausgegangen werden, die jedoch nicht Gegenstand dieser Untersuchung war. Sicherlich kann eine feste Vergütung anfällig für Missbrauch sein, aber der mögliche und nach den Ergebnissen dieser Untersuchung sehr wahrscheinlich auch eintreffende Nutzen einer derartigen Maßnahme, kann die Kosten wieder aufheben. Die Angst ist eine emotionale Konsequenz aus den Anforderungen der Tätigkeit und negativ mit dem Kohärenzgefühl korreliert. Jede Maßnahme, die Angst minimiert, steigert das Kohärenzgefühl und somit die Wahrscheinlichkeit für höhere Leistungskennzahlen jedes Einzelnen.

10. Fazit

Das Image in der breiten Öffentlichkeit von „Drückerkolonnen" und „schlitzohrigen Vertretern" ist immer noch sehr weit verbreitet. Doch die Ergebnisse dieser Untersuchung zeigen eine andere Seite von selbständigen Handelsvertretern. Eine Seite, die der Kunde nicht sieht oder sehen darf; eine Seite, auf die vielleicht nicht einmal enge Familienmitglieder einen Einblick erhalten. Die Ergebnisse zeigen ein Bild, das die Handelsvertreter von sich selbst haben und es wird deutlich, dass es sich hierbei nicht um eine Übereinstimmung mit dem Image handelt. Leistungsbereit und freiheitsliebend einerseits und ängstlich und sensibel andererseits versuchen Handelsvertreter die komplexen Anforderungen einer finanziell unsicheren Aufgabe zu bewältigen. Unterschiede im individuellen Beanspruchungserleben bedingen sich durch die verschiedene Ausprägung ihres Kohärenzgefühls, welches als ein Moderator zwischen tatsächlichem Umsatz und dem Beanspruchungserleben fungiert.

Empirische Ergebnisse und theoretische Ansätze der Gründer-, Selbständigkeits- und Unternehmerforschung konnten für Vorüberlegungen der vorliegenden Arbeit hinzugezogen und stellenweise auf die grenznahe Beschäftigungsform selbständiger Handelsvertreter übertragen werden. Grenznahe Beschäftigungsformen zwischen abhängiger und selbständiger Beschäftigungsform werden aufgrund steigender Dynaxität (vgl. Kastner, 2003), weiter zunehmen. Die Tätigkeit selbständiger Handelsvertreter ist ein traditionsreiches Beispiel für atypische, grenznahe Beschäftigung. Erwerbsformen, die nach vergleichbaren Leistungskriterien gestaltet sind, sind auch in anderen Organisationen zu finden. Hierzu zählen beispielsweise Personal- und Unternehmensberatungen, die dem einzelnen Mitarbeiter vergleichbar große Verantwortung übertragen wie selbständigen Partnern. Ein wesentliches Ergebnis der eigenen Untersuchung ist jedoch, dass trotz steigender Selbständigkeit Einzelner, den Führungskräften weiterhin eine erfolgsentscheidende Rolle zugesprochen werden kann. Hierbei werden Führungskräften sozial und psychologisch professionalisierte

Anforderungen zugeschrieben, die hohe Qualifikationen, Kenntnisse und fundierte Erfahrung voraussetzen. Ihre Rolle wird bei der Führung von Selbständigen komplexer und widersprüchlicher.

Die vorliegende Arbeit hat einen Einblick über subjektive Anforderungen und ihrer Bewältigung in der leistungs- und ergebnisorientierte Beschäftigungsform der selbständigen Handelsvertreter gegeben und diskutiert. Die Ergebnisse werfen weiterführende Fragen auf und regen zur weiteren Forschung an.

11. Literaturverzeichnis

Abel, T.; Kohlmann, T., Noack, H. (1995). Eine deutsche Übersetzung des SOC. Universität Bern: Abteilung für Gesundheitsforschung des Instituts für Sozial- und Präventivmedizin.

Adelman, P.K. (1995). Emotional labor as a potential source of job stress. In: Sauter, St. L. & Murphy, L. R. (Hrsg.), Organizational risk factors for job stress, 371-381. Washington DC: APA.

Alderfer, C. (1972). Organization development. Annual Review of Psychology, 28, 197-223.

Amelang, M. & Bartussek, D. (1985). Differentielle Psychologie und Persönlichkeitsforschung. Stuttgart: Kohlhammer.

Anonym a (2007a). Estimated Global Retail Sales 1988-2004. Billions of U.S. Dollars.
http://www.wfdsa.org/statistics/index.cfm?fa=display_stats&number=2i. [15. Juni 2007]

Anonym b (2007b). Estimated Global Sales Force 1988-2004 in millions.
http://www.wfdsa.org/statistics/index.cfm?fa=display_stats&number=3 [15. Juni 2007]

Anonym c. (2007c). Internetseite der Firma XY: Unternehmensphilosophie:
http://www.xy.de/ueberuns_philosophie.aspx [18. November 2008] (anonymisiert, der Autorin bekannt)

Anonym d. (2007d). Internetseite der Firma XY Standortübersicht.
http://www.xy.de/ueberuns_wegbeschreibung.aspx [18. November 2007] (anonymisiert, der Autorin bekannt)

Anonym e. (2007e) Internetseite der Firma XY: Karriere. Abgerufen unter: http://www.xy.de/karrierechancen.aspx [18. November 2007(anonymisiert, der Autorin bekannt)

Antonovsky, A. (1979). Health, Stress and Coping. New Perspectives on Mental and Physical Well-Being. San Francisco: Jossey-Bass.

Antonovsky, A. (1987). Unraveling the mystery of health : how people manage stress and stay well. San Francisco : Jossey-Bass.

Antonovsky, A. (1993a). Gesundheitsforschung versus Krankheitsforschung. In: Franke, A. /Broda, M. (Hrsg.). Psychosomatische Gesundheit. Versuch einer Abkehr vom Pathogenese Konzept (S. 3-14). Tübingen: dgvt.

Antonovsky, A. (1997). Salutogenese. Zur Entmystifizierung der Gesundheit. Tübingen: dgvt Verlag. Deutsche erweiterte Ausgabe von Alexa Franke.

Babakus, E., Cravens, D. W., Johnston, M. W. & Moncrief, W. (1999). The role of emotional exhaustion in sales force attitude and behavior relationships. Journal of the Academy of Marketing Science, 27, 58-70.

Back, K. W. (1951). Influence through social communication. Journal of Abnormal and Social Psychology, 46, 9-23.

Baldegger, U. (1988). Die Motivation der Gründer gewerblicher Produktionsunternehmen. Dissertation. Universität St. Gallen.

Bandura, A. (1972). Self-Efficacy. Toward a Unifying Theory of Behavioral Change. Psychological Review, 84, 191-215.

Bandura, A. (1986). Social foundations of thought and action. Englewood Cliffs, N.J. Prentice-Hall.

Bandura, A. (1988). Self efficacy conception of anxiety. Anxiety Research. An
International Journal, 1, 77-98.

Barton, A. H. & Lazarsfeld, P. F. (1984). Einige Funktionen von qualitativer Analyse in der Sozialforschung. In: C. Hopf & E. Weingarten (Hrsg.). Qualitative Sozialforschung. Stuttgart: Klett-Cotta, 41-89.

Becker, P., Bös, K. , Opper, E., Woll, A., Wustmann, A. (1996). Vergleich von Hochgesunden, Normal- und Mindergesunden in gesundheitsrelevanten Variablen (GRV): Zeitschrift für Gesundheitspsychologie-4, 55-76.

Beehr, T. A. & McGrath, J. E. (1996). *The methodology of research on coping*:
Conceptual, strategic, and operational-level issues. In M. Zeidner & N. S. Endler
(Hrsg.), Handbook of coping. Theory, research, applications, 83-106. New York:
Wiley.

Bengel, J. , Strittmatter, R , Willmann & H. (2001). Was erhält Menschen gesund? Antonovsky's Modell der Salutogenese - Diskussionsstand und Stellenwert. Köln: Bundeszentrale für gesundheitliche Aufklärung.

Bernardin, H. J. & Beatty, R. W. (1984). Performance appraisal: Assessing human behavior at work. Boston: Kent.

Bierhoff, H. W. & Müller, G. F. (1993). Kooperation in Organisationen. Zeitschrift für Arbeits- und Organisationspsychologie, 37, 42-51.

Bitzer, M. (1991). Intrapreneurship. Stuttgart: Schaeffer.

Böhm, A. (2004). Theoretisches Codieren: Textanalyse in der Grounded Theory. In: U. Flick, E. von Kardoff & I. Steinke (Hrsg.) (2004).

Qualitative Forschung. Ein Handbuch. Reinbek bei Hamburg: Rowohlt .

Bonnet, C. & Furnham, A. (1991). Who wants to be an entrepreneur? A study of adolescents interested in a Young Enterprise scheme. Journal of Economic Psychology, 12.

Bohle, W. (2003). Standpunkt: IHK-Zertifikatslehrgang „Berater im Direktvertrieb". Mehr Anerkennung für den Berufsstand. In: Bulletin des Direktvertriebs, 2003 (3), 4-5.

Borg, V. & Kristensen, T. S. (1999). Psychological work environment and mental health among travelling salespeople. Work and Stress, 13, 132-143.

Bortz, J. & Döring, N. (2002). Forschungsmethoden und Evaluation für Human- und Sozialwissenschaftler. Berlin: Springer.

Boyce, W. T. et al. (1977). Influence of Life Events and Family Routines on Childhood Respiratory Tract Illness. Paediatrics, 60, 609-615.

Brandstätter, H., Franke, H. & von Rosenstiel, L. (1966). Zur persönlichkeitsspezifischen Vorhersagbarkeit von Leistungsdaten. Zeitschrift für experimentelle und angewandte Psychologie, 13, 183-198.

Brandstätter, H. (1997). Becoming an Entrepreneur – a Question of Personality Structure? Journal of Economic Psychology, 18, 157-177.

Bretz, H. (1988). Unternehmertum und fortschrittsfähige Organisation: Wege zu einer betriebswirtschaftlichen Avantgarde. Münchener Schriften zur angewandten Führungslehre, 53. Herrsching: Kirsch Verlag.

Brockhaus, R. H. (1982). The psychology of the entrepreneur. In: C. Kent, D. Sexton & K. Vesper (Hrsg.). Encyclopedia of entrepreneurship. Englewood-Cliffs. New Jersey: Prentice-Hall.

Brucks, U. (1999). Gefühlsarbeit – Versuch einer Begriffsklärung. Zeitschrift für Arbeitswissenschaft, 53, 182-186.

Bruhn, M. (2003). Qualitätsmanagement von Dienstleistungen: Grundlagen, Konzepte, Methoden (4. Aufl.) Berlin: Springer.

Brockhaus, R. H. (1980). Psychological and Environment Factors with distinguish the Successful from the Unsuccessful Entrepreneur: A Longitudinal Study. Academy of Management Meeting.

Brockhaus, R. H. & Horwitz, P. S. (1986). The psychology of entrepreneur. In D. L. Sexton & R. W. Smilor (Eds.), The Art and Science of Entrepreneurship (pp. 25-48). Cambrige: Ballinger.

Broda, M. (1990).Umgang mit chronisch Kranken. Stuttgart: Thieme Colerick, E. J. (1985). Stamina in Later Life. Social Science and Medicine, 21, 997-1006.

Bröckermann, R. (1989). Führung und Angst. In: G. Wiendieck (Hrsg.) Kölner Arbeiten zur Wirtschaftspsychologie, Band 3. Frankfurt am Main: Lang.

Brown, St. P. & Peterson, R. A. (1993). Antecedents and consequences of salesperson job satisfaction: Meta-analysis and assessment of causal effects. Journal of Marketing Research, 30, 63-77.

Brox, H. & Rüthers, B. (1999). Arbeitsrecht. Stuttgart: Kohlhammer

Bumbacher, U. (2000). Beziehungen zu Problemkunden. Sondierungen zu einem noch wenig erforschten Thema. In: Bruhn, M. & Stauss, B. (Hrsg.), Dienstleistungsmanagement Jahrbuch 2000, 423-447. Wiesbaden: Gabler.

Bundesministerium für Arbeit und Sozialordnung (2000). Scheinselbständigkeit und arbeitnehmerähnliche Selbständige. Bonn: BMA.

Bundesverband Direktvertrieb (2004). Verhaltensstandards des Direktvertriebs. Mit Fairness zum Erfolg. Bundesverband Direktvertrieb e.V., Berlin.

Bundesverband Direktvertrieb (2005). IHK-Zertifikatslehrgang „Berater im Direktvertrieb" in Berlin gestartet. In: Bulletin des Direktvertriebs, 2005 (2), S. 9.

Burger, J. M. (2003). Personality: theory and research. Pacific Grove: Brooks/Cole Publishing Company.

Callahan, L. F. & Pincus, T. (1995). The Sense of Coherence Scale in patients with rheumatoid arthritis. Arthritis Care and Research, 8, 28-35.

Campbell, J. P. ; McCloy, R. A. , Oppler, S. H. & Sager, C. E. (1993). A theory of performance. In: N. Schmitt & W. C. Bormann (Hrsg.). Personal selection in organizations, 35-70. San Francisco: Jossey-Bass.

Carrier, C. (1996). Intrapreneurship in small business: an exploratory study. In: Administrative Science Quarterly, 32.

Chay, Y. W. (1993). Social support, individual differences and well-being: A study of small business entrepreneurs and employees. Journal of Occupational and Organizational Psychology, 66, 285-302.

Chell, E., Haworth, J. & Brearly, S. (1991). The entrepreneurial personality. London: Routledge.

Chell, E., Haworth, J. & Brearly, S. (1991). The search for entrepreneurial traits. In E. Chell, J. Haworth & S. Brearley (Eds.) (1991). The entrepreneurial personality (pp. 29-53) . London: Routledge

Cohen, S. & Edwards, J. R. (1989). *Personality characteristics as moderators of the relationship between stress and disorder*. In R. W. J. Neufeld (Ed), Advances in the investigation of psychological stress (pp. 235-283). New York: Wiley.

Cohen, S., Tyrell, D. A. J. & Smith, A. P. (1993). Negative life events, perceives stress, negative affect, and susceptibility to the common cold. Journal of Personality and Social Psychology, 64, 131-140.

Cohen, S., Doyle, W. J., Skoner, D. P., Fireman, P., Gwaltney, J. M., Jr. & Newson, J. T. (1995). State and trait negative affect as predictors of objective and subjective symptoms of respiratory viral infections. Journal of Personality and Social Psychology, 68, 159-169.

Cohen, S., Frank, E., Doyle, W. J., Skoner, D. P., Rabin, B. S. & Gwaltney, J. M., Jr.. (1998). Types of stressors that increase susceptibility to the common cold in healthy adults. Health Psychology, 17, 214-223.

Cohen, S. Doyle, W. J. & Skoner, D. P. (1999). Psychological stress, cytokine production, and severity of upper respiratory illness. Psychosomatic Medicine, 61, 175-180.

Conrad, W., Müller, G. F., Wagener, D. & Wilhelm, O. (1998). Psychologische Beiträge zur Bestimmung unternehmerischer Potenziale bei Existenzgründern. (unveröffentlichter Forschungsbericht). Universität Mannheim: Institut für Mittelstandsforschung.

Crisand, E. (2002). Soziale Kompetenz als persönlicher Erfolgsfaktor. Heidelberg: Sauer-Verlag.

Davis, J. & Witte, E. (Ed.) Understanding group behavior, Vol. 2: Small group processes and interpersonal relations. Hillsdale: NJ.

Deneke Volrad, J. F. (1956). Die Freien Berufe. Stuttgart: Vorwerk.

Denzin, N. K. (1978). The Research Act. 2. Auflage. New York: McGraw-Hill.

Denzin, N. K. (1990b). Writing the interpretive postmoderne ethnography: Review essay of The python killer by Vinigi L. Grottanelli and In sorcery's shadow, by Paul Stoller and Cheryl Olkes. Journal of Contemporary Ethnography, 19, 231-236.

Dietrich, H. (1998).Erwerbsverhalten in einer Grauzone von selbständiger und abhängiger Erwerbsarbeit. BeitrAB 105. Nürnberg: Bundesanstalt für Arbeit.

Dittmar, N. (2004). Transkription. Ein Leitfaden mit Aufgaben für Studenten, Forscher und Laien. Wiesbaden: Verlag für Sozialwissenschaften.

Dohmen, G. (1997). Das Jahr des lebenslangen Lernens-was hat es gebracht? In: H. Faulstich-Wieland, E. Nuissl, H. Siebert & J. Weinberg (Hrsg.).Literatur- und Forschungsreport Weiterbildung, 39. Frankfurt am Main: DIE.

Domeyer, V. & Funder, M. (1991). Kooperation als Strategie – Eine empirische Studie zu Gründungsprozessen, Organisationsformen und Bestandsbedingungen von Kleinbetrieben. Opladen: Westdeutscher Verlag.

Drenth, P. J. D. (1984). Handbook of work and organizational psychology. Chichester: Wiley.

Drucker, P. F. (1985). Innovations-Management für Wirtschaft und Politik. Düsseldorf: Econ.

Dunkel, W. (1988). Wenn Gefühle zum Arbeitsgegenstand werden. In: Soziale Welt 39.

Dunkel- Schetterer, C., Folkman, S. & Lazarus, R. S. (1987). *Correlates of social support receipt.* Journal of Personality and Social Psychology, 53, 71-80.

Edwards, A. L. (1957). The social desirability variable in personality assessment and research. New York: Dryden.

Eggert, D. (1974). Eysenck-Persönlichkeits-Inventar. Göttingen: Hogrefe.

Engel, G. L. (1977). The need for a new medical model: a challenge for biomedicine. Science, 196, 129-136.

Engel. G. L. (1979). Die Notwendigkeit eines neuen medizinischen Modells. Eine Herausforderung der Biomedizin. In: Keupp (Hrsg.). Normalität und Abweichung. Fortsetzung einer notwendigen Kontroverse, 63-86. München: Urban & Schwarzenberg.

Engelhardt, W. H. & Jaeger, A. (1998). Der Direktvertrieb von konsumtiven Leistungen. Forschungsprojekt im Auftrag des Arbeitskreises „Gut beraten-zu Hause gekauft" e.V.

Engelhardt, W. H. & Witte, P. (1990). Direktvertrieb im Konsumgüter- und Dienstleistungsbereich. Stuttgart.

Ensel, W. M & Lin, N. (1991). *The life stress paradigm and psychological distress.* Journal of Health and Social Behavior, 32, 321- 341.

Erpenbeck, J. & von Rosenstiel, L. (Hrsg.) (2003). Handbuch Kompetenzmessung. Stuttgart: Schäffer Poeschel.

Erzberger, C. (1995). Die Kombination von qualitativen und quantitativen Daten. Methodologie und Forschungspraxis von Verknüpfungsstrategien. ZUMA-Nachrichten 36, Jg. 19, Mai 1995.

Eysenck, H. J. (1957). The dynamics of anxiety and hysteria. London: Routledge.

Eysenck, H. J. & Eysenck, S. B. (1968). The manual to the Eysenck-Personality Inventory. San Diego: Educational and Industrial Testing Service.

Fahrenberg, J., Hampel, R. & Selg, H. (2001). FPI-R. Das Freiburger Persönlichkeitsinventar (7. überarbeitete und neu normierte Auflage). Göttingen: Hogrefe.

Faltermaier, T. (1994). Gesundheitsbewusstsein und Gesundheitshandeln. Weinheim: Beltz.

Faltermaier, T. (2000) (Hrsg.) Themenheft Subjektive Konzepte und Vorstellungen von Gesundheit. Zeitschrift für Gesundheitspsychologie, 8,4, 134-198. Göttingen: Hogrefe.

Faulstich-Wieland, H.,Nuissl, E., Siebert, H. & Weinberg, J. (Hrsg.).Literatur- und Forschungsreport Weiterbildung, 39. Frankfurt am Main: DIE.

Fischer, L. & Wiswede, G. (2002). Grundlagen der Sozialpsychologie (2. Aufl.) München: Oldenbourg.

Fischer-Epe, M. (2002). Coaching: Miteinander Ziele erreichen: In: F. Schulz von Thun (Hrsg.). Handwörterbuch der Führung, 1046-1056. Stuttgart: Schäffer-Poeschel.

Flammer, A. (1997). Development analysis of control beliefs. In: A. Bandura (Hrsg.). Self-efficacy in changing societies, 69-113. Cambrige: Cambridge University.

Flannery, R. B. & Flannery, G. J. (1990). Sense of coherence, life stress, and psychological distress: A prospective methodological inquiry. Journal of Clinical Psychology, 46(4) , 415-420.

Flannery, R. B., Perry, C. ; Penk, W. E. & Flannery, G. J. (1994). Validating Antonovsky´s Sense of Coherence Scale. Journal of Clinical Psychology, 50, 575-577.

Flick, U. (1992b). Entzauberung der Intuition. Triangulation von Methoden und Datenquellen als Strategie der Geltungsbegründung und Absicherung von Interpretationen. In J. Hoffmeyer-Zlotnik (Hrsg.). Analyse qualitativer Daten. Opladen: Westdeutscher Verlag, 11-55.

Flick, U. (2005). Qualitative Sozialforschung. Eine Einführung. Reinbek bei Hamburg: Rowohlt.

Flick, U.; von Kardoff, E. & Steinke, I. (Hrsg.) (2004). Qualitative Forschung. Ein Handbuch. Reinbek bei Hamburg: Rowohlt.

Foa, U. G.& Foa, E. B. (1976). *Resource theory of social exchange.* In J. W. Thibaut, J. T. Spence & R. C. Carson (Eds.), Contemporary topics in social psychology (pp. 99- 131). Morristown, N. J.: General Learning Press.

Folkman, S. & Lazarus, R. S. (1985). *If it changes it must be a process*: *Study of*
emotion and coping during three stages of college examination. Journal of
Personality and Social Psychology, 48, 150-170.

Franke, A. (1997). Zum Stand der konzeptionellen und empirischen Entwicklung des Salutogenesekonzepts. In: Antonovsky, A. (1997). Salutogenese. Zur Entmystifizierung der Gesundheit. Tübingen: dgvt Verlag. Deutsche erweiterte Ausgabe von Alexa Franke, 169-190.

Franzpötter, R. (2000). Der unternehmerische Angestellte- ein neuer Typus der Führungskraft in entgrenzten Intraorgansiationsbeziehungen. In H. Minssen (Hrsg.). Begrenzte Entgrenzungen (S. 163-176) Berlin: Edition sigma.

Freimuth, J. (1999). Ein Ansatz zur Erfindung neuer Berufs- und Selbstentwürfe für beschäftigungslose Manager. Der Mohr hat seine Schuldigkeit getan, er kann gehen! Aber wohin?. In: J. Freimuth (Hrsg.). Die Angst der Manager. Göttingen: Verlag für Angewandte Psychologie, 269-310.

Frenz, A. W. , Carey, M. P., Jorgensen, R.S. (1993). Psychometric evaluation of Antonovsky´s Sense of Coherence Scale. Psychological Assessment, 5, 145-153.

Frese, M. (Hrsg.) (1998). Erfolgreiche Unternehmensgründer: Psychologische Analysen und praktische Anleitung für Unternehmer in Ost- und Westdeutschland. Göttingen: Verlag für Angewandte Psychologie.

Freud, S. (1923/1984). „Ich" und das „Es" und andere Metapsychologische Schriften. Frankfurt: Fischer.

Fröhlich, W. D. (1998). Wörterbuch Psychologie. München: dtv.

Froschauer, U. & Lueger, M. (2003). Das qualitative Interview. Zur Praxis interpretativer Analyse sozialer Systeme. Wien: Facultas Verlag.

Furnham, A. (1986). Economic locus of control. Human Relations, 39, 29-43.

Gärtner. C. (2000). A Biopsychosocial and Cross-Cultural Approach to the Management of a Cerebrovascular Accident. Münster: Waxmann

Geertz, C. (1983a). Local Knowledge. Further essays in interpretative anthropology. New York: Basic Books.

Gemünden, H. G. (2004). Personale Einflussfaktoren von Unternehmensgründungen. In: A.-K. Achleitner, H. Klandt, L. T. Koch & K.-I. Voigt (Hrsg.). Jahrbuch Entrepreneurship 2004: Gründungsforschung und Gründungsmanagement, 93-121. Berlin: Springer.

Gerhards, J. (1988). Emotionsarbeit. In: Soziale Welt 39.

Gerig, V. (1998). Kriterien zur Beurteilung unternehmerischen Handelns von Mitarbeitern und Führungskräften. München: Rainer Hampp Verlag.

Gerlmaier, A., Reick, C. & Kastner, M. (2002). Zwischen Autonomie und Selbstausbeutung – Gesundheitliche Auswirkungen „Neuer Selbstständigkeit". In: R. Trimpop & B. Zimolong: Psychologie der Arbeitssicherheit und Gesundheit. Heidelberg: Asanger

Gerlmaier, A. & Kastner, M. (2003).Was sind neue Selbständige. In: M. Kastner (Hrsg.). Neue Selbständigkeit in Organisationen. Selbstbestimmung,-ausbeutung, -täuschung. München: Hampp Verlag.

Geyer, S. (1997). Some conceptual considerations on the sense of coherence. Social Science Medicine, 44, 1771-1779.

Ginsberg, A. & Buchholtz, A. (1989). „Are entrepreneurs a breed apart?" A look at the evidence. Journal of General Management, 2, 32-40.

Glaser, B. G. (1978). Theoretical Sensitivity. Mill Valley: University of California.

Glaser , B. G. & Strauss, A. L. (1998). Grounded Theory. Strategien qualitativer Forschung. Bern: Huber.

Gließmann, W. (1997). Angst und Arbeit ohne Ende. Eine e-mail Diskussion unter IBM Betriebsräten. In: Gstöttner-Hofer (Hrsg.). Was ist morgen noch normal? Gewerkschaften und atypische Arbeitsverhältnisse (S. 183-200). Wien: Verlag des Österreichischen Gewerkschaftsbundes.

Goebel, P. (1990). Erfolgreiche Jungunternehmer. München: Moderne Verlagsgesellschaft.

Goebel, P. (1991). Kreativität und kreative Persönlichkeit – eine Untersuchung über Erfolgreiche Unternehmensgründer, 99-122. Göttingen: Verlag für Angewandte Psychologie.

Goodwin, C., Mayo, M. & Hill, R. (1997). Salesperson to loss of a major account: A qualitative analysis. Journal of Business Research, 40, 167-180.

Grefe, C. (2003). Leidende Angestellte. Die Zeit, 36,31-32.

Greif, S. (1991). Stress in der Arbeit – Einführung und Grundbegriffe. In: S. Greif, N. Semmer & E. Bamberg (Hrsg.). Psychischer Stress am Arbeitsplatz, 1.-28. Göttingen: Hogrefe.

Hacker, W. (2005). Allgemeine Arbeitspsychologie: Psychische Regulation von Wissens-, Denk- und körperlicher Arbeit. Bern: Huber.
Hammelstein, Ph. & Roth, M. (2003). Sensation Seeking: Herausforderung zu einer dynamischen Perspektive in der Persönlichkeitspsychologie. In: M. Roth & Ph. Hammelstein (Hrsg.). Sensation Seeking – Konzeption, Diagnostik und Anwendung, 286-293. Göttingen: Hogrefe.

Hauptverband des Deutschen Einzelhandels (Hrsg.) (1997). Ergebnisse der HDE-Umfrage: Erste Auswirkungen der geänderten Ladenöffnungszeiten. Köln.

Harwood, E. (1982). The sociology of entrepreneurship. In: C. Kent, D. Sexton & K. Vesper (Hrsg.). Encyclopedia of entrepreneurship. S. 91-98. Englewood Cliffs/New Jersey: Prentice-Hall.

Hathaway, S. R., McKinley, J.C. & Engel, R. (2000). MMPI-2. Minnesota Multiphasic Personality Inventory 2 (Deutsche Bearbeitung von R. Engel). Göttingen: Hogrefe.

Helfferich, Cornelia (2004). Die Qualität qualitativer Daten. Manual für die Durchführung qualitativer Interviews. Wiesbaden: VS Verlag für Sozialwissenschaften

Heller, W. (1994). Arbeitsgestaltung. Stuttgart: Ferdinand Enke Verlag.

Hill, I. D. (1987). An Intrapreneur-turned-entrepreneur compares both worlds. In: Research Management, Vol. XXX, No. 3.

Hisrich, R. (1990). Entrepreneurship/Intrapreneurship. American Psychologist, 45, 209-222.

Hisrich, R. , Peters, M. (2002). Entrepreneurship. McGraw-Hill.

Hobfoll, S. E. (1988). The ecology of stress. New York: Hemisphere.

Hobfoll, S. E. (1998). Stress, culture and community. The psychology and philosophy of stress. New York: Plenum.

Hochschild, A. R. (1983). The managed heart. Commercialization of human feeling. Berkeley: University Press.

Hochschild, A.R. (1990). Das gekaufte Herz. Frankfurt: Campus

Holahan, C. J. & Moos, R. H. (1987). Personal and contextual determinants of coping strategies. Journal of Personality and Social Psychology, 52, 946-955.

Holmes, T. H. & Rahe, R. H. (1967). The Social Readjustment Scale. Journal of Psychosomatic Research, 11, 213-218.

Hopf, C. (2004). Qualitative Interviews-Ein Überblick. In: U. Flick, E. von Kardoff & I. Steinke (Hrsg.). Qualitative Forschung. Ein Handbuch. Reinbek bei Hamburg: Rowohlt.

Hoppe, F. (1930). Erfolg und Misserfolg. Psychologische Forschung, 14, 1-62.

Huber, A. (1996). Selbständige und Lebensunternehmer. Psychologie Heute, 5, 58-64.

Hull, D.L.; Bosley, J. J. & Udell, G. G. (1980). Renewing the hunt for the heffalump: identifying potential entrepreneurs by personality characteristics. Journal of Small Business, 1, 11-18.

Hurrelmann, K. (1988). Social structure and personality development-the individual as a productive processor of reality. Cambridge: Cambridge University Press.

Jerusalem, M. (1990). Persönliche Ressourcen, Vulnerabilität und Stresserleben. Göttingen: Hogrefe.

Jochum, E. & Jochum, I. (2001). Führungskräfte als Coach? Personal: Zeitschrift für Human Resources Management, 09/2001, 492-496.

Kadritzke, U. (2000).Die „neue" Selbständigkeit als Gratwanderung – Zwischen professioneller Lust und Angst vor dem Absturz. WSI Mitteilungen, 12, S. 796 – 803-

Kanfer, F. H., Reinecker, H. & Schmelzer, D. (2004).Selbstmanagement-Therapie. Ein Lehrbuch für die klinische Praxis. Heidelberg: Springer Verlag.

Kannheiser, W. (1992). Arbeit und Emotion. München: Quintessenz.

Kastner, M. (Hrsg.) (2003). Neue Selbständigkeit in Organisationen. Selbstbestimmung, -ausbeutung, -täuschung. München: Hampp Verlag.

Kastner, M. (Hrsg.) (2004): Die Zukunft der Work Life Balance. Asanger, Kröning.

Kelle, U. (2004). Computergestützte Analyse qualitativer Daten. In: U. Flick, E. von Kardoff & I. Steinke (Hrsg.) (2004). Qualitative Forschung. Ein Handbuch. Reinbek bei Hamburg: Rowohlt.

Kent, C. (1982). Entrepreneurship in economic development. In: C. Kent, D. Sexton & K. Vesper (Hrsg.). Encyclopedia of entrepreneurship. Englewood Cliffs/New Jersey: Prentice-Hall.

Kent, C., Sexton, D. & Vesper, K. (Hrsg.) (1982). Encyclopedia of entrepreneurship. Englewood Cliffs/New Jersey: Prentice-Hall.

Kets de Vries, M. (1977). The Entrepreneurial Personality. A Person at the Crossroads. The Journal of Management Studies, Februar, 35-57.

Kets de Vries, M. (1995). The Anatomy of the Entrepreneur. Clinical Observations, INSEAD Working Paper Nr. 95/35, Fontainebleau.

Kiecolt-Glaser, J. K. & Glaser, R. (2001). Stress and immunity: Age enhances the risks. Current Directions in Psychological Sciences, 10, 18-21.

Kiecolt-Glaser, J. K., McGuire, L., Robies, T. F. & Glaser, R. (2002). Emotions, morbidity and mortality. Annual Review of Psychology, 53, 83-107.

King, A. S. (1985). Self-analysis and assessment of entrepreneurial potential. Simulation & Games, 16, 399-416-

Kirchler, E. (1999). Wirtschaftspsychologie. Göttingen: Hogrefe.

Klandt, H. (1984). Aktivität und Erfolg des Unternehmensgründers: Eine empirische Analyse unter Einbeziehung des mikrosozialen Umfeldes. Bergisch Gladbach: Verlag Josef Eul.

Klandt, H. (1994). Erkenntnis- und gestaltungsorientierte Überlegungen zur Unternehmerperson und ihrem mikrosozialen Umfeld als Erfolgsfaktoren der Unternehmung. In J. Schmude (Hrsg.), Unternehmensgründung – Beiträge zur interdisziplinären Gründungsforschung (S. 1-27). Heidelberg: Physica.

Klandt, H. (1998). Entrepreneurship spielend lernen: Erfahrungen beim Einsatz eines Computerplanspiels zur Vermittlung der mittelständischen Unternehmerrolle. In G. Faltin, S. Ripsas & J. Zimmer (Hrsg.), Entrepreneurship (S. 197-215) München: Beck.

Klein, D.J. & Verbeke, W. (1999). Autonomic feedback in stressful environments: How do individual differences in autonomic feedback relate to burnout, job performance, and job attitudes in salespeople? Journal of Applied Psychology, 84, 911-924.

Kleinbeck, U. (1993). Arbeitsmotivation, -leistung und –zufriedenheit. Kurseinheit 1: Arbeitsmotivation. Fernstudienkurs des Studiengangs Soziale Verhaltenswissenschaften. Fernuniversität in Hagen.

Kobasa, S.C. (1979). Stressful Life Events, Personality, and Health. Journal of Personality and Social Psychology, 37, 1-11.

Kobasa, S. C., Maddi, S. R. & Kahn, S. (1982). Hardiness and health: A prospective study. Journal of Personality and Social Psychology, 42, 168-177.

Kobasa, S. C. & Puccetti, M. C. (1983). Personality and social ressources in stress resistance. Journal of Personality and Social Psychology, 45, 839-850.

Koch, P. M. (2006). Qualitative Methoden in der Arbeits- und Organisationspsychologie. Kurseinheit 77368. Fernuniversität Hagen.

Köferl, P. (1988). Invulnerabilität und Stressresistenz: theoretische und empirische Befunde zur effektiven Bewältigung von psychosozialen Stressoren. Universität Bielefeld: Dissertation.

Köhler, W. (1958). Dynamische Zusammenhänge in der Psychologie. Bern: Huber.

Koh, H. C. (1996) Testing Hypotheses of Entrepreneurial Characteristics: A Study of Hong Kong MBA Students. Journal of Managerial Psychology, 11, 12-25.

Kohli, M. (Hrsg.) (1978). Soziologie des Lebenslaufs. Darmstadt: Luchterhand.

Kohn, M. & Schooler, C. (1983). Work and Personality: An Inquiriy into the Impact of Social Stratification. Norwood: Ablex

Korunka, C. Frank, H. & Becker, P. (1993). Persönlichkeitseigenschaften von Unternehmensgründern. Erfolgsfaktoren oder vernachlässigbare Restgröße in der Theorie der Unternehmensgründung. Internationales Gewerbearchiv. Zeitschrift für Klein- und Mittelunternehmen, 41, 169-188.

Krippendorff, K. (1980). Content analysis. An Introduction to its Methodology. Beverly Hills: Sage.

Krohne, H. W. (1978). Individual differences in coping with stress and anxiety. In C.D. Spielberger & I. G. Sarason (Eds.). Stress and anxiety (vol. 5,pp.233-260). Washington, D.C.: Hemisphere.

Kühl, S. (2000). Grenzen der Vermarktlichung – Die Mythen zum unternehmerisch handelnden Mitarbeiter. WSI Mitteilungen, 12, 818-828.

Kuhl, J. (1983). Motivation, Konflikt und Handlungskontrolle. Berlin: Springer.

Kuratko, D. F. & Hodgetts, R. M. (1989). Entrepreneurship: A contemporary approach. Chicago: The Dryden Press.

Kurtz, H.-J. (1983). Konfliktbewältigung im Unternehmen. Köln: Deutscher Institutsverlag.

Lachman, M. E. & Weaver, S. L. (1998). The sense of control as a moderator of social class differences in health and well-being. Journal of Personality and Social Psychology, 74, 763- 773.

Lamnek, S. (1988).). Qualitative Sozialforschung. Band 1: Methodologie. München: Psychologie Verlags Union.

Lamnek, S. (1989). Qualitative Sozialforschung. Band 2: Methoden und Techniken. München: Psychologie Verlags Union.

Lang-von Wins, Leiner, R. , Schmude, J. & Rosenstiel, L. v. (2002). Aufgaben und ihre Bewältigung in der Vorgründungs-, Gründungs- und Nachgründungsphase: Eine empirische Erfassung des Verlaufes von geförderten Unternehmensgründungen. In J. Schmude & R. Leiner (Hrsg.). Unternehmensgründung. Interdisziplinäre Beiträge zum Entrepreneurship Research, 97-137. Heidelberg: Physika.

Lang-von Wins & Kaschube, J. (2007). Die Psychologie des Unternehmertums. In: D. Frey & L. von Rosenstiel (Hrsg). Wirtschaftspsychologie. Enzyklopädie der Psychologie. Band 6. Göttingen: Hogrefe.

Lazarus, R. S. (1991). Emotion and adaption. New York: Oxford University Press.

Lazarus, R. S. & Folkman, S. (1984). Stress, Appraisal, and Coping. New York: Springer.

Lazarus, R. S. & Launier, R. (1981). Stressbezogene Transaktion zwischen Person und Umwelt. In J. R. Nitsch (Hg.), Stress-Theorien, Untersuchungen, Maßnahmen (pp. 213-259). Bern: Huber.

Lefcourt, H. M. (1982). Locus of control: Current trends in theory and research. Hillsdale NJ: Erlbaum.

Lehndorff, S. (2003). Die Delegation von Unsicherheiten – Flexibilität und Flexibilitätsrisiken in der Dienstleistungsarbeit. Wien: Forschungs- und Beratungsstelle Arbeitswelt.

Leiter, M. P. (1993). Burnout as a developmental process. Consideration of models. In: W. B. Schaufeli, Ch. Maslach & T. Marek (Hrsg.). Professional burnout: Recent developments in Theory and Research, 237-250. New York: Taylor & Francis.

Lewin, K. (1963). Feldtheorie in den Sozialwissenschaften. Ausgewählte theoretische Schriften. Bern: Hans Huber.

Lewin, K. (1968). Die Lösung sozialer Konflikte: Ausgewählte Abhandlungen über Gruppendynamik. Bad Nauheim: Christian-Verlag.

Löhr, J. (2005). Der C-Faktor: Wie Sie es ganz nach oben schaffen. In: M. Zacharias. Network-Marketing: Beruf und Berufung. Karrierechancen im Zukunftsmarkt Direktvertrieb, 161-210. Augsburg: Edition Erfolg Verlag.

Lösel, F. & Bender, D. (1997). Antisoziales Verhalten von Kindern und Jugendlichen, Psycho, 5, 321-329.

Lüders, C. (1995). Von der teilnehmenden Beobachtung zur ethnographischen Beschreibung. In: E. König & P. Zedler (Hrsg.). Bilanz qualitativer Forschung, Band 2: Methoden, 311-342. Weinheim: Deutscher Studien Verlag.

Lumpkin, G. T. & Des, G. G. (1996). Clarifying the entrepreneurial orientation construct and linking it to performance. Academy of Management Review, 21, 135-172.

Mann, Thomas (2003) : Die Freien Berufe in Deutschland, Vortrag im Rahmen des Symposiums zum 4. Tag der Freien Berufe, Landesverband der Freien Berufe Thüringen e.V., Erfurt.

Marcus, B. & Schuler, H. (2006). Leistungsbeurteilung. In: H. Schuler (Hrsg.) Lehrbuch der Personalpsychologie, 433-470. Göttingen: Hogrefe.

Maslach, C. & Leiter, M. P. (2001). Die Wahrheit über Burnout: Stress am Arbeitsplatz und was Sie dagegen tun können. Wien: Springer Verlag.

Maslach, C. & Jackson, S. E. (1984). Burnout in organizational settings. Applied Social Psychology Annual, 5, 133-153.

Maslow, A.H. (1970). Motivation and personality. New York: Harper.

Mayring, P. (1990). Einführung in die qualitative Sozialforschung. München: Psychologie Verlags Union.

Mayring, P. (2000). Qualitative Inhaltsanalyse [28 Absätze]. Forum Qualitative Sozialforschung/Forum: Qualitative Social Research [Online Journal], 1(2). Abrufbar über: http://qualitative-research.net/fqs/fqs-d/2-00inhalt-d.htm [14. Mai 2007]

Mayring. P. (2003). Qualitative Inhaltsanalyse. Grundlagen und Techniken. Weinheim: Beltz Verlag.

Mayo, E. (1933). The human problems of industrial civilization. New York: Viking.

McClelland, D. C. (1961). The achieving society. Princeton, NJ: Van Nostrand.

McClelland, D. C. (1966).Die Leistungsgesellschaft. Stuttgart: Kohlhammer.

McClelland, D. C. (1987). Human motivation. Cambridge: Cambridge University Press.

McClelland, D. C. , Atkinson, J. W. ; Clark, R. A. & Lowell, E. L. (1953).The achievement motive. New York: Appleton-Century-Crofts.

McClelland, D. C. & Winter, G. D.(1969). Motivating Economic Achievement. New York: The Free Press .

McClelland, D. C., Atkinson, J. W., Clark, R. A., & Lowell, E. L. (1953). The Achievement Motive. New York: Appleton- Century-Crofts.

McCrae, R. R. & Costa, P. T. (1987).Validation of the five-factor model of personality across instruments and observers. Journal of Personality and Social Psychology, 52, 810.

Meredith, G. G. ; Nelson, R. E. & Neck, P. A. (1982). The Practice of Entrepreneurship. Genf: International labour office.

Meyer, J. & Allan, N. J . (1997). Commitment in the Workplace. Thousand Oaks.

Miles, M. B. & Huberman, A. M. (1994). Qualitative Data Analysis. An Expanded Sourcebook (2. Auflage) Thousand Oaks, California: SAGE.

Miller, P.C., Lefcourt, H. M, Holmes, J. G., Ware, E.E., Saleh, W. E. (1986). Marial locus of control and marital problem solving. Journal of Personality and Social Psychology, 51, 161- 169.

Miner, J. B., Smith, N. R. & Bracker, J. S. (1989). Role of entrepreneurial task motivation in the growth of technology innovative firms. Journal of Applied Psychology, 74, 554-560.

Miner, J. B., Smith, N. R. & Bracker, J. S. (1994). Role of entrepreneurial task motivation in the growth of technology innovative firms: Interpretation from follow-up data. Journal of Applied Psychology, 79, 627-630.

Miner, J. B. (1997). A Psychological Typology of Succesful Entrepreneurs. Wesport: Quorum.

Minssen, H. (Hrsg.). Begrenzte Entgrenzungen . Berlin: Edition sigma.

Moldaschl, M. (1998): Internalisierung des Marktes. Neue Unternehmensstrategien und qualifizierte Angestellte. In: IfS, INIFES, ISF, SOFI (Hg.): Jahrbuch sozialwissenschaftliche Technikberichterstattung '97. 197-250. Berlin.

Moos, R. H. (1984). Context and coping: Toward a Unifying conceptual Framework. American Journal of Community Psychology, 12, 5-25.

Morris, J. A. & Feldman, D. C. (1996). The dimensions, antecedents, and consequences of emotional labor. Academy of Management Review, 21, 986-1010.

Moser, K., Galais, N. & Kuhn, K. (1999). Selbstdarstellungstendenzen und beruflicher Erfolg selbständiger Handelsvertreter. In: L. von Rosenstiel & T. Lang - von Wins (Hrsg.). Existenzgründung und Unternehmertum, S.181 - 195.

Müller, G. F., Dauenhauer, E. & Schöne, K. (1997). Selbständigkeit im Berufsleben. ABOaktuell,4, 2-7.

Müller, G. F. (1999a). Dispositionelle und familienbiografische Faktoren unselbständiger, teilselbständiger und vollselbständiger Erwerbsarbeit. In: L. von Rosenstiel & Th. Lang-von Wins (Hrsg.). Existenzgründung und Unternehmertum. Stuttgart: Schäffer-Poeschel.

Müller, G. F. (1999b).Dispositionelle und familienbiographische Faktoren unselbständiger, teilselbständiger und vollselbständiger Erwerbstätigkeit. In: L. v. Rosenstiel & T. Lang-von Wins (Hrsg.). Existenzgründung und Unternehmertum: Themen, Trends und Perspektiven (S. 157-180). Stuttgart: Schäffer-Poeschel.

Müller, G. F. (Hrsg.) (2000). Existenzgründung und unternehmerisches Handeln – Forschung und Förderung (Psychologie, Band 31). Landau: Verlag Empirische Pädagogik.

Müller, G. F. (2000a). Dispositionelle und geschlechtsspezifische Besonderheiten beruflicher Selbständigkeit. Zeitschrift für Differentielle und Diagnostische Psychologie, 21, 319-329.

Müller, G. F. (2000b). Eigenschaftsmerkmale und unternehmerisches Handeln. In: G. F. Müller (Hrsg.) Existenzgründung und unternehmerisches Handeln – Forschung und Förderung (Psychologie, Band 31). Landau: Verlag Empirische Pädagogik.

Müller, G. F. (2004). Selbständig organisierte Erwerbstätigkeit. In: H. Schuler (Hrsg.) Organisationspsychologie – Gruppe und Organisation. Enzyklopädie der Psychologie, Band 4, S. 999-1045.

Müller-Bader, P. (1977). Konflikt und Leistung. Ein Beitrag zur Analyse der Leistungswirkung betrieblicher Konflikte. München: Verlag V. Florenz.

Muhr, T. (2004). ATLAS.ti – V 0.5 2nd edition. User's Guide and Reference (Manual zur Software). Berlin.

Murray, H. A. (1938). Explorations in personality. New York: Oxford University Press.

Nerdinger, F. W. (1994). Zur Psychologie der Dienstleistung. Stuttgart: Schäffer-Poeschel.

Nerdinger, F. W. (2001). Psychologie des persönlichen Verkaufs. München: Oldenbourg.

Nerdinger, F. W. (2003). Emotionsarbeit und Burnout in der gesundheitsbezogenen Dienstleistung. In: A. Büssing & J. Glaser (Hrsg.). Qualität des Arbeitslebens und Dienstleistungsqualität im Krankenhaus, 181-197. Göttingen: Hogrefe.

Nerdinger, F. W. & Röper, M. (1999). Emotionale Dissonanz und Burnout. Eine empirische Untersuchung im Pflegebereich eines Universitätskrankenhauses. Zeitschrift für Arbeitswissenschaft, 53, 187-193.

Nitsch, J. R. (1976). Die Eigenzustandsskala (EZ-Skala) – Ein Verfahren zur hierarchisch-mehrdimensionalen Befindlichkeitsskalierung. In: J. R. Nitsch & I. Udris (Hrsg.). Beanspruchung im Sport, 81-102. Bad Homburg: Limpert.

Noack, R. H. (1997).Salutogenese: Ein neues Paradigma in der Medizin? In: H. H. Bartsch & J. Bengel (Hrsg.). Salutogenese in der Onkologie. Basel: Karger.

Olbrich, R. (2001). Instrumente des Marketing. Kurseinheit 4: Distributionspolitik. Fernstudienkurs der Fakultät für Wirtschaftswissenschaften. Fernuniversität in Hagen.

Otten. M. (2005). Das Bedürfnis nach Stimulation als Ressource? – Sensation Seeking aus einer gesundheitspsychologischen Perspektive. Düsseldorf: Unveröffentlichte Diplomarbeit.

Paoli, P. (1997). Second European survey on the work environment 1995. Dublin: European Foundation for the Improvement of Living and Working Conditions.

Pearlin, L. I., Meaghan, E. G. , Lieberman, M. A. & Mullan, J. T. (1981). The stress process. Journal of Health and Social Behavior, 22, 337-356.

Persönliche Mitteilung (2004). April 2004. Mitlauf und Arbeitsplatz-Beobachtung im Rahmen der Pilotstudie.

Pfeiffer, F. (1994). Selbständige und abhängige Erwerbstätigkeit. Frankfurt: Campus.

Pierce, G. R. , Sarason, I. G. & Sarason, B. R. (1996). *Coping and social support*. In M. Zeidner & N. S. Endler (Eds.), Handbook of coping. Theory, research, applications (pp. 434-451). New York: Wiley.

Pinchot, G. (1988). Intrapreneuring - Mitarbeiter als Unternehmer. Wiesbaden: Gabler.

Piore, T. & Sabel, C. F. (1985). Das Ende der Massenproduktion. Frankfurt: Fischer.

Pongratz, H. J., & Voß, G. G. (2000). Vom Arbeitnehmer zum Arbeitskraftunternehmer. Zur Entgrenzung der Ware Arbeitskraft. In H. Minssen (Hrsg.), Begrenzte Entgrenzung (S. 225-247). Berlin: edition sigma.

Pongratz, H. J., & Voß, G. G.. (2001). Erwerbstätige als „Arbeitskraftunternehmer". SOWI – Sozialwissenschaftliche Informationen, 30 (4), 42-52.

Prein, G.; Kluge, S.; Kelle, U. (1993). Strategien zur Interpretation quantitativer und qualitativer Auswertungsverfahren. Bremen: Universität Bremen Sfb186. Arbeitspapier Nr. 19.

Presson, P.K. & Benassi, V.A. (1996). Locus of control orientation and depressive symptomatology: A meta-analysis. Journal of Social Behavior and Personality, 11, 201-212.

Prognos AG (2005). Direktvertrieb in Deutschland. Markt- und Trendanalyse. Im Auftrag des Bundesverbandes Direktvertrieb Deutschland e. V. Berlin und Basel.

Raab, G. & Lorbacher, N. (2002). Customer Relationship Management: Aufbau dauerhafter und profitabler Kundenbeziehungen. Heidelberg: Sauer-Verlag.

Rafaeli, A. & Sutton, R. I. (1987). Expression of emotion as part of the work role. Academy of Management Review, 12, 23-37.

Rauen, C. (2005). Handbuch Coaching. Göttingen: Hogrefe.

Redlich, F. (1964). Der Unternehmer. Göttingen: Vandenhoeck & Ruprecht.

Regnet, E. (1992). Konflikte in Organisationen. Göttingen: Verlag für Angewandte Psychologie.

Regnet, E. (1996). Konfliktgenese und Konfliktbewältigung in Organisationen. Kurseinheit 1: Konflikte in Organisationen: Entstehung, Verlauf und Auswirkungen. Fernuniversität in Hagen.

Reichertz, Jo (2000). Zur Gültigkeit von Qualitativer Sozialforschung [76 Absätze]. Forum Qualitative Sozialforschung / Forum: Qualitative Social Research [Online Journal], 1(2). Verfügbar über: http://www.qualitative-research.net/fqs-texte/2-00/2-00reichertz-d.htm [Datum des Zugriffs: Tag, Monat, Jahr].

Reick, C., Gerlmaier, A., Ayan, T. & Kastner, M. (2003). Die Neue Selbständigkeit in der betrieblichen Praxis: Hintergründe der Entstehung und Formen autonomer Arbeit in Unternehmen. In: M. Kastner (Hrsg.). Neue Selbständigkeit in Organisationen. Selbstbestimmung, -täuschung und –ausbeutung. München und Mering: Rainer Hampp Verlag.

Reis, J. (1997). Ambiguitätstoleranz. Heidelberg: Asanger.

Reiss, D. (1981). The Family's Construction of Reality. Cambridge: Harvard University Press.

Rheinberg, F. (2002). Motivation. Stuttgart: Kohlhammer.

Richardson, L. (1994). Writing. A Method of Inquiriy. In: N. K. Denzin & Y. S. Lincoln (Hrsg.). Handbook of Qualitative Research, 516-529- Thousand Oaks: Sage.

Richter, P. & Hacker, W. (1998). Belastung und Beanspruchung. Stress, Ermüdung und Burnout im Arbeitsleben. Heidelberg: Asanger.

Riemann, F. (1997). Grundformen der Angst. Eine tiefenpsychologische Studie. München: Ernst-Reinhardt Verlag.

Rimann, M. & Udris, I. (1998). Gesundheitsförderung im Eidgenössischen Personalamt : ein Pilotprojekt. Zürich : ETH Zürich, Inst. für Arbeitspsychologie.

Rosenbaum, M. (1988). Learned resourcefulness, stress and self-regulation. In S.Fisher.; J. Reason, J. (Eds.). Handbook of Lifestress, Cognition and Heath. Chichester: Wiley, 483-496.

Roth, M. & Hammelstein, P. (2003). Sensation Seeking- Konzeption, Diagnostik und Anwendung. Göttingen: Hogrefe.

Rotter, J. B. (1954). Social learning and clinical psychology. New York: Prentice-Hall.

Rotter, J. B. (1966). Generalized expectancies for internal versus external locus of control of reinforcement. Psychological Monographs, 80, 1-28.

Rudolph, U. (2003). Motivationspsychologie. Weinheim: Beltz.

Rustemeyer, R. (1992). Praktisch-methodische Schritte der Inhaltsanalyse. Eine Einführung am Beispiel der Analyse von Interviewtexten. Münster: Aschendorff.

Sack, M., Künsebeck, H. W., Lamprecht, F. (1997). Kohärenzgefühl und psychosomatischer Behandlungserfolg. Eine empirische Untersuchung zur Salutogenese. Psychotherapie, Psychosomatik und medizinische Psychologie, 47, 149-155-

Sand, G. & Miyazaki, A.D. (2000). The impact of social support on salesperson burnout and burnout components. Psychology & Marketing, 17, 13-26.

409

Schachter, S. (1959). The psychology of affiliation. Experimental studies of the source of gregariousness. Stanford: Stanford University Press.

Scheff, T. J. (1994). Bloody Revenge. Emotions, Nationalism and War. Boulder, San Francisco, Oxford: Westview Press.

Schmidt-Rathjens, C. , Benz, D. , Van Damme, D. , Feldt, K. , Amelang, M. (1997). Über zwiespältige Erfahrungen mit Fragebögen zum Kohärenzsinn sensu Antonovsky. Diagnostica, 43, 327-346.

Schmidt, B. & Schwerdtner, P. (1999). Scheinselbständigkeit. München: Rehm.

Schmidt-Rathjens, C., Benz, D. , Van Damme, D. , Feldt, K., Amelang, M. (1997). Über zwiespältige Erfahrungen mit Fragebogen zum Kohärenzgefühl sensu Antonovsky. Diagnostica, 43, 327-346.

Schmölders, G. (1973). Die Unternehmer in Wirtschaft und Gesellschaft, Wandlungen der gesellschaftspolitischen „Hackordnung" in der Bundesrepublik Deutschland. Essen: Girardet.

Schuler, H. (2003). Lehrbuch der Personalpsychologie. Göttingen: Hogrefe.

Schuler, H. (2004a) (Hrsg.). Organisationspsychologie- Gruppe und Organisation. Enzyklopädie der Psychologie. Band 4. Göttingen: Hogrefe.

Schuler, H. (2004b). Der Funktionskreis „Leistungsförderung". Eine Skizze. In: H. Schuler (Hrsg.) Beurteilung und Förderung beruflicher Leistung, 305-322. Göttingen: Hogrefe.

Schuler, H. & Prochaska, M. (2000). Entwicklung und Konstruktvalidierung eines berufsbezogenen Leistungsmotivationstests. Diagnostica, 46 (2), 61-72.

Schuler, H. & Höft, S. (2004). Diagnose beruflicher Eignung und Leistung. In H. Schuler (Hrsg.). Lehrbuch Organisationspsychologie, 289-343. Bern: Huber.

Schuler, H. & Marcus, B. (2004) Leistungsbeurteilung. In H. Schuler (Hrsg.): Enzyklopädie der Psychologie. Organisationspsychologie 1 - Grundlagen und Personalpsychologie, 947-1006. Göttingen: Hogrefe.

Schulz, P., Schlotz, W. & Becker, P. (2004). Trierer Inventar zum chronischen Stress (TICS). Göttingen: Hogrefe.

Schumacher, J., Wilz, G., Gunzelmann, T. und Brähler, E. (2000a). Die Sense of Coherence Scale von Antonovsky. Teststatistische Überprüfung in einer repräsentativen Bevölkerungsstichprobe und Konstruktion einer Kurzskala. Psychotherapie, Psychosomatik, medizinische Psychologie, 50, 472-482

Schumacher, J. Gunzelmann, T. & Brähler, E. (2000b). Deutsche Normierung der Sense of coherence Scale von Antonovsky. Diagnostica, 46, 208-213.

Schumpeter, J. A. (1928). Der Unternehmer. In: Handwörterbuch der Staatswissenschaften, Band 8. Jena.

Schumpeter, J. A. (1934). Theorie der wirtschaftlichen Entwicklung. Eine Untersuchung über Unternehmergewinn, Kapital, Kredit, Zins und Konjunkturzyklus. Berlin.

Schwarzer, R. (1993). *Stress, Angst und Handlungsregulation.* Stuttgart: Kohlhammer.

Seligman, M. (1975/2000).Erlernte Hilflosigkeit. Weinheim: Beltz.

Selye, H. (1956). The stress of life. New York: McGraw-Hill.

Selye, H. (1983). The stress concept today. Past, present, and future. In C. L. Cooper (Ed.).Stress research- Issues for the eighties (pp. 1-20). Chichester: Wiley.

Shiffman, S. (1985). Coping with temptations to smoke. In: S. Shiffman & T. A. Wills (Hrsg.). Coping and substance use, 223-242. New York: Academic Press.

Shiffman, S. & Wills, T. A. (Hrsg.) Coping and substance use. New York: Academic Press.

Sieben, S., Albert, U., Dahlbender, F. & Müller, K. (1999) Geringfügige Beschäftigung und Scheinselbständigkeit. Köln: Schmidt.

Siegrist, J. (1994). Selbstregulation, Emotion und Gesundheit- Versuch einer sozialwissenschaftlichen Grundlegung. In: Lamprecht, F. , Johnen, R. (Hrsg.). Kohärenzgefühl und psychosomatischer Behandlungserfolg. Psychotherapie, Psychosomatik, med. Psychologie, 1997, 47, 149-155.

Silver, M. H., Newell, K., Hyman, B., Growdon, J., Hedley-Whyte, E. T. & Perls, T. (1998). Unraveling the mystery of cognitive changes in old age: Correlation of neuropsychological evaluation with neuropathological findings in the extreme old. International-Psychogeriatrics Vol. 10(1) Mar 1998, 25-41

Shotter, J. (1990). Knowing of the third kind. Utrecht: ISOR.

Smith, J. K. (1984). The problem of criteria for judging interpretative inquiry. Educational Evaluation and Policy Analysis, 6, 379-391.

Sonntag, K.-H. & Schaper, N. (1999). Förderung beruflicher Handlungskompetenz. In: K.-H. Sonntag (Hrsg.). Personalentwicklung in Organisationen. 2. überarbeitete Auflage. Göttingen: Hogrefe.

Spieß, E. (1996). Kooperatives Handeln in Organisationen. München: Rainer Hampp.

Starke, Dagmar (2000). Kognitive, emotionale und soziale Aspekte menschlicher Problembewältigung. Ein Beitrag zur aktuellen Stressforschung. Münster: LIT Verlag.

Steinke, I. (1999). Kriterien qualitativer Forschung. Ansätze zur Bewertung qualitativer-empirischer Sozialforschung. Weinheim, München: Juventa.

Steinke, I. (2004). Gütekriterien qualitativer Forschung. In: U. Flick, E. von Kardoff & I. Steinke (Hrsg.) (2004). Qualitative Forschung. Ein Handbuch. Reinbek bei Hamburg: Rowohlt.

Stogdill, R. M. (1948). Personal factors associated with leadership. A survey of the literature. Journal of Psychology, 25, 35-71.

Strauss, A. & Corbin, J. (1996). Grundlagen qualitativer Sozialforschung. Weinheim: Psychologie Verlags Union.

Strauss, A., Fagerhaugh, S., Suczek, B. & Wiener, C. (1980). Gefühlsarbeit. Ein Beitrag zur Arbeits- und Berufssoziologie. Kölner Zeitschrift für Soziologie und Sozialpsychologie, 32, 629-651.

Stroebe, W., Diehl, M. & Abakoumkin, G. (1996). Understanding group behavior. In J. Davis & E. Witte (Ed.) Understanding group behavior, Vol. 2: Small group processes and interpersonal relations, 37-65. Hillsdale: NJ.

Strobel, G. & Lehnig, U. (2003). Arbeitssituation von Beschäftigten im Außendienst: Defizite und Gestaltungsmöglichkeiten der psychosozialen Arbeitsbedingungen (Schriftenreihe der Bundesanstalt für Arbeitsschutz und Arbeitsmedizin: Forschungsbericht, Fb 1002). Bremerhaven: Wirtschaftsverlag NW Verlag für neue Wissenschaft GmbH

Süssmuth-Dyckerhoff, C. (1995). Intrapreneuring. Ein Ansatz zur Vitalisierung reifer Gross-Unternehmen. Dissertation. Universität St. Gallen.

Sweeney, C. D. , Smouse, A. D., Rupiper, O. & Munz, D. (1970). A test of the inverted-U hypothesis relating achievement anxiety and academic test performance. Journal of Psychology, 74, 267-273.

Taupitz, J. (1991). Die Standesordnungen der freien Berufe : geschichtliche Entwicklung, Funktionen, Stellung im Rechtssystem, Berlin: de Gruyter

Tettinger, P.J. (1997). Kammerrecht : das Recht der wirtschaftlichen und der freiberuflichen Selbstverwaltung. München: Beck.

Thomas, C. B. (1981). Stamina: The thread of human life. Psychotherapy and Psychosomatics, 38, 74-80. Reprinted from: Journal of Chronic Disease, 34, 41-44.

Thome, T. (1998). Unternehmer im Unternehmen. Ein Beitrag zur Intrapreneurship-Diskussion. Dissertation. Philipps- Universität zu Marburg.

Udris, I. , Kraft, U. , Mussmann, C. (1991). Warum sind „gesunde" Personen „gesund"? Untersuchungen zu Ressourcen von Gesundheit (Forschungsprojekt „Personale und organisationaler Ressourcen der Salutogenese", Bericht Nr. 1). Zürich: Eidgenössische Technische Hochschule, Institut für Arbeitspsychologie.

Udris, I. , Kraft, U. , Muheim, M. , Mussmann, C. , Rimann, M. (1992). Ressourcen der Salutogenese. In: Schröder, H. , Reschke, K.

(Hrsg.). Psychosoziale Prävention und Gesundheitsförderung (S. 85-103). Regensburg: Roderer.

Utsch, A. & Frese, M. (1998). Unternehmer in Ost- und Westdeutschland: Unsere Stichprobe und beschreibende Ergebnisse. In: M. Frese (Hrsg.) Erfolgreiche Unternehmensgründer, 47-58. Göttingen: Verlag für Angewandte Psychologie.

Voß, G. G. (1987). Gut geschaltet? Die Bedeutung der Schalterarbeit für Banken, Beschäftigte und Kunden. In: C. Tatschmurat (Hrsg.). Geldwelt. Bd. 2: Zur Gegenwart der Bankangestellten, 189-240. München: Hampp.

Voß, G. G., & Pongratz, H., J. (1998). Der Arbeitskraftunternehmer. Eine neue Grundform der "Ware Arbeitskraft"? Kölner Zeitschrift für Soziologie und Sozialpsychologie, 50 (1), 131-158.

Wärneryd, K.-E. (1988). The psychology of innovative entrepreneurship. In: W.F. van Raaij, G. M. van Veldhoven & K.-E. Wärneryd (Hrsg.). Handbook of economic psychology, 404-447. Dordrecht: Kluwer.

Weber, M. (1904). Die protestantische Ethik und er Geist des Kapitalismus. Im Jaffeschen Archiv für Sozialwissenschaft und Sozialpolitik, Band XX. Tübingen: Mohr Verlag.

Wehling, M. (1994a). Strukturvertrieb: Kurzfristige Modeerscheinung oder Vertriebsorganisationsform der Zukunft, Teil I, in: Zeitschrift Führung und Organisation, 63. Jg., Heft 3, 203-209.

Weiner, B. (1975). Die Wirkung von Erfolg und Misserfolg auf die Leistung. Stuttgart: Klett.

Weiner, B., Frieze, L., Kukla, A., Reed, L., Rest, S. & Rosenbaum, R. M. (1971). Perceiving the causes of success and failure. New York: General Learning Press.

Weinert, A. (1998). Organisationspsychologie: Ein Lehrbuch (4. Aufl.). Weinheim: Psychologie Verlags Union.

Werner, E. E. & Smith, R.S. (1982). Vulnerable but Invincible: A Study of Resilient Children. New York: McGraw-Hill.

Werner, F. (2002): Freigelassene als Ärzte und Konkurrenzverbotsklausel. Unveröffentlichte Diplomarbeit an der Rechtswissenschaftlichen Fakultät der Universität Wien, SS 2002.

Wharton, A. S. (1993). The affective consequences of service work: Managing emotions on the job. Work and Occupations, 20, 205-232.

Wiendieck, G. (2005). Geschichte und Psychologie des Direktvertriebs. In: D. Loff & M. Schael (Hrsg.). Bertelsmann Direktvertriebe 1955-2005. Gütersloh: inmediaONE] GmbH, S. 18-24.

Wiendieck, G. (2006a). Direktvertrieb: Nicht jeder kann das.....Bulletin des Direktvetriebs, 1, 6-9. Berlin: Bundesverband Direktvertrieb Deutschland (BDD).

Wiendieck, G. (2006b). Arbeitsbedingungen im Direktvertrieb. Unveröffentlichtes Manuskript. Fernuniversität Hagen.

Wiendieck, G. & Hein, M. (2006). Human Resources Management. Kurseinheit 2: Personalentwicklung. Fernuniversität Hagen.

Wienold, H. (2000). Empirische Sozialforschung. Praxis und Methode. Münster: Westfälisches Dampfboot.

Wimmer, K. (2002). Gesundheitsmanagement in Organisationen. Der gesunde Mensch in der gesunden Organisation. Eine nützliche Synthese. Linz, im Februar 2002. http://www.wimmer-partner.at/pdf.dateien/gesundheitsmgt.pdf [Zugriff 2.10.2005]

Winslow, E. K. & Solomon, J. F. (1987). Entrepreneurs are more than non-conformists: They are mildly sociopathic. Journal of Creative Behavior, 21, 203-205-

Winterbottom, M.-R. (1958). The relation of need for achievement to learning experiences in independence and mastery. In: J. W. Atkinson (Ed.) Motives in fantasy, action, and society. Princeton, NJ: Van Nostrand.

Witte, E. (1990). Social influence: A discussion and integration of recent models into a general group situation theory. European Journal of Social Psychology, Vol. 20 (1), 3-27. US: John Wiley and Sons

Witzel, A. (1982). Verfahren der qualitativen Sozialforschung. Überblick und Alternativen. Frankfurt/New York: Campus.

Witzel, A. (1989). Das problemzentrierte Interview. In: G. Jüttemann (Hrsg.), Qualitative Forschung in der Psychologie. Grundfragen, Verfahrensweisen, Anwendungsfelder, .227-256. Heidelberg: Asanger.

Witzel, A. (2000). Das problemzentrierte Interview [26 Absätze]. Forum Qualitative Sozialforschung/Forum: Qualitative Social Research [On-line Journal], 1 (1). Abrufbar über http://qualitative-research.net/fqs[Zugriff: 28.06.2007]

Wunderer, R., Boerger, M. & Loeffler, H. (1979).Zur Beurteilung wissenschaftlich-technischer Leistungen: eine empirische Studie zur Personalbeurteilung in Forschungsorgan des Bundes. Verwaltungsorganisation, Dienstrecht und Personalwirtschaft, Bd. 7. Baden-Baden: Nomos Verlagsgesellschaft.

Wunderer,R. & Kuhn, T. (1995). Innovatives Personalmanagement. Neuwied: Luchterhand.

Wunderer, R. (2006). Führung und Zusammenarbeit - eine unternehmerische Führungslehre. 6. Auflage. Neuwied: Luchterhand-Verlag.

Yerkes, R. M. & Dodson, J. D. (1908). The relationship of strength of stimulus to rapidity of habit formation. Journal of Comparative Neurological Psychology, 18, 458-482.

Zacharias, M. (2005). Network-Marketing: Beruf und Berufung. Karrierechancen im Zukunftsmarkt Direktvertrieb. Augsburg: Edition Erfolg Verlag.

Zapf, D., Seifert, C., Mertini, H., Voigt, C., Holz, M., Vondran, E., Isic, A. & Schmutte, B. (2000).Emotionsarbeit in Organisationen und psychische Gesundheit. In: H. P. Musahl & T. Eisenhauer (Hrsg.) Psychologie der Arbeitssicherheit. Beiträge zur Förderung von Sicherheit und Gesundheit in Arbeitssystemen. (S.99-106). Heidelberg: Asanger.

Zapf, D. (2002). Emotion work and psychological well-being. A review of the literature and some conceptual considerations. Human Resources Management Review, 12, 237-268.

Zuckerman, M. (1979). Sensation seeking: beyond the optimal level of arousal. Hillsdale: Earlbaum.

12. Anhang

Abbildungsverzeichnis

Tabellenverzeichnis

Abkürzungsverzeichnis

Gesetzliche Texte
PartGG = Partnerschaftsgesetzt

UWG= Gesetz gegen unlauteren Wettbewerb

HGB= Handelsgesetzbuch

SGB= Sozialgesetzbuch

BGB= Bürgerliches Gesetzbuch

UstG= Umsatzsteuergesetz

Sonstige Abkürzungen
TN = Teilnehmer

HV = Handelsvertreter

FK = Führungskraft

Interviewleitfaden Untersuchung

Interviewleitfaden „Kundenberatung"

- Gegenseitige Vorstellung
- Darlegung der Ziele der Befragung und der Nutzen für den Interviewpartner
- Auf die Anonymität der Befragung hinweisen
- Einverständnis um die Verwendung eines Diktiergeräts einholen

Allgemeine Angaben zum Interviewpartner

Interviewpartner-Nr.: _____ Alter_____
Geschlecht:_____

Dauer der Tätigkeit im Außendienst: _____

Dauer der Tätigkeit bei jetziger Firma/Vertriebspartner_____

Familienstand:_____

Umsatz=

Block 1: Beschreibung der Arbeitstätigkeit (erster Schritt der Anforderungsbeschreibung)

Ziel: Tätigkeitsprofil erläutern. Einstiegsfrage. Warming-Up.

    a. Sie sind Mitarbeiter im Außendienst. Wie sieht ein Arbeitstag aus? *Anforderungen sammeln*

Block 2: Berufsanforderungen

    a. Wie lange arbeiten Sie im Außendienst? *Übergangsfrage*
    b. Warum haben Sie sich für diese Tätigkeit entschieden? *gezielt vs. zufällig?*
    c. Was reizt Sie an dieser Tätigkeit? *Abfrage der subjektiv wahrgenommenen Anforderungen*

Block 3: Persönlichkeit/Umgang mit kritischen Situationen

    a. Was sagen Sie einem Schulabgänger, wenn er sich für Ihren Beruf interessiert?
    b. Nach welchen Gesichtspunkten würden Sie einen Bewerber für die Tätigkeit im Außendienst des Direktvertriebs „auswählen"?
    c. Was sind – Ihrer Meinung nach- die „Knackpunkte" Ihrer Arbeit/Was sind Aspekte, die hohe Aufmerksamkeit verlangen?
    d. Was stellen Sie sich unter dem Begriff „schwieriger Kunde" vor? Haben Sie „schwierige" Kunden? Wenn ja, was charakterisiert schwierige Kunden? Was sind für Sie schwierige Kunden? Wie gehen Sie mit diesen um?
    e. Wie sieht Ihr privates Umfeld Ihre Arbeit an?

Block 4: Anforderungsbewältigung/Rahmenbedingungen

    a. Wie gehen Sie mit den genannten „Knackpunkten" um? *Bezug auf die unter Block 3 genannten Anforderungen b.* Planen Sie weiterhin im Direktvertrieb bis zum Ausscheiden aus dem Erwerbsleben zu arbeiten? Planen Sie bei Ihrem jetzigen Vertriebspartner zu bleiben? *Frage nach der Bewältigung*

c. Welche Bedingungen schafft Ihr Unternehmen/Vertriebspartner? Was ist Ihrer Ansicht nach gut? Welche „schlechten" Bedingungen sollten verbessert werden? *Frage nach der Bewältigung*

- Bedanken für das Gespräch
- Die vertrauliche Behandlung aller Informationen und Gewahrung der Anonymität zusichern
- Verabschiedung

Interviewleitfaden zur Selektion von selbständigen Handelsvertretern

Leistungsmotivation

Stellen Sie sich vor, Sie arbeiten seit einem Jahr als selbständiger Handelsvertreter. Was hat sich für Sie geändert?
- nennt möglichst hohe Ziele; privat wie auch beruflich (z.B. „habe xy Umsatz" und xy € Einkommen im Jahr, habe neues Auto, etc., auch: habe selbst Führungsverantwortung)
- vergleicht sich von selbst mit anderen ohne darauf aufmerksam gemacht zu werden
- nennt eigeninitiativ selbst Gütemaßstäbe

Wie viel Zeit wollen Sie für die Tätigkeit als selbständiger Handelsvertreter investieren?
- möglichst viel Zeitkapazitäten: (vgl. in-vivo-code „*von morgens bis abends durch*")
- zeigt auf, dass der Beruf höchste/hohe Priorität hat

Was machen Sie, wenn Sie nach drei Tagen intensiver Akquise noch keinen Termin für ein Verkaufsgespräch vereinbart haben?
- zeigt Beharrlichkeit (ich mache weiter, „ich kriege die Kunden schon ´rum")
- zeigt Ausdauer

Kontrollüberzeugung

Was glauben Sie, können Sie in einem Jahr erreichen?
- zeigt die Überzeugung, durch stetige Leistung , Ziele erreichen zu können

Was glauben Sie, ist das Besondere am Direktvertrieb?

- zeigt einerseits Kenntnis über den Direktvertrieb: Herstellung des persönlichen Kontakts durch Eigeninitiative
- zeigt Überzeugung über die Effektivität des eigenen Handelns

Unabhängigkeitsstreben

Was bedeutet für Sie „Selbständigkeit"?

Warum möchten Sie nicht mehr angestellt sein? (für Bewerber, die bereits angestellt tätig waren)
- ideale Antwort: freie Zeiteinteilung
- keine Weisungsgebundenheit
- persönliche Freiheit

Wie war ihr Verhältnis zu Ihrem Vorgesetzten bisher?
- erneut: Kandidatin/Kandidat ist passend, falls Weisungsgebundenheit seiner/ihrer Ansicht nach gute Leistung behindert. Dieser Kandidat will unnötige Hierarchien zugunsten der Leistung abbauen.

Problemlöseorientierung

Stellen Sie sich vor, Sie können die Kunden an der Tür nicht für einen Termin gewinnen. Was machen Sie?
- idealerweise sagt er, dass er nach alternativen Möglichkeiten zur Kundenakquisition Ausschau hält, welche genau müssen nicht genannt werden, falls er noch jung bzw. noch unerfahren im Direktvertrieb ist
- wichtig ist nur, dass der Kandidat erkennen lässt, dass er fähig ist, selbständig über ein wichtiges Problem zu analysieren und Lösungsvorschläge anzubieten

Risikobereitschaft/Sensation Seeking

Was gefällt Ihnen am Verkaufen?

- eindeutige Begeisterung ist erkennbar
- Kandidat hebt Vielfältigkeit, ständige Neuheit und Vermeidung Langeweile hervor
- Kandidat zeigt, dass er nicht an Routinetätigkeiten und Langeweile interessiert ist, sondern ständig auf der aktiven Suche nach „Reizen" ist

Welche finanziellen Risiken sind für Sie mit der Selbständigkeit verbunden?
- Kandidat kennt Risiken, kennt jedoch auch Chancen
- Kandidat hat finanziellen Rückhalt entweder in der Familie oder finanzielle Rücklagen

Anpassungsfähigkeit

Haben Sie bisher alleine oder im Team gearbeitet?
- - idealerweise hat der Bewerber bereits Erfahrung im Team, nennt jedoch auch subjektiv empfunden Vorteile der Einzelarbeit

Schildern Sie mir einen Konflikt mit einem Kollegen aus der Vergangenheit!
- Fallbeispiel

Wie sind Sie mit diesem Konflikt umgegangen?

Erklärung

"Hiermit versichere ich, dass ich die vorliegende Dissertation

Der „Direktvertriebler" :Berufsanforderungen und -bewältigungen bei selbstständigen Handelsvertretern im Direktvertrieb - aus Sicht der Betroffenen

selbständig und ohne unerlaubte fremde Hilfe angefertigt und andere als die in der Dissertation angegebenen Hilfsmittel nicht benutzt habe. Alle Stellen, die wörtlich oder sinngemäß aus veröffentlichten oder nicht veröffentlichten Schriften entnommen sind, habe ich als solche kenntlich gemacht. Die vorliegende Dissertation hat zuvor keiner anderen Stelle zur Prüfung vorgelegen. Es ist mir bekannt, dass wegen einer falschen Versicherung bereits erfolgte Promotionsleistungen für ungültig erklärt werden und eine bereits verliehene Doktorwürde entzogen wird."

Hagen, 06. Dezember 07 Ilke Seyran

433

Kodierleitfaden und Rohdaten

„Persönlichkeitsmerkmale, Anforderungen und Anforderungsbewältigung selbständiger Handelsvertreter im Direktvertrieb"

Der Kodierleitfaden und Rohdaten sind auf Anfrage bei der Autorin erhältlich:
IlkeSeyran@gmx.de